3판

평생교육론

| 김한별 저 |

LIFELONG EDUCATION

학지사

3판 머리말

평생학습의 필요성을 뒷받침하는 논리를 압축해서 표현하라고 하면 아마도 '인간 존중' '사회 성장'과 같은 표현을 먼저 떠올릴 것이다. 평생학습은 각각 고유한 개별성을 갖는 인간으로서 개인의 개성에 따른 자아실현을 삶 가운데 이룰 수 있는 배움의 가치를 강조한다. 이뿐만 아니라 평생학습은 우리 모두가 서로 완전히 구별되는 개인인 동시에, 인간이라는 종의 공통적 특성을 가지고 함께 살아가는 사회적 존재라는 점을 부각하며, 공동체의 일원으로서 원만한 공존의 삶을 이끄는 배움에 대해서도 주목한다. 결국 평생학습이란 개별적인 동시에 사회적일 수밖에 없는 인간에게서 배제할 수 없는 학습성에 대한 논의인 셈이다. 그렇기에 평생학습은 학습이라는 인간의 행위를 인간들이 구상한 제도 속에 가두어 왔던 과거를 반성하며, 학습을 인간의 본성으로 다시 복원하려는 노력이다.

분명 인간은 끊임없이 학습하는 존재이다. 그 일련의 행위들을 애써 학습이라는 표현으로 부르기도 전에 이미 세상을 이해하면서 적응하고, 또 자신의 개성을 드러내며 세상을 바꾸어 왔다. 호모 사피엔스, 즉 인류가 지구상에 처음 출현한 이래로 지금까지 이룩한 문명의 발달과 진화의 역사는 인간이

학습하는 동물이라는 사실을 방증한다. 평생교육이란 바로 본질적으로 학습이라는 행위를 제거할 수 없는 인간의 특성을 전제로 하여, 다양한 상황에서 일어나는 인간의 학습 행위를 보다 효과적으로 도울 수 있는 원리와 형식에 대한 고민이다. 이 책은 인간과 사회의 성장을 견인하는 교육이라는 사회 현상을 설명하는 원리이자 실천현상인 평생교육을 이해하는 첫 발걸음을 위하여 마련하였다.

『평생교육론』을 통해서 필자는 평생교육이라는 렌즈로 교육을 이해하고, 소위 평생교육이라고 호명되는 다양한 교육적 실천을 해 나가는 데 필요한 기본적인 지식과 정보들을 담고자 하였다. 물론 그렇다고 여기서 다루는 내용들을 독자들이 그대로 받아들이려고만 할 필요는 없다. 오히려 책을 읽으면서 이해하는 바들을 바탕으로 각자의 경험들을 되돌아보고, 토론하는 기회를 가지는 것이야말로 이 책이 궁극적으로 의도하는 바이다. 이 책은 평생교육에 대한 배움을 시작하는 출발점이지, 결코 평생교육에 대한 모든 것을 깨우치는 최종 종착점이 아니다. 부디 이 책을 읽는 독자들이 여기서 다루는 내용들을 중심으로 평생교육에 대한 자신만의 관심을 조금씩 키워 가고 서로 나누어 갈 수 있기를 바란다.

이러한 취지에 발맞추어 이번에 출간하는 『평생교육론』(3판)은 앞선 2판의 내용을 독자들이 이해하기 쉽게 보다 소상히 풀어 감으로써 좀 더 가독성이 좋은 책이 되도록 하는 데 주력하였다. 1판과 2판을 작업하면서도 항상 나름대로 평생교육에 대해서 관심을 가지고 막 공부를 시작하는 학부생과 대학원생들의 눈높이에 맞춘다고 노력하였으나, 여전히 필자의 부족함으로 인하여 미처 챙기지 못한 부분들이 많이 남아 있었다. 평생교육에 대한 이론적 논의를 처음 접하는 독자들이 부담을 느끼지 않도록 하는 것이 이 책의 취지라는 점을 염두에 두면서 개정판 작업을 하였다. 또한 3판에서는 학습공동체에 관련한 내용을 새로 추가하였으며, 2판을 출간한 이후로 새로 업데이트된 성인학습 및 평생교육 분야의 관련 논의나 정책 사업에 대한 내용들을 수정 · 보완하였다.

수많은 관계 속에서 살아가는 사람으로서 필자 역시 많은 분의 관심과 격려가 있었기에『평생교육론』(3판)을 출간할 수 있었다. 먼저 작년 초에 정년퇴임을 하신 은사님, 권대봉 선생님께 감사의 인사를 드리고 싶다. 돌이켜 보면 필자가 평생교육을 공부하는 사람으로 이렇게 자리매김할 수 있게 된 가장 결정적인 계기는 학부 시절 '한국의 교육'이라는 강좌를 통해서 맺었던 선생님과의 인연이었던 것 같다. 필자가 아무것도 모르던 시절, 그 만남을 꿈과 희망으로 채워 주셨던 선생님께 진심으로 감사드린다. 또한『평생교육론』이 3판까지 계속 나오기까지 한국교원대학교에서 함께 근무하는 손준종 교수님, 김영석 교수님과 대학원 지도학생들의 지지와 후원이 큰 힘이 되었다. 학문공동체의 일원으로서 이들이 보여 준 가르침과 배움의 열정은 필자가 지금 어디에서 무엇을 하고 있는 사람인지 일러 주는 소중한 이정표였다. 아울러『평생교육론』(1판) 때부터 지금껏 변함없는 관심으로 후원해 주시고 보다 많은 사람이 책을 접할 수 있도록 애써 주신 학지사 김진환 사장님과 한승희 부장님께 감사드린다. 그리고 독자들이 좀 더 편하게 책을 읽을 수 있도록 전체적인 편집을 세심히 진행해 주신 편집부 황미나 선생님께도 감사의 마음을 전하고 싶다.

개인적으로『평생교육론』(3판) 작업은 육아휴직을 하는 가운데 진행하였다. 어린아이들을 정성껏 돌보다가 겨우 복직한 아내의 부담을 조금이나마 덜어 줄 필요도 있었거니와, 큰딸 은솔이가 초등학교에 입학하고 둘째 딸 해온이가 유치원에 입학하면서 생기는 가사와 돌봄을 챙기기 위하여 1년간 육아휴직을 하였다. 사실 휴직이라는 표현과 달리 육아휴직의 시간은 아직까지 사회적으로 충분한 인정을 받지 못하는 또 다른 성격의 노동으로 채워야만 하는 시간이었다. 그러나 이 시간 덕분에 무심코 지나쳤던 가정의 일상을 내밀히 반성하며, 가족의 소중함, 아니 가족들로부터 내가 얼마나 많은 사랑을 받고 있는 사람인지 느낄 수 있었다. 일을 하다가 집으로 돌아온 나를 반갑게 맞아 주던 아내와 아이들의 모습은 결코 당연한 것을 손쉽게 보여 주는 것이 아니었음을 깨달을 수 있었다. 나의 아내로 그리고 나의 딸들로 곁에 있어 준 것에 대해서 진심으로 고맙다는, 많이 사랑한다는 말을 전하고 싶다.

2019년 3월

저자 김한별

1판 머리말

지식기반사회, 글로벌 경쟁사회, 다문화사회, 녹색성장사회, 평생학습사회 등 오늘날 우리 사회를 규정하는 다양한 언어의 홍수 속에서 한 가지 분명한 사실은, 인간이 사회를 온전하게 살아가기 위해서는 개인의 끊임없는 변화와 노력이 필요하다는 것이다. 따라서 창의적 사고, 글로벌 스탠더드의 이해, 다문화적 소양, 테크놀로지 활용 능력, 환경 감수성 등 이 시대를 살아가는 데 필요한 다양한 능력 요소로 거론되는 속성들을 유지 및 발전시키기 위해서는 '평생학습'이라는 속성이 개인의 핵심 소양으로 갖추어져야 한다.

평생학습이란 한마디로 이야기하면 학습의 기회를 시간적 · 공간적 · 형식적 측면에서 확장하는 시도라고 할 수 있다. 즉, 평생학습은 개인의 성숙과 사회적 적응의 과정을 개인의 전 생애주기에 걸쳐서 파악한다. 이뿐만 아니라, 전통적인 교육 장면 이외의 사회의 다각도 분석을 통해 학습 기회를 개발하고, 이에 대한 개인의 참여 과정을 설명하고자 한다. 다시 말해, 평생교육은 이러한 학습이 효과적으로 이루어질 수 있도록 체계적으로 지원하는 일련의 의도적인 노력을 지칭하는 것이다. 이 책은 평생교육에 대한 관심을 가지고 입문하는 학부생 및 대학원생들이 보다 친숙하면서도 쉽게 평생교육을 이해할 수 있도록 쓰였다.

이 책은 크게 이론과 실제 편으로 나뉘어 2부로 구성되어 있다. 먼저 제1부 이론 편에서는 평생교육의 개념적 이해를 도울 수 있는 역사적 배경과 철학적 입장 등을 정리하고 있다. 또한 아동·청소년을 주된 학습 대상으로 보고 논의를 전개하던 기존의 교육학의 범위를 넘어서서 평생교육을 학교교육 이후의 시기 그리고 그 밖의 공간에서 펼쳐지는 다양한 교육 실천에 대한 탐구와 이해로 확대한다. 그러다 보니 평생교육을 이야기할 때 자연스럽게 학습자로서 성인의 존재가 부각되며, 이에 따라 성인학습에 관한 내용을 이론 편에서 다루고자 하였다.

제2부 실제 편에서는 현재 우리나라 평생교육의 구체적인 실천과 주요 정책을 이해하는 데 주목해야 할 사항을 정리하였다. 평생교육적 차원에서 재해석되는 학교, 지역사회, 일터의 의미를 확인하고, 이들 장면에서 나타나는 구체적인 평생교육 실천 현상을 설명함으로써 평생교육에 대한 독자의 이해를 돕도록 하였다. 그리고 평생교육의 대상에 따라서 교육과 학습이 어떠한 의미를 갖는지 살펴보았다. 이론과 실제로 구분하여 독자들이 평생교육에 대해서 친근하고 쉽게 이해할 수 있도록 하였으나, 여전히 보완해야 할 것들이 많을 것이다. 이 책이 평생교육의 이해를 돕는 결정체라기보다는 작은 출발점이라는 생각으로 보다 탄탄한 출발점이 될 수 있도록 계속 보완해 나갈 것이다.

이 책은 전적으로 저자 혼자만의 능력으로 쓴 것이 아니다. 교육학을 공부하고, 평생교육을 탐구하며 많은 가르침과 도움을 주신 분들이 계셨기에 이 책을 쓸 수 있었다. 우선 한국교원대학교 교육학과 선배, 동료 교수님들의 따뜻한 배려와 관심은 경험이 짧기만 한 저자가 학교생활을 탈 없이 해 나가는 데 큰 힘이 되어 주었다. 특히 손준종 교수님과 임웅 교수님은 서툴기만 한 저자의 교육, 연구 그리고 인생사에 있어서 소중한 버팀목이 되어 주셨다. 또한 평생교육과 인적자원개발 분야로 관심을 갖도록 이끌어 주신 권대봉 선생님께도 감사 드린다. 아울러 집필 기한을 넘겼음에도 넉넉하게 기다려 주신 학지사 김진환 사장님과 좋은 책이 나올 수 있도록 세심하게 도와주신 편집부 김선우 선생님께도 진심으로 감사의 마음을 전하고 싶다. 자주 동네 도서관을 찾아 책을 빌려 읽고 새로운 것을 배워 나가시는 부모님은 평생학습의 본보기를 몸소 보여 주셨다. 두 분은 부족한 자식을 한없는 이해와 수용으로 지켜 주신 고마운 분들이다.

끝으로 이 책을 마무리하기까지 한결같이 나의 편이 되어 응원해 주고 따뜻하게 지켜봐 준 삶의 소중한 동반자 노영주에게도 고마운 마음을 전한다. 그 고마움을 잊지 않으면서 부단히 성장하는 학자로서 계속 정진해 나갈 것이다.

2010년 8월

김한별

차례

제1부

평생교육의 이론적 기초

LIFELONG EDUCATION

평생교육의 개념

오늘날 우리가 살고 있는 사회는 끊임없이, 그리고 빠르게 변화하고 있다. 많은 사람이 각자 자신만의 휴대전화를 가지기 시작한 것이 불과 20여 년 전의 일이다. 지난 20여 년 사이에 휴대전화는 단순히 음성언어를 주고받는 전통적인 전화 기능을 넘어서서 문자언어 전송, 인터넷 정보검색, 사진 촬영, 음악 감상, 동영상 시청에 이르기까지 매우 다양한 기능을 수행할 수 있는 스마트 기기로 변모해 갔다. 지금 우리가 사용하고 있는 스마트 기기가 앞으로 어떤 기능과 모습으로 변화해 갈 것인지 정확히 예측하기는 쉽지 않으나, 변화하는 생활양식에 따라서 지금보다 한층 더 진보한 기능과 성능을 갖추는 방향으로 변화하리라는 것은 분명하다.

스마트폰과 같은 우리 일상의 생활환경과 조건의 변화에서 보는 것처럼 사회는 매우 빠른 속도로 변화하고 있다. 이러한 사회 변화 속에서 자신의 삶의 방식과 가치관을 조절하여 효과적으로 대응하는 노력은 안정적인 삶을 살아

가는 데 필요하다. 그리고 변화하는 사회에 대한 모든 사회 구성원의 지속적인 대응이라는 측면에서 교육 혹은 학습은 안정적인 사회생활을 영위하는 데 핵심적인 요소라고 할 수 있다.

1. 평생교육의 정의

평생교육 혹은 평생학습은 사회 변화와 관련하여 중요하게 강조된다. 일반적으로 평생교육은 언제, 어디서나, 누구든지, 자신이 원하는 교육과 학습의 기회를 누릴 수 있도록 사회의 전반적 시스템을 재구조화하는 원리이자, 그것을 지탱하는 이념이라고 할 수 있다. 또한 이러한 평생교육의 의미에 따라서 구현해 내는 우리 사회의 교육, 문화, 생활 체제를 평생학습사회라고 지칭한다.

평생교육의 정의는 우리나라 「평생교육법」에서 규정하고 있는 좁은 의미, 평생교육 본연의 이념과 원리에 따라서 논의되는 넓은 의미로 구분하여 살펴볼 수 있다. 좁은 의미의 평생교육은 법적인 맥락에서 정의하는 의미와 동일선상에 있다. 즉, 평생교육이란 개인의 사회적 삶 가운데 학교의 정규 교육과정을 제외한 모든 형태의 조직적인 교육 경험을 총칭하는 의미이다. 이는 과거 사회교육이라는 용어로 가리켰던 의미를 고스란히 계승하는 개념이라고 할 수 있다. 협의의 개념에서 보았을 때, 평생교육은 정규 학교교육을 통해서 접하는 경험을 제외한, 학교교육을 마친 이후의 시기와 정규 학교교육 외의 시간에 발생하는 모든 형태의 교육 경험에 주목한다. 이러한 협의의 개념은 비록 학교 밖의 공간이라고 하더라도 학교의 정규 교육과정의 일환으로 교육적 행위가 이루어진다면, 그것은 여전히 학교교육의 연장선상의 활동임을 뜻한다. 동시에 협의의 개념은 학교라는 공간도 온전히 학교교육을 위한 배타적 공간이 아니라, 평생교육의 장이 될 수 있음을 시사한다. 학교에서의 교육활동이 정규 학교 교육과정과 상관없이 이루어지는 것이라면 그것은 학교 공간을 활용한 평생교육의 실천이라고 볼 수 있다는 것이다. 평생교육에 대한 이러한 이해는 평생교육과 학교교육을 서로 구별되는 개념으로 드러내고자 한다. 이러한 개념 정의가 이루어지는 까닭은 무엇보다도 교육 현상을 규율하는 「초 · 중등교육법」 및 「고등교육법」 등과의 관련성을 고려하여 법적으로 충돌하지 않는 범위에서 평생교육의 개념을 규정할 필요가 있기 때문이다. 그럼으로써 구체적인 교육 실천에 대해서 적용할 수 있는 법률적 해석과 규율이 중복되는 것을 막을 수 있다.

반면, 넓은 의미에서 평생교육의 정의는 평생교육의 이념과 원리에 입각하여 개념화한 것이다. 넓은 의미에서 볼 때, 평생교육이란 학교교육을 포함하여 개인의 전 생애, 전 삶의 공간에서 형식의 구애 없이 참여하는 교육 및 학습을 총칭하는 용어이다. 학교라는 공간도 가정, 지역사회 등과 마찬가지로 개인이 처할 수 있는 하나의 사회적 공간이며, 학교생활을 하는 시간 역시 개인의 생애 중 일부이다. 또한 학교교육을 통해서 접하는 교육적 경험 역시 개인의 전 생애에 걸친 하나의 학습 경험 유형이기 때문에 학교교육은 평생교육과 분리될 수 없다. 넓은 의미의 평생교육은 개인의 삶을 중심에 두고 전 생애에 걸쳐서 개인의 성장과 적응을 이끄는 다양한 배움을 모두 포괄하여 주목하려는 입장이다. 다시 말하면, 평생교육을 학교와 학교 외라는 제도적인 구획에 따라서 규정하는 것이 협의의 개념이라고 한다면, 제도적 구획과 상관없이 삶 속에서 이루어지는 다채로운 학습과 교육활동 일체를 아우르는 것이 광의의 개념 정의이다. 학교교육을 통한 지적 성숙만큼이나 일상 속에서 경험하고 깨닫는 것 역시 개인의 삶을 놓고 보면 똑같이 소중한 성장의 흔적들이다. 넓은 의미의 평생교육은 이 모든 성장의 흔적을 교육의 관점에서 이해하고 해명하려는 시도이다.

넓은 의미에서 평생교육의 정의를 보다 구체적으로 살펴보면 평생교육은 시간적 · 공간적 · 형식적 측면에서 기존의 '교육' 개념을 확장하고 있음을 알

수 있다. 평생교육 혹은 평생학습의 본연적 의미를 심도 있게 살펴보기 위해 교육 시기, 교육 공간, 교육 형식의 세 가지 기준을 중심으로 평생교육의 의미를 살펴보기로 한다.

1) 교육 시기의 확장

평생교육의 의미를 전통적인 교육의 의미와 구분 짓는 특징적인 단어는 바로 '평생'이라는 수식어이다. 전통적으로 교육이라고 하면 아동·청소년 등에게 미래 사회를 온전히 살아갈 수 있도록 준비시키는 것이라고 많이 생각한다. 그리고 이러한 교육 실천을 전문적으로 수행하는 제도이자 기관으로서 학교가 발전하였다. 이에 반해서 평생교육은 한 개인의 전 생애 발달 단계에 걸쳐 이루어지는 모든 교육 경험을 가리킨다. 평생교육을 이야기할 때 자주 쓰이곤 하는 "요람에서 무덤까지"라는 말은 이를 잘 보여 주는 표현이다.

교육을 미성숙한 아동에 대한 성인 세대의 의도적 개입으로 설명하는 뒤르켐(Durkheim)과 같이 전통적인 교육의 관점에서 교육의 대상자는 대체로 성장단계에 있는 미성숙한 아동·청소년들이다. 그리고 교육 연구와 실천의 주된 관심사는 이들의 사회적 적응과 준비를 위한 학교교육 현상에 대한 이해와 지원이다. 그러다 보니 교육학의 여러 영역에서 이루어진 많은 연구와 학문적 논의는 기본적으로 미성숙한 아동 및 청소년을 대상으로 한 학교교육을 전제하는 경우가 많다. 그러나 한 개인의 생애 발달의 모든 단계로 시야를 넓혀서 살펴보면, 학령기 시절 외의 시기, 특히 학교교육을 마친 성인기에도 다양한 교육과 학습이 왕성하게 이루어지고 있음을 어렵지 않게 발견할 수 있다.

미래에 대한 대비만큼이나 사회적으로 자신에게 부여된 역할과 능력에 따라서 현재를 행복하게 잘 살아가는 것도 중요하다. 이러한 점에서 한 사회의 구성원으로서 성인이 자신의 지위에 따라 담당해야 할 역할을 적절하게 수행하는 데 필요한 지식과 기술을 학습하는 것 역시 학교교육의 단계에서 미래를 준비하는 아동과 청소년의 학습만큼 중요하게 다루어져야 한다. 시대적 변화와 요구에 잘 대응하기 위해서는 무엇보다도 현재의 삶에서 요구되는 사항을 적절하게 이해하여 터득하고, 그 내용을 학교교육의 시기에 학습한 지식, 기술, 소양과 통합하는 노력이 필요하다.

학령기 시절의 우리 사회의 모습은 학교를 졸업한 이후 사회생활을 하는 성인기의 사회의 모습과 상당히 다르다. 이러한 상황에서 학교교육을 통해서 배운 내용을 성인기의 삶의 맥락에서 효과적으로 활용하며 살아가기란 쉽지 않다. 그러므로 아동·청소년 시절 학교에서 배운 내용과 학교를 졸업한 현재의 삶에서 터득한 내용은 상호 보완적으로 통합되어야 한다. 학교에서 배운 내용만으로는 실제 삶의 구체적 맥락에 적절하게 대처하는 데 한계가 있으며, 반대로 현재 삶의 구체적 상황에서 학습한 내용만으로는 현실에 대한 편향된 정보와 가치관을 가지고 오류를 범할 수 있기 때문이다. 따라서 아동·청소년 시절 학교교육을 통해서 터득한 바를 오늘날 삶의 구체적 맥락에서 새롭게 적용·재구성하려는 노력이 필요하다. 학교교육을 통해서 내면화한 보편적 윤리와 규범, 기능, 지식 등을 전제하지 않고 오직 특정한 상황 논리에 부합하는 지식, 기능, 태도를 습득하는 것은 자칫 사회문화적 가치의 관점에서 수용되기 어려운 학습의 양상을 보일 수 있다. 그렇기 때문에 학교교육의 경험과 성인기 사회에서의 학습 경험은 개인의 전 생애에 걸쳐 상호 보완적으로 통합되어야 한다. 개인의 삶을 놓고 보았을 때, 학교에서 배우는 것도 중요하며, 지금 생활하고 있는 상황에서 필요한 내용들을 터득하는 것도 중요하다. 이처럼 '평생'이라는 수식어를 교육과 함께 고민함으로써 학교교육과 학교교육 이후의 성인기 교육과 학습 경험을 연관 지을 수 있다.

교육 시기의 확대는 평생교육이 단순히 교육과 학습의 경험이 개인의 전 생애 발달 모든 단계에서 나타난다는 의미만을 내포하지 않는다. 평생교육이 강조하는 교육 시기의 확대는 개인이 필요로 하는 다양한 교육 기회의 참

여가 생애 발달 단계와 상관없이 언제든지 보장되어야 한다는 의미도 포함한다. 다시 말해, 평생교육은 사회 구성원 누구나 자신이 필요로 하는 교육 기회에 언제든지 참여할 수 있는 사회 전체의 교육체제 재구조화를 지향하는 개념이다(한숭희, 2006).

전통적인 교육체제는 교육기능을 공식적으로 담당하는 '학교'의 학제 편성과 교육과정을 주로 강조하였다. 전통적 교육체제에서 개인은 학교의 정규 학제의 운영단계에 맞추어 참여함으로써 교육 경험을 가질 수 있었다. 예컨대, 고등학교 교육을 정상적으로 제공받기 위해서는 중학교를 만 16세에, 즉 제때에 졸업해야 한다. 이 시기를 1~2년만 놓치더라도 원만한 고등학교 생활이 쉽지 않으며, 결과적으로 대학교 진학에 있어서도 많은 어려움을 겪을 가능성이 높다. 이러한 교육체제에서는 한 개인의 고등학교 진학 기회는 중학교를 졸업하는 시점에서 가장 원활하게 제공되며, 이 시기를 지나서 성인기에 접어들었을 때는 고등학교 교육 기회의 참여가 극히 제한적이다. 이러한 상황에서 학습 의도를 가지고 있는 개인이 학습할 수 있는 권리, '학습권'이 온전하게 보장되기란 쉽지 않다. 단지 우리 사회가 합의하고 있는 통상적인 진학 시점을 놓쳤다는 이유로 지속적인 교육 참여에 어려움을 겪을 수밖에 없는 모습은 학습에 관한 개인의 권리를 제약하는 것이라고 볼 수 있다. 학습권을 보장한다는 의미는 학습하려는 의지를 실현하려는 개인의 시도와 노력이 타인의 권리와 자유를 심각하게 침해하지 않는 한, 원하는 학습 기회를 충분히 그리고 자유롭게 누릴 수 있어야 한다는 이야기이기 때문이다.

학습권을 보장하기 위해 평생교육체제는 개인의 사회적 삶의 요구와 조건에 따라서 유연하게 교육에 참여할 수 있으며, 특히 직업 세계에서 교육의 세계로 언제든지 회귀할 수 있는 가능성을 강조한다(Jarvis, 2004). 한 개인이 여러 가지 이유 때문에 고등학교를 마치고 직업 세계로 바로 참여하였지만, 언젠가, 즉 전통적인 대학 진학 연령을 훌쩍 넘겨 버린 시점에서 대학교육에 참여하고자 한다면, 바로 그 시기에 특별한 사회적 · 제도적 · 문화적 제약 없이 참여할 수 있는 교육체제가 평생교육체제이다.

평생교육을 통하여 교육의 시기를 전 생애로 확장한다는 것은 전 생애 발달 과정에서 접하는 교육과 학습 경험을 서로 연관 지을 수 있는 가능성을 시사한다. 사회적 존재이자 개별적인 존재로서 한 인간을 구성하는 많은 배움의 경험은 특정 시기에 국한해서 발생하지 않는다. 그리고 삶의 모든 시기에 접하는 수많은 배움의 경험은 각각으로 고립되어 있기보다, 서로 연관되어 개인의 성장을 점진적으로 추동한다.

또 한편으로 교육 시기의 확장은 말 그대로 언제나 개인의 학습권이 보장될 수 있는 사회체제 실현을 지향한다. 이러한 평생교육의 이념이 실현되는 사회는 [그림 1-1]의 오른쪽 그림과 같이 개인의 전 생애에 걸쳐서 자신이 원하는 교육 형태와 내용에 대한 접근이 유연하게 열린 모습을 보인다. 학교교육과 구별되는 이러한 대안적 성격의 평생교육체제는 교육제도에 개인의 생애주기를 맞추는 것이 아닌, 각 개인이 가지고 있는 삶의 계획, 목표, 조건에 따라 교육이 유연하게 제공될 수 있는 체제이다. 이러한 점에서 평생교육체제는 개방적인 성격을 가지고 있다고 볼 수 있다(한숭희, 2006).

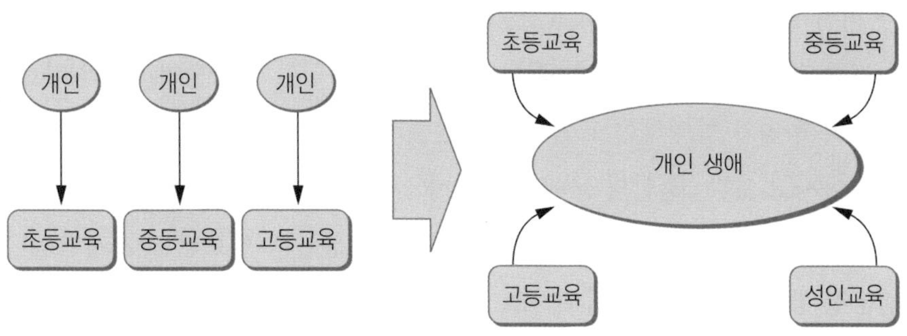

[그림 1-1] 교육체제의 변화

2) 교육 공간의 확장

평생교육은 우리가 주목해야 할 교육이 삶의 여러 장면에서 벌어지고 있다는 사실을 드러내는 개념이다. 일반적으로 학교교육 제도는 한 사회의 영속에 필요한 교육을 담당하는 가장 대표적인 사회제도로 인식되어 왔다. 특히 공교육 개념의 정착은 이러한 인식을 사회적으로 더욱 공고하게 만드는 데 많은 영향을 미쳤다(김신일 외 편저, 2005). 그러다 보니 교육에 대한 다양한 논의는 묵시적으로 학교교육 상황을 전제로 하는 경우가 많다. 실제로 교육학 분야에서의 실천과 학문적 관심은 주로 학교에서 학습자의 발달과 성장을 어떻게 촉진할 것인가에 대한 관심을 바탕으로 학교교육 체제 및 제도의 한계를 극복하고 혁신해 가는 데 주목하였으며, 이를 설명하고 뒷받침하는 이론 정립에 치중하였던 것이 사실이다.

하지만 우리의 경험들을 되돌아보면 학교교육만이 교육의 전부가 아니었다는 사실을 그리 어렵지 않게 파악할 수 있다. 성별, 나이, 직업, 신체 특성 등에 따라서 달라지기는 하지만, 우리는 부모교육, 군대훈련, 교사연수, 외국어교육, 각종 직업훈련, 특기 · 적성 교육, 취미 · 교양 교육 등 정규 학교교육과 직접적인 관련이 없는 교육활동들에 수없이 많이 참여하고 있다. 그리고 이러한 교육활동 대부분은 학교 외의 공간에서 다양하게 이루어지고 있다.

실제 우리가 참여하는 교육과 학습은 학교 외의 여러 공간에서 활발하게 이루어지고 있다. 성인의 삶에 주목해서 살펴보면 이러한 사실을 보다 명확하게 인식할 수 있다. 성인들은 안정적인 직장생활에 필요한 자기계발이나 전문성 향상 교육활동에 참여하고 있다. 또한 집 근처에 있는 주민자치센터, 문화센터, 도서관 등에서 개인적 관심에 선호에 따라 취미 · 교양 중심의 교육 프로그램 등에도 참여하고 있다. 일과 개인적 관심에 따라 접하는 교육 경험은 개인의 성장과 사회적 적응에 적지 않은 기여를 한다. 그럼에도 불구하고 이러한 교육의 실천에 대한 관심과 논의는 학교교육 차원에서 이루어져 왔던 것들에 비하여 상대적으로 빈약한 수준이었으며, 사회교육이라는 이름에 간혀서 논의되어 왔다.

평생교육은 일과 여가가 균형을 이루는 건강한 삶을 영위하기 위해서는 학교교육만으로 충분하지 않으며, 성인기에 참여할 수 있는 다양한 활동이 중요하다는 점을 상기시킨다. 이러한 교육활동은 다양한 형태의 노동 효과성을 배가할 수 있는 기회이자, 건전한 여가 활용을 가능하게 한다. 교육 공간의 확장을 강조함으로써 평생교육은 고유한 개별적 존재로서 자신의 개성을 계발하는 동시에, 건강한 사회 공동체 일원으로서 자신의 역할을 감당할 수 있는 존재로 거듭나기 위해서 다양한 생활 공간에서 접하는 배움의 경험이 중요하고 또 필요하다는 점을 부각한다. 그러므로 한 개인의 성장과정을 이해하고 효과적으로 지원하기 위해서는 지금까지 간과되거나 부차적인 것으로 간주되어 왔던 전통적인 학교 이외의 공간에서 발견할 수 있는 교육과 학습에 대해 재조명하는 자세가 필요하다.

교육 공간의 확대는 교육과 학습의 장면이 학교, 가정, 지역사회, 일터 등과 같은 물리적 공간을 넘어 빠르게 발전하는 테크놀로지를 이용하여 가상의 공간, 즉 사이버 공간으로까지 확대되는 것을 말한다. 테크놀로지를 매개로 창출되는 새로운 학습 공간의 전형은 인터넷 기반의 사이버 교육이다. 사이버 교육은 교육 공간과 형식에 대한 고정관념을 해체하는 데 결정적 기여를 하였으며, 교육 기회의 양적 확대를 가져왔다. 그래서 발달된 정보기술과 인터넷 기술을 매개로 하여 많은 교육기관 혹은 기업은 인터넷을 이용하여 다양한 특성을 지닌 학습 대상자들에게 교육 및 훈련을 제공하고 있으며, 결과적으로 개인적 삶의 조건으로 인해서 정규교육의 기회가 제한되는 성인 학습자에게까지 교육 기회를 확대하는 역할을 한다(권대봉, 2001). 그렇지만 교육 기회의 양적 확대에 비하여 테크놀로지를 매개로 한다는 구조적 특징 때문에 필연적으로 봉착하는 교육과 학습의 질적 제약—면대면 교육에서와 같은 생생한 상호작용, 정의적 영역의 교육 등의 어려움—이라는 한계도 있다.

그러나 도저히 따라잡기 힘든 테크놀로지의 발달은 이러한 사이버 교육의 한계를 넘어서는 데 일조하고 있다. 인공지능과 가상현실을 구현하는 테크놀로지에 힘입어 교육의 공간은 경계를 가늠하기 어려울 정도로 넓어지고 있다. 최근 대중적으로 빠르게 보급되는 스마트 모바일 기기를 사용한 SNS 소통과 교류는 기존의 물리적인 공간 규정을 쓸모없는 것으로 만들어 버린다. SNS에 기반을 둔 소통에 참여하면서 사람들은 물리적 제약을 뛰어넘어 다양한 사람과 만나고 자원들에 접근할 수 있다. 그럼으로써 자신이 관심을 가지고 있는 다양한 사회주제나 전문 영역에 관한 지식과 의견들을 폭넓게 습득할 수 있다. 이뿐만 아니라 자신의 생각과 의견을 표현하고 다른 사람이 생각과 의견을 다듬는 과정에 기여하는 양방향 소통을 해 나감으로써 지식을 획득하는 데 머무르지 않고 역동적으로 지식을 만들어 전파하는 주체로서의 역할을 하기도 한다.

평생교육의 개념은 교육이 발생하는 공간을 학교를 포함한 살아가는 모든 사회의 장면, 나아가 물리적 조건을 넘어서는 배움의 공간까지로 포괄할 수 있는 계기를 제공한다. 그럼으로써 현실 속에서 엄연히 존재하고 있었지만 자주 그리고 손쉽게 간과해 왔던 일상생활 속의 교육과 학습을 교육학의 관심 대상으로 복원한다. 다시 말하면, 평생교육은 한 개인이 전 생애에 걸쳐 경험하는 교육과 학습의 현상을 다시금 새롭게 조명하고 이에 대한 교육적 관심을 일깨우는 개념이라고 할 수 있다. 한숭희(2006)가 지적한 것처럼 평생교육은 언제, 어디서든지 한 생명체로서 개인이 일상적으로 수행하는 삶의 한 단면으로, 마치 호흡과 같이 자연스러운 과정이다. 그는 이러한 학습이 효과적이고 체계적으로 일어날 수 있도록 도와주고 관리해 주는 것이 평생교육이라는 점을 강조하고 있다.

교육과 학습이 어디서나 이루어질 수 있음을 강조하는 평생교육은 교수자와 학습자의 역할을 구분 짓는 시도를 거부한다. 모든 개인은 삶을 통해서 끊임없이 배우는 학습자이면서 동시에 누군가에게 가르침을 행할 수 있는 경험과 지식을 가지고 있는 교수자이다. 학교교육의 맥락에서는 사회적으로 가르침의 행위를 수행할 수 있다고 공식적으로 인정받고 자격을 부여받은 사람이 교육자가 된다. 그렇기 때문에 교사 자격을 갖추지 않은 사람은 가르침의 행위를 할 수 없으며, 교사를 통해서 전달되지 않는 교육 내용은 사회적으로 공인받기 어렵다. 하지만 교육의 장면을 넓혀 보면, 사회의 다양한 영역에서 공식적인 교사 자격을 가지고 있지는 않지만 교수자 역할을 훌륭히 하는 사람들을 찾아볼 수 있다. 가령 우리의 삶에서 스승으로서 큰 감화를 주었던 사람들을 떠올려 본다면, 아마도 우리가 인생의 스승으로 기억하는 사람들 모두가 공인된 교사 자격을 갖추고 있지는 않다는 사실을 눈치챌 것이다. 전통시장에서 채소를 파는 상인에게서 요즘의 채소 가격 동향을 알 수 있으며, 어떤 것이 좋은 채소인지, 또 어떻게 해야 신선하게 채소를 오래 보관할 수 있는지 등에 대해서도 들을 수 있다. 이처럼 시장에 가면 그곳의 상인들에게서도 배울 것이 있으며, 그 배움은 먹거리와 관련한 문제에 있어서 우리에게 좋은 경험이 된다. 상인들은 비록 교육자라는 공식적인 직함을 가지고 있지는 않지만, 우리에게 요긴한 지식을 일러 주는 훌륭한 교수자 역할을 하고 있는 셈이다. 평생교육은 전통시장 상인들의 학력 수준과 상관없이 그저 이들이 삶 가운데 터득한 풍부한 경험과 지식들만으로도 누군가에게 유용한 가르침을 전할 수 있는 교수자가 될 수 있음을 알려 준다. 물론 이들이 가지고 있는 경험과 지식도 각자의 삶에서 접하는 수많은 일상의 경험과 사회적 관계 속에서 터득한 것일 테니, 그런 점에서 보면 이들은 학습자이기도 하다. 그러므로 어디서나 가르침과 배움이 이루어짐을 의미하는 교육 공간의 확대는 누구나 교수자이면서 학습자일 수 있다는 사실을 내포한다. 그리고 교수자로서의 모습과 학습자로서의 모습을 한 개인에게서 함께 발견함으로써 교수자와 학습자의 구분은 잠정적이며 절대적으로 고정된 구분이 아니라는 것도 생각할 수 있다(권이종, 이상오, 2001).

3) 교육 형식의 확장

기존의 교육의 개념을 시간적 · 공간적 측면 모두에서 확장함에 따라서 평생교육은 자연스럽게 교육의 형식도 확대한다. 사람은 태어나서 인생을 마감할 때까지 전 생애에 걸쳐서 끊임없이 변화한다. '발달(development)'은 이러한 전 생애에 걸친 일련의 인간 변화의 과정을 지칭하는 개념이다. 인간의 발달에는 생명 현상으로서 자연스럽게 이루어지는 성숙이 있는가 하면, 의도적인 노력을 기울여 학습해야 하는 것들도 있다(한숭희, 2006). 예컨대, 아동기 소근육 발달과 같은 현상이 자연스러운 성숙으로서의 발달이라고 한다면, 자신의 양육태도와 가치관에 대해 성찰하면서 좋은 부모로 성장해 가는 과정은 의도적인 학습이 필요한 발달이다. 교육은 인간 발달의 과정에 있어서 개인이 의도적인 노력을 통해 학습을 원활하게 전개하고 지속할 수 있도록 지원하고 관리하는 시도라고 볼 수 있으며, 그 형식은 어떠한 교육적 장면에서 발생하느냐에 따라 다양하다. 특히 쿰스와 아메드(Coombs & Ahmed, 1974: LaBelle, 1982에서 재인용)는 교육이 학교교육을 중심으로 하는 정규교육에만 국한되지 않고 여러 방면으로 이루어지고 있다는 점에 주목하여 형식교육, 비형식 교육, 무형식 교육의 세 가지로 교육 형식을 구분하였다.

형식교육(formal education)은 학교교육과 동의어로 생각할 수 있다. 라벨(LaBelle, 1982)은 아래로는 초등학교에서 위로는 대학에 이르기까지 제도적 · 연대기적으로 등급화되어 있고, 위계적으로 구조화된 교육체제를 지칭하는 개념으로 형식교육을 설명한다. 형식교육은 교육의 계획, 실천, 관리 등과 같은 일련의 활동들이 사전에 체계적으로 계획 · 조직되어 있는 형태이다. 형식교육의 상황에서 학습자는 학년이나 학교 위계에 따라 단계적으로 교육 경험을 제공받으며, 교육 참여를 위해서는 일정한 입학 조건을 갖추는 것이 필요하다. 형식교육은 대체로 사전에 의도적으로 구성한 표준화된 교육과정을 바탕으로 교육활동을 전개해 가며, 사회에서 공식적으로 교수자 역할을 인정받는 사람들이 실행 · 관리해 간다. 그렇기 때문에 형식교육을 통해 습득한 학습 경험은 사회적 공인을 받을 수 있는 학위나 자격증 형태로 인정된다(Merriam, Caffarella, & Baumgartner, 2007).

전통적으로 형식교육은 아동 · 청소년을 주요 학습 대상으로 간주하였으나, 저출산과 고령화라는 사회적 변화의 영향으로 최근 들어 성인의 형식교육 참여가 늘고 있으며, 이들을 형식교육의 주요 학습 대상으로 인식하는 분위기가 확산되고 있다. 지금까지는 일반적인 진학 연령을 넘어서 학교교육, 주로 고등교육기관에 참여하는 성인 학습자들을 소위 만학도, 비전통적 학습자(non-traditional learners)로 분류하였으나, 이제는 이들을 형식교육, 특히 대학, 전문대학 등과 같은 고등교육기관의 주요 학습자로 새롭게 주목하고 있다.

이렇듯 성인 학습자가 증가하고 사회의 교육체제가 평생교육체제로 전환될 것이 강조되는 시대적 흐름에서, 대학을 중심으로 하는 고등교육기관의 위상과 역할은 연령 기준에서 보았을 때 정상적인 고등학교 졸업생뿐만 아니라 비전통적 학습자의 참여가 보다 원활히 이루어질 수 있도록 개편될 필요가 있다(천세영, 한숭희, 2006). 그러나 아직까지는 많은 고등교육기관이 일반적인 진학 대상자들인 청소년들을 주된 대상으로 하는 전형 방식으로 학생들을 선발하고 있는 실정이다. 또한 비전통적 성인 학습자는 대학기관의 생존과 관련하여 대학의 서열구조에서 낮은 곳에 위치한 일부 대학에 의해 전략적으로 선택된 고객으로 인식되고 있다(손준종, 구혜정, 2007).

비형식 교육(non-formal education)을 한마디로 정의하면 제도적으로 규정되어 있는 형식교육체제 이외의 조직화된 교육활동이라고 할 수 있다. 각종 시민사회단체, 평생교육시설, 종교단체, 사회복지단체, 박물관, 도서관, 기업 등에서 운영하고 있는 교육 프로그램을 비형식 교육의 범주에 포함할 수 있다. 비형식 교육은 형식교육에 비해 학습자의 요구와 관심을 보다 더 중시하는 편이기 때문에 교수자의 자격 요건이나 교육 방법이 프로그램의 상황과 조건에 따라서 유동적인 경우가 많다. 비형식 교육은 교육활동에 관한 일정한 계획, 실천, 평가, 관리 등의 형식을 갖추고 있다는 점에서 형식교육과 유사하지만, 비형식 교육을 통한 학습 경험은 사회에서 통상적으로 인정되지 않는다는 점에서 차이를 보인다.

브레넌(Brennan, 1997)은 형식교육 외의 조직화된 교육 기회로서 비형식 교육의 성격을 형식교육과의 관계성을 중심으로 세 가지로 구분하여 제시하였다(Merriam, Caffarella, & Baumgartner, 2007에서 재인용).

첫째는 형식교육에 대한 보완적(complement) 성격의 비형식 교육이다. 이는 형식교육의 기회를 원천적으로 제공받지 못하거나, 형식교육에 참여할 시기에 중도 탈락한 개인에게 형식교육의 경험을 제공하기 위해 운영되는 교육 활동을 말한다. 즉, 다양한 이유로 형식교육의 장면에서 소외된 사회적 약자나 취약계층에게 형식교육을 통해서 접하는 경험에 상응하는 교육을 제공하는 비형식 교육이다. 사회복지시설이나 종교시설 등에서 노인을 대상으로 제공하는 문해교육이나 검정고시 대비반과 같은 프로그램이 이에 해당된다.

둘째는 형식교육에 대한 대안적(alternative) 성격의 비형식 교육이다. 이는 학교교육 과정에서 지향하는 가치체계와 상관없이 교육을 실행하는 단체나 집단이 지향하는 독자적인 비전과 관점에 따라 실행하는 교육활동이다. 대안적 성격의 비형식 교육은 학교교육에 비하여 사회의 보편적 담론 영향을 적게 받으며 자유롭게 교육 내용을 구성할 여지를 갖는다. 그렇기 때문에 대안적 성격의 비형식 교육이 지향하는 이념은 사회적 주류의 것들과 차별적인 성격을 갖는 경우가 많다. 각종 시민사회단체 등에서 제공하는 교육 프로그램이 이에 해당된다.

셋째는 형식교육에 대한 추가적(supplement) 성격의 비형식 교육이다. 추가적 성격의 비형식 교육은 형식교육을 통해 습득한 경험이 현재 상황에서 충분하지 않기 때문에 제공하는 교육이다. 쉽게 말하면, 형식교육을 통해 습득한 교육 경험을 보강하는 성격의 교육 형태라고 할 수 있다. 빠르게 변화하는 사회에서 안정적이고 효과적으로 살아가기 위해서는 형식교육을 통해 학습한 지식과 기술을 지속적으로 갱신할 수 있어야 한다. 추가적 성격의 비형식 교육은 형식교육 자체만으로는 제한적인 부분을 계속적으로 보충하려는 계속교육의 특성을 가지는 교육 형식이다. 대학교육을 통해서 영어교육을 마친 직장인이 점심시간이나 퇴근 후에 참여하는 영어회화, 토플 등의 학원 교육이나 교사를 대상으로 하는 교사연수 등이 이에 해당된다.

무형식 학습(informal learning)이란 일정한 교육 목표를 수립하거나 그 목표를 달성하기 위한 체계나 형식이 갖추어지지 않은 채 의도하지 않은 상황에서 발생하는 학습을 말한다. 예를 들면, 대학생으로서 수강하는 과목의 보고서 과제를 수행하면서 보다 완성도 높은 보고서를 작성하기 위하여 노력하는 모습을 생각해 볼 수 있다. 보고서 과제를 잘 수행하기 위하여 평소에 보고서를 잘 써서 보고서 과제 점수가 좋은 친구의 보고서를 참고하고 작성 방법에 대해서 문의한다거나, 스스로 다양한 방식으로 좋은 보고서를 작성할 수 있는 방법을 끊임없이 시도하고 고민해 감으로써 보고서를 잘 쓸 수 있게 되는 것이 무형식 학습의 예라고 할 수 있다. 메리엄과 동료들(Merriam et al., 2007)은 무형식 학습이 대부분의 성인이 가장 많이 참여하는 학습 형태라고 말한다. 성인학습의 일상성을 강조하는 무형식 학습은 사전에 계획된 교육과정 없이 발생하기 때문에 실제로 그 활동이 갖는 학습으로서의 의미를 발견하기 쉽지 않다. 무형식 학습은 삶에서 접하는 다양한 인물, 사건, 상황에 대한 성찰을 통해서 학습자의 인지적 · 정서적 · 행동적 변화가 발생하는 현상에 주목한다. 따라서 무형식 학습은 일상에서 접하는 경험을 통해서 나타나는 개인의 변화에서 학습의 의미를 도출 · 이해하는 결과론적인 접근이라고 할 수 있다.

무형식 학습과 비슷한 현상을 표현하는 개념으로 우연적 학습(incidental learning)이 있다(Marsick & Watkins, 1990). 우연적 학습은 학습과 무관한 일상적 활동을 하는 가운데 일종의 부산물(by-product)로서 얻어지는 학습 경험이다. 우연적 학습은 개인이 학습하려는 의지를 가지고 있지 않으며, 자신이 학습하고 있다는 인식도 없이 생활하다가 이후에 무엇인가 새로운 내용을 학습했다는 것을 깨닫는 경우를 말한다. 예를 들면, 쉬는 시간에 인터넷 포털사이트에 게시된 뉴스를 검색하고 읽어 가다가 최근 국제 금융시장의 분위기와 환율 조정에 대한 기사를 말 그대로 '우연히' 접하면서 최근 환율 동향이 어떤 추세인지 알게 되는 것이 우연적 학습이다. 그렇기 때문에 우연적 학습과 무형식 학습은 학습자의 사전 계획이 개입하지 않는다는 점과 결과론적인 접근—지나고 나서 보니 학습을 했다는 사실을 알게 되는 것—을 취한다는 점에서 비슷하다고 볼 수 있다. 하지만 무형식 학습은 학습활동이 전개되는 가운데 학습자의 의도적인 관심과 성찰활동이라는 인지적 노력이 의식적으로

[참고자료] 평생학습과 평생교육

평생학습(lifelong learning)과 평생교육(lifelong education)이라는 용어를 특별한 구분 없이 쓰는 경우가 대부분이다. 두 개념 모두 끊임없이 변화하는 개인의 삶에 있어서 교육과 학습이 핵심적인 요소라는 점을 강조한다. 개인의 변화와 그로 인한 사회 전체의 성장이라는 결과는 사회 구성원이자, 독자적인 개성을 갖는 개인의 교육과 학습의 산물이다. 그리고 개인이 참여하는 교육과 학습은 단지 특정 시기에 제공되는 의도적 교육 경험에만 의존하는 것이 아니라, 다양한 시기와 공간에서 접한 경험들에 근간을 둔다. 지금 자신의 행동, 사고, 태도 수준은 이제까지 살아오면서 접한 모든 경험에 의한 총체적인 결과물인 셈이다.

하지만 평생학습과 평생교육은 서로 구분되는 개념적 차이를 가진다. 평생학습이 개인의 전 생애 발달 과정에서 의식적으로 이루어지는 모든 형태의 변화 과정을 가리키는 개념이라면, 평생교육은 그러한 평생학습이 개인과 사회의 지속적인 성장을 이끄는 방향으로 이루어질 수 있도록 지원하는 의도적이고 조직적인 노력이라고 할 수 있다. 따라서 평생학습은 특별한 학습 과정과 결과를 판단하는 가치의 성격과 그 정당성을 반드시 전제하지 않는다. 반면, 평생교육은 어떤 바람직한 방향으로 학습자의 성장을 도울 것인가 하는 가치판단을 필연적으로 요구한다. 그리고 그 방향성의 의미와 성격이 교육적으로 정당한 것인지에 대한 판단을 하게 된다.

개입하는 반면, 우연적 학습은 의식적인 성찰 없이 나타나는 학습 과정을 의미한다는 점에서 차이를 보인다(한숭희, 1997; Marsick & Watkins, 1990).

2. 평생교육 관련 개념

지금까지 살펴본 것처럼 평생교육은 개인의 생애 전반에 걸쳐 여러 공간에서 펼쳐지는 다양한 형식의 교육과 학습을 포괄하는 개념이다. 그러다 보니 평생교육의 이름으로 지칭되는 실천은 무척 다채롭게 나타나며, 이러한 평생교육적 실천을 가리키는 다양한 용어가 빈번하게 사용된다. 이러한 용어를 사용함으로써 다양한 평생교육의 성격 중 어떤 특정한 측면을 부각할 수 있다. 여기서는 성인교육, 계속교육, 사회교육, 순환교육, 민중교육 등의 용어를 중심으로 이들이 가리키는 주요 내용이 무엇인지 살펴보도록 한다. 이들은 평생교육과 다른 의미를 내포하는 것이라기보다, 평생교육이 지니고 있는 모종의 특성을 부각하기 위하여 평생교육이라는 용어와 함께 호환적으로 사용하는 용어라고 이해하면 좋겠다.

1) 성인교육

성인교육(adult education)은 아동이나 청소년이 아니라 학교교육을 마친 성인을 대상으로 하는 교육 형태를 말한다. 평생교육을 언급하면서 성인교육이라는 표현을 사용하는 경우는 일반적으로 교육의 목적이나 형식에 상관없이 성인이 참여하는 모든 형태의 교육을 총칭하고자 할 때라고 이해할 수 있다. 메리엄과 브로켓(Merriam & Brockett, 1997: 8)은 성인교육을 "연령이나 사회적 역할, 자아개념 등에 있어서 성인의 특성을 보이는 이들의 학습을 촉진하기 위해서 의도적으로 계획된 활동"으로 정의하고 있다. 성인교육을 성

인 학습자의 특성을 가지고 있는 대상에 적합한 교육이라고 간주하는 이러한 정의는 아동의 특성에 부합하는 교육활동과 구분되는 성인을 위한 교육활동이 있을 수 있고, 또 필요하다는 점을 강조하고 있다(Paterson, 1979).

그러나 성인교육은 단순히 성인을 대상으로 하는 교육이라는 의미에서 더 나아가 성인들이 참여하는 좀 더 특별한 형태의 교육을 가리킨다. 그래서 영국에서는 성인교육을 성인을 대상으로 하는 교육 가운데, 특히 중산층 성인이 자신의 여가 시간을 활용하여 개인적 관심에 따라 참여하는 자유 교양교육(liberal education)을 지칭하는 개념으로 이해한다(Jarvis, 2004). 북미 지역에서도 성인교육은 대체로 사회생활에 필요한 가장 기본적인 문자해득 및 수리능력의 배양과 관련되는 성인 기초교육(adult basic education)을 가리키는 경우가 많다(Apps, 1979). 이러한 맥락에서 자비스(Jarvis, 2004)는 성인교육이 삶에 있어서 꼭 필요한 사항을 교육하는 활동을 가리키기보다 개인의 관심과 여력에 따라서 선택해서 참여할 수 있는 부가적인 교육으로 인식되는 경향이 있다고 지적한다. 그러면서 성인 시기의 생활에서 필요한 일상생활 기술이나 직업능력의 증진과 관련된 내용은 성인교육의 핵심적 내용에서 배제되는 문제를 제기한다.

2) 계속교육

계속교육(continuing education)이라는 용어는 '계속'이라는 수식어에서 짐작할 수 있듯이 어떤 교육 경험 이후에 계속적으로 이어지는 교육을 뜻한다. 베너블스(Venables, 1976: 19)는 "전일제 의무교육(full time compulsory education)을 마친 이후에 연계되는 모든 학습 기회"로 계속교육을 정의하고 있다(Jarvis, 2004에서 재인용). 이러한 정의에 따르면, 계속교육은 교육의 내용, 방법, 목적에 상관없이 학교교육을 마친 이후에 계속해서 참여하는 일련의 교육활동을 가리키는 개념이라고 볼 수 있다. 즉, 계속교육이 다루는 주제 영역은 직업에 관련되는 것과 일상생활에 관련되는 것 모두를 아우르는 개념으로 정리할 수 있다.

하지만 북미 지역에서는 계속교육을 직업적 측면에서 전문성 신장을 지원하기 위해 제공되는 각종 연수 프로그램, 자격증 취득 및 인증과정, 재교육 프로그램 등을 일컫는 개념으로 주로 사용하고 있다(Merriam & Brockett, 1997). 다시 말해, 계속교육이란 특정한 직업 분야에서 배타적 전문성을 사회적으로 인정받기 위해 해당 직업 분야의 종사자들이 새롭게 익혀야 할 지식과 기술을 주기적으로 연마할 수 있는 기회이자 활동을 의미한다(Cervero, 2000). 이처럼 특히 직업적 전문성 개발과 밀접하게 관련하여 사용하는 경우가 많다 보니, 북미 지역을 중심으로 '계속교육'이라는 용어보다는 '전문성 계속교육(Continuing Professional Education: CPE)'이라는 용어를 사용하는 경우가 점차 많아지고 있다. 그럼으로써 '계속'이라는 수식어가 갖는 보수적(補修的) 성격을 명확하게 전달하고 있다.

또한 전문성의 개발과 유지라는 측면에서 계속교육은 기존에 유지하던 가치나 방법을 혁신적으로 변화시키기보다는 기존의 전문 영역에서 통용되는 지식, 기술, 규범의 전수와 지속적인 갱신이라는 측면에 주력한다. 다시 말하면, 전문성 계속교육은 일정한 분야에서 지금까지 유효했던 내용들을 전면적으로 부정하면서 혁신을 추구하기보다, 기존의 사항들을 바탕으로 보다 효과적인 문제해결의 가능성을 제고하기 위해서 새로움을 추구한다. 이러한 속성으로 인해서 전문성 계속교육은 대체로 보수적(保守的, conservative)인 성격을 갖는다는 비판을 받는다(Jarvis, 2004).

3) 사회교육

권이종과 이상오(2001: 34)는 사회교육(social education)을 "평생교육체제 속의 통합적 부분으로서 학교 밖에서의 사회화 과정이며, 주로 청소년 및 성인을 대상으로 행해지는 조직적인 교육활동"으로 정의하고 있다. 청소년과 성인들이 학교 밖에서 경험하는 사회화 과정으로 교육을 바라보는 것처럼, 사회교육은 교육이 이루어지는 공간, 즉 지역성을 강조하는 개념이다. 다시 말하면, 평생교육은 사람들이 생활하는 일상의 다양한 공간에서 교육이 이루어진다는 시각을 제공하는데, 사회교육은 바로 이러한 점에 주목하여 학교의 울타리를 넘어 학교 밖에서 발견할 수 있는 다양한 교육활동의 의미와 역할을 강조하는 개념이다.

특히 사회교육의 개념은 현행 평생교육이라는 용어가 2000년에 새롭게 법제화되고 통용되기 이전에 평생교육의 개념에서 포괄하고 있는 교육 형태를 지칭하는 공식적 개념으로 사용되었다. 사회교육은 학교교육을 충분히 제공받지 못하고 학령기를 초과한 성인에게 온전한 사회적 삶을 위해서 필요한 교육을 사회가 제공할 수 있음을 강조하는 것이다. 또한 지역사회 교육의 이름으로 논의되어 왔던 교육 실천, 즉 지역사회의 개발과 지역주민의 생활 수준 제고를 목적으로 계획되고 실천되는 교육활동의 의미를 강조하는 개념이기도 하다.

4) 순환교육

순환교육(recurrent education)은 1972년에 OECD에서 제안한 개념이다. 순환교육은 교육과 직업 관련 활동이 개인의 생애 전반에 걸쳐서 상호 연계되는 교육체제를 말한다. 순환교육이 강조하는 바는 개인이 정규교육을 마친 이후에도 언제든지 필요한 경우에 학교로 돌아올 수 있도록 길을 열어 주는 사회적 시스템을 구축하는 것이다. 그렇게 함으로써 사회는 정규교육을 마치고 직업 세계에 참여하여 활동하는 성인에게 직업능력의 향상과 갱신을 위한 교육을 보다 유연하게 제공해 줄 수 있다(OECD, 1973: Jarvis, 2004에서 재인용). 그럼으로써 사회는 구성원들이 자신들의 노동 생산성을 증진하고 지속적 고용 가능성을 유지하는 지원체제를 갖출 수 있다.

순환교육은 노동 생산성 증진 및 고용 가능성 제고와 관련된다는 점에서 계속교육과 비슷한 성격을 갖는 것처럼 보인다. 하지만 단순한 교육 프로그램의 개발과 제공보다는 더 거시적인 차원에서 기존의 학교교육 시스템과 직업능력 계발교육을 유기적으로 통합하는 전체 사회의 교육체제를 의미한다는 점에서 계속교육과 구별된다. 즉, 순환교육은 기존의 학교교육 이후에 단순히 추가적으로 계속교육의 기회를 제공하는 교육 형태라기보다 학교교육과 계속교육의 유기적 통합을 통한 총체적인 교육 구도와 시스템의 개혁을 의미한다.

요컨대, 순환교육은 학습과 일 사이의 긴밀한 연계를 강조하는 교육체제 모형으로서 노동시장에서 개인의 지속적인 적응과 생산성 제고를 돕는 학습의 수단적 가치에 초점을 두는 것이라고 정리할 수 있다.

5) 민중교육

민중교육(popular education)은 평생교육의 사회 개혁적 성격을 부각하는 개념이다. 민중교육은 주로 특정 계층에만 국한하여 실질적 혜택을 제공하고 사회적 불평등을 충분히 해소하지 못한 학교교육의 한계를 넘어서 모든 이에게 교육 참여의 기회와 교육을 통해 획득할 수 있는 효과를 공평하게 분배할 것을 강조한다. 다시 말해, 민중교육은 교육적 소외계층에 대한 교육을 통해 이들이 미처 인식하지 못하고 있는 불합리하고 부조리한 사회체제의 현실을 볼 수 있도록 하는 데 교육의 목적을 둔다. 그럼으로써 민중교육은 소외계층이 자신들의 소외를 스스로 개혁할 수 있는 프랙시스(praxis)의 주체로 변모하도록 도와주고자 한다(Freire, 1995).

자비스(1990: 269)는 민중교육이 특히 중남미 지역에서 폭넓게 사용되는 용어임을 지적하면서 다음과 같은 개념적 특징을 내포하고 있음을 설명했다.

> 교육은 학교교육체제의 수혜를 누리지 못한 이, 즉 민중도 누려야 할 권리이며, 교육은 민중에 의해서, 민중을 위해서 마련되어야 한다. 또한 교육은 이념적 계급 갈등과 급진적 사회 개혁의 핵심적인 수단이 되며, 교육을 통해서 사회적 불평등에 대한 민중의 의식적 각성을 이끌어 내고, 이들이 사회 개혁의 주체로서 직접 나설 수 있도록 도와주는 것이다.

사회적으로 소외된 이들에게 공평한 교육 기회를 제공함으로써 누구나 인간다운 삶을 살아갈 수 있도록 지원할 것을 강조하는 민중교육은 평생에 걸쳐 누구나 교육 기회를 보장받을 수 있는 교육체제로서 평생교육의 이념을 반영하고 있다.

3. 이념으로서 평생교육, 실천으로서 평생교육

1) 이념으로서 평생교육

지금까지 평생교육의 정의와 관련 개념들을 살펴보았다. 이상의 내용들을 각각 생각하면 그 자체로는 이해하기가 별로 어렵지 않다. 평생교육이란 중층적인 의미를 포함하고 있는 개념으로서 개인의 다양한 삶의 욕구를 충족시키는 것에 주목하는 동시에 사회 전체의 진보와 민주화에 대해서도 관심을 가진다. 이를 위해서 평생교육은 교육의 실천과 탐구에 있어서 우리들이 교육에 대해서 가지고 있는 관점과 이념의 확장을 이야기한다. 교육이란 생애발달의 특정 시기에만 일어나는 일도, 사회의 일부 제도와 공간에서만 펼쳐지는 일도, 교육적으로 마련한 일정한 환경적 조건하에서만 가능한 일도 아니다.

평생교육이 이야기하는 바는 인간의 삶 속에서 드러나는 가르침과 배움을 모종의 틀이나 제도에 근거하여 구획하지 않고 통찰하자는 주문이다. 현상학은 어떤 가설이나 전제를 버리고, 있는 그대로의 현상, 즉 "사상(事象) 그 자체(to the things themselves)"로 되돌아가 그 자체로 주어져 있는 그대로의 사상을 캐물어야 한다고 주장한다(Heidegger, 2015: 42). 사태와 무관한 선입견을 배제하여 어떤 왜곡 없이 있는 그대로의 모습을 출발점으로 삼는 현상학의 입장처럼 평생교육도 연령에 따라 나누고, 성별에 따라 나누고, 학교급에 따라 나누고, 또 직업에 따라 나누는 등 교육을 분석적으로 다루는 태도에 대한 대안적 접근을 제기한다. 다시 말하면, 평생교육은 분절될 수 없는 삶의 본연적 특징에 주목하면서 분절된 제도적 틀로 인해 왜곡되는 교육현실의 개혁 가능성을 강조하는 이념이다.

우리가 잘 알고 있는 학교를 떠올려 보자. 학교에서 벌어지는 많은 교육 실천은 철저한 분할과 조직화에 기초하여 제도화되어 있다. 교과를 구분하고 학년을 구분할 뿐만 아니라, 일과를 일정한 기준에 따라서 구분함으로써 학교 공간 속에서 학생들의 삶과 배움을 관리해 간다. 또한 교사는 교원임용고사를 통해서 선발된 사람들이거나, 최소한 정부가 발급하는 교원자격증을 소지하고 있어야 학교교육의 정당한 교육자로 인정받을 수 있다. 이러한 학교교육의 논리는 보다 체계적이고 효과적인 가르침을 행하기 위하여 학생의 일상을 분절하고, 가르치고 배워야 할 것을 서로 나누는 동시에 가르칠 수 있는 사람과 그렇지 못한 사람을 구분한다. 이해를 돕기 위하여 학교교육을 예로 들었지만, 비단 학교뿐만 아니라 우리 사회의 여러 교육 장면에서도 별 의심 없이 이러한 구분과 구별 짓기가 부단히 이루어지고 있다.

교육과 관련한 일체의 요소들—목표, 내용, 방법, 대상, 자료, 물리적 조건 등—을 면밀히 분류함으로써 보다 바람직한 조건을 마련할 수 있는 방안을 모색하고 그에 따라 교육 실천을 개선하는 제도화의 노력은 당연히 필요하다. 이러한 구획들을 통하여 개인과 사회는 효율적으로 교육을 관리할 수 있었으며, 그 결과 개인의 양적 · 질적 교육 수준도 높아졌을 뿐만 아니라, 나아

가 우리 사회의 정치 · 경제 · 문화 수준의 발달도 가져올 수 있었다. 그러나 이런 식으로 개인의 학습 경험을 분할하고 개별화하는 시도는 교육과 학습을 보다 효과적으로 통제하려는 욕심에 의해서 의도적으로 이루어진 것이지, 결코 학습 경험 본래의 모습이 아니다. 교육과 학습의 현상들을 끊임없이 나누고 고립시키는 식의 접근으로는 대상화되고 객체화된 의미만 얻을 수 있을 뿐이고, 구체적인 학습자의 삶을 배경으로 학습이 어떻게 삶을 지탱해 왔으며 또 이끌어 갈 것인지에 대해서 이해하기 어렵다. 물의 화학식(H_2O)으로부터 수소원자 두 개와 산소원자 한 개가 물을 구성한다는 것을 알지만, 그렇다고 이들 개별 원자들을 나누게 되면 더 이상 물의 상태를 지각할 수 없는 것처럼 말이다. 요컨대, 이념 혹은 관점으로서 평생교육은 개인을 이루는 수많은 학습 경험의 관계를 끊어 버리지 않은 채 학습 경험의 주인인 개인의 생애 속에서 통합적으로 배움의 의미를 파악하려는 시도를 담고 있다.

2) 실천으로서 평생교육

평생교육은 인간의 삶과 배움이 본래 나누어지지 않은 통합적인 성격을 갖는다는 점을 강조한다. 평생교육은 개인의 삶에서 수많은 배움의 본연적 특성, 즉 삶 속에 있는 그대로의 배움의 모습에 주목한다. 있는 그대로의 배움은 단 한 번의 삶 가운데에서 접하는 수많은 배움의 경험이 서로 단절되어 있지 않은 모습이다. 엄마, 아빠가 일러 주신 생활습관은 학교 선생님의 가르침으로 강화되거나, 교실이라는 단체생활에 맞게 조정된다. 은퇴 후에 어떻게 살 것인가에 대한 고민에 대한 답은 그 사람이 지난 삶의 시간 동안 가졌던 수많은 경험을 통해 자신에 대해서, 주위에 대해서, 삶에 대해서 어떤 가치관을 형성하였는지에 따라 달라진다. 성인의 소비생활 습관은 삶 속의 수많은 소비 경험을 통해서 점진적으로 형성한 것들이다. 이러한 예시들은 결국 지금 여기에서의 배움이 어떤 의미를 갖는지는 학습자가 그동안 축적해 온 배움의 경험과 관련지어 나타난다는 점을 보여 준다. 그렇기 때문에 무엇을, 어떻게 가르칠 것인가에 대한 고민은 학습자의 지금까지의 삶, 그리고 현재의 처지, 그리고 미래의 삶을 함께 고려하면서 풀어 가야 한다. 평생교육은 이러한 이념 혹은 교육에 대한 관점을 생각할 수 있는 계기를 마련한다. 즉, 평생교육은 오늘날 우리 사회와 개인의 발전을 견인한 분석적이고 제도적인 교육 실천을 부정하려는 것이 아니라, 그 빛나는 성과로 인해서 그 이면에 보지 못하던 교육과 학습의 본연적인 모습을 재조명할 수 있도록 환기해 주는 이념이다.

한편, 평생교육을 일정한 실천 영역으로 한정하여 보려는 경향도 자주 발견할 수 있다. 흔히들 백화점 문화센터 프로그램, 주민센터 프로그램, 복지관 교육 프로그램 등처럼 학습자가 자신의 취향에 따라서 참여하는 교육만을 평생교육이라고 쉽게 생각한다. 그러면서 평생교육을 가진 자들의 여유라고 생각하거나, 삶을 지탱하는 데 필요한 노동의 부담으로부터 비교적 자유로울 수 있는 사람들이 누릴 수 있는 문화적 혜택 정도로 치부하곤 한다. 물론 평생교육은 이러한 교육 실천을 분명히 포함한다. 앞서 살펴본 성인교육이라는 표현으로 지칭하는 평생교육의 실천은 여가 시간을 활용하여 개인적인 취향을 계발하려는 성인들이 참여하는 교육활동을 말한다. 하지만 이것이 평생교육의 전부라고 생각해서는 곤란하다. 민중교육의 개념에서 확인한 것처럼 평생교육은 제도화된 교육 기회로부터 소외되어 억눌린 삶을 살아가고 있는 사회적 약자들을 견인하려는 교육 실천이기도 하기 때문이다. 또한 평생교육은 학습자의 관심과 역할을 핵심으로 간주하는 인본주의적 가치를 지향하는 실천인 동시에 교육을 통한 사회 개혁의 가능성까지 염두에 두는 진보주의적 실천이다.

실천으로서 평생교육이 갖는 이러한 다중적인 성격은 어쩌면 평생교육에 대한 이해를 더 어렵게 할 수도 있겠다. 비유를 들어 생각해 보자. 하늘에서 내리는 비는 대기 중의 수증기가 물방울이 되어 지상으로 떨어지는 것이다.

소나기, 이슬비, 여우비 등 여러 가지 이름이 있기는 하지만, 사실 빗물의 성격이 여러 가지로 구별되는 것은 아니다. 다만, 비가 언제, 어떻게 내리며, 사람들이 어떤 상황에서 비를 대하느냐에 따라서 비는 다른 의미로 다가올 뿐이다. 쏟아지는 비가 가뭄으로 고통받는 지역에서는 말 그대로 단비처럼 느껴지지만, 홍수 피해를 입은 지역에서는 절망적인 재앙처럼 느껴지는 것이다. 평생교육도 마찬가지이다. 어떤 사람들은 자신의 여가 시간을 활용하여 자신의 관심과 선호를 충족하는 교육활동에 자유롭게 선택하여 참여하지만, 또 다른 사람들은 최소한의 인간다운 삶을 지탱하기 위하여 가장 기본적인 교육을 지원받기도 한다. 전자의 경우에서는 교육 기회가 여유롭게 선택하는 부가적인 성격의 것으로 느껴지지만, 후자의 경우에서는 절박한 상황에서 꼭 참여해야 하는 필수적인 성격의 것으로 느껴진다. 둘 다 평생교육의 범주에서 예외가 아니다. 다만, 교육에 참여하는 학습자의 상황이 다르기 때문에 두 가지 교육이 정반대의 성격으로 느껴지는 것이다.

예를 들어 설명한 두 경우는 교육의 목적, 교육의 대상, 교육의 내용 등에서 분명한 차이를 보인다. 그러나 두 교육이 모두 평생교육의 범주에 묶일 수 있는 이유는 각 학습자 개인의 삶을 놓고 보았을 때 각자에게 모두 의미를 갖는 경험이기 때문이다. 생애 도상에서 접하는 학습 경험의 가치와 의미는 배움에 임하는 개인의 삶을 중심으로 할 때 비로소 드러난다. 서로 다를 수밖에 없는 개인들의 삶을 존중하고 그 각자의 삶의 성장을 이끄는 배움이 태어나서부터 생을 마감하는 그때까지 계속해서 이루어질 수 있도록 돕는 교육, 그런 의미를 갖는 교육이 바로 평생교육이다.

평생교육의 이념과 철학

철학과 실천은 상호 배타적으로 분리될 수 있는 것이 아니다. 그렇기에 개인이 가지고 있거나 사회 구성원들이 보편적으로 공유하는 철학적 입장이나 가치는 개인의 행동과 사회현상을 이해하는 중요한 단서일 수 있다. 마찬가지로 철학적 입장과 가치를 통해서 우리는 구체적인 교육 실천의 의미를 좀 더 깊이 이해할 수 있다. 평생교육 현상에 참여하는 행위자들의 경우에도 이들이 가지고 있는 철학 혹은 이론적 입장에 따라서 실천의 양상이 다르게 나타난다. 가령 '교육 프로그램의 목적은 무엇이어야 하는가?' '교육자의 역할은 어떠해야 하는가?' '어떤 교수학습 방법이 바람직할 것인가?' 등의 물음은 가지고 있는 철학적 입장에 따라 그 문제를 바라보고 논의하는 과정이 달라질 수 있으며, 결과적으로 상이한 도달점에 귀착할 수 있다. 따라서 평생교육의 다양한 실천을 이해하려면 구체적인 현상에 참여하고 있는 구성원들이 가지는 철학적 입장과 전제조건 등을 파악하는 것이 필요하다. 그럼으로써 평생교육의 실천을 외형적으로만 바라보는 것에 머무르지 않고 그 궁극적인 의미와 성격을 이해할 수 있는 계기를 마련할 수 있다. 아울러서 철학적 토대와 관련지어 평생교육의 이념이 어떻게 발전·확장하였는지 탐색하는 것은 평생교육의 가치와 의의를 확인하는 데 중요한 작업이 된다.

이 장에서는 오늘날 평생교육의 다양한 현상과 밀접한 관련을 맺고 있는 대표적인 철학적 입장을 정리하고, 이들 입장이 어떻게 구체적인 실천에 영향을 미치고 있는지 정리한다. 그리고 평생교육이 가지는 궁극적인 이념적 지향성은 어떠한지 살펴본다.

1. 평생교육의 철학적 기초

1) 인문주의

인문주의 교육철학(liberal education)은 고대 그리스의 소피스트, 소크라테스(Socrates), 플라톤(Plato) 등으로부터 출발하여 매우 깊은 역사적 전통을 가지고 있다. 당시의 주요한 교육적 요구는 사회의 주된 계층을 차지하던 시민으로서 자질을 기르는 교육이 중심이었다. 그러다 보니 이들에 대한 인문주의적 소양을 기르는 교육이나, 이들의 주된 삶의 관심사였던 광장에서의 토론과 논리적 사고 등과 밀접한 요소에 대한 교육이 강조될 수밖에 없었다. 그 결과, 소수의 귀족계층이 필요로 하던 말하기, 읽기, 사고하기 등의 능력이 중시된 반면, 상대적으로 생산활동에 종사하던 피지배계급에 필요한 교육 내용은 등한시되었다.

인문주의의 전통은 인류가 추구해야 할 절대 진리와 가치에 주목한다. 여기서 주목하는 절대 진리란 시대적·사회적·문화적 조건 등에 따라 달라지는 인간의 구체적인 삶의 모습을 초월하여 존재하는 보편적 윤리, 도덕, 논리, 지식 등을 가리킨다. 즉, 인문주의 입장은 사람은 바뀌지만, 세대를 관통하여 인류의 역사적 전통에서 면면히 가치 있게 여겨지는 내용을 학습하고 이해하는 것이 교육이 추구해야 할 핵심적 과업이라고 본다. 인문주의의 입장에서 보았을 때, 이러한 내용이야말로 인간을 다른 동물과 구분 짓는 것이다. 인간은 현세적인 가치를 뛰어넘는 초월적 · 이상적 진리를 탐구하여 깨달아 가면서 인간다움과 행복을 추구할 수 있다. 익히 알려져 있는 성경의 한 구절인 "진리가 너희를 자유롭게 하리라(Veritas vos liberabit)."는 인문주의에 대한 강조를 단적으로 보여 주는 표현이다.

이처럼 인문주의는 당장의 삶에서는 쓰임새가 있지만 시간이 흐르고 환경이 변화하게 되면 가치가 떨어지는 실용적 성격의 도구적인 지식이나 기술에 대한 교육 및 훈련에 대해서는 크게 강조하지 않는 입장을 보인다. 즉, 현실적 삶에서의 쓰임새에 대해서보다는 인간다움이라는 본연적 가치를 더 추구하는 이러한 입장은 기본적으로 지적 유희를 추구할 수 있는 능력과 사회적 여건을 갖춘 사람들의 요구를 반영하고 있다고 볼 수 있다. 인문주의 철학의 이러한 성격은 많은 철학자로부터 '엘리트주의적 편향(elitist bias)'이라는 비판을 받기도 한다(Elias & Merriam, 2005).

인문주의 교육은 인간의 본성과 특성에 의해 세계가 만들어진다고 본다. 그래서 인간으로서 능력과 가치관을 올바로 계발하는 것이 바람직한 사회를 구현하는 핵심적인 요소가 된다고 주장한다. 따라서 이성적 사고를 할 수 있는 가능성과 지혜의 습득을 부단히 강조함으로써 단순히 당면한 현실적 문제를 해결하는 수단적 지식과 기술을 교육하기보다는 문제의 기저에 내포된 근본적인 가치와 원리를 합리적으로 통찰할 수 있는 지적 능력의 배양을 강조한다.

또한 인문주의 교육은 사회 구성원들의 도덕성 계발에 주목한다. 특히 두 차례의 세계대전을 거치며 인문주의적 소양을 갖추지 않은 이들이 사용하는 첨단기술이 세계사에 미친 부정적인 영향에 주목하면서, 인문적 소양이 결여된 채 기술적 능력만 탁월한 개인을 양성하는 교육 실천에 대하여 비판적인 입장을 보인다. 대량살상무기의 사용, 킬링필드 등과 같이 아무런 죄책감도 느끼지 않은 채 수많은 인명 살상의 명령과 실행이 이루어진 현대사의 사건들을 통해서 문제해결과 기능적 측면의 효율성에 치중하는 교육의 한계를 절감하며 비판을 제기한다. 이로부터 인문주의 교육은 효율적이고 창의적인 수단을 창조할 수 있는 기술적 수월성보다 선행되어야 할 것은 탁월한 기술과 도구의 사용을 윤리적으로 제어할 수 있는 감각을 지닌 인간을 양성하는 것이라는 주장을 하게 된다. 그리하여 인문주의 교육철학은 교육에서 우선적으로 인문학적 소양과 도덕성의 신장을 강조한다.

이러한 교육의 목적에 대한 인문주의 입장은 평생교육의 장면에서 중요한 영향을 미쳤다. 우선 평생교육적 맥락에서 인문주의 교육철학은 많은 사람이 자신의 사회경제적 조건을 뛰어넘어서 자유 인문 교양, 예술, 문화에 대한 내용을 지속적으로 학습할 수 있는 기회를 확대하는 노력이 중요하다고 본다. 그래서 오늘날 사회를 살아가는 데 기본적으로 필요한 기초적 역량을 기르고, 이를 바탕으로 인문학적 상상력을 발휘할 수 있는 힘을 키울 수 있도록 도울 것을 주문한다. 성인을 대상으로 하는 문자해득교육, 기초학력 증진 교육, 미적 감각을 계발하는 각종 예술교육 프로그램의 개발 등은 인문주의 입장에서 지지하는 가치를 바탕으로 하고 있다. 인문주의 교육철학에 근간한 평생교육 프로그램들과 동아리 활동 등은 개인의 여가를 활용하여 인간으로서의 품위와 소양을 도야할 수 있는 기회를 지속적으로 제공하는 역할을 한다.

인문주의 철학은 사회적 문제가 되고 있는 실직자, 노숙자, 빈민 등과 같은 사회적 소외계층의 증가에 대한 교육적 처방에 대해서도 구별되는 입장을 보인다. 일반적으로는 사회적 소외계층이 사회 구성원으로서 자신의 삶을 어느 정도 수준에서 지탱할 수 있도록 돕는 교육활동이나 직업훈련 등과 같은 처방을 내리는 경우가 많다. 그러나 인문주의 철학의 관점에서 바라보는 사회적 소외계층에 대한 지원은 인문학적 소양과 자신을 포함한 인간에 대한 존중감을 고양시키는 형태에 더 주목할 필요가 있다. 왜냐하면 소외계층 학습자가 긍정적인 자아개념을 가질 수 있도록 도우며, 시민의 일원으로서 갖추어야 할 권리와 책임에 대해 인식할 수 있도록 하는 것이 보다 근본적인 접근이라고 보기 때문이다. 이러한 맥락에서 인문학 교육의 중요성을 주장하게 된다(Shorris, 2006).

현재의 조건 자체를 새롭게 바라보고 대응하려는 본성의 변화가 없는 상태에서, 단순히 도구적 지식과 기술을 습득하게 하는 교육적 처치는 소외계층의 열악한 상황을 근본적으로 해결할 수 없다. 따라서 인문주의 교육철학은 자신의 삶을 스스로 돌아보고, 그로부터 의미를 발견하고 새로운 가치를 부여할 수 있는 시각을 기르며, 자신의 가치에 대하여 존중할 수 있는 가능성에 보다 큰 주안점을 둔다.

[참고자료] 소외계층에게 있어 인문학의 중요성

서울역 근처에 있는 성프란시스 대학은 노숙인을 대상으로 인문학 강좌를 운영하고 있다. 성프란시스 대학에서 배우는 사람은 선생님, 가르치는 사람은 교수님이라 불린다. 배우는 '선생님'들은 철학 · 역사 · 문학 · 예술사를 한 학기에 두 과목씩 나누어 배우고, 글쓰기는 1년 내내 계속한다. 이곳에서 가르치는 '교수님'들이 가장 먼저 부닥친 질문은 인문학이 머물 곳도 없는 이들의 삶을 위해 무엇을 할 수 있느냐였을 것이다.

이곳에서 7년째 예술사를 가르쳐 온 김동훈 교수는 대체로 매 학기 수업 첫 시간은 "어느 술에 취한 노숙인의 '가난하고 힘들어 죽겠는데 대체 예술은 왜 가르치느냐'는 질문으로 시작한다."라고 했다. 그럼에도 학기 말이 되면 많은 '선생님'이 자존감을 찾고 자신이 처한 현실에 대한 질문을 던지게 된다는 것이다. 성프란시스 대학의 강의실 벽에는 어느 졸업생이 남긴 "오늘도 한 글자, 내일도 한 글자, 언제나 한 글자"라는 글이 붙어 있었다. '궁극의 가난함'에 처해 누구나 한 번씩은 자살을 기도해 봤다는 그들이 이곳에서 얻은 한 글자는 무엇이었을까?

'성프란시스 대학 인문학 과정'은 미국 빈곤계층을 위한 인문학 과정 '클레멘트 코스'에서 힌트를 얻은 것이다. "미국의 클레멘트 코스에서는 의사 · 박사가 나오지만 우리 사회에선 한번 가정을 잃고 일상적인 경제체제에서 도태됐던 사람들이 주류 사회에 진입한다는 것은 불가능에 가깝다. 이 대학에서 얻는 근본적인 보람은 알코올중독에 빠졌던 사람들이 인문학을 통해 삶의 의미를 찾고 태도를 바꾸는 과정에 있다. 이곳은 대학이면서도 인간의 모습이 가장 적나라하게 나타나는 곳이다. 여기서 후퇴한다면 내 인생도 실패한다는 생각으로 가르치게 된다." 김동훈 교수의 말이다. 쪽방촌에서, 임대주택에서, 노숙인 쉼터에서 와서 인문학을 배웠던 졸업생들은 다시 디자인 회사에 입사하거나 사회복지 수혜자에서 벗어나 사회복지사로 일하기도 한다. 한 노숙인은 죽기 전에 수업에서 배웠던 미술사 책을 다시 들여다봤다고 한다. 아마 그림을 바라보며 자신의 눈빛도 들여다보고 삶도 들여다보았던 순간에 대한 기억 때문이리라 추측한다.

박경장 교수는 책에서 "노숙인과 인문학은 자본주의 체제에서 비효율적이라는 점에서는 마찬가지"라며 "노숙인과 인문학은 전방위적 자본주의적 사고에 대한 근본적인 반성과 성찰을 요구한다는 점에서 서로 만난다."라고 했다. 박한용 교수는 "노숙인들은 자신의 가치를 자각하고, 인문학은 이들을 통해 문제의식을 정립할 필요가 있다. 그러기에 노숙인과 인문학의 만남은 일방적 시혜가 아니라 상호 소통의 과정"이라고 했다.

출처: 남은주(2012. 12. 10.). 자본주의 비효율, 노숙인과 인문학이 만나다. 한겨레21, 제939호, 80-81.

2) 진보주의

진보주의(progressivism) 교육철학은 평생교육의 이론과 실제 측면에서 중요한 위치를 차지하는 성인교육의 확장에 지대한 영향을 미친 철학적 입장이다. 린드먼(Lindeman), 놀스(Knowles), 훌(Houle) 등과 같이 성인교육을 하나의 학문 분야로서 정립하는 데 기여한 학자들은 진보주의 철학에서 강조하는 교육적 아이디어와 일맥상통하는 입장을 보인다.

진보주의는 하나의 사회철학으로서 19세기 후반에 등장했던 실용주의, 즉 프래그머티즘(pragmatism)의 교육철학 버전이라고 할 수 있다. 흔히 진보주의 교육철학을 학습자 중심의 교육 강조, 개인의 경험과 관심의 존중, 학습자의 생활 속의 문제 중심적 접근 등으로 이해하는 경우가 많다. 이러한 이해가 잘못되었다고 할 수는 없지만, 왜 이러한 사항을 강조하는지에 대한 충분한 이해를 하지 않고서는 자칫 진보주의 교육을 단순히 학습자 개인에게만 치중하는 입장으로 오해하기 쉽다.

진보주의 교육의 입장은 교육의 기능을 개인적 측면에만 주목하여 설명하지 않는다. 교육이란 개인의 성숙과 발전을 돕는 과정임에는 틀림없지만, 여기에 머무르지 않고 사회가 원활하게 작동하고 영속할 수 있도록 사회 개혁의 핵심적인 기제가 되어야 함을 강조한다. 그리고 사회 개혁과 발전의 이상적 지향점은 바로 민주주의 사회라고 본다. 여기서 말하는 민주주의 사회는 하나의 정치체제라는 협의적 개념보다는 사회 구성원들의 생활에 작동하는 일종의 삶의 양식으로서 의미를 갖는다. 따라서 진보주의 교육에서 바라보는 사회 개혁이란 개인의 자유가 존중되며, 공평한 관계 속에서 협력할 수 있고, 문제에 대한 개인의 자율적 실천과 참여가 보장되는 분위기 등이 구성원들의 삶에 자연스럽게 녹아들어 가는 사회를 구현하는 것을 말한다. 결국 민주주의 사회로의 개혁이 중요하며, 이를 실현할 수 있는 존재를 양성하는 것이 진보주의 교육의 목적이 되는 것이다. 민주주의 사회는 기본적으로 시민들이 주체적 참여자가 되어 사회의 운영과 발전을 주도하는 사회체제라고 말할 수 있다. 그렇기 때문에 학습자가 스스로 주체가 되어 현실에서 부딪히는 문제들을 인식하고 이를 효과적으로 해결하는 능력을 기르는 것이 강조된다.

듀이(Dewey, 1916)는 『민주주의와 교육(Democracy and Education)』에서 교육의 핵심적 과제란 민주주의의 원리를 이해하고 사회를 살아갈 수 있는 개인을 양성하는 것에 있음을 강조하고 있다. 이를 위해서 교육활동은 학습자에게 교육적 경험을 제공하는 것이 필요하다는 것을 강조한다. 듀이가 말하는 '교육적 경험(educative experience)'이란 단순히 교육 장면에서 학습자가 접하게 되는 일련의 경험들을 말하는 것이 아니다. 교육적 경험이란 개인의

끊임없는 성장을 격려하고 촉진할 수 있는 경험이다. 교육적 경험은 학습자가 생활에서 가지는 다양한 관심과 요구를 중시하고 능동적인 학습 참여를 통해서 기대할 수 있는 경험이다(Dewey, 1938). 듀이는 학습자의 요구에 부합하고 학습자의 실행을 강조한다고 해서 자동적으로 교육적으로 의미 있는 경험이 되는 것은 아니라고 했다. 학습자의 요구와 의도에 부합하는 경험이라고 하더라도 왜곡된 변화를 야기할 수도 있기 때문이다. 따라서 교육자는 학습자가 교육적 경험을 제공받을 수 있는 환경을 만들고 학습활동을 도와주는 촉진자 역할을 할 수 있어야 한다고 보았다.

진보주의 교육철학이 평생교육의 형성과 발전에 기여한 바는 지대하다. 무엇보다도 교육 현상을 이해하는 데 있어서 학교교육 중심의 관점을 넘어서 평생교육적 관점으로 지평을 넓히는 데 결정적인 기여를 한 점을 인정해야 한다. 즉, 진보주의 교육철학은 학습자가 가지는 생활 속 문제를 교육의 범위에 포함시켜 전통적인 학교, 교사 중심의 형식교육에 한정되었던 교육의 영역을 확장하였다. 평생교육은 교육을 전담하는 사회제도로서 학교의 울타리 안에서 발생하는 교육의 형식을 넘어설 것을 주문한다. 교육과 학습의 내용은 교육 전문가가 계획적이고 체계적으로 제공하는 활동에만 있는 것이 아니라, 가정, 일터, 지역사회 등 삶의 다양한 장면에서도 존재한다는 사실을 보여 준다. 진보주의 교육철학의 관점에서 평생교육은 바로 이러한 생활 장면에서 요구되는 학습이 효과적으로 이루어지도록 지원하는 의도적인 노력이다. 이러한 생활의 구체적인 장면은 개인의 삶이 지속되는 동안 계속해서 변화하기 때문에 그에 대한 적응은 결국 '평생(lifelong)'에 걸쳐서 이루어질 수밖에 없다.

진보주의 교육철학은 교육자와 학습자의 위상과 관계에 대해서도 새로운 시각을 제공한다. 그래서 교육자는 지식의 전달자인 동시에 교육활동 진행에서 주도적인 역할을 담당하며, 학습자는 교육자가 제공하는 학습 내용을 수동적으로 습득하거나 교육자가 기대하는 기술이나 태도를 가지는 존재로 설정하는 관계 구도를 탈피하고자 한다. 그러면서 학습목표를 달성하는 주체로서 학습자의 위상과 역할의 회복을 주장한다. 그리고 교육자는 학습자의 능동적인 활동을 지원할 수 있는 방법을 고안·적용하며, 학습활동에 필요한 다양한 정보와 지원을 제공하는 역할을 담당해야 한다고 본다. 이렇듯 각자의 역할을 효과적으로 수행하도록 상호 지원할 수 있는 관계라는 점에서 진보주의 교육철학에서는 교육자와 학습자가 상호 순환하는(reciprocal) 관계를 가진다고 본다. 진보주의 입장에서 생각하는 교육자와 학습자의 변화된 역할과 관계성은, 결국 교육활동이란 양자가 함께 참여하여 협력적으로 꾸려가야 할 공동 과제라는 사실을 보여 주는 것이다(Elias & Merriam, 2005).

진보주의 입장에서 보았을 때 소위 강의실로 대변되는 형식화된 공간으로 교육활동을 가두는 것은 학습자의 역할을 제한적으로 규정하게 한다. 그 결과, 이들이 생활 속에서 습득한 풍부한 경험을 학습 자원으로 이용하기도 어려울 뿐만 아니라, 살아 있는 경험을 바탕으로 한 학습활동의 가능성 역시 한계가 있을 수밖에 없다. 그렇기 때문에 진보주의 교육철학은 학습 내용이 학습자의 삶의 생생한 요구 조건과 분리되는 부정적 현상을 보이지 않고, 학습자의 흥미와 성장을 유발하는 지역사회 현장에서 이루어지는 프로그램의 운영을 강조한다. 이러한 점에서 다양한 계층의 학습자를 대상으로 이루어지는 생태 체험교육 프로그램이나 실습활동 프로그램, 그리고 마을이 배움의 터전임을 강조하는 마을교육공동체 운동 등은 진보주의 교육철학의 입장을 반영하고 있다고 볼 수 있다.

각종 평생교육기관에서 교육 프로그램을 운영할 때 빠지지 않고 실시하는 만족도 평가도 진보주의적 관점을 확인할 수 있는 평생교육의 구체적인 실천이라고 볼 수 있다. 왜냐하면 반응평가(reaction evaluation)를 통하여 학습자는 자신의 목소리가 차후 프로그램 개발과 운영에 개입될 수 있는 가능성을 얻을 수 있기 때문이다. 대부분의 교육 프로그램은 프로그램의 종료 후 혹은 진행 과정에서 교육 내용 및 방법에 대한 학습자의 만족도를 조사하는 반응

평가를 실시한다. 반응평가를 통해서 교육 담당자는 프로그램이 학습자에게 어떠한 긍정적인 영향을 미치는지, 미흡한 점은 어떤 것이었는지 등에 대해서 확인할 수 있으며, 참여자의 학습을 보다 효과적으로 편성할 수 있는 기회를 구상하는 데 유용한 정보를 얻을 수 있다. 게다가 반응평가의 실시를 통해서 학습자는 자신의 입장에서 의미 있는 사항을 교육자에게 적극적으로 알려 주는 역할을 하고, 교육의 궁극적 목표를 달성하는 데 기여한다.

3) 행동주의

행동주의(behaviorism)는 교육철학의 한 사조라기보다는 심리학의 주요 이론적 입장이라고 할 수 있다. 하지만 행동주의 심리학은 인간과 동물의 행동의 조성 원리와 방식에 있어서 외부 환경적 조건이 중요한 관건이라는 입장을 뚜렷하게 견지하면서, 인간과 학습에 대한 철학적 방향성을 제시하고 있다. 행동주의 심리학을 지탱하고 있는 가정은 오늘날 평생교육의 구체적 실천과도 무관하지 않다.

행동주의 심리학에서는 학습을 '인간 행동의 조작적 변화'로 정의하며, 환경의 조작과 통제를 통하여 인간 행동을 의도적 형태로 변화시킬 수 있다고 주장한다. 파블로프(Pavlov)의 고전적 조건반사와 스키너(Skinner)의 조작적 조건형성은 행동주의 심리학의 핵심을 잘 보여 주는 실험이다. 간단히 소개하면, 파블로프의 실험은 개에게 종소리라는 중립자극과 타액 분비의 무조건적 반응을 유발하는 음식물을 연합함으로써 중립자극을 통해서도 타액 분비 반응을 조건화하는 실험이다. 즉, 원래는 종소리를 들어도 침을 흘리지 않던 개가 종소리에 반응하여 침을 흘리도록 만드는 것이다.

한편, 스키너는 쥐가 지렛대를 누르는 행동을 할 때마다 음식물을 강화물(reinforcer)로 제공하는 실험을 통해서 쥐가 지렛대를 스스로 누르는 행동을 할 수 있도록 만들었다. 스키너의 실험은 환경의 통제를 통해 대상으로부터 원하는 행동을 형성하고 유지할 수 있음을 입증하였다. 또한 스키너는 쥐가 지렛대를 누를 때마다 전기자극을 처벌(punishment)로 제공함으로써 지렛대를 누르는 행동을 소거할 수 있다는 사실도 보여 주었다. 이러한 실험 결과는 환경을 의도적으로 조작하고 통제함으로써 동물이 기존에 보이지 않던 행동을 할 수 있게 되는, 다시 말하면 기존에 하지 않던 행동을 학습할 수 있다는 점을 보여 준다. 스키너의 실험은 생리적 반응이 환경에 의해서 통제될 수 있음을 보여 주는 파블로프의 실험으로부터 한발 더 나아가, 환경의 조작과 통제를 통하여 동물이 스스로 행동 양상을 조절할 수 있도록 학습이 가능하다는 사실을 일러 준다. 그렇기 때문에 스키너의 실험은 비단 동물뿐만 아니라 인간에게도 행동의 빈도를 증가시키거나 감소시킬 수 있다는 점을 시사해 준다.

프로그램 학습(programmed instruction)은 강화나 처벌의 계획적 제공을 통해서 인간의 행동을 통제할 수 있다는 행동주의의 영향을 교육 영역에서 보여 주는 사례이다. 프로그램 학습이란 학습자가 교육 목표에 도달할 수 있도록 단계적으로 학습 내용을 제시하고, 내용에 대한 학습 수준이 바람직할 경우 적절한 강화를 제공함으로써 보다 발전된 다음 단계로 이행할 수 있도록 하여, 궁극적으로 교육 목표에 도달할 수 있도록 하는 방법이다. 따라서 여기에서 효과적인 교육은 강화 혹은 처벌을 배열한 구조가 얼마나 논리적이고 체계적인가에 대한 여부로 판가름된다. 교육자는 학습자에게 적절한 강화와 처벌을 적절한 수준에서 구조화하고 적시에 제공하는 역할을 한다. 학습자는 강화와 처벌이 안내하는 길을 따라 학습한다고 보기 때문이다.

이뿐만 아니라 행동주의는 구체적인 교육 목표 제시의 중요성을 강조한다. 교육적 처치가 효과적인지 확인하기 위해서는 사전에 목표를 수립하는 과정에서 명확하게 확인이 가능한 표현으로 목표를 진술해야 한다고 주장한다. 즉, 가시적으로 확인할 수 있는 행동 용어로 목표를 제시함으로써 적절한 강화계획을 수립하고 교육활동의 가치를 평가할 수 있게 된다. 그래서 행동주의는 구체적으로 명시화된 목표를 기반으로 한 평가를 강조하며, 구체적인

평가 결과를 통해서 학습에 대한 지원 노력이 얼마나 효과적이고 타당했는지를 입증하려고 한다.

그러나 인간의 행동을 통제할 수 있다는 행동주의 심리학의 입장은 많은 반감을 불러일으키기도 한다. 이에 대해 스키너는 인간 행동의 통제가 인류의 생존을 보장하고 사회적 문제를 해결하기 위한 수단으로서만 정당화될 수 있을 것이라고 말한다(Elias & Merriam, 2005). 이는 사회적으로 문제시되는 행동으로 인류의 존속에 위협이 예상되거나, 인류의 번영에 필요한 바람직한 행동의 확산이 요구되는 경우에 한해서 조작적인 처치가 필요하다는 것을 의미한다. 그러므로 행동주의 입장에서 교육은 인류의 생존과 사회의 번영을 보장하기 위해서 필요한 인간 행동의 변화를 이끌어 내는 것이며, 변화를 이끌어 낼 수 있는 적절한 환경을 구성하는 것이 핵심이다.

오늘날 평생교육의 구체적 실천 장면에서도 행동주의의 영향은 그리 어렵지 않게 확인할 수 있다. 무엇보다도 변화될 행동 내용을 포함하는 교육 목표의 구체적인 설정, 목표 달성에 요구되는 적절한 학습 경험의 선정과 조직(강화계획의 수립), 학습 결과에 따른 명확한 피드백의 제공(강화 제공)이라는 논리는 경쟁, 효율성의 강조 등과 같이 교육의 수단적 가치에 주목하는 사회적 조건과 교육 제공자의 책무성을 강조하는 흐름 속에서 매력적인 틀이 된다. 예컨대, 전문적 수준의 능숙한 지식 및 기술—당사자에게 요구되는 바람직한 수행 수준—을 효과적으로 배양하고 유지하는 목적에 주목하는 전문성 계속교육(Continuing Professional Education: CPE) 프로그램이나 각종 직업훈련 프로그램 등은 행동주의 심리학의 논리적 구조에 상당 부분 의존하고 있는 것이 사실이다.

또한 조직의 성과 증진을 목적으로 조직 구성원에게 제공하는 인적자원개발(Human Resource Development: HRD)의 주요 활동 역시 행동주의 전통과 긴밀히 관련된다. 조직이 기대하는 업무 수행 능력을 전략적으로 향상시키기 위하여 교육 프로그램 개발 과정에서 실시하는 직무분석, 조직환경 분석,

학습자 분석 등은 교육적 처치의 방향성을 명확히 하고 교육 결과의 의미를 명확하게 확인하기 위한 토대로서 작용한다. 그리고 업무 수행의 구조와 환경을 개선함으로써 학습 결과의 현장 전이 가능성을 높이려는 시도 역시 환경 조건에 대한 통제를 통해서 인간의 행동 수준의 변화를 기대하려는 가정을 내포하고 있다.

거시적으로 보면 우리 사회 전반에서 이루어지는 다양한 정책이나 사업이 진행되는 양상에서도 행동주의의 영향을 발견할 수 있다. 굳이 평생교육 관련 정책이나 사업에 국한하지 않더라도, 정책목표에 근거한 평가준거를 토대로 각종 교육정책과 사업 운영 결과를 평가함으로써 객관화된 정보를 산출하는 경우가 많다. 그리고 평가를 통해 도출한 정보에 근거해 인센티브를 제공하거나 불이익을 부과함으로써 개인이나 집단의 수행 수준을 일정한 수준으로 관리해 간다. 이런 식의 노력은 행동주의 입장을 반영하는 전형적인 사례라고 볼 수 있다.

4) 인본주의

인본주의(humanism) 심리학도 행동주의 심리학과 마찬가지로 인간과 교육 행위에 대한 명확한 입장을 견지하고 있다는 점에서 교육철학의 논의에서 자주 다루어진다. 인본주의 심리학은 진보주의와 더불어서 성인교육의 태동에 매우 폭넓은 영향을 미쳤는데, 특히 놀스(1980)가 정립한 안드라고지(andragogy) 개념이나 자기주도적 학습은 인본주의 심리학에서 지향하는 인간관을 바탕으로 하고 있다. 행동주의 심리학이 인간에 대한 교육 행위를 자극에 대한 반응의 연속과 숙달로서 파악하는 공학적 접근을 하는 것에 대응하여, 인본주의 철학은 인간 본성에 잠재되어 있는 자율성과 성장의 가능성에 주목하며 개인이 가지는 독자적인 가치와 주관성을 복원하고자 한다.

인본주의는 용어 그 자체에서 알 수 있듯이 교육의 대상자인 인간, 즉 학습자가 가장 중심이 되어야 함을 강조한다. 인본주의가 가지고 있는 인간에 대한 입장을 정리하면, 첫째, 인간이란 본질적으로 선하고 풍부한 잠재력을 가지고 있는 존재라는 가정에서 출발한다. 그렇기 때문에 교육이란 학습자 외부에 있는 무엇인가를 주입하는 것이 아니라, 학습자 내부에 이미 잠재되어 있지만 충분히 발현하지 않고 있는 것을 계발하고 발현할 수 있도록 이끌어 주는 활동이다.

둘째, 인간은 스스로에게 합당한 것을 인식하고 판단할 수 있는 자율적·능동적 존재라고 생각한다. 학습자는 자신이 처한 환경에 따라서 수동적으로 계발되는 존재가 아니라, 주위 환경과 자신의 조건을 함께 인식함으로써 궁극적으로 자아실현의 욕구를 충족하려는 동기를 가지고 있는 자율적인 존재이다. 그렇기 때문에 자신이 의미 있게 생각하는 내용과 방향으로 성장의 욕구를 실현하고, 그러한 자율적인 부단한 노력을 통해 인간으로서의 가치와 본성을 고양하는 것이 가능하다. 그러나 여기서 말하는 자아실현이란 개별적 존재로서 개인의 완성이라기보다, 사회 구성원으로서 사회적 맥락에서 조화로울 수 있는 존재로서 자신의 가치를 극대화해 가는 의미를 내포한다(Pearson & Podeschi, 1999).

셋째, 모든 개인은 동등한 가치를 갖는 존재인 동시에 다른 어떤 개인과도 동일시될 수 없는 독특한 개성과 잠재력을 가지고 있는 존재라고 파악한다. 즉, 개인은 유적(類的) 존재로서 가지는 공통적 특성보다는 과거에도 없었고, 현재에도 없으며, 미래에도 다시 존재하지 않을 유일무이한 존재로서 인정받아야 한다는 것이다. 그러므로 인본주의 입장에서는 다른 누군가가 개인에게 필요한 것이나 바람직한 것 그리고 의미 있는 것을 알려 주거나 지시할 수 없다고 설명한다. 이뿐만 아니라 모든 개인은 독자적인 자아개념(self-concept)을 바탕으로 자신이 타인과 다름을 인식하고 타인과 구별되는 자신의 특성을 파악할 수 있다고 보기 때문에, 인본주의 관점은 학습자의 주도성이 충분히 존중될 수 있어야 함을 강조한다.

성인교육의 중요한 이론적 출발점이 되는 안드라고지가 강조하는 학습자에 대한 가정은 인본주의 입장을 잘 반영하고 있다(안드라고지에 대한 이해를 위해서 제3장을 참조하시오). 그리고 평생교육의 이념을 체계화한 일련의 유네스코 보고서 역시 인본주의적 가치를 바탕으로 하고 있다. 예를 들면, 『존재를 위한 학습(Learning to Be)』이라는 제목으로 발간된 포레(Faure) 보고서에서는, 학습이란 인간으로서 가치를 지키면서 살아갈 수 있도록 하는 핵심적 과제라고 풀이한다. 그리고 선진국뿐만 아니라 저개발 국가의 국민들의 온전한 자아실현까지도 도울 수 있는 교육 실천은 인간의 신체적 · 지적 · 감성적 · 윤리적 성장을 총체적으로 돕는 것이어야 함을 강조한다.

오늘날 많은 평생교육 실천 현장에서 금과옥조(金科玉條)로 생각하는 학습자 중심, 촉진자로서의 교수자 역할에 대한 강조에서도 인본주의 특성을 발견할 수 있다. 교수자와 학습자의 역할에 관한 이러한 입장은 진보주의 교육철학의 입장과도 비슷한 부분이다. 실제로 인본주의와 진보주의 입장은 여러 부분에서 비슷한 점이 많다. 두 입장 모두 학습자의 역할을 존중하고, 학습이란 본질적으로 학습자가 자신에게 필요한 내용인 동시에 의미 있는 것으로 생각할 때 이루어질 수 있다고 보는 점에서 비슷하다.

그러나 왜 학습자의 역할을 존중하고 능동적 참여를 지원해야 하는가에 대한 물음에 대해서 진보주의와 인본주의는 구별되는 점을 보인다. 프래그머티즘에 바탕을 두고 있는 진보주의 교육철학에서는 구체적인 생활 안에서 필요한 문제해결 능력을 교육을 통해서 기르고, 이를 바탕으로 사회 개혁을 실현할 수 있는 가능성을 진작할 수 있다고 본다. 이를 위해서 학습자로서 성인은 교육 장면에서 자신이 요구하는 것이나 자신의 생각 등을 적극적으로 표현하며, 문제해결을 위한 실제적 활동을 수행할 수 있어야 한다.

반면, 인본주의에서는 독자적인 존재로서 어느 무엇으로도 환원될 수 없는 학습자의 고유한 인간적 가치 실현(자아실현)을 돕는 것이 교육의 핵심 과제라고 본다. 개인을 스스로의 학습 요구와 과정에 대해 가장 잘 아는 존재로서 성장 잠재력을 가지고 있으며, 충분히 자율적으로 판단하고 행동할 수 있는 주체로 인정하기 때문에 학습자로서 성인 개인의 역할을 강조한다. 요컨대, 진보주의는 학습자의 생활 문제를 스스로 해결할 수 있도록 돕기 위해서 학습자의 역할을 부각한 반면, 인본주의는 학습의 중심이 바로 학습자이기 때문에 마땅히 학습자를 존중하는 것이 필요하다고 본다.

2. 평생교육의 이념적 지향

평생교육은 국가별 문화와 특성에 따라서 상이한 양상으로 발전하면서도, 더불어 살아가는 인류 공동체로서 국가별 차이를 넘어서 교육의 문제와 실천을 함께 개선하기 위한 다각적인 국제 협력에도 관심을 기울인다. 평생교육이 이념적으로 지향해야 할 가치와 원리에 대해 유네스코가 기울이고 있는 일련의 노력은 이와 관련한 대표적인 성과라고 할 수 있다.

유네스코(United Nations Educational, Scientific, and Cultural Organization: UNESCO)는 전 세계의 교육, 과학, 문화 분야에서 발전 방향과 협력개발사업에 대한 논의를 하는 국제연합 산하의 전문기구이다. 유네스코는 전 세계적으로 국가 수준에 따라 기본적인 교육을 충분히 제공받지 못하는 개인이 무수히 존재하기 때문에, 이들이 인간으로서 누려야 할 권리와 존엄성을 보장받도록 범세계적 차원에서 교육적 지원을 수행해야 한다고 생각한다. 오늘날 세계적으로 해소되지 않는 불평등의 원인은 무엇보다도 무지에서 기인하며, 모든 인간의 자유를 보장하기 위해서는 교육적으로 소외된 계층에 대한 기본적인 교육이 필수적으로 제공되어야 한다고 본다(김종서, 김신일, 한숭희, 강대중, 2009).

이러한 방향성을 중심으로 유네스코는 성인교육에 관한 국제적인 협력 방안과 원리를 협의하고 선언하는 세계성인교육회의(CONFINTEA)를 중심으로 다양한 활동을 전개한다. 특히 세계성인교육회의는 선진국과 제3세계 국가가 주기적으로 한자리에 모여서 성인교육의 국제적 동향을 조망하는 동시에 그 발전 방향을 협의·선언하는 모임으로서 지금까지 모두 여섯 차례 개최되었다. 가장 최근의 회의는 2009년에 브라질 벨렘에서 진행되었으며, 여기에서 154개 국가의 성인교육 현황을 정리한 「성인학습 및 교육에 관한 국제보고서(Global Report on Adult Learning and Education: GRALE)」를 발표하였다.

세계성인교육회의와 함께 각종 위원회 활동과 그 결과로 제출된 보고서는 유네스코가 지향하는 평생교육의 이념을 담고 있다. 1965년에 프랑스 파리에서 열렸던 유네스코 '성인교육발전위원회(International Committee for the Advancement of Adult Education)'에서 랑그랑(Lengrand)은 논문을 발표하였다. 여기에서 랑그랑은 인간은 태어나서 죽을 때까지 평생에 걸쳐 교육받을 권리가 보장되어야 하며, 이를 위해서 교육 대상에 따라서 분절되어 있는 교육제도를 재구성하여 새로운 통합적인 교육제도가 만들어져야 한다고 주장하였다(한숭희, 2009). 그는 사회적·경제적·문화적·정치적 변화에 대응하여 교육이 개인의 개성을 살리고 사회 적응을 도움으로써 궁극적으로 인간의 행복을 증진하기 위해서는 교육체제의 재편이 필요하다고 본 것이다. 랑그랑의 주장은 이후 유네스코가 1970년을 '세계 교육의 해(International Year of Education)'로 설정하면서 평생교육을 기본 이념으로 채택하는 데 영향을 미

표 2-1 유네스코 세계성인교육회의

차수	개최 연도	개최 장소
제1차	1949년	덴마크 엘시노어
제2차	1960년	캐나다 몬트리올
제3차	1972년	일본 도쿄
제4차	1985년	프랑스 파리
제5차	1997년	독일 함부르크
제6차	2009년	브라질 벨렘

쳤다(김종서 외, 2009; 한숭희, 2009).

랑그랑의 후임으로 유네스코 평생교육 국장을 맡은 겔피(Gelpi)는 사회적 변화에 대응하기 위한 교육의 차원을 넘어서 교육의 민주화를 실현하는 부분에서 평생교육의 역할을 강조한다. 그는 모든 사람의 인격적 발달을 돕는 동시에 이들이 사회 참여의 주체로 거듭날 수 있도록 함으로써 인간을 억압하는 현실을 극복할 수 있어야 하며, 교육의 이념적 지평은 여기까지 확대되어야 한다고 주장하였다. 이를 위해서 겔피는 ① 연령 제한을 두지 않고 평생교육의 생활화를 추구하고, ② 학교가 교육을 독점하는 것에 반대하고, ③ 교육경험을 통해서 인간을 등급화하는 것을 저지하며, ④ 개인의 잠재성과 독자성을 계발하고 실현하는 데 중점을 두어야 한다고 보았다(권두승 편역, 1995).

1972년 프랑스의 포레를 위원장으로 하는 교육발전국제위원회(International Commission on the Development of Education)에서는 「존재를 위한 학습: 세계교육의 현재와 미래(Learning to Be: The World of Education Today and Tomorrow)」라는 보고서를 발표하였다. 일반적으로 '포레 보고서'라고 지칭되는 이 자료에서 포레는 앞선 여러 논의에서 강조되었던 평생교육의 이념을 실천하기 위해서 '학습사회(learning society)' 실현이 중요하다고 설명하였다. 그래서 "학습이란 것이 개인의 전 생애에 걸쳐서 수행되며 모든 사회적 공간에서 발생하는 것이라고 한다면, 단순히 기존 교육체제에 대한 필수적인 점검을 넘어서 학습사회의 단계까지 도달하도록 노력해야 한다."(Faure et al., 1972: xxxiii)라고 주장하였다.

포레 보고서가 담고 있는 학습사회에 대한 비전은 기존의 교육제도가 수많은 장애물과 장벽 그리고 차별 그 자체로 작용함으로써 사회의 비민주화와 불평등한 계급 재생산의 기제가 된다는 비판에서 출발한다(한숭희, 2009). 급속한 기술적 진보에 따른 인간의 소외와 비인간화 현상은 인류 공동체의 존속에 심각한 위협이 되기 때문에, 인간다운 존재로 성장하고 또 살아가기 위해서 교육의 내용과 형식이 변화되어야 한다. 교육은 개인으로 하여금 신체적 · 인지적 · 감성적 · 윤리적 요소의 균형 있는 성장을 이룰 수 있도록 도와주어야 하지만, 기존의 교육체제는 이러한 기회를 차별적으로 제공하는 문제점을 보이고 있다. 그렇기 때문에 한숭희(2009)가 지적한 대로 포레 보고서는 학습사회로의 교육체제의 개혁을 통해서 교육의 민주화를 실현하고, 나아가 궁극적인 삶의 민주화를 도모하려는 시도를 담고 있다.

포레 보고서 이후에 유네스코는 1996년에 들로르(Delors)를 위원장으로 하는 '21세기 세계교육위원회(International Commission on Education for the Twenty-first Century)'를 통하여 평생교육의 이념을 종합적으로 제시하였다. 흔히 '들로르 보고서'라고 일컬어지는 「학습: 그 안에 담겨 있는 보물(Learning: The Treasure within)」은 앞선 포레 보고서에서 강조한 '존재를 위한 학습'이라는 지향점을 보다 구체적으로 논의한다. 보고서의 제목에서 짐작할 수 있듯이, 여기에서는 평생학습의 가능성을 모든 인간이 미처 발견하지 못하고 잠재적으로 가지고 있는, 숨겨져 있는 보물로 비유한다. 21세기의 변화하는 시대적 흐름에서 인간다움을 지키면서 살아가기 위해서는 평생학습의 가치를 발견하고 이를 실행하는 것이 필요하며, 그럼으로써 인간으로서 가지고 있는 잠재성을 드러낼 수 있다는 것이다. 이를 위한 근본적인 네 가지 학습 유형, 즉 '학습의 네 가지 기둥'으로 알기 위한 학습(learning to know), 행위를 위한 학습(learning to do), 더불어 살아가기 위한 학습(learning to live together) 그리고 존재를 위한 학습(learning to be)을 제안한다(유네스코 21세기 세계교육위원회, 1997).

들로르 보고서에서 설명하는 네 가지 학습 유형을 간단히 살펴보면 다음과 같다. 우선, 알기 위한 학습은 모든 개인이 스스로 학습할 수 있는 능력을 기를 수 있도록 도와줄 것을 강조한다. 인간으로서 독자적 가치를 존중하고 또 지켜 나가기 위해서 끊임없는 학습이 필요하며, 이를 위해서는 어떠한 상황에서든지 자신에게 필요한 것을 학습할 수 있는 힘을 갖추는 것이 필수적이다. 학습할 수 있는 힘은 바로 개인이 세상을 살아가는 데 필요한 지식과 기술을 스스로 체득하는 동시에, 자신만의 고유한 개성과 관심을 대외적으로 표현할 수 있는 원동력이기 때문이다. 즉, 학습할 수 있는 능력을 학습하는 것은 가변적인 사회에서 적절하게 적응할 수 있으며, 사회에 대해서 한 인간으로서 자신의 독자적 가치와 존엄성을 표현할 수 있는 밑거름이다. 1985년에 파리에서 열린 국제성인교육회의에서 채택한 '학습권(right to learn)' 선언은 학습할 수 있는 힘을 기르는, 알기 위한 학습을 권리로서 보장하려는 산물이다.

행위를 위한 학습은 모든 개인이 효과적으로 노동활동에 참여할 수 있는 능력을 기르는 것이다. 다시 말해, 행위를 위한 학습은 지속적으로 일함으로써 안정적인 삶을 영위할 수 있는 수단을 제공하는 과정으로 이해할 수 있다. 원만한 삶을 영위하기 위해서는 '필요한 재화를 획득할 수 있는 기회'와 '그 기회에 지속적으로 참여할 수 있는 능력'이라는 두 가지 요소가 충족되어야 한다. 이를 바탕으로 삶에 필요한 기본적 재화를 획득하는 것은 물론, 삶을 풍요롭게 하는 여가활동이 가능하기 때문이다. 필요한 재화 획득의 기회가 일정 부분 사회와 제도적 차원의 대응과 관련된다고 한다면, 바로 행위를 위한 학습은 인간으로서 기본적 삶의 바탕이 되는 물질적 기반을 스스로 지켜 나갈 수 있는 실질적 힘을 기르는 것이라고 할 수 있다. 그러나 행위를 위한 학습은 단순히 전문 직업기술의 배양뿐만 아니라, 다양한 상황에서 타인과 더불어 활동하는 데 필요한 사회적 소통 기술과 같은 역량 개발에도 초점을 맞추고 있다. 지식기반 경제로의 이행, 서비스 산업 비중의 증대, 소규모 팀별 업무 수행과 이들의 유기적 협조가 가능할 수 있는 네트워크 체제의 중요성이 강조되는 21세기 상황에서 원만한 대인관계를 유지할 수 있는 능력은 생산활동의 가치를 제고하는 데 핵심적인 역할을 하기 때문이다.

더불어 살아가기 위한 학습은 문화적 다양성에 대한 감각을 도야함으로써 다름에 대한 수용적 태도를 갖추도록 하는 학습이다. 국제화 사회, 다문화 사회라는 표현처럼, 오늘날 사회에서는 국가와 지역 간의 물리적 경계를 뛰어넘는 교류와 이동이 빈번하게 이루어지고 있다. 그렇기 때문에 서로 다른 언어, 피부색, 행동 양식, 신념과 가치 등을 가지고 있는 사람들과 접촉하고 관계를 맺어 가는 것이 불가피하다. 이러한 맥락에서 더불어 살아가기 위한 학습의 초점은 자신과 구별되는 존재들과의 관계가 경쟁과 갈등이 아닌, 호혜적 가치와 포용적 태도를 바탕으로 발전하도록 하는 데 있다. 교육과 학습을 통해서 사회 구성원 각자가 자신과 구별되는 타인의 존재를 인식하고 이들의 특성을 포용할 수 있는 가능성을 발달시킬 수 있으며, 구성원들의 평화적 협력과 공존이 이루어지는 다원화 사회를 실현할 수 있다. 결국 더불어 살아가기 위한 학습은 교육이 나와 구별되는 타인을 발견하고 이해할 수 있는 기회이자, 이들과 공동의 과제를 수행함으로써 서로 간의 차이를 포용하고 조정할 수 있는 기회가 될 수 있어야 함을 강조한다.

마지막으로, 존재를 위한 학습은 가장 궁극적인 학습의 초석이자 목적이다. 지금까지 언급한 세 가지 학습 유형이 강조되는 이유는 이들 학습을 통해서 모든 인간이 자신의 배경 조건에 상관없이 인간답게 존재하고 살아갈 수 있기 때문이다. 그 어떤 무엇으로도 대체될 수 없는 독자적인 인간으로 존재하도록 도와주기 위해서 평생교육은 개별적인 자아실현을 돕는 것이어야 하며, 개인의 평생에 걸친 학습에 대한 이러한 체계적 지원은 어느 누구에게나 제공되어야 한다. 그래서 존재를 위한 학습은 사회에서 선호하는 가치와 기준에 따른 교육활동이 아니라, 개인의 독특한 상황과 요구에 따라서 자신의 성장을 도모하고 스스로의 삶을 지탱하는 개별적 특수성이 고려되는 학습 기회가 형평성 있게 제공되어야 한다고 본다.

하지만 포레 보고서와 들로르 보고서에서 일관되게 강조하는 존재를 위한 학습은 단순히 사회보다 개별적인 인간의 가치를 우선시하는 개인주의 입장과는 구분된다. 왜냐하면 두 보고서에서 모두 개인이 독자적 인간으로 존재할 수 있는 학습을 강조하는 이유는 인류 공동체의 모든 구성원이 자신의 개성과 권리를 자유롭게 표현할 수 있을 때, 전체 인류 사회도 창조적으로 진화

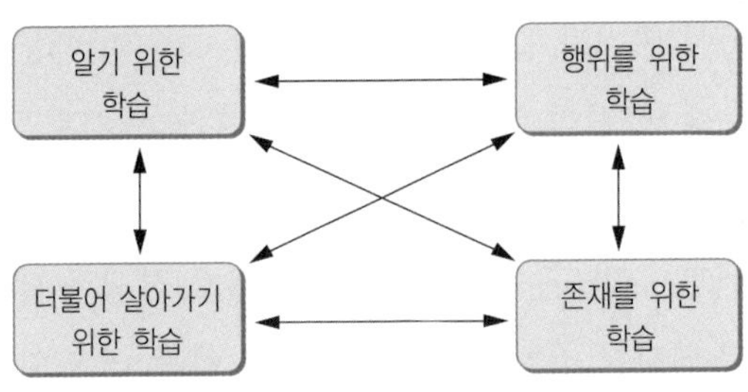

[그림 2-1] 학습의 네 가지 기둥

해 갈 수 있다고 보기 때문이다. 따라서 존재를 위한 학습은 개별적 존재로서 인간에 대한 관심과 사회 발전에 대한 관심이 충돌하는 것이 아니라, 상호 보완적이라는 통합적인 시각을 반영하는 것이라고 할 수 있다.

평생교육이란 들로르 보고서에서 언급한 이상의 네 가지 학습 기둥이 종합적으로 연계되어 지원되는 체제를 뒷받침하는 이념이다. 인간으로서 자신의 독자적 가치를 지키면서 존재하기 위해서는 다른 사람들과 구별되는 자신만의 가치와 요구를 표현하고 그것을 추구할 수 있는 가능성이 보장되어야 한다. 또한 끊임없이 변화하는 사회에 안정적으로 적응할 수 있어야 하는데, 이를 위해서 기본적 삶에 필요한 재화를 획득하고 유지할 수 있어야 한다. 따라서 전문적인 직업능력의 계발뿐만 아니라, 사회적 관계를 원만하게 수행할 수 있는 기술과 소양이 요구된다. 그런데 원만한 사회적 관계를 지속하기 위해서는 개인의 기능적 발달은 물론, 상이한 배경 조건을 가지고 있는 이웃, 동료에 대한 이해와 포용적 태도도 함께 성숙될 필요가 있다. 이처럼 들로르 보고서에서 제시한 학습의 네 가지 기둥은 서로 구분되는 별개의 학습이 아니라 한 유형의 학습의 필요성이 다른 유형의 학습을 효과적으로 이끄는 조건과 관련되며, 다른 유형의 학습 과정에 서로 영향을 미치는 상호 보완적 관계인 것이다.

안드라고지와 자기주도적 학습

학교를 교육의 중심적인 장면으로 하는 논의는 신체적으로 여전히 발달이 진행 중이고 한 사회의 일원으로서 살아가는 데 필요한 지식, 기술, 태도 등을 계속해서 학습해야 하는 아동 · 청소년들을 주된 학습 대상으로 고려한다. 이러한 논의의 맥락에서는 이 학습자들의 신체적 · 인지적 발달 단계와 심리적 · 사회적 삶의 특성을 반영한 이론이 주된 관심사이다. 그러나 시간적으로나 공간적으로 교육의 장면을 확대한 평생교육의 맥락에서 학습자의 범위는 아동 · 청소년뿐만 아니라 학교교육 이후의 시기를 살아가고 있는 존재, 즉 성인까지 포함한다. 실제로 학교교육을 마친 대부분의 성인들은 다양한 배움의 경로를 통하여 의도적 · 비의도적 학습을 경험한다. 하지만 지금까지 교육학에서 축적되어 온 주요 이론들에서 성인의 학습 원리, 학습 과정 등에 대한 관심이 아동 · 청소년들의 특성을 반영한 논의에 비하여 상대적으로 부족했다는 사실을 부정하기 쉽지 않다.

성인학습에 대한 관심은 과연 학교교육의 조건에서 아동 · 청소년 학습자를 대상으로 하여 등장한 이론들이 성인의 학습 과정을 이해하고 이들의 학습을 촉진하는 데 그대로 적용될 수 있을 것인가에 대한 의문에서부터 출발한다. 이러한 물음에서부터 안드라고지(andragogy)는 기본적으로 성인은 아동과 근본적인 삶의 조건과 신체적 · 인지적 발달 수준이 구별될 수밖에 없기 때문에 성인들의 학습을 설명하는 독자적인 학습 원리가 필요하다는 논의를 전개해 간다.

1. 안드라고지의 개념

맬컴 놀스
(Malcolm Knowles, 1913~1997)

안드라고지의 개념을 언급하면서 빼놓을 수 없는 인물이 놀스(Knowles)이다. 놀스는 『성인교육의 현대적 실천(The Modern Practice of Adult Education)』을 통해 아동을 대상으로 하는 교육에 대한 과학이자 예술로서 페다고지(pedagogy)의 개념에 대응하는 개념으로 안드라고지를 제안하면서, 아동과 구분되는 성인의 독특한 학습 원리와 학습 과정에 대해서 논의하였다.[1)]

역사적으로 보았을 때, 교육에 대한 논의는 신

1) 놀스는 페다고지를 'the art and science for teaching children'으로, 안드라고지를 'the art and science for helping adults learn'으로 정의한다. 여기에서 두 정의의 가장 두드러진 차이를 보여 주는 단어가 바로 'teach'와 'help'이다. teach라는 동사는 children을 목적어로 하는데, 이는 학습자를 가르쳐야 할 대상으로 보는 반면, 사역동사 help는 adults가 learn의 주도적 존재이며 그러한 활동을 도와준다는 의미를 갖는다. 이러한 차이는 성인이 학습을 실행하는 주체가 되며, 성인의 학습 실행을 돕는 것이 교육자의 몫임을 암시한다. 두 단어의 차이에서 학습자에 대한 페다고지와 안드라고지의 기본적 가정이 구별됨을 확인할 수 있다.

체적 · 인지적 발달 도상에 있는 아동에게 지식과 기술을 효과적으로 전달할 수 있는 교육의 형식과 구조를 탐구하는 것에 치중해 왔다. 아동 학습자를 대상으로 하는 교육에서는 교수자가 아동이 학습해야 할 바람직한 지식과 기술, 태도 등을 규정하고 이를 보다 효율적으로 습득할 수 있도록 아동을 지도하는 역할을 한다. 다시 말하면, 아동이 아직 미숙한 읽기, 쓰기 그리고 셈하기 등을 보다 체계적으로 숙달할 수 있도록 이끌기 위해서 이러한 능력을 이미 충분히 갖추고 있는 성인이 주도적인 교수자 역할을 하는 것이 일반적인 교육의 모습이다. 그리고 학교는 아동이 자신들이 속해 있는 사회를 보다 온전하게 살아가는 데 필요한 다양한 능력 요소를 습득하는 공인된 사회제도이자 기관이다. 따라서 미래에 대한 준비 기간인 아동기에 교육이 가장 집중적으로 발생하는 것은 너무나도 당연하게 여겨졌으며, 성인기는 아동기에 학습한 내용에 대한 소비가 주로 이루어지는 시기로 여겨져 왔다.

의료 기술의 발달과 사회적 지원 서비스의 확대로 인간의 평균수명이 길어지고, 동시에 사회의 변화 속도가 점차 빨라지면서 지식의 반감기가 짧아지고 있다. 과거에는 사회의 변화 속도도 빠르지 않고 개인의 생명 주기도 오늘날에 비해 상대적으로 길지 않았다. 그렇기 때문에 아동기에 배운 내용으로 성인기를 살아가는 것이 어렵지 않았으며, 삶을 마감할 때까지 사회 변화에 기인한 새로운 지식이나 기술에 대한 배움이 필요한 경우가 그리 많지 않았다. 그러나 점차 개인의 기대 수명이 길어지고 생존 기간이 증가하면서 사회의 변화를 접할 가능성이 높아지고, 사회의 변화 속도 역시 빨라져서 아동기에 배운 교육 내용만으로는 안정적인 사회생활을 해 나가는 것이 점점 더 힘들어지고 있다. 그 결과, 지금 우리 시대에서는 새로운 변화에 대한 적응의 노력을 성인기에도 계속해서 경주할 수밖에 없다.

이를테면, 조선시대에는 『논어』 『맹자』 『대학』 등을 읽으면서 깨달은 지식과 가치관이 나이가 들어 성인으로서 살아가는 데 여전히 유효하였을 뿐만 아니라 그 중요성도 줄어들지 않았다. 줄타기 기술을 한번 터득하면 새로운 줄타기 기술에 대한 훈련 없이도 그것으로 평생을 살아가는 데 아무 문제가 없었다. 하지만 오늘날에는 상황이 바뀌었다. 실제로 1970년대까지만 해도 주산이나 부기와 관련된 능력이 중요한 사회적 기술로 간주되었으나, 이제는 더 이상 주판을 잘 굴리는 기술은 필요하지 않으며, 대신 주산과 부기의 기능을 대체하는 컴퓨터 관련 능력, 즉 컴퓨터를 잘 다루고 컴퓨터 소프트웨어를 잘 이해하고 조작할 수 있는 기술이 핵심적인 능력으로 인정받는다.

이러한 사회적 변화는 결과적으로 개인의 학습이란 아동기에만 국한되는 것이 아니라 성인기에도 필연적으로 강조될 수밖에 없음을 암시한다. 어렸을 때 주산이나 부기를 배우고 이에 대한 능력을 갖추고 있더라도 주산과 부기의 사회적 효용이 떨어진 성인기의 사회적 삶을 원활하게 이끌어 가기 위해서는, 과거에는 전혀 생각하지도 못했던 컴퓨터 소프트웨어 등과 같은 첨단 테크놀로지를 이해하고 다룰 수 있는 능력을 새롭게 길러야 한다. 이러한 사회적 변화 추세에 따라서 성인의 학습요구와 실제 학습 기회의 참여는 지속적으로 확대될 수밖에 없다.

성인의 학습을 강조하기에 앞서, 성인들의 학습을 이끌어 가는 데 기존의 아동을 가르치는 원리와 방법을 그대로 가지고 와서 적용할 수 있는가 하는 물음을 제기할 필요가 있다. 이 물음은 아동 · 청소년을 대상으로 풀어 간 이

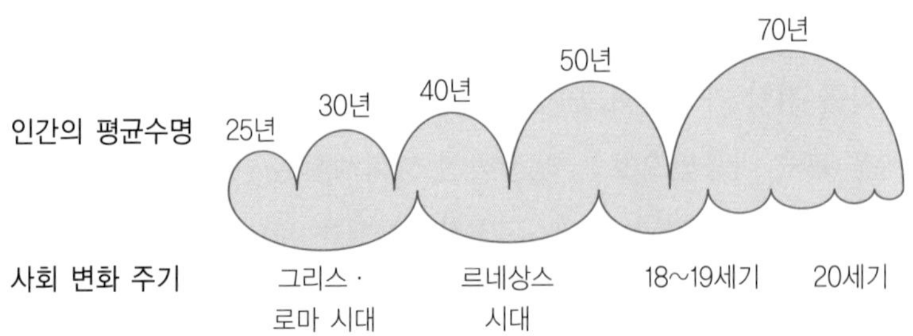

[그림 3-1] 인간의 평균수명과 사회 변화의 주기

출처: Knowles, M. (1980). *The modern practice of adult education: From pedagogy to andragogy* (p. 41). New York: Cambridge Books.

론적 해석과 지침들이 성인 학습자에게 있어서도 여전히 설명력을 갖는지, 아니면 아동과 성인이라는 학습 대상의 차이를 충분히 고려할 만한 것인지에 대한 고민이라고 할 수 있다. 안드라고지는 후자의 입장, 즉 아동과 구별되는 특징을 갖는 성인을 위한 독특한 학습지도 방식과 원리가 필요하다는 입장에서 대두하였다. 실제로 성인학습을 돕는 과정에서 아동을 대상으로 하는 교육 방법이 성인의 교육과 학습의 동기유발에 그리 유용하지 않은 경우가 많이 나타난다. 아동과 달리 성인은 이미 충분히 성숙한 존재이며 자립성을 가지고 있기 때문에 교육 전문가로서 권위를 가지고 미성숙한 학습자를 가르치는 방법이 효과적이지 않은 것이다. 놀스는 성인이 아동과 실존적으로 다르다는 전제하에 안드라고지를 제안하였다.

처음 놀스는 아동을 가르치는 방법과 분명하게 구별되는 원리로서 안드라고지의 개념을 제안하였다. 아동을 가르치는 방법이자 원리로서 페다고지와 안드라고지를 구분한 놀스의 초창기 접근은 페다고지에 비하여 안드라고지가 우월하며 좋은 교육 방법이라는 인상을 가지게 한다. 1970년에 '안드라고지 대 페다고지(Andragogy vs. Pedagogy)'라는 부제를 달고 출판된 『성인교육의 현대적 실천』은 페다고지와 안드라고지의 차이를 분명하게 구별되는 학습자의 특성에 따라 비교하고 있다. 여기서 놀스는 경쟁의 의미를 포함하는 부제가 암시하는 것처럼 페다고지와 안드라고지를 서로 동등하게 가치를 인정받을 수 없는 상호 배타적인 개념으로 간주하였다. 이러한 입장은 교육활동에서 학습자의 능동적인 역할을 부각하는 안드라고지가 보다 진화된 개념으로 해석될 수 있는 여지를 두고 있다. 하지만 크로스(Cross, 1981)나 프랫(Pratt, 1988) 등과 같은 학자들은 안드라고지와 페다고지라는 두 개념이 학습자 특성에 적합한 적절한 교육 원리를 모색하기 때문에 서로 다른 교육에 대한 가정과 교육 방법을 제시하고 있을 뿐이며, 상대적으로 어느 쪽이 더 바람직한 것인지 가치판단을 할 수 없다고 설명한다. 좀 더 나아가서 일라이어스(Elias, 1979)나 매켄지(McKenzie, 1979)는 안드라고지를 통해서 교육의 일반적 개념을 구분하는 시도 자체가 잘못되었으며, 안드라고지를 새롭게 조명하는 것은 성인교육 분야의 학문적 지위를 향상시키기 위한 잘못된 시도일 뿐이라고 비판한다. 이러한 비판은 인간의 발달 수준의 차이에 따라서 교육 방법을 분명하게 구분할 수 없으며, 그렇게 해서도 안 된다고 보는 입장이다.

놀스는 안드라고지 개념에 대한 여러 논쟁을 검토하여 1980년에 개정판을 출판한다. 놀스는 개정판에서 1970년에 발간된 책의 부제를 '페다고지에서 안드라고지(From Pedagogy to Andragogy)'로 수정하여, 페다고지와 안드라고지를 연속선(continuum)상의 개념으로 소개한다. 아동과 성인이라는 학습자의 특성에 따라 페다고지는 아동에게만 적합하고 안드라고지는 성인에게만 적합한 원리라고 이해하기보다, 아동과 성인의 구분 없이 학습상황에 따라 보다 효과적인 학습실행을 돕는 원리이자 가정으로 설명한다. 즉, 성인이라도 자신의 상황에 따라서 페다고지 방법이 더 적합하고 효과적인 경우가 있을 수 있으며, 아동의 경우에도 안드라고지 방법이 더 적절할 수 있다는 점을 강조한다(Merriam, 2001).

이러한 변화는 애초에 교육 대상에 중점을 두고 아동교육을 위한 방법과 성인학습을 촉진하는 방법으로 페다고지와 안드라고지를 구분하던 것에서 교수자의 역할을 강조하는 교육 원리와 학습자의 주도성을 강조하는 교육 원리로 개념이 강조하는 지점이 변화한 것이라고 볼 수 있다(Davenport & Davenport, 1985). 요컨대, 페다고지와 안드라고지는 학습자가 아동이든 성인이든 상관없이 서로 대비되는 학습자의 학습을 돕고 이끄는 원리와 가정을 일련의 연속선상의 양극단으로 묘사한 것이라고 볼 수 있다. 그래서 어떤 학습자에게 적합한 접근은 학습자 개인의 발달적 특성, 과제에 대한 준비도, 사회적 역할 등의 복합적인 요인들에 따른 페다고지와 안드라고지의 양자택일이 아닌, 페다고지적 특징이 좀 강조되는(교수자의 역할이 더 많이 필요한) 접근 혹은 안드라고지적 특징이 좀 더 드러나는(학습자의 주도성을 좀 더 보장하는 것이 필요한) 접근이라는 식으로 판단한다.

2. 안드라고지의 학습자에 대한 기본 가정

놀스(1980)는 안드라고지와 대비되는 아동의 교육에 대한 원리를 페다고지라고 지칭하고 있다. 페다고지와 안드라고지의 개념적 차이는 교육의 의미에 대한 다른 입장을 바탕으로 하고 있다. 즉, 교육에는 학습자가 습득해야만 하는 지식과 기술을 전달하는 활동(teach)으로서의 의미를 강조하는 입장과, 학습자가 주도적으로 자신이 필요로 하는 지식과 기술을 탐색 및 구성하는 시도를 도와주는 활동(help)이라는 입장의 상반된 관점이 존재한다는 것이다. 놀스가 이렇게 교육의 의미와 정의를 구별하는 것은 궁극적으로 학습자의 조건과 상황에 있어서 아동의 경우와 성인의 경우가 서로 다를 수밖에 없다고 보기 때문이다. 놀스가 제시한 아동 학습자와 성인 학습자가 구별되는 특징을 살펴보면 다음과 같다.

1) 자아개념

학습자의 자아개념(self-concept)은 아동기의 수동적 · 의존적 자아개념에서 점차적으로 독립적이고 주도적인 자아개념으로 변화한다. 아동기에는 자신이 누구인지 생각하는 데 있어서 자신을 둘러싼 환경의 속성에 의존해서 파악한다(아버지는 누구이고, 어디에 살고, 어느 학교에 다니는지 등). 또한 아동기의 이러한 수동적 · 의존적 자아개념은 아동을 보호하고 이끌어 주어야 할 대상으로 바라보는 사회문화적 시각에 의해 정당화된다.

그러나 성인으로 성숙해 가면서 우리는 자신의 모습을 규정하는 외적 요소가 아닌 자신의 내적 요소—취미, 선호하는 역할, 인생의 가치, 하는 일 등—에 의해서 내가 누구이며, 어떤 존재인지 확인한다. 그럼으로써 타인과 구별되는 나만의 독특한 모습과 영역을 형성하며 그것이 존중받기를 원한다. 이러한 자아개념의 변화를 고려하였을 때 학습자의 자율성과 독자성을 간과하는 페다고지 방법으로는 독립적인 자아개념을 갖는 성인의 학습을 효과적으로 지원하기가 어렵다. 성인의 경우에는 스스로 필요로 하고 원하는 학습을 자신이 원하는 방식으로 할 수 있도록 도와주는 것이 보다 효과적일 수 있다.

이러한 점을 고려하였을 때 교수자는 무엇보다도 학습자에게 수용적인 분위기를 조성하는 것이 필요하다. 수용적인 환경이란, 학습자의 학습에 친화적인 환경을 뜻하는 것으로서 학습자가 제시하는 의견이나 생각을 존중하고, 학습자의 신체적 조건까지 고려한 학습 환경을 구성하는 것을 말한다. 또한 성인 학습자는 자신에게 적절한 학습 내용과 학습에 필요한 제반 사항에 대해서 스스로 인식할 수 있기 때문에 교수자는 이들의 요구를 확인하는 노력이 필요하다. 성인을 대상으로 하는 교육 프로그램을 개발하고 운영하는 데 있어서 요구분석을 강조하는 이유도 바로 여기에 있다. 요구분석은 학습자의 이상적 수준과 현재 수준 간의 차이를 분석하는 것으로서 학습자의 조건(학습자 분석), 학습 환경, 시설(환경 분석) 그리고 학습자가 습득해야 할 지식, 기술 수준(과제 분석) 등을 확인하는 작업이다. 학습자의 요구를 확인하고 그 내용을 프로그램의 내용, 방법, 환경 등을 구상하는 데 반영함으로써 학습자 친화적인 교육 환경을 구성할 수 있으며, 이는 학습자들의 학습효과를 높이는 데 중요하게 작용한다.

2) 경험의 역할

아동과 구별되는 성인의 특징은 풍부한 사회적 경험을 보유하고 있다는 것이다. 아동은 삶을 살아온 기간이 성인에 비하여 상대적으로 짧기 때문에 양적·질적으로 경험이 풍부하지 않다. 이뿐만 아니라 인지적 발달도 덜 이루어져 있기 때문에 자신의 경험으로부터 새로운 원리나 지식을 추출하는 것도 익숙하지 않다. 따라서 아동의 경우에 있어서 학습자들이 가지고 있는 경험이나 지식을 학습 상황에 끌어들이는 방법은 효과적이기 쉽지 않다.

그렇지만 성인은 삶의 여러 장면에서 오랜 기간 동안 다양한 경험을 쌓아 왔기 때문에 이러한 경험은 학습 과정에 많은 영향을 미칠 수 있다. 놀스(1980)는 성인학습에 있어서 경험이 학습활동에서 가지는 의미를 세 가지로 정리한다. 첫째, 타인을 지도 · 안내하는 자원으로 경험을 활용한다. 자신의 경험을 활용하여 교육 내용을 간명하게 조직 · 제시하거나 교육 내용을 이해하는 데 유용한 사례로서 제시하는 것이 그 대표적인 예이다.

둘째, 학습자가 가지고 있는 경험은 학습상황에서 접하는 새로운 경험을 이해하는 원천으로 작용한다. 이것은 듀이(Dewey)가 표현한 경험의 계속성 원리와 관련될 수 있는 사항이다. 즉, 현재 학습하려는 내용은 그 자체만으로 독립적으로 이해되고 학습되는 것이 아니라 과거의 경험과 관련되어 해석되고 이해되는 특징을 가진다. 그렇기 때문에 과거 경험의 양상이 어떠한가에 따라서 지금의 학습 내용의 의미와 양상은 가변적이며, 동시에 현재의 학습에서 이어지는 학습 내용, 대상, 형식을 결정하는 중요한 단서가 된다.

셋째, 학습자의 경험은 새로운 지식을 수용하고 새로운 관점을 갖는 것에 대해 저항하려는 경향을 불러올 수 있다. 이 점은 상대적으로 풍부한 경험이 내포하고 있는 부정적인 요소를 드러내는 것이다. 삶의 시간이 많아질수록 경험의 양은 증가하게 되며, 경험이 많을수록 새롭게 받아들여지는 경험은 점차 줄어들게 된다. 다양한 경험을 많이 가지고 있을수록 생활 속에서 접하게 되는 경험은 더 이상 새롭게 느껴지지 않는 것이다. 왜냐하면 경험의 양이 증가하면서 기존에 가지고 있는 생각과 지식만으로도 충분히 이해되는 부분이 많아지기 때문이다. 새로운 경험을 이해하는 데 기존의 경험으로부터 획득한 지식이나 관점만으로도 충분하다면, 굳이 새로운 지식을 얻기 위한 성찰을 하려고 하거나 관점을 바꾸려고 하지 않는다. 나이가 들어 가면서 보수적인 모습을 보이는 까닭도 바로 이러한 이유와 관련이 있다.

경험이 성인의 학습에 중요한 요소로 작동한다는 점은 성인학습을 돕는 측면에 중요한 시사점을 제공한다. 무엇보다도 교수자는 핵심적인 사항을 전달하는 방법보다는 학습자의 직접적인 활동, 즉 경험을 갖도록 하는 과정에서 자신에게 의미 있는 지식과 기술을 스스로 체득할 수 있도록 지원하는 것이 필요하다. 물론 아동의 학습에도 체험학습, 현장 견학 등의 방법을 통해서 학습을 실행하려는 노력이 있으며, 이러한 활동이 갖는 긍정적인 측면을 부정할 수는 없다. 그러나 성인학습에서 경험은 학습자 특성, 관심, 상황적 여건에 따라 구체적인 의미가 확정되지 않은, 즉 학습자가 새롭게 의미를 재해석하고 구성할 여지를 갖는 중요한 학습 자원으로서 의의를 더하여 갖는다.

3) 학습 준비도

학습 준비도(readiness to learn)란 학습이 잘 이루어질 수 있는 상태를 말한다. 즉, 가르치는 입장에서 보았을 때 교육이 최적으로 이루어질 수 있는 상태(teachable moment)를 지칭한다. 놀스(1980)는 아동과 성인이 학습 준비도의 형성에 있어서 차이를 보인다고 설명하는데, 이는 곧 학습요구가 다른 경로로 나타난다는 점을 시사하는 것이다. 아동은 주로 신체적 · 인지적 발달 수준에 따라서 학습 준비도의 수준이 결정된다. 예를 들면, 걸을 수 있는 정도의 근육과 운동 기능, 조정 기능이 발달되어야 기다가 서서 걸을 수 있게 되고, 추상적 사고를 할 수 있는 인지 발달 단계에 도달해야만 비가시적인 사랑, 우정, 희망 등과 같은 개념에 대해서 생각할 수 있으며, 이러한 것들에 대해서 학습할 수 있게 된다.

성인의 경우에는 신체적 · 인지적 발달이 거의 완성되었기 때문에 이러한 요소보다는 사회적 지위와 역할에 따라서 학습 준비도가 결정된다. 학교를 졸업하고 사회생활을 하는 성인은 자신이 처한 상황에서 요구되는 다양한 사회적 지위와 역할을 가지며, 그 지위에 적합한 역할을 충실하고 원만하게 수행하는 데 필요한 학습 내용에 보다 많은 관심을 가지고 적극적으로 참여한다. 또한 개인이 사회적으로 갖는 역할과 관련되는 내용에 대해서 교육적으로 가장 높은 효과를 보인다. 예를 들면, 결혼도 하지 않은 성인이 육아와 관련된 교육 내용에 대해서 관심을 갖기는 쉽지 않으며, 관심을 갖는다 하더라도 그 관심의 정도는 아이를 막 낳아서 양육해야 하는 개인에 비하여 덜할 수밖에 없다. 결국 자녀육아와 관련한 학습에 대한 준비도는 자녀양육을 책임져야 할 사회적 위치, 즉 부모가 됨으로써 발달하는 것이다.

학습 준비도와 관련한 이러한 사항은 학습의 시점과 학습집단의 조직이라는 점에서 의미 있는 시사점을 제공한다. 성인의 경우 사회적 지위와 역할에 따라 학습 준비도가 형성되므로 이들이 참여하는 학습은 현재의 지위와 역할과 관련성을 가지고 있을 때 효과적일 수 있다. 갓 입사한 신입사원에게 퇴직 후의 경력 개발 교육을 실시하거나, 취직 혹은 이직이 주된 관심사인 개인에게 철학, 예술교양 교육을 제공하는 것은 학습의 효과 측면에서 적절하지 않다. 이뿐만 아니라 개별적인 학습이 아닌 집단을 대상으로 한 교육을 실시해야 한다면, 집단의 구성은 사회적 역할이 비교적 동질적인 집단으로 구성하는 것이 효과적일 수 있음을 시사해 준다. 그러나 놀스는 동질적인 집단 구성이 반드시 적절한 것은 아니라고 설명한다. 경우에 따라 이질적인 특성을 가진 개인으로 학습집단을 구성하는 것이 오히려 바람직할 수도 있기 때문이다. 예컨대, 대인관계 훈련이나 다문화에 대한 인식 교육의 경우, 서로 상이한 배경과 특성을 가지고 있는 개인이 모여서 학습을 진행할 때 훨씬 더 역동적인 학습이 가능할 수 있으며, 의미 있는 학습 경험을 접할 수 있을 것이다.

4) 학습 지향성

아동의 학습에서는 자신들이 이해해야 할 교과 영역의 주제를 체계적으로 이해하고, 그에 필요한 지식과 기술을 습득하는 것이 중요한 목적이 된다. 그래서 아동을 대상으로 하는 교육은 원활하게 학습 내용을 이해할 수 있도록 주로 논리적으로 구성된 지식의 위계에 따라서 단계적으로 진행하는 경우가 일반적이다. 이러한 과정을 통해서 아동은 자신들이 학습해야 할 주제에 대해 보다 깊이 이해할 수 있게 된다. 이런 식의 교육에서는 아동의 현재 생활이나 삶에서 가지는 문제보다는, 아동들이 아직 충분히 갖추지 못한, 그러나 이들의 미래 삶에 있어서 필요한 지식과 소양을 논리적이고 체계적으로 전달하는 주제 중심적 학습을 강조한다.

하지만 독자적인 자아개념을 가지고 있는 성인은 자신들이 지금 현실에서 당면하고 있는 생활과 관련한 문제를 중심으로 학습하려는 성향을 가진다. 성인들의 학습에서는 현실에서 접하는 문제를 원론적으로 이해하고 해결방법을 생각해 보는 시도보다는 구체적인 문제에 있는 그대로 접근함으로써 실제로 적용할 수 있는 대안을 터득하려는 경향을 보인다. 이러한 점에 주목해서 놀스는 아동에게서는 주로 주제 중심적 학습 경향(subject-centered orientation)이 나타나는 데 비해서 성인은 문제 중심적 학습 경향(problem-centered orientation)이 두드러지게 나타난다고 언급한다.

따라서 문제 중심적 학습 경향을 가지고 있는 성인의 특성을 고려하였을 때, 교수자는 교육 내용을 구성함에 있어서 성인이 일상에서 접할 수 있는 문제로 학습 주제를 선정하고 제공하는 것이 필요하다. 예컨대, 영작문 수업에서는 작문 I, 작문 II의 형태로 하여 작문의 절차를 쉬운 것에서 어려운 것으로 단계적으로 나아가기보다는 실제 생활에서 접하는 문제, 예컨대 '영어로 편지 쓰기'와 같은 형태로 주제를 선정하여 직접 영어로 편지를 쓰는 과정을 경험하도록 한다. 그리고 편지를 작성하는 과정에서 학습자가 나타내는 문법적 오류를 발견하여 수정해 주는 과정이 성인에게는 효과적인 학습 방법이 될 수 있다.

물론 문자해득과 같은 기본적인 문법과 활용 규칙에 대해서조차도 사전 지식을 갖추지 못한 경우에는 비록 성인이라고 하더라도 이에 대한 내용을 조직적으로 전달하는 방법이 적절하다. 놀스가 문제 중심적 학습 경향을 강조하는 이유는 성인이 아동에 비하여 실제 생활에서의 쓰임새에 보다 많이 주목하면서 학습하는 경우가 많기 때문이다. 즉, 현실에서 풀어야 할 문제를 중심으로 교육활동을 전개함으로써 성인 학습자의 요구에도 보다 친화적이며 유용성 측면에서도 유리한 학습지원이 가능할 수 있다.

5) 학습 동기

안드라고지의 학습자에 대한 기본 가정으로 학습 동기에 관한 내용은 지금까지 언급한 네 가지에 덧붙여서 놀스가 1984년에 『안드라고지의 실제(Andragogy in Action)』에서 새로 추가한 사항이다(Knowles, Holton, & Swanson, 2010). 놀스는 성인들이 학습 과정과 결과로부터 스스로 느끼는 만족감과 성취감에 의해서 학습하는 경우가 두드러진다고 설명한다. 이는 아동들이 주로 외부의 보상이나 인정—포상, 칭찬 등—에 따라서 학습을 지속하는 모습과 대비하여 성인학습의 특징을 부각하는 요소이다.

성인 학습자의 내적 동기에 대한 강조는 안드라고지가 인본주의의 철학적 입장을 내포하고 있다는 사실과 밀접한 관련성을 갖는다. 인본주의 철학은 인간이 학습에 참여하는 모습은 무엇보다도 자기만의 고유한 독자성과 개성을 계발하려는 욕구, 즉 스스로 성장하고 자아실현을 하려는 욕구에 의해서 나타나는 현상이라고 본다(Merriam & Bierema, 2014). 물론 외부 조건과 상황이 성인의 학습 과정에 전혀 무관하다고는 할 수 없으나, 아동과 달리 성인은 학습자의 내적 동기 수준이 외부 조건과 상황의 영향력을 능가하여 학습 과정과 결과에 영향을 미칠 수 있다. 즉, 자신에게 필요한 내용이라고 판단한다면 그 내용을 학습하는 데 소요되는 비용과 시간을 기꺼이 감당하는 것이 바로 성인 학습자의 특징이다.

하지만 모든 성인의 학습이 내적 동기에 의해서 추동하는 것은 아니다. 승진을 위해서, 보다 많은 금전적 인센티브를 위해서, 자격증을 취득하기 위해서 등 자신이 추구하는 외적인 보상을 염두에 두고 학습하는 경우도 많다. 반대로 아동 · 청소년들의 경우에 있어서도 내적 동기가 중요한 학습의 원동력이 되기도 한다. 학교 방과후 수업시간에 신청한 우쿨렐레 수업을 통해 흥미를 느껴서 직접 악기를 사 달라고 조르며, 스스로 우쿨렐레를 매일같이 연습하는 아이의 모습은 외적 동기가 없이도 학습활동 자체로부터 느끼는 흥미와 만족에 의해서 배움을 지속하는 모습의 예라고 할 수 있다.

그러므로 안드라고지의 학습자에 대한 기본 가정으로서 학습 동기를 성인과 아동의 발달 수준 차이에 따라서만 이해하는 것은 논란의 여지가 있을 수밖에 없다. 그보다는 안드라고지와 페다고지를 학습자 중심의 교육 원리와 교수자 중심의 교육 원리로 이해하는 틀에서 학습 동기에 대한 가정을 바라보아야 한다. 즉, 안드라고지적 접근이 적절한 학습자는 내적 동기에 따라서 학습하는 모습이 두드러지며, 페다고지적 접근이 적절한 학습자의 경우는 외적 동기가 강하게 개입하고 있다고 설명할 수 있다.

6) 배움의 필요성 인식

안드라고지의 기본 가정으로서 배움의 필요성(the need to know)은 놀스가 1984년에 출판한 『성인 학습자: 간과된 존재(The Adult Learner: A Neglected Species)』(3판)에서 새로 추가한 내용이다(Knowles et al., 2010). 성인은 아동들과 달리 자신이 학습하는 내용이 왜 자신에게 중요하고 또 필요한지 분명히 인식함으로써 보다 효과적으로 학습에 참여한다. 배움의 가치를 분명히 인식하면 할수록 학습의 지속성과 효과성이 높다는 주장은 앞서 언급한 안드라고지의 다섯 번째 기본 가정인 성인학습의 원동력으로서 내적 동기와 밀접한 관련성을 갖는다고 말할 수 있다. 왜냐하면 배움의 필요성을 인식함으로써 관심을 가지고 있는 학습은 이제 더 이상 학습자 자신의 고유한 상황과 무관한 활동으로 남지 않기 때문이다. 쉽게 말해서, 배움의 필요성을 인식함으로써 학습자는 학습 주제와 내용을 '모두에게 보편적으로 중요한 것이 아니라, 나의 독특한 상황과 연관성을 갖기에 의미 있는 것'으로 받아들인다. 그럼으로써 학습자는 학습에 대한 자신의 내적 동기를 강화한다.

배움의 필요성은 구체적으로 성인 학습자가 자신의 사회적 지위 및 역할과 연관 지어 학습 내용의 의미를 파악함으로써 내면화할 수 있다(Merriam & Bierema, 2014). 가령 자신이 곧 머지않아 퇴직할 것이라는 사실을 인식할 때, 은퇴준비교육에 대해서 더 많은 관심을 가지고 참여할 필요성을 자각한다. 대학원생이 학위논문을 준비하면서 자신의 논문 주제와 비슷한 내용을 다루는 학술포럼이나 세미나에 자발적으로 참석하는 것 역시 배움의 필요성을 스스로 인식하고 있는 모습이다.

따라서 성인학습의 차원에서 교수자는 학습자가 배움의 필요성을 자각할 수 있도록 안내하는 것이 필요하다. 성인들의 학습을 촉진하는 존재로서 교수자는 학습자가 학습 주제와 학습자 자신이 처해 있는 상황을 연관 지어 스스로 의미를 부여할 수 있도록 도와주어야 한다. 이러한 맥락에서 놀스 등(Knowles et al., 2010)은 기업조직의 상황에서 학습촉진자 역할을 언급한 바 있다. 구체적으로, 학습촉진자는 학습자가 배움의 필요성을 인식할 수 있도록 학습활동이 학습자의 삶의 질을 향상하고 직장에서 효과적으로 업무를 수행하는 데 얼마나 유용하고 가치 있는지에 대해서 납득할 수 있도록 설명해야 한다. 또한 실제의 상황에서건, 학습을 위해 의도적으로 구성한 상황에서건 학습자들이 자신의 현재 모습과 자신이 원하는 이상적인 모습 사이의 간극을 체감할 수 있는 경험을 제공하는 것도 필요하다.

3. 자기주도적 학습

1) 자기주도적 학습의 개념

성인학습과 관련한 개념 중 자기주도적 학습(self-directed learning)은 가장 빈번하게 다루어지는 주제로서, 앞서 살펴본 안드라고지의 학습자에 대한 기본 가정을 충족하는 성인들에게서 발견할 수 있는 학습 양식이다. 자기주도적 학습의 핵심은 무엇을 어떻게 학습할 것인가에 있어서 학습자가 스스로 통제할 수 있는지 여부이다(Merriam & Bierema, 2014). 놀스(1975: 18)는 자기주도적 학습을 "타인의 도움이 있건 없건 상관없이 자신의 학습요구 진단, 달성할 학습목표 수립, 학습에 필요한 인적·물적 자원 판단, 적절한 학습 전략의 선택과 실행, 그리고 학습 결과의 평가에서 개인이 주도권을 갖는 학습 과정"으로 정의하였다. 요컨대 자기주도적 학습이란 학습의 목표, 내용, 방법, 자원의 선정 및 학습 과정의 진행에서 학습자가 일차적 책임을 갖는 학습을 말한다. 자기주도적 학습은 학습자가 자율성을 기반으로 하여 학습의 운영에 대해서 책임을 갖는 형태를 강조하는 개념으로, 고립된 조건에서 학습자가 혼자서 학습하는 것을 의미하는 것이 아니다. 물론 개별학습도 자기주도적 학습의 특징을 가질 수 있다. 그러나 성인교육에서 언급하는 자기주도적 학습은 학습의 개별성을 강조하기보다 학습자의 권한과 자율성에 더 주목하는 개념이다.

따라서 집단학습에 참여하거나 타인의 지원을 제공받는 형태도 학습자의 자율성과 책임에 근거하는 것이라면 자기주도적 학습이라고 말할 수 있다. 중요한 것은 집단학습을 결정하고, 타인의 지원 필요성을 인식하며, 지원을 요청하고 수용하는 주체가 외부의 교수자가 아닌 학습자 자신인가 하는 점이다. 자기주도적 학습은 사회적 지원과 사회적 기대가 존재하는 현실에서 발생하는 학습 형태로 학습자가 스스로 사회적 기대와 가능성을 해석하고 그에 대한 판단을 내리는 것에 중점을 두고 있다. 그러므로 자기주도적 학습에서는 학습자가 필요하다고 판단하면 언제든지 인적 혹은 물적 지원을 요청할 수 있으며, 그러한 결정에 대한 책임과 권한을 학습자가 가지고 있다.

학습자의 책임과 권한에 대한 강조는 학습자가 스스로 추구하는 것—개인의 사회적 적응, 사회적 삶의 조건 변화, 직업능력 계발, 개인적 만족 등—을 가장 효과적으로 달성하였는지에 대한 판단의 주체 역시 학습자가 되어야 함을 암시한다. 지식이나 기술과 같이 명시적이고 구체적인 교육 목표의 귀착점이 사전에 규정되어 있는 조건에서는 그 귀착점을 잘 알고 있으며, 그것을 규정하는 개인이나 전문가 집단이 학습을 관리하는 편이 더 효과적일 것이다. 그러나 자기주도적 학습에서는 학습목표의 설정 및 학습 과정의 관리에 대한 학습자의 주도적인 판단과 책임을 핵심적인 특징으로 보기 때문에 그 결과에 대한 가치판단에 있어서도 학습자의 역할이 가장 중요할 수밖에 없다. 즉, 자기주도적 학습은 자기평가(self-evaluation)의 중요성을 부각함으로써 학습 결과가 학습자 외부의 기준에 의해서 판단되는 것보다 학습자의 주관적 판단과 의미 부여에 의해서 판가름된다는 점을 더욱 강조한다.

이러한 특징을 종합해 보았을 때, 자기주도적 학습은 자신의 학습 목적 및 수단에 대한 타인의 통제로부터의 독립성, 타인의 원조 여부에 상관없이 자신이 학습요구를 진단하고 목표를 설정하고 학습 자원을 선정하며 학습 전략을 선택하고 실행하면서 학습 결과를 평가하는 일련의 과정에서의 주도성, 학습의 의미 및 학습을 통해서 실현하고자 하는 가치에 관한 자율성이라는 세 가지 요건을 내포하고 있다(권두승, 2000).

성인학습이론의 한 축으로 불리는 자기주도적 학습은 성인의 독특한 학습 양식을 설명해 주는 틀이라고 할 수 있다. 자기주도적 학습은 적절한 학습활동으로서 성인이 따라야 할 처방적(prescriptive) 성격의 내용이라기보다 성인의 일상적 경험 속에서 이루어지는 학습의 본질—학습자 스스로 가

라이트 형제(Wright Brothers)
자전거 수리공으로서 자신들의 지식과 기술을 바탕으로 각종 관련 서적의 탐독과 부단한 실험을 통해 1903년에 최초의 동력비행기를 발명하는 데 성공한다. 비행기를 만들기 위한 이들의 노력은 자기주도적 학습의 전형적 사례로 언급된다.

치판단과 의사결정, 그리고 주체적인 학습을 수행하는 것—을 꿰뚫어 소개하는 기술적(descriptive) 성격의 이론에 가깝다. 터프(Tough, 1967)는 자기주도적 학습을 처음으로 하나의 연구주제로 제안한 학자이다. 그는 66명의 캐나다 성인의 일상적 학습행태를 검토하여 종합한 결과, 굳이 구체적인 교육 환경이 아니더라도 스스로 학습을 계획하여 학습자 본인이 필요로 하는 것을 얻기 위한 학습행위가 성인의 일상적 삶 안에 있다는 것을 확인하였다. 그리고 이를 가리키는 개념으로 자기주도적 학습을 언급하였다(Merriam & Bierema, 2014에서 재인용). 따라서 자기주도적 학습은 성인이 자신의 삶 속에서 추구해야 할 바람직한 학습 양식이 아니라, 안드라고지의 학습자에 대한 기본 가정을 갖추고 있는 성인의 일상 가운데에서 드러나는 자기계발과 성장의 모습으로 파악해야 한다.

자기주도적 학습을 특정한 목표를 가지고 이루어지는 학습활동보다는 성인이 자신의 삶 속에서 모종의 이유로 배움의 필요성을 느끼고 그 배움의 욕구를 스스로 채워 가는 과정으로 여긴다면, 일상에서 자기주도적 학습의 흔적을 찾기란 그리 어렵지 않다. 예를 들면, 직장생활을 하는 가운데 이직의 필요성을 느끼는 직장인이 자신의 삶과 정체성을 새롭게 규정하고, 자신에게 적절한 미래의 직장 혹은 직업을 탐색하며, 그 가운데 필요한 지식과 기술 등을 학원이나 인터넷을 통해 습득함으로써 자신의 향후 경력을 점차 명확하게 만들어 가는 과정은 자기주도적 학습의 모습을 잘 보여 주는 사례이다. 여기에서 학습자는 자신의 학습 내용과 형식 그리고 학습 목적의 결정에서도 스스로 판단할 수 있는 존재로서 자리매김하고 있으며, 학습에 필요한 자원의 선택과 수집의 일차적 책임을 가진다.

2) 자기주도적 학습의 의의

메리엄과 카파렐라(Merriam & Caffarella, 1999)는 자기주도적 학습의 의의를 다음의 세 가지로 요약하고 있다.

첫째, 자기주도적 학습을 통하여 성인은 자신의 학습활동에 대한 자기주도성을 향상할 수 있다. 자기주도적 학습은 인본주의 철학의 입장을 근간으로 하는 개념이다. 인간은 본성적으로 선하고 자율적이며 무한한 성장의 잠재력을 가지고 있기 때문에, 자신의 행동에 대해서 스스로 책임을 가지고 판단할 때 가장 적극적으로 참여하고 높은 효과를 창출할 수 있다. 그렇기 때문에 자기주도성은 학습자에게 의미 있는 학습 과정에서 필연적으로 발휘될 수밖에 없다. 자기주도적 학습은 이러한 개인적 속성으로서 자기주도성을 계발하는 핵심적인 교육 방법이자 원리인 셈이다. 이는 협동하는 기회를 접함으로써 협동심을 기를 수 있고, 창의성을 기르기 위해서 창의적 사고 기회가 조장되는 것과 비슷한 논리라고 할 수 있다.

둘째, 자기주도적 학습은 성인 학습자의 관점의 변화를 학습 목적으로 간주하는 전환학습을 촉진한다. 자기주도적 학습이 학습자의 관점 전환에 기여한다는 주장은 자기주도성을 구성하는 핵심 요소인 자율성의 본질에 대한 관심에서 출발한다. 자율성에 기반을 두는 자기주도적 학습은 학습자가 타인의 지시나 안내와 상관없이 자신의 상황이나 관심을 독자적으로 이해하고 풀어 가는 모습을 부각한다. 즉, 학습의 과정과 성과를 판가름하는 학습자 외부의 기준과 판단보다는 학습자가 처한 구체적인 사회적 맥락과 상황에 근거한 학습자의 주관적 판단이 더 중요하다. 스스로 궁리하고 판단하는 자기주도적 학습 경험을 통하여 학습자는 자신만의 독자적인 관점을 단련하고 계발할 수 있다. 세상을 이해하는 관점의 변화에 주목하는 전환학습의 맥락에서 볼 때, 자기주도적 학습은 학습자의 고유한 세계에 대한 관점이 변화될 수 있는 기회로서 의미를 가진다.

셋째, 자기주도적 학습은 학습자가 사회적 실천에 참여할 수 있는 가능성을 진작한다는 점에서 의의가 있다. 학습을 통하여 개인이 단지 지식의 습득에 머무르지 않고 한발 더 나아가 사회문제에 관심을 가지고 직접 행동할 수 있어야 한다는 입장에서 볼 때, 자기주도적 학습은 단순히 현실에 적응하는 개인이 아닌, 사회 개혁의 과정에 참여하는 개인을 기르는 가능성을 담고 있다. 자기주도적 학습은 본질적으로 전통적인 교육과 비교하였을 때 학습 계획, 과정, 결과의 평가에 이르기까지 국가나 사회의 영향보다는 학습자 자신의 역할을 강조한다. 그렇기 때문에 학습 과정에 있어서 권력과 이데올로기의 개입이 상대적으로 덜할 수 있다. 성인학습의 실천가들은 이러한 자기주도적 학습의 특징에 주목하여, 자기주도적 학습 기회를 통해서 사회 개혁에 참여하는 개인을 계발할 수 있다고 주장한다. 다시 말하면, 자기주도적 학습은 학습자가 현실에 대한 비판적 사고와 검토를 통해서 현실에 내포된 문제를 스스로 인식하고 이를 해결하기 위한 사회적 실천에 나설 수 있는 기제가 될 수 있다. 이러한 맥락에서 메지로우(Mezirow, 1990)는 비판적 사고능력과 자기주도성이 서로 밀접하게 이어져 있다고 설명한다. 결국 정리하면, 자기주도적 학습은 그 자체가 특정한 지식이나 기술의 습득을 효과적으로 이끄는 학습 방식이라기보다 학습자의 자율성과 권한을 극대화하여 사회문제에 관심을 가지고 실천하는 삶을 구현하는 핵심적인 도구이다.

3) 자기주도적 학습에 대한 비판적 이해

자기주도적 학습에 대한 비판적 접근은 자기주도적 학습에 대한 대부분의 연구들이 인본주의 철학적 가정을 토대로 학습자 개인에게 지나치게 치중해서 이루어져 왔다는 점에서 출발한다. 실제로 자기주도적 학습이 학습자의 자기주도성에 많은 영향을 받기는 하지만, 자기주도성의 강조가 사회적 진공 상태에서 고립적으로 학습이 이루어지는 것을 의미하는 것은 아니다. 비판적 입장에서 볼 때 학습은 상황 의존적인 활동이자 사회적 실천임에도 불구하고, 인본주의적 철학에 기초한 접근은 대부분 학습자 개인의 역할에만 치중하여 이루어져 왔다. 즉, 자기주도적 학습을 비판적으로 이해하려는 입장은 학습자의 주도적인 역할과 책임을 지나치게 강조한 나머지, 학습자가 주도성을 발휘하는 조건과 학습자가 행사하는 주도성에 내포되어 있는 이데올로기를 간과했다는 점에 대해서 문제를 제기한다.

먼저, 일반적인 학습과 마찬가지로 자기주도적 학습 역시 학습자가 처한 사회문화적 맥락 가운데 이루어진다. 학습 과정은 학습자가 처한 사회문화적 맥락으로부터 자유롭지 않기 때문에 사회문화적 맥락의 성격에 따라서 자기주도적 학습의 양상도 변형될 수밖에 없다. 예컨대, 업무가 분업화되어 개별적 활동이 두드러지는 조직과 비교하여, 팀 체제에서 협력적 업무 수행이 빈번한 조직의 상황에서 자신의 수행 수준 향상을 위한 구성원의 자기주도적 학습은 그 목적이나 방법, 동원할 수 있는 자원 등에 있어서 상이할 것이다. 그러므로 이론적으로 구상하고 있는 자기주도적 학습의 이상적인 모습이 원활하게 구현되기 위해서는 학습이 이루어지는 풍토가 열린 의사소통과 협력적인 학습 분위기, 학습자의 자유로운 시도가 수용될 수 있는 환경이어야 한다.

또한 학습자가 사회적으로 부여받은 공식적 지위와 권한에 따라서 자기주도적 학습에 활용할 수 있는 자원의 양과 질이 달라질 수 있으며, 이는 학습 수준에 영향을 미칠 수 있다. 자기주도적 학습자는 사회적 존재로서 자신이 수행해야 할 역할과 책임을 가지고 있다. 따라서 학습자는 사회적 기대와 역할을 충실히 감당해야 하며, 이에 상응하여 사회적으로 행사할 수 있는 권한의 범위도 다양하다. 사회적 존재로서 학습자가 갖는 이러한 특징은 학습 과

정에서 학습자가 접근할 수 있는 학습 자원의 범위, 학습목표의 성격, 학습활동의 가능성 등에 영향을 미친다. 그리고 결과적으로 자기주도적 학습의 전반적인 양상에도 영향을 미친다. 예를 들어, 한 직장의 사원과 최고 관리자가 비슷한 관심을 바탕으로 스스로의 학습을 풀어 나간다고 해 보자. 이때 나타나는 사원과 최고 관리자의 학습 양상과 성과의 차이는 단순히 두 사람의 학습 역량이나 경험의 차이로만 해명할 수 없다. 이들이 가지고 있는 조직에서의 지위와 그에 따른 권한과 영향력의 차이는 학습에 이용할 수 있는 정보나 자료의 차이, 시간적 여유 등에서 차등적 조건을 가지게 하는 중요한 원인이 되기 때문이다. 최고 관리자가 사원보다 훨씬 더 우수한 학습 성과를 보일 것이라고 말할 수는 없으나—왜냐하면 자기주도적 학습 결과의 판단은 학습자 자신의 몫이기 때문에—비슷한 주제에 대한 학습 과정과 결과가 다를 것이라는 점은 어렵지 않게 예상할 수 있다. 결국 자기주도적 학습의 근간이 되는 자율성과 주도성, 독립성의 속성은 사회적 환경 속에서 개인이 어떤 위치를 점하고 있느냐에 따라서 상당히 가변적이다. 스피어와 머커(Spear & Mocker, 1984)는 자신들이 면담한 78명의 자기주도적 학습자의 경험을 바탕으로 자기주도적 학습자는 "자신들이 처한 여건에서 고려할 수 있는 제한적인 학습 대안들 가운데 학습활동을 선택"한다고 지적하였다(Merriam & Bierema, 2014: 67에서 재인용).

자기주도적 학습에 대한 비판적 이해는 학습의 주체인 '자기(self)'의 속성을 분석함으로써 더욱 심화할 수 있다. 비판적 관점에서 보았을 때, '자기'는 개인이 성장하고 살아가고 있는 사회 및 문화에 내포된 가치, 신념, 규범에 의해서 조형된 역사적 산물이라고 할 수 있다. '자기'의 속성은 학습자가 살아온 성장 배경과 경험의 양상에 따라 다른 '구성체'적 의미를 지닌다고 볼 수 있으며, 이는 자기주도적 학습의 모습에 영향을 미친다. 본래 정의에 따르면, 자기주도적 학습이란 학습 목표, 내용, 방법 등에 대한 계획을 수립하고 구체적인 실행과 결과를 평가하는 데 일차적 책임을 학습자가 지는 것이다. 그런

데 학습에 대한 주도성을 가지고 있는 학습자는 자신의 삶의 역사적 상황과 조건에 의해서 조형된 존재로서 생애 과정에서 사회적 규범과 가치를 내면화한 개인이다. 다시 말하면, 우리는 태어나서 지금까지 성장하는 가운데 우리 사회에서 보편적으로 허용하는 문화적 가치, 사고방식, 생활습관, 도덕의식 등을 자연스럽게 학습한 존재이다. 우리가 가지고 있는 이러한 요소들의 성격은 사회문화적 배경에 따라서 조금씩 다르다. 이러한 사실은 자기주도적 학습 과정에서 학습자가 판단하는 것들이 순수한 자연인 개인으로서 가지는 선호나 관심에 따라서만 이루어지는 것으로 보이지만, 사실은 그렇지 않다는 점을 시사한다. 다시 말하면, 개인이 주체적으로 판단하는 것처럼 보이지만, 사실은 사회적으로 정당하게 허용되는 규범과 가치의 범위 안에서 이루어지는 과정이 자기주도적 학습이다.

4) 자기주도성의 증진

자기주도적 학습은 성인기에 발견할 수 있는 중요한 학습 형태이다. 그러나 성인이 되었다고 해서 누구나 자기주도적 학습을 해 나가는 것은 아니며, 학습 과정에서 자기주도성을 발휘하는 것도 아니다. 당연한 말이지만, 자기주도적 학습을 하기 위해서는 학습자가 자기주도적 학습능력을 기본적으로 가지고 있어야 한다. 이를 위해서는 단순히 지식과 기술을 터득하게 하는 것에 머무르지 않고 독자적으로 학습할 수 있는 능력을 계발하는 학습 경험을 가지는 것이 필요하다. 물론 한 인간으로서 나이가 들면서 신체적 · 인지적 · 사회적 발달이 이루어지고, 이러한 발달의 결과가 자기주도적 학습을 할 수 있는 기본 전제가 되는 것이 사실이기는 하다. 그러나 인간으로서 자연스러운 성숙의 과정이 학습에서의 자기주도성을 보장하는 것은 아니다. 다시 말하면, 일반적인 차원에서 아동 · 청소년 시절과 비교하였을 때 성인의 독립성과 자주성이 향상되는 것은 사실이지만, 그렇다고 해서 학습 장면에서도 자기주도적 학습을 수행할 수 있다고 단정하기는 어려운 것이다. 비록 성인이라고 하더라도 독자적으로 학습을 수행해 볼 수 있는 기회가 부족했거나 학습에서 독립적·능동적 역할을 수행하는 존재로서 학습자 자신의 위상을 생각해 본 적이 없는 경우에는 자기주도적으로 학습을 풀어 가기가 쉽지 않다. 그렇기 때문에 자기주도성을 신장하여 자기주도적 학습을 할 수 있는 능력을 길러 주는 노력이 요구되는데, 이러한 맥락에서 그로우(Grow, 1991)는 단계적 자기주도적 학습(Staged Self-Directed Learning: SSDL)을 제안한다.

그로우의 단계적 자기주도적 학습은 자기주도적 학습의 과정 자체에 대한 설명이 아니라, 학습자의 자기주도성을 기르기 위해서 교육자가 접근해야 하는 방법과 원리에 대한 설명이다. 단계적 자기주도적 학습 모형은 학습자의 자기주도성의 수준에 따라 교육자가 적절한 지도 방식으로 학습활동을 안내함으로써 자기주도성이 향상될 수 있다고 본다. 그로우는 리더십에 관한 연구 성과 가운데 허시와 블랜차드(Hersey & Blanchard, 1988)의 상황적 리더십 유형으로부터 단계적 자기주도적 학습 모형의 이론적 틀을 차용한다. 허시와 블랜차드는 조직 구성원의 심리적 성숙도와 직무 수행의 성숙도에 따라서 효과적인 리더십 유형을 구분할 수 있다고 보고, 지시적 리더십, 설득적 리더

표 3-1 상황적 리더십 유형과 단계적 자기주도적 학습 모형 비교

허시와 블랜차드의 상황적 리더십 유형		그로우의 단계적 자기주도적 학습 모형	
효과적 리더십 유형	구성원 특성	효과적 지도 유형	학습자 특성
지시적 리더십	낮은 심리적 성숙도 낮은 직무 수행 성숙도	권위를 갖춘 코치	의존적 학습자
설득적 리더십	높은 심리적 성숙도 낮은 직무 수행 성숙도	동기 유발, 가이드	관심을 갖는 학습자
참여적 리더십	낮은 심리적 성숙도 높은 직무 수행 성숙도	촉진자	참여적 학습자
위임적 리더십	높은 심리적 성숙도 높은 직무 수행 성숙도	상담자, 위임자	자기주도적 학습자

십, 참여적 리더십, 위임적 리더십의 네 가지로 분류했다. 그래서 상사와 부하 간의 업무 수행의 관계라는 상황에서 부하의 심리적 성숙도와 직무 수행 성숙도 수준이 낮은 경우에는 업무 수행에 관한 구체적인 지시를 내리는 지시적 리더십이 효과적이며, 두 가지 요소가 모두 높은 수준의 부하에게는 위임적 리더십이 효과적이라고 주장한다(Hersey & Blanchard, 1988).

〈표 3-1〉에서 보는 것과 같이 그로우의 단계적 자기주도적 학습 모형은 리더십의 주체를 교수자 역할로 치환하고 구성원의 심리적 및 업무 수행 수준을 학습자의 자기주도성 수준으로 대응하고 있다. 그리고 학습자 유형을 의존적(dependent) 학습자, 관심을 갖는(interested) 학습자, 참여적(involved) 학습자, 그리고 자기주도적(self-directed) 학습자의 네 가지 수준으로 구분하고, 각각의 학습자 특성에 따라서 적절한 교수자의 지도 유형을 분류하고 있다(Grow, 1991).

첫째, 의존적 학습자는 학습 방법이나 내용을 스스로 결정할 수 있는 독자적인 기준을 가지고 있지 않기 때문에 효과적인 학습을 위해서 의지할 수 있는 전문가가 필요하다. 이 단계에서 학습자의 효과적인 학습은 교수자가 제공하는 조직화된 내용을 수용하고 교수자의 지시를 따르면서 이루어진다. 그렇기 때문에 학습 상황 전반에 걸쳐서 충분한 전문성과 경험을 가지고 있는 권위 있는 존재로서 교수자의 역할이 중요하다. 교수자는 반복적 연습의 부여, 정보의 전달, 수행에 대한 즉각적인 피드백 제공 등을 통하여 의존적인 학습자를 지도한다. 그리고 이러한 학습활동을 통하여 학습자가 학습 주제에 대하여 친숙해지고 관심을 갖도록 이끌 수 있다.

둘째, 관심을 갖는 학습자는 학습 목표와 내용에 대하여 공감하고 학습활동에 대해서 긍정적인 태도를 가지고 있는 상태이다. 이들은 어느 정도 학습 내용에 대해서 관심을 보이기 때문에 그러한 관심의 정도를 심화하고 지속하는 도움이 필요하다. 따라서 교수자 입장에서는 학습자에게 학습을 지속하고 몰입할 수 있도록 동기를 부여하는 것이 중요한 과제이다. 교수자는 학습자에게 자율적인 활동 기회를 제공하고 그에 대한 적절한 피드백을 제공하되, 구체적인 학습활동의 전개에 대해서 사전에 계획한 사항을 충분히 설명해 주어야 한다. 그로우는 교수자의 사전 안내에 따른 토론이나 구체적인 학습 전략과 목표를 설정해 주는 것을 이 단계의 학습자에게 적절한 지도 방법으로 지적한다.

셋째, 참여적 학습자는 학습활동에 대해서 단순히 흥미를 보이는 수준에 머물지 않고 적극적으로 참여하려는 의도를 가지고 있는 상태이다. 학습자들은 교수자의 지도나 가이드에 의존하여 학습을 수행하기보다는 자신의 생각과 판단을 통해 동료들과 협력적으로 문제를 해결하고 자신에게 적합한 학습 결과를 획득하려고 한다. 그러므로 이 단계의 학습자를 지도하는 입장에서는 이들의 능동적인 태도가 존중받을 수 있고, 이들의 자율적 학습이 원활하게 이루어질 수 있도록 촉진자 역할을 하는 것이 강조된다. 전체적인 큰 주제는 잡혀 있지만, 구체적인 학습 진행이나 학습 결과는 결정되어 있지 않은 그룹 프로젝트나 세미나 활동 등이 참여적 학습자에게 효과적인 방법이 될 수 있다.

넷째, 자기주도적 학습자는 말 그대로 자기주도적 학습을 수행할 수 있는 상태이다. 학습의 계획과 진행 그리고 평가에 이르기까지 학습자의 책임과 주도성이 강조되며, 교수자는 학습자의 자율적인 학습활동에 대해서 자문을 해 주는 역할을 주로 하게 된다. 교수자는 학습 과정 가운데 학습자가 미처 인식하지 못한 문제점을 효과적으로 개선하도록 조언해 줄 뿐, 특정한 지식이나 기술을 전달하거나 학습 진행의 바람직한 절차나 형식을 지시하거나 관리하지 않는다. 그로우는 학습자의 자기주도성이 가장 성숙한 이 단계에서 적절한 학습 지도 형태는 논문 작성, 인턴제, 개별학습 등이라고 제안하고 있다.

그로우의 단계적 자기주도적 학습은 학습자의 자기주도성을 향상시키기 위한 목적으로 수행할 수 있는 일종의 교수 모형이다. 단계적 자기주도적 학습 모형에서 핵심은 학습에 참여하는 성인 학습자의 자기주도성 수준과 교수자의 지도 방법이 일치를 이루는 것이다. 학습자의 수준과 교수자의 지도 방법이 조화를 이루는 교육이 지속적으로 이루어지는 가운데 학습자는 점진적으로 자기주도성이 보다 성숙한 단계로 발달하게 된다. 다시 말하면, 단계적 자기주도적 학습 모형은 학습자의 특성과 지도 방법이 불일치하는 경우, 예컨대 의존적인 학습자에게 개별학습이나 인턴십과 같은 활동을 부과하는 교육은 학습자의 자기주도성 신장에 비효과적이라고 주장한다. 자기주도성의 신장이라는 교육 목적을 효과적으로 성취하기 위해서는 현재 학습자의 자기주도성 수준에 적합한 지도 방법을 실행하는 것이 관건인 셈이다. 그럼으로써 학습자는 점진적으로 보다 성숙한 단계로 나아갈 수 있으며, 궁극적으로는 자기주도적 학습을 하는 개인으로 성장하게 되는 것이다.

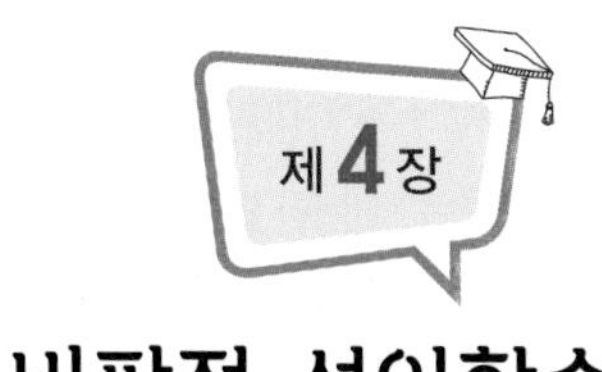

비판적 성인학습

비판이란 인간이 가지고 있는 이성 자체의 능력을 반성하여 이성에 의한 인식의 범위와 내용 그리고 전제를 명확하게 하는 판단 행위라고 할 수 있다. 즉, 인식 행위에 작용하는 이성의 가능성과 한계를 검토하는 것이 바로 비판인 것이다. 성인교육의 실천에 대한 비판적 해석을 시도하는 입장에서 볼 때, 성인학습이 주목해야 할 핵심적인 과제는 학습자가 사회 저변에 광범위하게 내재되어 있는 억압적 시스템을 인식하고 비판할 수 있는 비판적 성찰의 가능성을 발달시킬 수 있도록 돕는 것이다(Brookfield, 1987, 2005; Mezirow, 1990). 다시 말하면, 사회의 불평등을 심화·재생산하는 이데올로기나 가치, 규범 등이 가지는 역리적 양상을 짚어낼 수 있는 관점을 가짐으로써 개인과 사회가 봉착하는 문제적 요소를 분석하고, 이를 해결하는 능동적인 사회 개혁의 주체가 될 수 있는 가능성을 열어둘 수 있으며, 이 점이 바로 성인학습을 통해 추구해야 할 중요한 과제라는

것이다.

이 장에서는 이러한 비판적 성인학습의 관심과 관련되는 세 가지 성인학습 주제에 대해서 다룬다. 우선 메지로우(Mezirow)가 제안한 전환학습의 의미를 이해하고 전환학습을 설명하는 데 필요한 주요 개념들을 정리해 본다. 그리고 민중교육 혹은 의식화교육의 이름으로 널리 알려진 프레이리(Freire)의 해방적 학습을 살펴봄으로써 기능적 성격 이외에 성인학습이 가지는 사회 개혁의 기제로서 가치를 조망해 본다. 마지막으로 비판이론에 대해서 정리하고, 이를 바탕으로 비판적 관점에서 제기되는 평생학습 분야의 문제와 대안들에는 어떤 것들이 있는지 살펴본다.

1. 전환학습

1) 전환학습의 의미

사회적으로 요구되는 지식, 기술, 태도 등을 충분히 습득하지 못한 아동 및 청소년을 대상으로 하는 교육은 사회적으로 적절하고 유용한 내용을 전수·숙달하는 과정에 중점을 둔다. 그러나 학교교육과 다양한 사회 경험을 통해서 생활하는 데 필요한 내용들을 충분히 갖추고 있는 성인의 교육 장면에서는 새로운 내용을 전달하는 것보다는 기존에 학습한 것을 자신의 환경과 상황에 적절하게 재구조화할 수 있도록 도와주는 것이 더 중요하다. 이러한 차이는 메지로우(1995: 51)가 지적한 것처럼 "아동기의 학습은 주로 형성적 기능(formative function)의 특징을 보이는 반면, 성인기의 학습은 전환적 기능(transformative function)이 구별되는 특징"으로 요약할 수 있다.

물론 성인기에도 새로운 지식이나 기술을 습득하는 학습은 분명히 일어난다. 하지만 자신의 삶을 통해서 길러 온 사고방식이나 습관들이 새로운 상황에 직면하여 여전히 유효한지 검토하고, 보다 효과적으로 대처할 수 있도록 이러한 것들을 개조해 가는 모습은 아동·청소년들의 학습에서는 쉽게 찾아볼 수 없는 성인학습의 독특한 양상이다. 비슷한 맥락에서, 기존의 경험을 이해하는 개인의 관점이 더 이상 적절하지 않거나, 지식이나 관행이 불필요해지는 경우에 이들을 해체하려는 폐기학습(unlearning)의 노력도 성인에게서 발견할 수 있는 중요한 학습 과정으로 이해할 수 있다(송미영, 유영만, 2008). 전환학습(transformative learning)은 바로 이러한 학습 양식에 주목하면서 개념화된 학습이론이다.

전환학습에 대한 학문적 논의는 1978년의 메지로우의 연구로부터 출발한다. 메지로우는 오랜 공백을 깨고 다시 학업이나 취업을 새롭게 시작하는 미국 여성들의 경험을 연구하면서 '관점 전환(perspective transformation)'을 일련의 적응 과정에서 나타나는 가장 핵심적인 경험으로 지적하였다. 한마디로 말해서, 전환학습에서 강조하는 '전환'이라는 것은 바로 성인 학습자가 세상을 인식하고 해석하는 틀, 즉 관점(perspective)의 전환을 뜻한다. 메지로우(1990: 14)는 관점의 전환이란 "개인이 현실을 지각하고 이해하며 느끼는 가운데 자신이 가지고 있는 가정이 어떻게 혹은 왜 개입하는지에 대해서 비판적으로 깨달아 가는 과정"이라고 규정하고 있다.

전환학습은 이러한 관점의 전환이 이루어지는 일련의 과정을 학습이라고 정의한다. 관점의 전환을 학습으로 간주하는 까닭은, 무엇보다도 관점의 변화가 인간의 자연스러운 발달 과정에서 누구에게서나 공통적으로 드러나는 현상이 아니기 때문이다. 개인이 세상을 인식하는 틀인 관점은 자신의 삶 속에서 접하는 복잡다단한 사건과 경험을 바탕으로 만들어진 산물이다. 그러므로 어떤 경험을 가지고 살아왔느냐에 따라서 관점은 매우 상이

잭 메지로우
(Jack Mezirow, 1923~2014)

한 구조와 내용으로 드러날 수 있다. 즉, 관점은 개인이 가지고 있는 특성과 함께 개인이 처하는 사회문화적 여건과 상황적 제약에 따라서 형성되는 것이다(Mezirow, 1991). 그렇기 때문에 전환학습은 편향적인 경험과 그로 인한 왜곡으로 인식의 틀이 편파적으로 형성될 수도 있으며, 같은 이유로 학습을 통해서 좀 더 폭넓고 유연한 관점으로 개조될 가능성도 인정한다. 쉽게 말해서, 전환학습은 우리가 가지고 있는 세상을 이해하는 눈은 태생적으로 고정된 것이 아니라고 본다. 세상을 바라보는 관점은 지금까지의 삶을 통하여 축적해온 경험의 양상과 그에 대한 개인의 성찰 내용에 따라 구성된 실체이자 학습의 산물인 것이다. 전환학습은 세상을 이해하는 눈이 보다 포괄적이고 적응적인 속성의 눈으로 발달할 수 있도록 이끄는 학습인 셈이다.

전환학습을 제안한 메지로우(2000: 5)는 "학습자 자신의 행위나 사고를 조정하기 위해서 기존 해석을 바탕으로 경험의 의미를 새롭게 해석 혹은 재해석하는 과정"으로 학습을 정의했다. 전환학습은 지식에 대한 구성주의적 입장과 맥을 같이하며 학습자가 자신이 처한 상황을 바라보는 안목을 변화시켜감으로써 상황이 가지는 의미를 새롭게 해석할 수 있는 여지를 가질 수 있다고 본다. 마치 우리가 어떤 색깔의 선글라스를 착용하느냐에 따라 세상의 빛깔이 다르게 보이듯이, 학습을 통해서 얻는 지식은 학습자가 어떠한 관점에서 객관적 실재를 해석하느냐에 따라 가변적으로 구성되는 주관적 속성을 내포한다.

또한 전환학습은 학습자 자신이 세상을 이해하는 방식을 점검함으로써 그 속성이 무엇이고, 그로 인해서 세계를 어떻게 이해하며, 그 가운데 편향된 해석이나 왜곡 가능성이 있는지를 확인하려는 노력이라고 할 수 있다. 전환학습은 개인의 자발성을 바탕으로 이루어지며, 자신의 현재를 깨닫는 동시에 보다 수용적이고 분별력 있는 안목을 갖춘 존재로 변모하려는 노력이다. 그렇기 때문에 성인은 전환학습을 통해서 발달하는 동시에 자신에 대한 지식(self-knowledge)을 획득해 갈 수 있다(Mezirow, 1991).

우리 주위에 있는 성인들의 삶을 관찰하면 전환학습에 대한 실제 사례는 그리 어렵지 않게 찾아볼 수 있다. 자신을 둘러싸고 있는 객관적 환경이나 주변에서 발생하는 다양한 사건은 개인이 통제할 수 없지만, 그것을 인식하고 해석하는 자신의 관점은 개인의 의지로 변화시킬 수 있다. 관점을 바꿈으로써 같은 경험이지만 그 의미를 새롭게 해석할 수 있는 여지를 가질 수 있으며, 다른 접근 방식으로 경험에 대처할 수 있다. 예컨대, 갑작스러운 사고로 장기간 입원할 수밖에 없는 일을 고통스럽고 원망스러운 사건으로 생각할 수도 있지만, 바쁘게만 살아온 자신의 모습과 주위를 가만히 관조할 수 있는 시간으로 생각할 수도 있다. 자신의 처지를 어떻게 이해하느냐에 따라서 병원에서 지내는 시간은 무척 다른 의미로 다가설 수 있는 것이다. 따라서 안정적인 성인기의 삶을 영위하기 위해서는 생활 속에서 경험하는 복잡다단한 현상을 효과적으로 그리고 조화롭게 이해할 수 있는 관점을 가지는 것이 중요하다. 메지로우(1991)는 기존의 관점으로는 충분히 이해하기 어렵고 문제적 상황으로 인식되는 삶의 경험을 새롭게 이해할 수 있도록 성인 스스로의 관점을 조정 · 변화하는 과정이 전 생애에 걸쳐서 일어날 수 있다고 본다. 그리고 이러한 관점의 변화를 성인 발달(adult development)의 핵심적인 과정이라고 이야기한다. 다시 말하면, 전환학습은 '성인의 신체적 발달과 아울러서 함께 진행되는 인지적 발달을 설명하는 개념'이라고 볼 수 있으며, 그 결과로서 성인은 보다 성숙한 관점을 형성하고 지혜로워질 수 있다.

이처럼 전환학습은 관점의 변화를 통해서 계속해서 당연한 것으로 인식하던 현상을 새로운 시각에서 조망하고, 기존에 인식하지 못했던 속성을 파악할 수 있는 가능성에 주목한다. 관점을 달리함으로써 의식하기 어려웠던 현실 속의 모순과 문제들을 발견할 수 있으며, 그로부터 해결의 실마리를 찾아서 실천의 출발을 고민할 수 있는 것이다. 전환학습은 이러한 점에서 비판적 성인학습의 맥락과 결부될 수 있다.

2) 의미 도식과 의미 관점

메지로우가 설명하는 전환학습을 이해하기 위해서는 자신의 경험에 대한 의미해석 과정에 개입하는 의미 도식(meaning schema)과 의미 관점(meaning perspective)이라는 두 가지 개념에 대해서 우선 알아 둘 필요가 있다.

먼저, 의미 도식은 "일상 경험을 이해하고 해석하는 데 사용되는 습관적 기대(habitual expectations)"를 말한다(Mezirow, 1990: 2). 의미 도식은 경험의 지각, 인지 과정인 "해석에 투입·사용되는 구체적인 지식, 신념, 판단준거, 감정들"로서(Mezirow, 1991: 5), 살아오면서 체득한 것들이다. 예컨대, 딸기와 사과에 대해서 우리는 '먹을 것'이라고 습관적으로 해석한다. 그리고 잘 아는 어른을 만나면 어떤 행동을 해야 하는지에 대해서 일정한 지식이나 판단 기준—인사를 하고 존댓말을 사용한다—을 가지고 있다. 의미 도식은 이러한 것들을 말한다. 우리가 인식하는 대상에 대한 의미 도식은 사회문화적으로 체득한 내용들이기 때문에 살아온 사회문화적 배경이 비슷한 개인들은 대체로 공통적인 의미 도식을 가지고 있다.

반면, 의미 관점은 "새로운 경험이 기존의 경험과 관련하여 해석·재구조화되는 과정에 개입하는 가정, 전제의 구조(structure of assumptions)"를 뜻한다(Mezirow, 1990: 2). 의미 관점은 "경험의 지각과 인지 과정을 규율하는 체계"로서(Mezirow, 1991: 5), 경험을 주관적으로 해석하고 이해하는 틀이다. 예를 들면, 추석이나 설날과 같은 명절 때 부엌에서 하루 종일 일하시며 오랜만에 집에 온 자녀들을 챙기시는 어머니를 바라보는 관점을 생각해 볼 수 있다. 우리는 가부장적 사회가치관으로 어머니의 모습을 바라볼 수도 있고, 부모-자식 관계에서 효를 강조하는 가치관을 가지고 어머니에 대해 고마움을 느낄 수도 있으며, 모든 사람을 평등하게 대해야 한다는 인권의 관점에서 어머니를 보면서 부당하게 억압받는 여성의 삶을 생각할 수도 있다. 이처럼 같은 경험이나 대상을 이해함에 있어서 우리가 동원하는 의미 관점은 우리 자신이 처한 독특한 상황이나 가지고 있는 가치, 신념, 윤리 등에 따라서 얼마든지 바뀔 수 있다. 의미 관점에는 개인의 주관성이 상당히 개입하며, 동일한 사회문화적 배경을 가지고 있더라도 개인의 사적 · 심리적 조건의 차이나 경험을 접하는 상황적 특수성에 따라 가변적이다.

의미 도식과 의미 관점은 의미 구조(meaning structure)를 구성하는 두 축으로서 서로 대상 내용과 시점의 관계라고 할 수 있다. 즉, 의미 도식이 인식하는 대상에 대해서 가지고 있는 내용이라고 한다면, 의미 관점은 인식 대상을 바라보는 시점, 즉 입장이라고 할 수 있다. 의미 도식과 의미 관점은 서로 영향을 주고받는다. 마치 오목렌즈를 끼고 바라보면 사물이 거꾸로 존재하는 것처럼 보이고, 또 반대로 바라보는 사물의 위치가 멀어져서 잘 보이지 않게 되면 그것을 잘 볼 수 있도록 렌즈의 초점을 달리할 필요성을 느끼게 되는 것과 비슷한 이치라고 할 수 있다. 다시 말하면, 렌즈의 속성에 변화가 생기면(의미 관점의 변화) 객관적인 대상도 달리 보이기 마련이며(의미 도식의 변화), 대상의 모습과 위치가 변화하게 되면(의미 도식의 변화) 본래 대상을 잘 볼 수 있도록 맞추어져 있던 렌즈의 속성도 바뀌어야 한다(의미 관점의 변화). 결국 의미 관점, 의미 도식의 변화는 서로에게 수정과 변화의 필요성을 자극하는 계기가 되는 셈이다(김한별, 허효인, 2017).

이러한 의미 도식과 의미 관점의 관계성은 의미 관점의 변화가 일어나는 두 가지 가능성을 이해하는 데 중요하다. 메지로우의 전환학습은 성인의 독특한 학습 과정이자 성인 발달의 특성으로서 의미 관점의 변화를 핵심적으로 강조한다. 메지로우(1990, 1991)는 두 가지 의미 관점의 변화 가능성을 이야기한다. 첫 번째 변화 가능성은 의미 도식의 변화가 축적되면서 관점의 변화가 점진적으로 이루어지는 것이다. 앞서 언급한 대상과 시점의 관계로 설명하면, 대상의 모습과 위치가 계속해서 변함에 따라서 기존의 시점을 바꾸는 경우이다. 명절 때 애쓰시는 어머니의 모습에 대해서 별생각을 하지 않다가, 다양한 매체를 통해서 접하는 여성 인권에 대한 이야기, 명절 때마다 겪는 주

부들의 고충에 대한 이야기, 그리고 고생하시는 어머니를 봄으로써 느끼는 심리적 불편함 등이 쌓여 서서히 관점이 변화하는 것이다.

두 번째 변화 가능성은 개인의 보편적인 생애주기나 사회적 역할과 관련하여 예상하지 못했던 이례적인 경험을 접하고, 그에 대해 기존의 관점이 효과적으로 대응하지 못하여 관점의 변화가 나타나는 것이다. 이는 메지로우가 'disorienting dilemma'—'혼란스러운 갈등' 정도로 번역될 수 있을 것이다—로 표현하는 사건을 접하면서 비교적 급진적인 형태로 이루어지는 관점의 변화를 말한다. 예를 들면, 실직, 이혼, 질병, 가족의 사고 등을 겪음으로써 이전에 가지고 있던 개인의 생각이나 삶에 대한 태도에 대해서 의심하고 이를 바꾸는 과정이다. 대상과 시점의 관계로 보았을 때 갑작스러운 상황 변화는 개인으로 하여금 기존에 익숙한 시점 자체에 대한 회의를 가지게 하여 변화를 일으킨다. 그리고 시점의 변화는 결국 주위 세계의 인식 대상에 대한 의미를 새롭게 해석하는 계기가 됨으로써 삶의 변화를 가져온다.

찰스 디킨스(Charles Dickens)의 소설 『크리스마스 캐럴』의 주인공 스크루지 영감은 크리스마스 전날 밤 과거, 현재, 미래의 모습을 보는 꿈을 꾼 후 자신의 생활과 이웃에 대한 생각이 극적으로 변화한다.

3) 성찰의 유형과 역할

성찰은 성인기의 학습을 설명하는 데 매우 중요한 요소이다. 특히 전환학습에 있어서 성찰은 개인이 가지고 있는 의미 구조의 변화를 가능케 하는 핵심동력 역할을 한다(김한별, 허효인, 2017). 성찰이란 새로운 지식을 쌓고 경험을 이해하기 위해서 현재와 과거의 경험을 반추하고 탐색하는 지적 · 정서적 활동으로 정의할 수 있다(Boud, Keogh, & Walker, 1985). 성찰 행위에는 추론, 일반화, 비유, 회상, 비교와 구분, 그리고 가치판단 등의 인지적 활동이 광범위하게 포함된다. 메지로우는 경험을 "되돌아보는(turning back)" 행위를 성찰로 이해한다(Mezirow, 1998: 185). 그는 개인이 성찰을 통해서 경험하는 외부 대상이나 사건의 의미를 파악하기도 하지만, 동시에 이러한 경험을 인식하는 개인 스스로가 가지고 있는 가치, 신념, 가정 등을 인식할 수 있다고 본다. 그래서 메지로우는 일상적 경험과 관련해서 이루어지는 성찰의 유형을 내용 성찰(content reflection), 과정 성찰(process reflection), 전제 성찰(premise reflection)의 세 가지로 구분하여 설명하였다(Mezirow, 2000). 이 가운데 내용 성찰과 과정 성찰은 경험하는 외부 대상에 대한 성찰과 관련한 유형이며, 전제 성찰은 개인 스스로 자신이 가지고 있는 가치, 신념, 가정에 대한 성찰에 해당한다.

첫째, 내용 성찰은 말 그대로 행위를 하는 내용 주제에 대한 성찰로서 문제의 핵심을 파악하기 위한 노력이다. 내용 성찰은 '주목하고 있는 경험은 무엇에 관한 것인가?' '관심의 대상이 되는 경험에서 핵심은 무엇인가?' 등에 대해서 반성하는 것이라고 볼 수 있다. 둘째, 과정 성찰은 행위를 수행하는 절차적 활동의 타당성이나 가치에 대해서 가치판단을 하는 노력이다. '주목하고 있는 경험은 어떻게 전개되었는가?' '경험 속의 인물, 나 혹은 타인은 어떻게 행동하였는가?' 등을 살펴보는 것이라고 할 수 있다. 셋째, 전제 성찰은 문제 상황에 내재하고 있는 기본적 통념이나 가치, 규범 등을 점검하는 활동을 의미한다. '어떠한 사회문화적 맥락에서 경험이 발생하였는가?' 그러한 맥락에서 강조되는 가치나 규범은 무엇인가?' '나는 왜 현상을 그러한 방식으로 경험하고 또 이해하였는가?' 등이 전제 성찰에 포함될 수 있다. 전제 성찰은 성찰의 주체가 현상을 이해하고 그로부터 경험을 해석하는 과정에 개입하는 예상 혹은 가정(presupposition)에 대한 의심과 검토를 포함한다는 점에서 많은 성인교육 이론가가 강조하는 비판적 성찰의 내용 및 형식과 같은 것으로 볼 수 있다(Mezirow, 1990).

이상의 세 가지 성찰 유형에 의해서 개인은 기존 의미 도식에 의해서 수행하는 습관적 행위를 벗어나서 의식적이고 의도적인 행위를 할 수 있는 가능성을 얻을 수 있다. 메지로우(1990)는 '무엇'에 주목하는 내용 성찰과 '어떻게'에 초점을 맞추는 과정 성찰과 구분하여, 특히 경험의 근본적 조건과 배경을 묻는 '왜'라는 물음과 관련한 전제 성찰을 통해서 관점 전환이 이루어질 수 있다고 주장한다. 다시 말하면, 문제적 상황이나 경험을 인식하고 이해하는 과정에 필연적으로 개입하는 예상, 전제조건, 규범의 몰가치성을 의심하고, 이에 대해서 비판적으로 성찰—메지로우의 표현으로는 전제 성찰—함으로써 경험을 새로운 시각에서 이해하고 통합할 수 있으며, 궁극적으로 의미 관점의 발달을 도모할 수 있는 것이다. 그리고 이러한 의미 관점의 변화가 누적됨으로써 학습자는 사회구조의 영향을 넘어서는 능동적 의미해석의 주체이자 행위자로 변모할 수 있게 된다.

그러나 전환학습의 결과로 사회 개혁의 주체자로 변모한 개인의 모습이 사회 개혁을 위한 구체적 실천으로 연결될 수 있는가에 대한 메지로우의 설명은 여전히 논쟁거리로 남아 있다. 메지로우(1998)는 사회 개혁을 위해서는 개인이 사회의 불합리한 모순과 은폐된 가정을 인식할 수 있는 관점의 변화가 필수적이라고 주장하였다. 그리고 전환학습의 과정을 설명하는 가운데 사회 개혁을 위한 구체적 실천 행위의 발현을 학습의 종결로 포함하고 있다. 그러나 실천 행위를 수행할 것이라는 선언적 제시가 이루어지기는 하지만, 전환학습의 결과로서 구체적인 실천이 실제로 이루어지는지, 이루어진다면 어떤 양상으로 나타나는지, 실천의 결과로 나타나는 모습은 전환학습이 이루어지기 전의 모습과 비교할 때 이념이나 가치 측면에서 완전히 구별될 수 있는지 등에 대해서는 아직까지 충분한 실증적 검토가 이루어지지 못하고 있다. 이에 대한 보완은 향후 과제로 남겨져 있다.

2. 해방적 학습

1) 해방적 학습의 지향점

비판적 관점에서 전환학습의 가치를 강조한 메지로우(1990)는 성인들이 참여하는 학습활동의 성격을 도구적 학습, 의사소통 학습, 해방적 학습으로 구분하여 설명하였다. 성인학습에 대한 이러한 구분은 학습을 추동하는 인간의 세 가지 관심사에 따른 것이다. 먼저, 도구적 학습(instrumental learning)이란 환경을 조작하고 통제하려는 관심에 의해서 이루어지는 학습이 가지는 성격을 가리키는 것이다. 도구적 학습을 통하여 외부의 대상을 자신의 목적에 맞게 관리·변형할 수 있는 기능적 가능성의 향상을 기대할 수 있다. 이에 비하여 의사소통 학습(communicative learning)은 일정한 맥락에 내포된 공유된 가정, 상징, 문화적 규범 등의 의미를 이해하여 타인들과의 사회적 소통 가능성을 증진함으로써 원만한 사회적 삶을 추구하는 학습이라고 할 수 있다. 의사소통 학습을 통하여 개인은 자신을 표현하는 동시에 타인의 관심과 입장 그리고 사회적 상호작용이 이루어지는 맥락을 충분히 이해할 수 있는 가능성을 확보하게 된다.

이러한 도구적 학습과 의사소통 학습은 모두 현실세계를 규정하는 다양한 가치와 전제조건을 인정하는 상태에서 이루어지는 것이라고 볼 수 있다.

현실 조건에서 유통되는 의미들을 바탕으로 현실적 여건을 개선하거나 사회적 소통을 추구하다 보니, 이러한 학습활동에 의해서는 인간의 독자성과 자율성을 회복하는 존재로 발달하기 쉽지 않다. 성인학습의 세 가지 성격 가운데 해방적 학습(emancipatory learning)은 이러한 관심에 부합하는 학습이라고 할 수 있다. 해방적 학습은 개인의 삶을 규율하는 외적 가치와 조건으로부터 자유로움을 추구하는 관심에 근간하고 있다(Mezirow, 1990). 그래서 해방적 학습에서는 주체적 존재로서 '나'에 대한 인식을 고양하기 위하여 '나'를 규정하는 일체의 외적 가치와 이데올로기를 극복하려는 쟁투의 과정—프랙시스(praxis)—이 중요하게 다루어진다(Elias & Merriam, 2005). 다시 말하면, 해방적 학습은 개인의 생각과 행동 그리고 존재가치를 규정하는 사회적 규범, 윤리, 문화적 신념 등과 같은 사회문화적 틀을 벗어나 즉자적 존재로서 개인의 자기의식 각성을 지향하는 학습 양상이라고 할 수 있다. 이러한 해방적 학습이 지향하는 가치를 가장 잘 보여 주는 대표적인 인물이 바로 프레이리(Freire)이다.

프레이리는 사회적 소외계층에 대한 교육적 지원을 통하여 이들이 미처 인식하지 못하고 있는 불합리하고 불평등한 사회체제의 현실을 분명하게 볼 수 있도록 함으로써 소외계층 스스로 자신들의 소외를 극복할 힘을 기를 수 있는 교육적 시도에 관심을 두고 있다(Freire, 1995). 그래서 프레이리의 논의는 모든 인간이 자신을 억압하는 모든 힘과 폭력으로부터 벗어나 '해방'의 상태에 도달할 수 있도록 하는 것을 교육의 궁극적 목적으로 강조한다. 해방은 누군가가 지향하고 가치 있는 것으로 인정하는 무엇인가에 일방적으로 동화·복속하고 있는 상태를 말하는 것이 아니다. 해방이란 인간이 자신의 조건을 스스로 정의하고 자신 스스로의 행위를 조정하고 통제할 수 있는 주체성을 행사할 수 있

파울로 프레이리
(Paulo Freire, 1921~1997)

는 상태를 말하는 것으로서, 인간화를 구현한 상태라고도 말할 수 있다.

해방적 학습처럼 해방 혹은 인간화를 실현하려는 의도를 바탕으로 이루어지는 교육은 누군가의 일방적인 주입 행위로만 이루어져서는 안 된다. 일방적 주입은 그 자체로 불평등한 관계를 전제하며, 주입의 대상이 되는 학습자들을 있는 그대로의 세계에 그저 순응하는 존재로 전락시키기 때문이다. 이뿐만 아니라 모종의 가치를 일방적으로 주입하려는 교육자 역시 학습자들로 하여금 온전한 인간이 되지 못하도록 방해함으로써 스스로 비인간화를 경험하게 된다(Freire, 1995). 그렇기 때문에 학습자의 수동성을 강제하는 구조에서 이루어지는 교육으로는 교육자와 학습자 모두의 인간성이 고양된 상태의 소통과 해방을 쟁취해 내는 것이 어렵다.

결국 해방적 관심에 입각한 교육과 학습은 교육자와 학습자 모두의 인간성의 회복을 최우선의 목적으로 하며, 인간성의 회복은 즉자적 존재 위상을 복원하는 과정이다. 프레이리(1995: 38)는 해방적 학습이 절실히 필요한 억압적 상황에 대하여 "억누르는 사람과 억눌린 사람들 양자에게 똑같이 영향을 미치는 '비인간화'의 총체"라고 주장한다. 즉, 억압-피억압의 구조에 편입되어 있는 사람들은 자신이 억압하는 위치에 있건, 억눌려 있는 위치에 있건 상관없이 모두 비인간화를 경험하고 있는 상태에 놓여 있다는 것이다. 억눌린 사람도 인간화를 실현하지 못한 상태이며, 억누르는 상태도 인간화로부터 빗겨나가 있는 상태인 셈이다. 그래서 프레이리는 진정한 해방의 실현이란 불평등하고 불합리한 사회체제에서 억압받는 민중들을 자신들의 억눌린 조건에서 벗어나게 하는 차원뿐만 아니라, 민중을 억누르는 사회의 지배계층들 역시 자신들의 맹목적인 행태를 자각하여 벗어날 수 있도록 돕는 차원까지 포함한다고 본다.

그렇다면 어떻게 양자의 해방을 추구할 것인가? 프레이리는 억압하는 사람과 억압받는 사람 모두의 해방을 위해서 우선 억눌린 사람들이 자신들의 불평등하고 소외된 삶의 조건을 스스로 넘어서는 것이 선행되어야 한다고 주장한다. 억누르는 사람들은 자신들을 비인간화하는 억압적 역할을 스스로 벗어 버릴 수 없기 때문에 억눌린 사람들이 사회 개혁과 인간의 해방을 위해 자신들의 억눌린 상황을 극복하여 억압이 더 이상 가능하지 않도록 함으로써, 다시 말하면 억압적 역할이 유효하지 않은 상황을 창출해 냄으로써 억누르는 사람들의 해방도 함께 실현할 수 있다는 것이다. 정리하면, 프레이리는 억압-피억압의 사회구조는 억누르는 사람, 억눌리는 사람 모두를 비인간화하며, 양자 모두의 해방을 통하여 지배-복종의 사회구조를 혁파할 수 있다고 본다. 그리고 해방의 궁극적 성취는 억눌린 사람들의 해방과 함께 가능하다고 주장한다. 그러므로 해방적 학습에 참여해야 할 대상은 억압받는 자와 억압하는 자 모두이며, 이들 모두의 인간성이 공통적으로 존중되고 회복될 수 있어야 한다.

해방적 학습을 통하여 의도하는 인간화, 해방, 혹은 사회 변혁은 적극적인 실천을 통해서 쟁취될 수 있는 것이다. 이러한 점에서 '프랙시스'는 해방적 학습을 이해하는 데 매우 중요한 개념이다. 프랙시스를 한마디로 정의하면 '의식적 실천'이라고 할 수 있다. 프랙시스는 자신에게 부과되는 기대와 조건에 따라서 수동적으로 활동하는 것이 아니라, 분명한 의식화를 전제로 하여 자신의 주체적 요구와 관심을 적극적으로 개진하고, 그를 바탕으로 사회를 변혁하려는 활동이다. 다시 말하면, 인간의 해방은 지식과 기술의 단순 습득과 정교화를 통해서 얻을 수 있는 것이라기보다는, 불합리하고 불평등하며 소외를 조장하는 현실의 문제적 상황을 자각하고 이를 실제로 개혁하려고 나서는 실천, 즉 프랙시스를 통해서 실현할 수 있다. 억눌리고 소외된 개인들은 프랙시스를 통해서 자신들에게 작용하는 억압의 굴레로부터 스스로를 해방할 수 있다(Freire, 1995). 그러므로 프랙시스를 위해서는 사회적 소외계층이 자신들이 처한 불리한 상황으로부터 해방하려는 주체적 의지와 더불어, 자신들의 불평등한 상황을 은폐하고 있는 가정이나 문화를 인식할 수 있는 비판적 시각을 기르는 것이 필요하다. 해방적 학습은 바로 개인이 프랙시스를 수행할 수 있는 주체로 거듭날 수 있게 하는 데 주안점을 두는 학습이다. 프레이리의 교육적 관심은 소외받는 사회적 약자들이 자기 삶의 조건을 스스로 타파하는 프랙시스의 주체로 바로 설 수 있도록 도울 수 있는 방법과 원리를 제안하는 것이었다. 이어서 다룰 문제제기식 교육의 의미는 이러한 맥락에서 살펴볼 수 있다.

2) 은행예금식 교육과 문제제기식 교육

프레이리는 교육은 본질적으로 가치중립적인 성격이 아니라는 점을 인식하면서 하향식으로 제공되는 교육과정에 따라 이루어지는 학교교육을 비판한다. 프레이리가 보기에 학교교육의 실제는 학생들로 하여금 은폐되어 있는 사회적 억압과 불평등의 구조를 깨닫지 못하고 수동적으로 수용하게 하는 과정이다. 그리고 이러한 학교교육의 구조를 보여 주는 교육의 원리를 은행예금식 교육(banking education)이라는 개념으로 요약하였다(Elias & Merriam, 2005).

은행예금식 교육은 학습자로서 인간을 개조할 수 있고 이들을 통제하는 것을 당연한 것으로 간주한다. 교사와 학습자 간의 평등하지 않은 관계에서 교사는 학생들이 마땅히 터득해야 할 지식과 기능을 전수하는 역할을 하며, 학습자는 교사가 전수하는 지식과 기능을 참된 것으로 믿고 수동적으로 받아들이는 존재가 된다. 프레이리는 교사와 학습자 간의 이러한 일방적 관계가 마치 은행의 창구에서 돈을 예금하러 온 고객과 고객이 예금하려는 돈을 받아서 입금 처리하는 직원 간의 관계를 닮아 있다고 본 것이다. 우선, 예금할 돈을 가지고 은행에 들어서는 사람처럼 교사도 학생들에게 맡길 지식을 가지고 교실에 들어서서 학생들을 만난다. 그리고 고객이 예금하려는 돈의 액수에 상관없이 은행 창구의 직원은 고객의 돈을 순순히 받아서 은행 금고에 저장하고 통장에 입금 날짜와 입금 금액, 잔고 등을 기재한다. 마찬가지로 교실에서 교사를 만나는 학생들 역시 은행 창구 직원과 같은 모습을 보인다. 그래서 학생들은 교사가 제시하는 지식을 진리로서 받아들이고 별다른 의심이나 비판 없이 주어지는 대로 학습하고자 노력할 뿐이다.

이러한 모습을 보이는 은행예금식 교육에서 학습자는 어떠한 비판적 해석을 시도하거나 자신의 주체적 의식에 기초하여 현실을 이해하려고 시도하지 않는다. 학생은 그저 교사가 제공하는 지식을 양순하게 받아들이기만 하면 된다. 이러한 학생들의 상황은 교실에서 이루어지는 활동에 대한 의식적 각성이 이루어지지 않은 상태이다. 다시 말하면, 은행예금식 교육에서 학습자는 단지 주어진 현실에 적응하는 객체의 상태에 머무르며, 자신의 현실에 대한 의식적 자각이 이루어지지 않고, 또 그럴 필요성도 요청받지 않는다. 그러다 보니 은행예금식 교육에서 학습자가 보일 수 있는 가장 전형적인 모습은 교사가 제공하는 지식에 의존하여 자신의 억압된 삶의 조건을 전혀 의식하지 못한 채, 이것을 스스로 정당화하고 문제없는 당연한 현실로 받아들이는 것이 된다(Freire, 1995). 그 결과, 억눌린 계층을 끊임없이 무기력하게 만들고 불평등한 사회구조에 대해서 아무런 저항도 하지 않는 침묵의 문화(culture of silence)가 영속한다.

프레이리는 자신이 살던 당시 브라질 학교교육의 현실에 횡행하던 이러한 은행예금식 교육으로는 학습자들의 비판적 시각을 배양하는 것이 구조적으로 봉쇄될 수밖에 없다고 비판한다. 당연히 은행예금식 교육을 통해서는 학생들의 인간화를 실현할 가능성도 희박하다. 은행예금식 교육을 극복하기 위해서는 교사의 역할이 중요하다. 그래서 프레이리는 교사가 학생들에게 익숙한 가정과 지역사회의 문화적 배경을 존중하고 그로부터 학습의 자원을 끌어오도록 노력해야 한다고 말한다. 그리고 교사는 학생들이 스스로 자신의 현실을 다른 시각에서 바라보고 의문을 제기할 수 있는 기회를 제공할 것을 제안한다. 나아가 교사가 학생들이 자신의 현실 속에 잠재되어 있는 부조리한 상황들을 탐구하는 과정의 동반자 역할을 할 것을 주문한다. 프레이리가 제시한 문제제기식 교육(problem posing education)은 이러한 교사의 변화된 역할을 토대로 실행할 수 있는 교육 방법이다(Freire, 2005).

문제제기식 교육은 은행예금식 교육이 가지는 문제점에 대한 대안이라고 할 수 있다(Elias & Merriam, 2005). 문제제기식 교육은 억압적인 사회질서를 극복하는 교육 원리이자 방법이다. 문제제기식 교육은 교사의 주도적 역할과 권위를 인정하면서 학습자의 역할과 참여를 간과하는 은행예금식 교육과 달리, 교사와 학습자 모두의 대등한 참여를 강조한다. 다시 말하면, 문제제기식 교육에서는 교사와 학습자 모두가 미완적 존재라는 사실을 인정하고 또 그런 조건을 긍정한다. 프레이리는 "다른 동물들과 달리 인간은 스스로 미완성의 존재임을 자각하고 있으며, 교육이 가장 인간적인 활동이라고 할 수 있는 까닭은 인간 존재의 불완전성에 대한 자각에 기초해서 실행되는 것"이기 때문이라고 설명한다(Freire, 1995: 98-99). 이러한 관점에서 프레이리는 참된 교육은 교사와 학습자 모두 '되어 가는' 과정에 놓여 있는 존재로서 조우하는 가운데 이루어지는 것이라고 주장한다. 그렇기 때문에 교사와 학습자가 함께 모순된 현실의 문제를 탐구해 가는 과정은 양자가 수평적인 관계 속에서 참여하는 대화의 과정으로 파악할 수 있다.

그러므로 대화의 과정에서는 학습자와 마찬가지로 교사 역시 언제나 인식하는 존재로 자리매김하게 된다. 교사는 학습자가 처한 모순된 현실을 넘어서기 위하여 학습자가 추구해야 할 가치와 비전 그리고 그를 실현할 수 있는 구체적인 실천 전략을 일방적으로 전달해서도 안 되며, 외형적으로는 대화의 형식을 갖추고 있더라도 사실상 일방적인 설득과 설교의 형태로 수업을 진행해서도 안 된다. 교사가 사회 개혁과 해방의 비전을 가지고 있다는 사실이 교사의 일방적인 가치 전달의 교육실행을 정당화할 수 없다. 교사는 학습자에 대한 인식을 멈추고 일방적으로 설교를 하는 것이 아니라, 학습자의 문화, 요구, 현실 여건을 이해하고 그에 따라 자신이 추구하는 교육의 목표, 내용, 방법 등을 끊임없이 개선해 가는 존재이다. 그럼으로써 대등한 관계 속에서 교사와 학습자 모두 서로에게 교수자인 동시에 학습자 역할을 하게 되는 것이다. 이것이 바로 문제제기식 교육에서 동반자 혹은 공동탐구자로 규정되는 교사와 학습자의 역할이다(Elias & Merriam, 2005). 이러한 맥락에서 대화를 통한 교육에서는 교사와 학습자 모두 앎의 수준을 서로 일치시켜 나간다고 볼 수 있다. 앎의 수준을 일치시킨다는 말은 지식의 양이나 깊이라는 측면에서 같아진다는 의미가 아니라 앎의 방향성, 즉 앎의 가치지향성을 맞춘다는 의미이다. 이렇듯 교사와 학습자가 상호 앎의 수준을 일치시켜 나가기 위해서는 무엇보다도 쌍방향적 소통, 즉 대화가 필연적으로 전제되어야 한다(Freire, 2005).

결국 문제제기식 교육이란 교사의 앎의 수준과 학습자의 앎의 수준을 대화를 통해서 통합해 가는 과정이자, 교사와 학습자 모두의 인간화를 구현해 가는 과정이라고 볼 수 있다. 이런 의미에서 문제제기식 교육이 지향하는 목표는 일차적으로는 대화를 통한 의식적 각성이며, 궁극적으로는 의식적 각성에 기반을 둔 사회 개혁의 실천으로 나아갈 수 있도록 하는 것이다. 문제제기식 교육은 학습자들이 자신들의 구체적인 현실 상황에 내재되어 있는 모순, 억압, 불평등을 인식할 수 있는 상태, 즉 의식화(conscientization)에 도달하는 데 주목한다. 의식화는 학습자들이 불평등한 사회구조를 제대로 인식하지 못하는 기존의 가정, 신념, 가치 등을 새롭게 전환하여 자신들의 상황에 내재되어 있는 문제들을 간파할 수 있는 상태라고 할 수 있다. 의식화가 중요한 까닭은 해방적 학습이 지향하는 궁극적 목표가 주체의 각성을 바탕으로 의도적으로 쟁취되는 것이기 때문이다. 즉, 인간성의 회복 또는 해방이라는 지향점은 사회 개혁의 실질적 동력으로서 억눌린 개인 스스로 자신의 상황을 바꿀 수 있는 주체임을 자각하고 직접 나설 때 가능하다. 그렇기 때문에 의식화가 전제되지 않은 실천은 결코 인간을 억압으로부터 온전히 해방시킬 수 없으며 인간화를 실현하기 어려운 것이다. 지금까지 살펴본 프레이리의 은행예금식 교육과 문제제기식 교육에 담겨 있는 논리를 간략히 도식화해 보면 [그림 4-1]과 같이 정리할 수 있다.

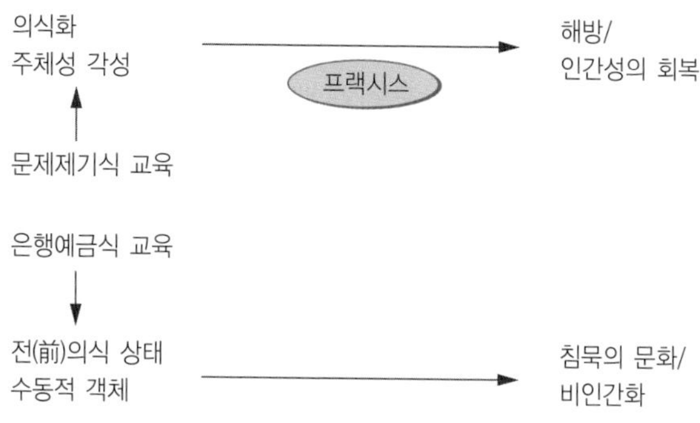

[그림 4-1] 문제제기식 교육과 은행예금식 교육의 논리

3. 비판이론과 성인학습

1) 교육에 있어서 비판이론의 주요 관심

비판이론(critical theory)은 사회 구성원들이 자신들의 사고와 행위 가운데 깊이 자리 잡고 있는 자본주의 이데올로기를 인식하도록 함으로써 불합리하고 불평등한 사회체제를 개혁·변화하려는 목적을 가진다. 일상적으로 당연하게 인식하고 수용하는 가치체계가 잘못되었을 가능성을 의심하고 분석하는 시도를 통해서 정의로운 사회체제로의 변화 가능성을 모색한다. 이를 위하여 비판이론은 자본주의 이데올로기를 비판하고, 사회의 헤게모니(hegemony)에 대한 도전을 촉진하며, 사회적 관계에 내포되어 있는 권력관계를 드러내는 다양한 작업을 시도한다. 그럼으로써 사회 현실을 충실히 해석하는 데 머무르지 않고, 진정으로 존엄한 모든 개인이 참된 인간성을 훼손받지 않은 채 살아갈 수 있는 사회를 구현하고자 한다(Brookfield, 2005).

비판이론가들이 비판하는 자본주의 이데올로기란 자본주의가 지지하는 '경쟁' '효율성' 등의 가치에 불합리하고 불평등한 요소가 내포되어 있음에도 불구하고 그 문제적 요소가 은폐된 채 만들어진 허위의식을 말한다. 마르

크스(Marx)의 이론에서 출발하는 비판이론가들은 기본적으로 불평등한 조건—하지만 공평한 조건에서 이루어지는 것처럼 보이는—에서 이루어지는 경쟁을 통하여 생산수단과 자본의 비대칭적 소유관계가 심화된다고 본다. 그래서 자본주의는 필연적으로 생산수단의 소유를 추구하는 억눌린 집단과 이들의 저항을 억압하고 기존의 사회질서를 유지함으로써 자신들의 기득권을 지켜 내려는 집단 간의 갈등적 긴장 관계를 유발한다고 분석한다. 비판이론가들은 사회적 불평등과 모순적 상황이 해소되지 못하고 지속되는 이유는 자본주의 이데올로기가 사회 구성원들의 삶의 영역과 각종 사회제도에 광범위하게 내포되어 있기 때문이라고 본다. 그리고 이를 드러내고 극복하려는 시도를 통하여 민주적 사회주의(democratic socialism) 실현을 지향한다(Brookfield & Holst, 2011). 민주적 사회주의는 자본주의 폐해를 넘어서기 위해서 정치와 경제를 서로 분리하여 별개로 접근해서는 안 되며, 정치적 해법과 경제적 해법을 함께 엮어 내 연동시킴으로써 보다 궁극적인 인간의 창조성과 유대감을 고양할 수 있다고 보는 이념적 입장이다.

비판이론가들은 또한 사회의 지배적인 헤게모니에 대한 도전을 시도한다. 헤게모니란 사회 구성원들이 자신들의 삶의 조건에 은폐되어 있는 잘못을 인식하지 못한 채 그대로 수용하고 정당화하도록 작동하는 이념적 기제이다. 예컨대, 신분제 사회에서 노예계급은 사회의 불평등성을 인식하지 못하고 순응적 행태를 보인다. 여기서 중요한 것은 이들이 신분제 사회의 부당함을 깨닫고 있지만 어쩔 수 없어서 순응하는 것이 아니라, 부당함 자체를 자각하지 못한 채 신분제 계급사회를 자연스러운 것으로 받아들인다는 점이다. 이러한 노예계급의 모습이 바로 헤게모니에 의한 것이다. 다시 말하면, 헤게모니는 일종의 '왕후장상(王侯將相)의 씨가 따로 있다'는 허위의식, 즉 이데올로기를 재생산하고 보편화한다. 헤게모니에 의해서 이데올로기는 왜곡된 이념이 아니라 일상에 자연스럽게 침투해 있는 관습으로 가장하여 존재하는 것이다(Brookfield, 2005). 브룩필드(2005: 43)는 "만들어진 동조(manufacturing consent)"를 유발하는 헤게모니가 정당화되는 과정을 통해서 사회 전체에서 지배집단의 기득권은 별다른 저항 없이 용인될 수 있다고 설명한다.

하지만 비판이론가들의 입장에서 볼 때 헤게모니의 성격은 지속적으로 변화하며 다른 경쟁 헤게모니에 의해 대치될 수 있는데, 바로 교육은 헤게모니를 내면화하는 기제인 동시에 경쟁 헤게모니를 생산할 수 있는 핵심적인 수단이다. 그람시(Gramsci, 1971)는 아동기 시절부터 사람들은 자신이 속하는 사회와 그 안에서 맺는 사회적 관계성을 반영하는 사고 및 행동 방식을 교육을 통해서 습득한다고 설명한다. 즉, 개별적인 의식이나 사고방식을 습득하는 것이 아니라, 집단 속 일원으로서 "어떤 순응주의이건 상관없이 우리 모두는 항상 대중 속의 인간 혹은 집단 속의 인간이며 순응주의자"의 모습으로 사회화된다는 것이다(Brookfield, 2005: 104에서 재인용). 하지만 그람시(1971)는 비판적 의식을 학습함으로써 경쟁 헤게모니를 생산할 수 있다고 밝혔다. "가장 기본적이고 원초적인 수준의 비판적 의식은 독립이라는 본능적 감정으로부터 기원한 '다르게' 그리고 '분리해서' 인식하는 감각을 바탕으로 발달하며, 이는 세상에 대한 자신만의 고유한 인식으로 발전해 간다"(Brookfield, 2005: 105에서 재인용). 경쟁 헤게모니는 기존 헤게모니의 영향을 받은 지배 문화로부터 분리하여 비판적 거리를 두어 자신의 위치를 의식함으로써 드러나는 것이다. 이처럼 모든 헤게모니 관계가 필연적으로 교육적 관계라고 규정한 것은 교육이 헤게모니를 확대·재생산하는 핵심적 기제인 동시에, 저항 헤게모니를 생산하고 대치할 수 있는 수단이 됨을 강조한 것이다(Brookfield, 2005).

사회적 관계에 편재되어 있는 권력관계의 효과 역시 비판이론가들이 밝혀내려는 주된 대상이다. 푸코(Foucault, 1980)는 권력이란 누군가 소유할 수 있는 것이 아니라, 사회에 편재(遍在)되어 그 효과가 행사되는 것이라고 설명한다. 권력이 모든 사회적 관계에 편재해 있다는 것은 모든 사회 구성원에게 권력을 행사할 수 있는 가능성이 열려 있다는 것을 의미한다. 이러한 푸코의 권력 개념은 '금지'와 '억압'을 야기하는 형태로 작동하는 권력뿐만 아니라, '가능'과 '허용'을 과도하게 유발하는 형태의 생산적인 권력 의미도 포함한다. 그러나 기존 사회체제의 조건에서는 특정 계층의 권력만이 편향적으로 부각되며, 주로 억압적인 권력만이 읽힐 뿐이다. 그렇기 때문에 기존 사회체제에 내재해 있는 권력 효과의 양상을 역전하기 위해서는 억압적인 권력을 해체하려는 시도뿐만 아니라 권력의 소외계층으로부터 기대할 수 있는 생산적 권력의 가능성을 촉진하는 노력도 필요하다. 그러면서 동시에 생산적 권력이 행위주체를 향함으로써 스스로를 지나치게 규율함에 따라 또 다른 방식의 억압과 통제에 구속되지 않도록 하는 것도 필요하다.

[참고자료] 『피로사회』: 생산적 권력에 대한 이해 돕기

권력이라고 하면 흔히 '강제하고 제재를 가하는 힘'으로 많이 생각한다. 그렇기 때문에 '가능하게 이끄는 힘'의 의미를 내포하는 생산적 권력이라는 개념은 이해하기가 쉽지 않다. 이러한 점에서 『피로사회』(한병철 저/김태환 역, 문학과 지성사, 2012)는 생산적 권력이라는 것이 어떤 의미인지 이해하는 데 도움을 준다. "21세기의 사회는 규율사회에서 성과사회로 변모했다. 이 사회의 주민도 더 이상 복종적 주체가 아니라 성과주체라고 불린다."(p. 23)라는 저자의 표현처럼, 피로사회는 성과사회를 살아가는 우리들의 퍽퍽한 삶에 대한 성찰이다. 성과사회에 내포된 조건으로 인하여 오늘날 사회를 살아가는 우리들은 '주체적으로' 활동을 멈추지 않으며—정확히 말하면, 멈추고 싶어도 멈출 수 없으며—결과적으로 스스로 피로하게 된다는 것이다.

피로사회에서 주목하는 사회의 '피로'는 소위 좋은 것들, 바람직한 것들에 대한 강조를 통하여 사회 구성원들의 삶을 활동적인 상태로 유지하려는 통제 방식에 기인한다. 그리고 통제의 주체는 다른 누군가가 아닌 바로 주체 자신이다. 이러한 점에서 피로는 권력의 작용이 모종의 대상에 대해서 '하지 못함'의 방식으로 규제하는 형식이 아닌, '끊임없는 할 수 있음'을 강요함으로써 스스로 탈진하는 방식으로 축적된다.

> 생산성의 향상을 위해서 규율의 패러다임은 '성과의 패러다임' 내지 '할 수 있음'이라는 긍정의 도식으로 대체된다. 생산성이 일정한 수준에 도달하면 금지의 부정성은

그 이상의 생산성 향상을 가로막는 걸림돌로 작용하기 때문이다. 능력의 긍정성은 당위의 부정성보다 훨씬 더 효율적이다. 따라서 사회적 무의식은 당위에서 능력으로 방향을 전환하게 된다. (p. 25)

우리가 피로한 이유는 쉴 수 없기 때문이며, 쉴 수 없음은 성과사회의 담론을 내면화하는 우리의 자율적 자기통제에 의해서 그리된 것이다. 이렇듯 스스로 일을 찾아서 해야만 하는 현대인, 휴식과 여가에 대한 감각을 상실한 우리의 자화상은 저자가 지적하듯이 우울증 환자와 낙오자를 만들어 낼 뿐이다. "규율사회의 부정성은 광인과 범죄자를 낳는다. 반면, 성과사회는 우울증 환자와 낙오자를 만들어 낸다."(p. 24)라는 저자의 지적은 이 점을 정확하게 포착하고 있다.

성과사회는 무엇이든지 시도하기만 한다면 이룰 수 있다는 가능성을 지속적으로 암시하는 사회, 즉 긍정성의 과잉상태이기 때문에 성과사회의 개인은 '활동과잉'의 상태에 놓이게 된다. 활동과잉의 상태란 끊임없이 무엇인가에 골몰하는 상태이자, 이를 스스로 합리화하는 상태라고 할 수 있다. 내가 사용할 수 있는 에너지가 남아 있는 한, 모종의 활동을 계속해 나가는 상태를 추동함으로써 개인을 고갈시키고, 결과적으로 피로하게 된다. 비유하자면, 마치 지렛대를 누르기만 하면 먹이가 나오는 것을 학습한 스키너 상자의 쥐처럼, 현대인들이 활동을 계속해 가는 모습은 성과에 대한 보상에 의해서 조건화된 것이다.

저자는 성과사회의 담론에 의해서 나타나는 현대인의 '피로'를 극복하기 위하여 사색적 삶을 대안으로 제안한다. 인간은 "어떤 자극에 즉시 반응하지 않고 속도를 늦추고 중단하는 본능을 발휘하는 법을 배워야 한다."(p. 48)라는 지적처럼, 성과사회에서 피로해지지 않기 위해서는 자신의 움직임을 스스로 돌아보고 가늠할 수 있어야 한다. 다만, 자신의 삶의 속도와 방향을 제어할 수 있는 가능성은 의식적인 노력을 통하여 확보할 수 있는 것이다. 사색적 삶이란 '삶으로부터 한 발짝 뒤로 물러서 응시하기' '현상을 낯설게 보기' 등을 할 수 있는 개인의 삶을 표현하는 것으로 보면 좋겠다.

사색적 삶은 모든 것이 가능할 수 있다는 담론체계에 매몰되지 않고 저항하는 방식이다. 무엇인가 해야만 할 것 같은 심리적 강박, 무엇인가 하지 못하였음에 기인하는 불안과 우울이 성과사회 안에서 현대인의 피로를 설명하는 키워드라면, 사색적 삶은 이러한 심리적 현상에 대해서 저항하는 주체적 활동인 셈이다. 사색적 삶은 할 수 있는 가능

성을 내포하고 있다. 그러나 사색적 삶을 통하여 확보할 수 있는 가능성이란, 무엇이든지 가능하며, 추구할 것을 강요하는 성과사회의 맥락에서 부정, 즉 중단, 전환, 휴식, 포기 등의 키워드에 알맞은 행위를 '주체적'으로 할 수 있는 가능성을 뜻한다. 다시 말하면, 저자가 표현하는 '부정적 힘'을 발휘할 수 있는 가능성이란 사색적 삶을 통하여 단련될 수 있는 무엇인 셈이다. 부정적 힘의 중요성에 대해서 저자는 다음과 같이 피력한다.

> 부정적 힘은 무언가에 종속되어 있는 이런 긍정성을 넘어선다. 그것은 하지 않을 수 있는 힘이다. 지각하지 않을 수 있는 부정적 힘 없이 오직 무언가를 지각할 수 있는 긍정적 힘만 있다면 우리의 지각은 밀려드는 모든 자극과 충동에 무기력하게 내맡겨진 처지가 될 것이고, 거기서 어떤 '정신성'도 생겨날 수 없을 것이다. 무언가를 할 수 있는 힘만 있고 하지 않을 힘은 없다면 우리는 치명적인 활동과잉상태에 빠지고 말 것이다. (p. 53)

오늘날 평생학습의 필요성과 의미도 같은 맥락이라고 볼 수 있다. 평생학습은 세상의 물살에 떠내려가지 않고, 주체적이고 독자적인 인간 본연의 모습을 잃지 않는 삶을 발견하고, 그러한 삶을 살아갈 수 있는 기회를 옹호한다. 성과사회를 건너가는 다리로서 사색적 삶은 그 자체로 경험의 재구성 과정이요, 학습의 과정이다.

그런데 비판이론가들이 보기에, 권력이란 지식과 상호적인 관계를 형성하기 때문에 편파적인 권력관계를 인식하고 넘어서는 것은 매우 어려운 과정이다. 비판이론가들은 지식과 권력을 서로 얽혀 있는 관계라고 본다. 지식-권력의 관계에 있어서 일정한 권력관계는 특정한 가치를 담고 있는 내용을 지식으로서의 위상을 가질 수 있도록 조장한다. 따라서 비판이론가들은 객관적이고 중립적인 지식의 존재 가능성을 거부한다. 또한 지식은 특정한 계층의 문화나 아비투스(habitus)를 권력화함으로써 계층관계를 비대칭적인 권력관계로 정당화한다. 그러므로 비판이론은 지식의 가치 편향적 속성에 주목하며 그 사회적 효과—불평등의 재생산 및 정당화—를 분석하려고 시도한다.

2) 비판이론과 평생교육의 가능성

비판이론이 주목하는 이러한 관심들은 오늘날 평생교육의 가치와 성격을 정리하는 데 많은 공헌을 하였다. 무엇보다도 자본주의 사회에서 잠식되어 가는 개인의 자율성과 권리를 지켜 내고 민주성의 가치를 확산하는 수단으로서 평생교육의 의의를 부각하는 데 튼실한 버팀목이 되었다. 지배 이념에 순응하는 인간을 양성하거나, 지배체제의 억압에서 인간을 해방하는 데 있어서나, 교육은 필연적으로 정치적 행위일 수밖에 없다. 비판이론은 정치적 행위로서 평생교육이 자본주의 이데올로기에 억눌리는 개인들을 의식화하고 이들의 실천을 촉발함으로써 정의의 원리가 존중되는 사회 개혁을 지향해야 한다는 점을 강조한다.

비판이론의 입장에서 보았을 때, 평생교육의 개념은 단순히 학교 외의 장면에서 이루어지는 교육, 정규 학교교육 이후의 시기에 참여하는 교육으로만 축소되어서는 안 된다. 단지 여가를 활용하여 자기계발을 도모하는 모습과 직업능력을 신장하여 경제적 생산활동을 효과적으로 수행하는 모습만을 평생교육의 전부라고 오해하는 경우, 평생교육은 학습자의 사회경제적 배경, 지위, 학교교육에서의 성취 경험 등에 의해서 차별적인 학습 기회를 제공함으로써 사회적 불평등을 심화하는 교육적 실천으로 전락할 수 있기 때문이다. 앞서 제1장에서 언급하였던 것처럼 평생교육은 개인의 삶을 중심으로 놓고, 그 가운데에서 펼쳐지는 다양한 학습 경험이 서로 얽혀서 삶을 직조해 가는 과정을 고민하는, 인간 존재의 본연적 현상으로서 학습을 바라보는 이념이자 관점이다. 따라서 평생교육은 제도화된 교육환경에서 왜곡된 경험들을 교정할 수 있는 가능성에 대해 삶의 전 영역으로 시야를 확장하여 탐색할 수 있는 여지를 제공한다.

이처럼 평생교육이 희망적일 수 있는 것은 구체적인 생활 영역에 침범한 자본주의 이데올로기를 극복하고 헤게모니를 대체할 수 있는 가능성이 그 안에 풍부하게 잠재되어 있기 때문이다. 비판이론가들은 대안교육, 시민교육, 민중문화 교육, 노동자 교육, 생태환경 교육 등과 같이 기존 사회질서의 가치에 입각해서 정립된 형식교육 시스템의 외부에서 작동하는 다양한 대안적 형태의 교육 안에 지배적인 헤게모니에 대응하고 권력에 저항할 수 있는 힘이 존재한다고 지적한다(Brookfield, 2005). 또한 개인의 일상생활 공간에서 일어나는 자기주도적 · 무형식적 경험학습을 통해서 억압적 권력과 지식의 영향력으로부터 일정한 거리를 둘 수 있다. 이러한 교육의 장면들은 사회 구성원들의 권리와 자유로운 의사소통이 사회체제의 이데올로기와 권력으로부터 왜곡되지 않고 보장될 수 있는 교육의 영역이다. 이는 웰튼(Welton, 1995)의 표현을 빌리면, 체제나 제도의 논리가 침범하지 않은 생활세계(lifeworld)의 영역이다. 비판이론은 생활세계 영역에서 이루어지는 시민들의 자유로운 참여와 의지에 의한 학습이 제도의 가치와 권력으로부터 자율성을 견지할 수 있어야 함을 강조한다. 비판적 성인학습은 이러한 상황에서의 학습을 통해서 사회정의를 실현하며 지켜 나가는 개인을 양성하는 일이 중요하며, 이것이 바로 평생교육의 역할이어야 함을 시사해 준다. 이러한 맥락에서 웰튼(1995: 144)은 "비판적 성인교육의 운명은 생활세계의 운명과 결부되어 있다."라고 주장한다.

경험학습의 이해

학습자로서 성인은 삶을 통해서 축적한 경험이 양과 질적인 측면에 있어 아동·청소년에 비해 보다 풍부하고 깊이가 있다는 특징을 가지고 있다. 놀스(Knowles, 1980)는 성인의 이러한 경험이 성인학습에 있어서 매우 유용한 교육의 매개이자 학습 자원이라는 점을 강조한 바 있다. 메리엄과 비에르마(Merriam & Bierema, 2014: 104) 역시 "신체적인 경험이든, 감정적 경험이든, 인지적 경험이든, 사회적 경험이든, 혹은 영적 경험이든 상관없이 이러한 경험에 천착하여 성찰하고 의미를 부여하는 활동이야말로 성인학습의 핵심"이라고 설명한다.

이 장에서는 주로 성인교육의 영역에서 이루어진 연구 성과를 중심으로 경험학습을 이해하고 경험학습에 대한 입장을 살펴본다. 또한 경험학습이 어떠한 과정으로 이루어지는지 묘사하고 있는 경험학습 모형과 경험학습의 핵심적인 요소라고 할 수 있는 '성찰(reflection)'의 의미와 역할에 대해서 탐색해 본다. 아울러 다양한 형태의 경험을 매개로 하는 성인기의 학습 형태로서 무형식 학습과 상황학습에 대해서도 함께 살펴본다.

1. 경험학습의 의미

경험학습(experiential learning)이란 경험에 의한 학습 또는 경험을 통한 학습이라고 할 수 있다. 경험학습은 경험의 의미를 어떻게 규정하는가에 따라서 매우 다양하게 이해될 수 있다. 경험이란 객관적 실재에 대한 개인의 지각으로 인해 획득되는 산물이다. 교육의 맥락에서 경험학습은 일반적으로 학습자가 전달되는 지식을 수동적으로 수용 · 축적하는 전통적 교육 방법과 대조적으로, 진보주의 교육철학에서 강조하는 소위 '행위에 의한 학습'으로 요약할 수 있는 학습자의 능동적인 참여와 실행을 기반으로 하는 교육활동으로 강조되어 왔다(김정환, 강선보, 2002).

기존의 경험학습은 주로 모종의 교육 목표를 달성하기 위하여 교육적으로 의미 있는 경험을 학습자에게 제공하려는 관심으로 주로 논의되었다. 그러다 보니 교육의 형식과 내용을 구조화하는 교육의 방법적 측면에 주로 주목했다. 이러한 경험학습에 대한 이해는 신체적이고 감각적인 경험을 매개로 하는 체험학습이나 실제적인 수행을 강조하는 실천학습과 같은 형태로 발전해 왔다. 그러나 평생교육의 맥락에서 논의하는 경험학습은 일정한 교수학습 상황에서 적용하는 방법으로서의 의의를 넘어서, 삶으로부터 분리할 수 없는 경험의 의미를 부단히 해석하는 일련의 과정이란 평생에 걸친 과정일 수밖에 없음에 주목한다. 즉, 특정한 교육 목표를 달성하기 위한 효과적인 교육 방법이자 형식으로 경험학습을 이해하는 전통적인 입장과 구별하여, 평생교육에서는 일상적인 생활 가운데 발생하는 학습을 가리키는 개념으로 경험학습을 확장한다. 요컨대, 경험학습이란 학습자의 구체적 활동과 참여에 주목하는 체험학습이나 실천학습의 현상을 포괄하는 개념으로서, 객관적 실재에 대한 개인의 의미해석으로 인해 획득하게 되는 산물로서, 경험을 바탕으로 이루어지는 인간의 변화 및 성장 과정으로서 이해할 수 있다(김지자, 정지웅, 2001).

앞서 언급하였던 것처럼 삶 가운데 접하는 풍부한 경험을 가지고 있는 성인 학습자에게 있어서 경험은 중요한 학습의 토대이자 자신과 타인의 학습을 촉진하는 자원이다. 성인학습에 있어서 경험의 이러한 역할에 주목하면서 경험학습은 주로 생활 가운데 접하는 비구조화된 다양한 경험에 대하여 학습자 각자가 가지고 있는 가치관, 문화적 가정, 신념 등을 바탕으로 의미를 해석하고 내면화하는 과정을 다루고 있다. 그럼으로써 경험학습은 의도되지 않은 일상적 조건의 성인이 인지적 · 정의적 · 행동적 영역에서 점진적으로 변화해 가는 학습 과정의 측면에 더 많은 관심을 기울이고 있다. 따라서 경험학습의 진행 과정에서 자신의 경험에 대한 학습자의 적극적인 인지적 · 논리적 의미해석의 노력이 중요한데, 이러한 학습자의 의미해석활동을 성찰(reflection)이라고 한다.

크리티코스(Criticos, 1993)가 지적한 것처럼 효과적인 경험학습은 경험의 가치보다는 경험에 대한 학습자 성찰의 질적 수준에 따라 더 많은 영향을 받는다(Merriam & Caffarella, 1999에서 재인용). 물론 자신의 관점에 순조롭게 조응하는 경험을 새로운 정보로서 그대로 수용하고 기억하는 것처럼, 경험을 매개로 하는 학습에는 성찰이 개입하지 않는 경우도 충분히 있을 수 있다. 그러나 성인학습 영역에서는 미래를 위하여 경험 내용을 단순히 기억하고 수용하기보다는 성찰활동을 통해서 경험의 의미와 가치를 재구조화하는 것에 보다 많은 관심을 가진다.

이러한 점에서 경험학습은 개인과 환경의 상호작용을 통해서 형성되는 경험으로부터 출발한다. 경험을 매개로 한 학습은 〈표 5-1〉에서 제시하는 것과 같이 경험에 대한 반성적 사고활동 없이 기억하는 형태의 학습과, 자신의

표 5-1 경험학습의 형태

전제: 학습자의 문제 인식	기존의 관점 및 능력에서 해결 가능	기존의 관점 및 능력에서 해결 불가능
반성적 사고 개입	숙고활동	전환학습
반성적 사고 미개입	적용 및 실행, 기억	기억(미래를 위한 정보)

출처: 김한별, 김영석, 이로미, 이성엽, 최성애(2010a). 성인 경험학습의 이해: 이론과 실제(p. 15). 서울: 동문사.

경험 내용에 대해 학습자의 의도적인 성찰이 개입함으로써 학습자의 맥락에서 유용한 지식을 스스로 구성해 가는 과정으로서의 학습으로 구분할 수 있다. 또한 학습을 촉발하는 경험이 학습자 개인이 가지고 있던 기존 관점의 틀이나 능력의 범위에서 충분히 다루어질 수 있는 경우와 그렇지 못한 경우로 구분할 수 있다. 이처럼 경험학습은 학습자가 의식하는 경험을 이해하고 구조화하는 모든 형태의 인지적 실천으로 요약할 수 있으나, 이 중 경험학습에 주목하는 성인교육 이론가들은 특히 성찰이 의식적으로 개입하는 학습 과정에 대해 지대한 관심을 가진다.

그러나 경험학습을 학습자의 인지적 실천이라는 심리학적 학습 과정으로서만 설명하는 것은 사회적 맥락 속에서 구성되는 경험의 본질과 개인의 성찰 행위에 개입하는 가치, 규범, 신념 등의 영향을 간과하는 것으로, 경험학습의 과정에 녹아 있는 복잡다단한 속성을 배제하는 문제점을 보인다. 생활에서 접하는 어떤 사건이나 인물에 대한 의미해석은 단순히 개인의 인지적 성찰 능력과 흥미에 의해서만 좌우되는 것이 아니라, 개인의 과거 경험의 양상이나 사고방식 그리고 사회적 규범과 제도 등에 의해서 상이하게 이루어질 수 있기 때문이다. 그러므로 경험학습의 역동적 속성을 이해하기 위해서는 경험을 접하는 개인이 처하게 되는 사회문화적 맥락을 필수적으로 고려해야 한다. 또한 경험에 있어서 개인이 가졌던 신체적 자극이나 정서적 태도 그리고 개인의 영성 역시 경험의 의미를 인식하는 데 작용한다는 점도 경험학습을 단순한 인지적 실천으로 국한할 수 없음을 시사한다(Merriam & Bierema, 2014). 따라서 학습을 설명하는 데 있어서 경험에 주목하는 입장은 필연적으로 학습의 시간적·공간적 배경을 개인의 전 생애주기와 전 사회로 확대하고, 학습의 형식도 사전에 계획되고 구조화된 형식적 교육뿐만 아니라 삶의 일상적 조건에서 발생하는 비의도적·무형식적 학습 형태까지 포함하는 평생교육의 맥락에서 접근할 수밖에 없다. 결국 경험학습은 개인과 환경이 교섭하는 모든 맥락에서 이루어질 수 있는 총체적인 학습 과정인 것이다(Fenwick, 2003; Garrick, 1998; Kolb, 1984).

평생교육의 주요 이론적 토대를 제공하는 성인교육 분야에서 경험학습에 대한 논의는 지속적으로 이루어져 왔다. 웨일과 맥길(Weil & McGill, 1989)은 다양한 내용과 관심사에 따른 경험학습에 대한 학문적 논의를 네 가지 흐름으로 요약하여 제시하였다. 이들은 성인의 경험학습을 강조하는 주요 관심, 입장, 관련 교육 담당자의 차이에 따라 나타나는 경험학습에 대한 상이한 접근 방식을 네 곳의 '마을(villages)'로 비유적으로 범주화하여 설명하였다. 쉽게 표현하면, 네 곳의 마을이란 경험학습의 이름으로 전개된 논의의 갈래라고 할 수 있다. 이들의 논의를 간략하게 정리하면 다음과 같다(Miller, 2000).

첫 번째 마을은 성인이 보유하고 있는 풍부한 삶의 경험을 평가하여 이를 고등교육에의 진학이나 취업, 계속교육을 제공받을 수 있는 사전교육 경험으로 공식적으로 인증하려는 시도에 관심을 가지는 입장이다. 이는 성인들이 접하는 일상적 삶의 경험에 의한 학습을 가시적으로 그리고 공식적으로 드러낼 수 있는 가능성에 대해 관심을 가지는 입장이라고 할 수 있다. 두 번째 마을은 중·고등학교 교육 이후에 성인들이 참여할 수 있는 각종 직업교육, 전문대학 교육, 고등교육에 이르기까지의 다양한 교육활동의 구조, 목적, 내용의 변화를 촉진함에 있어서 경험을 통한 학습을 활용하려는 입장이다. 이는 중등교육 이후의 대학교육, 직업훈련, 전문성 계속교육 등에서 학습자에게 현장친화적인 교육 경험을 강화함으로써 전통적으로 강조되는 교수자 중심의 교육과정 개선을 시도하려는 관심이라고 할 수 있다. 세 번째 마을은 학습자의 의식화를 통한 공동체 차원의 실천의 촉발, 그럼으로써 불합리한 사회구조의 변혁을 도모하려는 시도와 관련한 입장이다. 교수자나 전문가의 주도적인 역할을 강조하는 전통적인 교육방식이 갖는 이데올로기 재생산 기능을 감안할 때, 학습자의 경험을 학습의 원천으로 여기는 경험학습은 상대적으로 이데올로기 주입으로부터 자유로울 수 있는 여지가 있다. 이런 점에서 세 번째 마을은 경험학습이 사회 개혁의 주체를 기를 수 있는 중요한 학습의 방법이자 원리로서 자리매김할 수 있다는 입장이라고 할 수 있다. 마지막으로 네 번째 마을은 경험학습의 의의를 학습자 자신에 대한 반성을 통한 자각과 개인적 성장과 발전을 도모할 수 있는 학습 기회로서 고려하는 입장이다. 다시 말하면, 일상에서 접하는 다양한 경험을 매개로 한 학습을 통하여 자신이 처한 삶의 조건을 보다 깊이 있게 이해할 수 있으며, 적응적인 삶을 영위할 수 있는 가능성이 높아질 수 있다는, 즉 발달이 이루어질 수 있다는 입장이다.

경험학습의 네 가지 논의 흐름 가운데 첫 번째, 두 번째 마을로 지칭하는 흐름은 주로 경험학습을 교육의 제도적 개선을 돕는 주요한 아이디어로서 고민하는 입장이라고 볼 수 있다. 그리고 세 번째 마을이 비판적 사회이론 측면에서 경험학습의 가능성을 조명하고 있다고 한다면, 네 번째 마을은 일상 경험을 통한 독자적인 개인의 자아성장과 발달에 주목하는 입장인 셈이다. 웨일과 맥길이 굳이 네 곳의 마을이라는 표현으로 경험학습에 대한 접근 방식을 범주화한 이유는 다른 지리적 배경 및 주민 배경을 가지고 있는 마을들이 서로 교류하면서 살아가듯이, 이러한 경험학습의 네 가지 범주도 구분되는 독자적인 배경과 특징을 가지고 있기는 하지만 상호 배타적인 관계라기보다 호혜적으로 밀접하게 연관될 수밖에 없기 때문이다(Usher, Bryant, & Johnston, 1997).

2. 경험학습의 과정: 콜브의 경험학습 모형

진정한 교육의 실현에서 경험을 핵심적인 단서로 파악한 듀이(Dewey, 1938)에 따르면, 경험을 통한 학습은 '계속성(continuity)'과 '상호작용성(interaction)'이라는 두 가지 원리에 의해서 이루어질 수 있다. 듀이가 언급한 계속성이란 하나의 경험이 결코 고립적으로 발생하는 것이 아니라 과거의 경험과 연관되어 발생하며 이후의 경험을 형성하는 데 영향을 미치는 것을 말한다. 이러한 계속성의 원리는 현재 접하는 객관적 현상 자체가 중요한 것이 아니라, 현상을 인식하고 경험하는 개인이 그것을 어떻게 받아들이는가가 보다 중요한 것임을 강조하는 원리이다. 이 점은 인식의 주체로서 개인이 객관적 사건이나 인물을 경험으로 해석하는 과정에는 자신이 살아오면서 축적해 온 다양한 속성의 경험이 결부된다는 점을 가리킨다.

상호작용성이란 경험이 개인을 둘러싸고 있는 환경을 구성하고 있는 요소들과 그러한 환경을 지각하는 개인이 교차하는 지점에서 발생한다는 것을 말한다(Merriam, Caffarella, & Baumgartner, 2007에서 재인용). 펜윅(Fenwick, 2003)은 경험학습의 전통에서 주목하는 경험의 유형으로 직접적 형태의 경험뿐만 아니라 간접적 형태의 경험도 함께 제시하였다. 펜윅은 학습자로서 개인의 사회적 삶을 통해 접하게 되는 구체적이고 직접적인 경험에 대한 주목에 아울러서, 타인의 직접적 경험을 관찰하는 대리 경험이나 과거의 경험을 회상하여 현재 시점에서 다시 반추하는 회상적 경험과 같은 간접적 경험까지 포함하여 경험의 범주를 규정하였다. 이렇듯 다양한 경험의 유형은 경험을 인식하는 개인 주체와 더불어서 외적 조건—시간적 · 공간적으로 개인의 외부에 분리되어 존재하고 있는 환경—이 모두 구비될 때 경험이 발생한다는 사실을 보여 주는 것이다. 다시 말하면, 상호작용성의 원리는 개인과 환경의 두 가지 요소의 속성에 따라서 경험의 본질과 성격이 가변적일 수 있음을 보여 주는 것이며, 특히 경험학습에 있어서 개인이 처하는 환경적 조건이 중요한 요소가 될 수 있음을 암시해 주는 대목이라고 할 수 있다.

경험학습의 과정을 이해하는 데 가장 보편적인 토대가 되는 것이 콜브(Kolb, 1984)의 순환적 경험학습 모형이다. 콜브는 경험학습의 과정을 경험의 획득(prehension)과 가공(transformation) 활동이 변증법적으로 지속되는 과정으로 보았다. 여기서 경험의 획득은 구체적 경험에 대한 학습자 개인의 감각에 기초한 습득(apprehension) 차원과 추론과 사고활동을 통한 이해(comprehension) 차원으로 다시 구별하였으며, 경험의 가공은 문제에 대한 인지적 주의집중을 통한 의미의 변형(intention) 차원과 외현적 행동을 통한 경험의 변형(extension) 차원으로 다시 구별하였다. [그림 5-1]에 제시된 것처럼 경험학습의 순환성은 이 요소들의 조합이자 변증법적 상호작용의 연속으로 진행하는 특징을 말한다. 콜브의 경험학습 모형은 크게 네 단계로 이루어진다.

첫 번째 단계는 구체적 경험(concrete experience) 단계로서 일상생활 중 기존의 가치나 기대로 수용되지 않는 문제적 상황을 인식하는 단계이다. 이는

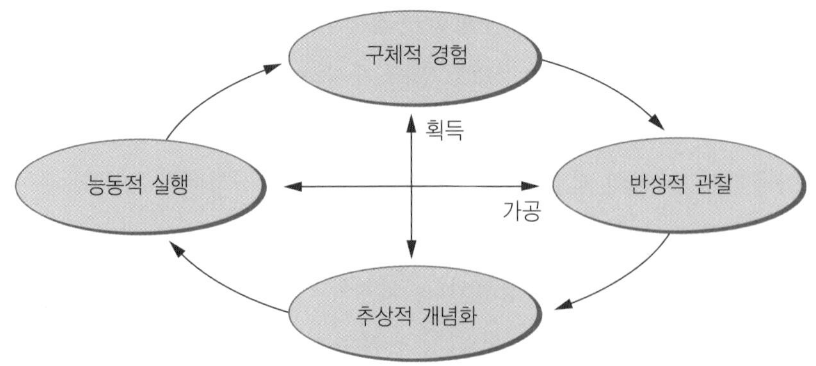

[그림 5-1] 콜브의 경험학습 모형

출처: Kolb, D. A. (1984). *Experiential learning: Experience as the source of learning and development* (p. 33). Englewood Cliffs, NJ: Prentice Hall에서 발췌, 정리.

외부로부터 새로운 경험을 수용 · 획득하는 과정으로서 개인의 감각에 기초한 습득의 차원이다. 일상 속에서 접하는 모든 경험이 학습을 촉발하는 것은 아니다. 경험을 통한 학습은 개인이 가지고 있는 입장이나 태도에서 볼 때 지금 접하는 경험이 수긍하기 어렵거나 신체적 · 정서적 불편함을 제공하는 경험으로 다가옴으로써 학습의 필요성이 생겨나는 것이다.

두 번째 단계는 반성적 관찰(reflective observation) 단계로서 구체적 경험에 대한 다양한 방식과 내용으로 성찰하는 단계이다. 이는 획득한 경험이 학습자 관점에서 어떤 의미를 가지는 것인지 이해하는 과정이다. 다시 말하면, 경험학습 모형에서 이 단계는 학습자 입장에서 경험을 맥락화하는 내적 가공 과정으로서 의미의 변형 차원을 말한다. 개인은 날것으로서 구체적인 경험을 곰곰이 궁리하고 반추하는 반성적 관찰을 실행함으로써 경험이 자신의 상황맥락과 관련하여 어떤 의미를 갖는지 탐색한다.

세 번째 단계는 추상적 개념화(abstract conceptualizing) 단계로서 반성적 관찰을 통해 모종의 결과와 원리를 추출하고 정리하는 단계이다. 추상적 개념화라는 표현처럼 구체적인 경험에 내포되어 있는 근본적이고 추상적인 지식, 원리, 가정을 끄집어내어 그것을 규정하는 단계이다. 이는 반성적 관찰, 즉 내적 가공 과정을 통해서 탐색하고 추출해 낸 의미와 원리를 학습자가 내적 수준(개념적 · 인지적 수준)에서 깨닫는, 즉 추론과 사고활동을 통한 이해 차원에 해당한다.

마지막으로 네 번째 단계인 능동적 실행(active experimentation) 단계는 추상적 개념화를 통해서 추출한 원리나 가정을 적용해 새로운 방식으로 직접 실행하거나 이해하는 단계이다. 이는 학습자가 인지적 수준에서 새롭게 획득한 의미와 내용을 기초로 자신의 외현적 행위를 새롭게 함으로써 외부 환경과 사태를 조정 · 가공하는 시도로서, 외현적 행동을 통한 경험의 변형 차원이라고 할 수 있다. 능동적 실행 단계에서 나타나는 개인의 행위는 구체적 경험 단계에서 당면하는 문제적 상황을 해결하는 노력의 행위이다. 이때 능동적 실행은 개인에게 새로운 구체적인 경험—앞선 학습 과정을 통하여 변형된 경험—으로 자리매김하게 된다. 콜브는 다시 새로운 경험으로부터 어떤 식으로든 문제를 발견함으로써 지금까지 설명한 경험학습의 네 단계 과정이 순차적으로 진행된다고 본다.

이러한 콜브의 경험학습 모형은 경험학습의 과정을 간결하고 구체적으로 설명하고 있으며, 이후 지속적으로 수행된 경험학습에 대한 다양한 연구의 출발점이 되어 왔다는 점에서 중요한 의미를 갖는다. 하지만 콜브의 모형은 경험학습 과정에 필연적으로 개입하는 개인의 감정이나 정서를 충분히 고려하지 못하고 있다는 한계점을 갖는다. 경험을 접하는 과정에서 수반되는 감정은 성찰과 의미 추출 그리고 행동이 제대로 이루어지는 데 영향을 미칠 수 있다. 또한 콜브의 경험학습 모형에 대해서 이후 많은 학자는 콜브의 논의가 경험학습을 이해하고 설명하는 데 있어서 핵심적인 사회적 맥락과 개인의 외적 조건을 간과한 채, 경험학습을 단순한 개인의 인지적 차원의 활동으로 환원하여 설명하고 있다는 비판도 제기한다(Fenwick, 2003; Merriam et al., 2007). 하지만 콜브의 경험학습 모형은 경험과 학습이 연결되는 기본적인 구조를 잘 보여 주는 경험학습론의 초석이라는 점은 인정할 필요가 있다.

콜브의 논의에서도 확인할 수 있듯이 경험은 학습을 발생시키는 기본 원천이자 출발점이다. 그러나 다양한 속성의 일상 경험이 모두 학습으로 연결되지는 않는다. 많은 성인학습, 특히 성인의 경험학습에 관심을 기울인 학자들(Boud & Walker, 1991; Brookfield, 1987; Kolb, 1984; Mezirow, 1998a; Moon, 1999; Schön, 1983)의 일관된 주장처럼 경험을 통해서 의미 있는 학습이 발생하기 위해서는 경험에 대한 개인의 성찰이 수반되어야 한다. 콜브의 경험학습 모형에서도 반성적 관찰이라는 학습자의 의도적 활동이 이루어졌을 때, 경험은 학습의 원천으로서 의미를 갖는다. 결론적으로 개인의 성찰활동은 경험을 학습의 원천이 될 수 있도록 변환하는 동시에, 경험으로부터 의미를 추출하는 활동으로서 역할을 한다(김한별, 2006).

경험학습의 핵심 과정으로서 성찰 행위는 명확하게 규정하기 모호한 문제적 현실을 인식하고, 문제를 해결하기 위해서 개인이 시도하는 정신적 · 인지적 실천이라고 할 수 있다. 이러한 의미에서 볼 때 일상 속에서 접하는 경험에 대한 성찰은 일반적으로 행위자의 사고(thinking)와 중첩되는 개념이라고 할 수 있으며, 실제로 비슷한 개념으로 다루어지는 경우가 많다. 문(Moon, 1999)은 여러 가지 사고 행위 가운데 하나로서 성찰을 설명한다. 그녀에 의하면, 성찰 또는 반성이라고 지칭하는 활동은 기존의 지식체계와 통상적 사고 습관에 제한되지 않은 채 모종의 문제 현상으로부터 한발 물러서서 조망하고 해석하는 활동이다. 또한 성찰은 문제해결이라는 목적을 달성하려는 시도뿐만 아니라 명확하게 포착되지 않은 문제를 발견하고 그 본질을 정의하여 새롭게 현상을 이해하려는 시도도 함께 포함하는 행위이다.

한편, 성인학습에 대한 비판적 접근을 시도하는 학자들은 문제의 발견, 규정 그리고 해결이라는 일련의 과정에서 이루어지는 성찰 행위와 구별하기 위해서 비판적 성찰(critical reflection)의 개념을 강조하였다. 비판적 성찰이란 문제를 인식하는 주체의 의식과 행위 습관에 내재되어 있는 규범, 가치, 신념에 대한 근본적인 재검토를 가리키는 개념이다(Mezirow, 1998). 즉, 비판적으로 성찰한다는 것은 도구적인 차원에서 문제해결을 시도하기 위한 수단으로서 성찰 행위의 가치에 머무르지 않는다. 비판적인 성찰은 경험이 발생하는 상황과 경험 자체의 기저에 내포되어 있는 근본적인 가정의 속성을 이해하고, 문제 자체의 해결을 넘어서서 문제가 인식되는 상황과 조건의 변혁을 도모하려는 해방적인 관심에 따라 수행하는 행위를 의미한다.

3. 경험학습과 성찰: 쇤의 전문가 교육론

쇤(Schön)은 특정한 전문 분야에서 초심자와 구별되는 전문가의 특징을 탐구하고, 전문가를 양성하기 위한 교육에서 무엇을 강조해야 하는지에 대해서 많은 관심을 가졌다. 쇤은 소위 전문가로 인정받는 개인이 보이는 가장 두드러진 특징은 직업적 활동 맥락에서 자신이 수행해야 할 과업과 복잡다단한 상황에 관련하여 개입하는 성찰의 질적 수준과 양상에 있다고 보았다.

쇤은 1983년에 『반성적 실천가(Reflective Practitioners)』를 통해서 전문가의 성찰 유형에 대해 설명하였다. 그러나 전문적 직업 활동 영역에 있어서 개인의 활동을 이해하려는 쇤의 노력은 이미 1974년에 아지리스(Argyris)와 함께 공동 저술한 『실천 속에서의 이론(Theory into Practice)』에서부터 나타나고 있다. 아지리스와 쇤은 전문가가 실제로 문제를 해결하는 구체적인 실천 수준과 전문가가 이론과 지식의 형태로 알고 있는 내용이 서로 충돌하는 경우가 자주 발생한다는 점에 주목하였다. 그리고 구체적인 문제와 별개로 이미 알고 있는 지식이나 대안들은 대체로 전문가들이 문제를 실제로 풀어 가는 과정에서 그리 효과적이지 못하며, 문제 상황에 적합한 해결책을 탐색·적용하는 노력이 수반되어야 한다는 점을 강조하였다. 이 과정에서 아지리스와 쇤은 전문가들의 전문적 역할 수행에 관여하는 신봉이론(espoused theory)과 활용이론(theory-in-use)의 개념을 대비적으로 제시하였다.

신봉이론이란 문제를 해결하는 과정과 방식에 대한 이상적·규범적 내용을 담고 있는 원리를 말하며, 활용이론이란 전문가가 자신이 해결해야 할 실제의 문제를 해결하는 과정을 안내하는 원리를 의미한다. 아지리스와 쇤은 문제 상황에서 신봉이론과 활용이론의 간극이 발생하는 이유는 전문가가 현실에서 접하는 문제는 교과서나 문제집에 나오는 것과 달리 문제의 본질과 조건, 문제해결의 자원이 명확하게 규정되지 않은 상태인 경우가 대부분이기 때문이라고 설명하였다. 다시 말하면, 신봉이

도널드 쇤
(Donald Schön, 1930~1997)

론을 적용하기에는 전문가로서 해결해야 할 문제가 복잡하고, 정의하기 어렵고, 애매한 경우가 많기 때문에 현실에서 부딪히는 불확실한 문제의 실제 조건과 내용을 바탕으로 적절한 대안을 탐색하여 활용이론을 도출 · 이용한다는 것이다. 쇤(1987)이 보기에 소위 전문가로 인정받는 사람은 불확실성의 현실 조건에서 가장 효과적으로 문제를 해결할 수 있는 최적의 대안을 찾아서 적용하는 능력을 가진 존재이다. 그러면서 초심자와 구별 짓는 전문가의 이러한 능력을 역량(competence)을 넘어서 예술적 수완(artistry)이라고 표현하였다.

신봉이론이 안내하는 탈맥락적인 절차적 지식과 기술이 아닌, 상황적합성을 갖춘 활용이론을 만들어 내는 예술적 수완을 전문가의 중요한 속성으로 파악한 쇤은 이러한 예술적 수완의 원천으로서 현실의 문제적 상황 속에 개입하는 전문가의 성찰활동에 주목하였다. 이에 대한 보다 상세한 설명을 위해서 쇤은 경험을 매개로 하는 학습 과정에 개입하는 성찰의 유형을 '행위 후의 성찰(reflection-on-action)'과 '행위 중의 성찰(reflection-in-action)'로 분류하여 제시하였다.

행위 후의 성찰이란 어떠한 활동을 종료한 이후에 활동 전반에 걸친 종합적인 반성을 말한다. 하루 일과를 모두 마친 후에 전체적으로 반성하는 자세로 일기를 쓰는 작업은 전형적인 행위 후의 성찰을 촉진하는 활동이라고 볼 수 있다. 행위 후의 성찰을 통해서 우리는 자신의 행위 내용에 대한 반성과 그 기저에 내재되어 있는 선입견, 기대, 전제조건 등에 대해서 점검할 수 있다. 이러한 점에서 브룩필드(Brookfield)나 메지로우(Mezirow)와 같은 학자들이 강조하는 비판적 성찰은 쇤의 성찰 유형 분류에 의하면 행위 후의 성찰에 해당한다고 볼 수 있다.

한편, 행위 중의 성찰이란 어떠한 활동을 수행하는 가운데 봉착하는 과제를 해결할 수 있는 대안을 탐색하는 활동이다. 일상적인 방식으로 과제를 처리하다가 예상치 못한 사건이나 문제가 발생하였다면, 이에 대한 적절한 대응—통상적 절차나 규칙에서 미처 다루지 못한 사항에 대한 대응 방법—을 과제를 수행하는 가운데 찾아서 적용해야 할 것이다. 쇤은 이해하기 편리하도록 행위 중의 성찰을 비유적으로 '잠시 멈춰서 생각하기(stop and think)'라고 표현하였다. 요컨대, 행위 중의 성찰은 당면한 문제를 풀어 가는 일련의 과정에서 보다 효과적이고 현실적인 최적의 대안을 모색하는 인지적인 실천을 가리킨다(Moon, 1999).

전문가의 활동에 대한 연구를 통해서 쇤이 강조하려는 것은 초심자와 전문가를 구별 짓는 핵심적인 지점이 바로 행위 중의 성찰의 폭과 깊이에 있다는 점이다. 전문가가 초심자와 다른 점이 있다면, 그것은 탈맥락적인 지식이나 기술의 보유 수준에서 다르기보다, 불확실성과 가변성이 농후한 실제 활동 장면에서 현실적으로 타당한 대안을 효과적으로 도출하고 적용할 수 있는 성찰의 수준에서 다르다는 점이다. 예컨대, 교직에서 20년 넘게 학생들을 가르친 경력교사는 임용고사에 합격하여 막 교직에 들어선 초임교사에 비하여 최신 교육학 이론이나 개념에 대한 이해는 부족할 수 있다. 하지만 교실 상황에서 학생들을 지도하는 장면에 있어서는 수많은 시행착오를 겪는 초임교사들에 비하여 훨씬 더 노련하게 문제를 풀어 간다. 경력교사가 교실 상황에서 부딪히는 여러 난관을 능숙하게 타개하는 모습은 그가 가지고 있는 이론적 지식 때문이라기보다, 교실 상황을 통찰하며 그에 적절한 해결책을 탐색·적용하여 개선하는 성찰 때문인 것이다.

전문가가 발현하는 전문성은 탈맥락적인 지식과 이론을 갖추고 있는지의 여부 혹은 이러한 요소들을 언어적으로 표출하는 능력에 의해서 판명될 수 있는 성격의 것이 아니다. 쇤은 전문가로서 앎의 수준은 그들의 구체적 행위 양상과 불가분적 성격을 가진다고 보았다. 말하자면, 누군가가 전문가로서 인정받는 앎의 수준은 그 사람의 행위를 통해서만 드러난다는 것이다. 쇤은 이 점에 대해서 행위를 하는 가운데 그 사람의 앎이 드러나는 것(knowing in action)이라고 설명한다. 이는 누군가가 전문가로서 합당한 지식과 기능을 갖추고 있는지의 여부는 구체적인 상황에서 드러나는 행위와 무관하게 확인하거나 입증할 수 없음을 뜻한다. 전문가란 모종의 지식이나 기능이 요구되는 구체적 상황에서 적절한 행위를 할 수 있으며, 그럼으로써 자신의 행위에 의해 영향을 받는 다른 사람들로부터 배타적인 권위를 인정받는 존재인 것이다. 바로 여기서 부각되는 행위 중의 성찰은 효과적인 수준의 행위 중 앎이 드러나도록 하는 일종의 행동 기제로서, 상황 적합적인 실천을 가능하게 하는 활동인 것이다. 행위 중의 성찰을 통해서 전문가는 실제 문제해결의 필요가 발생하는 순간에 적합한 대안을 발견 · 적용할 수 있다.

4. 무형식 학습과 상황학습

1) 무형식 학습

경험학습은 의도성과 계획성이 배제된 맥락에서 나타나는 학습에 주목한다. 그러다 보니 학습 현상으로 다루는 상당 부분이 학습의 구체적 목표, 내용, 방법, 일정 등이 사전에 마련되지 않은 모습을 보인다. 이처럼 학습의 일정한 형식을 분명하게 규정할 수 없지만, 학습의 성격, 즉 행위자의 의식적인 변화를 가져오는 사회적 행위 양상을 무형식 학습(informal learning)의 개념으로 다루게 된다.

무형식(informality)이란 사전에 조직적으로 수립한 계획이나 행위를 규율할 수 있는 기준이 마련되어 있지 않은 상태를 의미한다. 따라서 무형식 학습은 일정한 목표를 수립하거나 그 목표를 달성하기 위한 체계나 형식이 사전에 갖추어지지 않은 채 계획하지 않은 상황에서 발생하는 학습을 말한다(김한별, 2006). 무형식 학습은 평생교육의 맥락에서 형식교육, 비형식 교육과 대비되는 성격의 학습 유형으로서 꾸준히 언급되어 오고 있다. 그러나 무형식

학습에 대한 학문적 논의와 실천적 대응은 그리 쉽지만은 않은 작업이다. 무형식 학습에 대한 학문적 논의와 실천적 지원이 어려운 이유는 무엇보다도 대부분의 무형식 학습이 갖는 의미가 자연스러운 일상적 행위로 보이기 때문이다. 무형식 학습의 실제는 행위자 자신뿐만 아니라 사회적 교류를 맺는 타인들에게도 쉽게 포착되지 않는다(Eraut, 2004). 하지만 인간, 특히 성인의 성장을 가져오는 학습은 일련의 체계화되고 조직화된 맥락에서의 교육활동에 의해서만 발생하는 것이 아니다. 우리는 계획성과 조직성이 결여된 구체적인 상황에서 일어나는 무형식적 성격의 학습 경험을 어렵지 않게 발견할 수 있다. 가령 지인과의 대화, 여가생활, 대중교통을 이용하는 등의 일상 속에는 예기치 못한 문제 상황을 풀어 가거나 자신의 경험을 반추하며 자기 나름대로의 교훈과 지혜를 얻어 가는 모습들이 있다. 이러한 사실은 무형식 학습이 우리 삶 안에 광범위하게 벌어지고 있지만, 쉽게 발견하기 어려운 것임을 보여 준다. 이러한 맥락에서 메리엄 등(Merriam et al., 2007)도 무형식 학습이야말로 성인들이 일상적으로 가장 많이 참여하는 형식의 학습이라는 점을 강조하고 있다.

무형식 학습의 개념을 보다 쉽게 파악할 수 있는 방법은 개인이 처한 구체적 상황에 대한 이해와 대응이 의식적으로 이루어지는 양상을 생각해 보는 것이다. 대체로 개인의 적응적 노력이 요구되는 상황은 무엇이 문제이며, 어떤 조건이 문제를 규정하고, 개인의 행위 가능성을 제한 혹은 촉진하는 것인지, 그리고 어떤 문화적 · 사회적 전제와 가정을 바탕으로 발생한 것인지에 대해서 일정한 질서와 원칙이 결여된 불확정성을 가지고 있는 맥락이다. 숀(1983)의 표현을 빌리면, 문제와 해결 방식이 모호하게 규정되어 있는 상태에서 문제를 다시금 규정하고, 실제적으로 적용 가능한 해결 방식을 탐색해야 하는 것이다. 그러므로 사전에 예측하거나 규정하기 어려운 이러한 상황에서 이루어지는 적응, 다시 말하면 학습의 과정은 미리 계획해 놓은 방법과 내용에 따라서만 일어나기가 매우 어렵다. 이미 설정한 학습목표, 내용, 방법

등은 학습자가 부딪힌 생생한 문제 상황을 고려하여 만든 것이 아니기 때문이다. 따라서 일정한 목표를 염두에 두고 수행하는 계획적이고 의도적인 학습은 맥락적으로 언제나 학습자가 처한 실제 상황으로부터 거리가 있을 수밖에 없다.

그러나 형식이 없다는 무형식 학습의 의미를 학습이 이루어지는 구체적인 양상에서 일정한 구조나 체계가 없이 무질서하게 이루어지는 활동으로 오해해서는 안 된다. 무형식 학습은 그냥 무엇이든 즉흥적이고 임의적으로 터득하는 활동이 결코 아니다. 특히 일터에서 이루어지는 무형식 학습의 과정과 특징을 보여 주는 많은 연구는 비록 다양한 무형식 학습의 사례를 관통하는 보편적인 학습 구조와 형식, 패턴을 합의할 수는 없지만, 개별적으로는 나름대로의 구조 혹은 패턴을 가지고 있음을 보여 주고 있다. 예를 들어서, 에롯(Eraut, 2004)은 일터의 맥락에서 개인의 무형식 학습이 발생하는 네 가지 주요 활동으로 집단적 활동에의 참여, 다른 동료 구성원들의 업무 수행 활동의 관찰, 도전적인 과제의 해결 노력, 외부 관련자와의 교류 과정을 제시하고 있다. 이러한 네 가지 활동은 공통적으로 학습 주체인 개인이 효과적인 문제해결에 필요한 적절한 외부 자원을 탐색하고 획득할 뿐 아니라, 새로운 아이디어나 관점을 접함으로써 자신의 업무 수행 행위 혹은 자신이 기존에 가지고 있던 명시적 · 절차적 지식의 적절성을 비교 · 점검할 수 있는 과정을 포함한다. 이러한 과정을 통하여 학습자는 보다 상황적이고 고차원적인 새로운 지식을 습득하고 숙련된 업무 수행 수준을 보일 뿐만 아니라, 변화된 태도를 내면화할 수 있다. 비슷한 맥락에서 신은경(2012)은 업무 현장에서 자신의 업무를 수행하기 위해 필요한 자원을 언제, 어디서, 어떤 방법으로 찾을지 미리 탐색하는 학습 기회의 탐색, 업무 현장의 다른 조직 구성원들과의 상호작용 및 관계를 통해서 이루어지는 실천과 경험의 공유, 문제해결이나 여러 가지 요구의 충족을 위해서 학습자 외부의 지원 여건이라고 할 수 있는 외부 자원을 탐색하고 활용하는 모습, 일련의 행위 과정과 그로 인하여 나타나는 결과에 대한 성찰이라는 네 가지 요소가 무형식 학습을 지탱하는 핵심적 요소임을 강조하고 있다.

정리하면, 무형식 학습은 학습자의 사전 계획과 의도가 없는 상황에서 이루어지지만, 실제로 학습이 일어나는 구체적인 상황에 적합한 모종의 조건들은 갖추고 있음을 확인할 수 있다. 이러한 점에서 볼 때, 무형식 학습의 무형식성이 언급하는 '형식 없음'이란 학습이 이루어지는 데 필요한 정당한 자원, 학습목표, 진행절차 등이 사전에 한정되지 않았다는 의미로 파악할 수 있다. 이러한 특징으로 인해서 무형식 학습은 학습자가 처한 상황적 맥락으로부터 가해지는 영향에 따라서 학습의 과정과 결과가 매우 유동적일 수 있는 가능성을 내포하고 있다. 무형식 학습에 영향을 미치는 요인을 발견하고 분류하는 연구들이 많이 나타나는 까닭도 이와 무관하지 않다.

엘린저(Ellinger, 2005)는 무형식 학습에 영향을 줄 수 있는 조직 맥락요인(contextual factors)을 탐색하였다. 그래서 무형식 학습에서 긍정적 · 부정적 영향을 미치는 요인으로 분류하였는데, 무형식 학습을 촉진하는 조직 맥락요인으로는 학습에 대해서 관심을 가지고 지원하는 리더십과 관리자, 학습친화적인 조직내부 문화, 적재적소에서 활용 가능한 업무도구와 자료의 존재, 학습활동과 관련하여 구성원이 맺고 있는 인적 관계의 원만함과 개방성 등을 지적하였다. 반면, 무형식 학습을 방해하는 조직 맥락요인으로는 학습에 대해서 무관심한 리더십과 관리자, 변화에 대해 둔감한 조직내부의 문화, 구성원의 업무 수행 및 소통에 활용할 수 있는 도구와 자료의 부족, 학습활동과 관련하여 타인과의 협력과 소통을 무시하고 방해하는 동료의 존재 등을 거론하였다. 그 밖에 개인이 근무하는 부서의 물리적 공간, 과다한 업무로 인한 시간 부족, 조변석개(朝變夕改)하는 조직 분위기 역시 무형식 학습에 부정적 영향을 미치는 것으로 언급하였다. 이러한 맥락적 요인을 포함하여, 보다 다층적이고 종합적으로 무형식 학습에 영향을 미치는 요인을 탐색한 연구들은 학습자 개인 측면, 조직의 인적 구성원 측면, 업무 특성 측면, 상황적 환경 측면으로 요약하고 있다. 가령 이성엽(2009)은 무형식 학습에 영향을 주는 요인으로 목표의식, 업무에 대한 태도와 같은 개인적 요인, 조력을 제공받을 수 있는 동료들의 경험과 역량, 멘토의 존재 여부와 같은 대인관계 요인, 학습에 대한 부서 구성원들의 우호적 태도, 부서장의 리더십 등과 같은 부서의 분위기, 업무의 난이도, 팀 차원의 업무 수행인지 혹은 개별적 업무 수행인지의 여부와 같은 업무 특성과 관련된 직무상황 요인 등 네 가지로 정리하고 있다.

이처럼 무형식 학습은 학습의 필요성을 인식하고 시도하는 개인의 조건과 학습 행위가 벌어지는 구체적인 상황의 영향을 크게 받는다. 즉, 무형식 학습의 성패에 중요한 관건은 학습 행위가 벌어지는 그 상황적 조건인 셈이다. 이러한 점에서 볼 때, 무형식 학습은 맥락 의존적 성격이 강하다고 할 수 있으며, 이러한 특징은 이어서 다루는 상황학습과도 밀접한 관련성을 갖는다.

2) 상황학습

상황학습(situated learning)은 학습의 사회적 성격과 학습 과정으로서 개인의 정체성 구성 과정에 주목하는 입장으로서, 지식과 학습에 대한 심리적 접근에 대한 급진적 대안으로 대두된 개념이다. 상황학습은 어떤 형태의 지식이든 학습자 외부에 객관적으로 존재하는 지식을 수용하는 과정으로 학습을 파악하는 전통적인 개념과 입장을 달리한다. 그래서 학습의 결과를 활용할 수 있는 구체적 상황과 분리된 전통적인 교수학습의 환경—예컨대, 학교 교실에서의 수업, 세미나실에서의 토론 등—에서 이루어지는 학습효과의 한계를 지적한다. 가령 상담심리 전공으로 대학원 학위까지 취득하여 학생상담에 대한 풍부한 지식과 기법을 잘 알고 이에 대해서 말할 수 있는 것과, 실제로 내담자인 학생이 가지고 온 고민과 문제를 경청하면서 학생에게 정서적인 안정감을 제공하고, 나아가 고민을 해결하는 데 도움이 되는 상담을 효과적으로 진행하는 것은 분명히 다른 차원이다. 상황학습은 상담에 대한 해박한

지식과 기법에 대한 숙지도가 실제적으로 좋은 상담자로서의 역할을 담보할 수 없다고 본다.

그러나 제시한 예시 때문에 상담심리 전공으로 대학원에서 공부하는 것은 상황학습이 아니라고 오해하지 말기를 바란다. 사실 대학원 공부 역시 함께 공부하는 대학원 동료들과 지도교수의 성향, 강의실 환경, 참고하는 전공 서적, 학습자 본인의 진학 동기 및 학습역량 수준 등 구체적인 상황적 조건하에서 벌어지는 상황학습이다. 다만, 예시를 통해서 지적하려는 핵심은 대학원에서 지식과 이론을 배우는 맥락과 그 내용을 실제로 적용하며 풀어 가야 할 문제가 있는 상황이 서로 분리되어 있다는 점이다. 상황학습은 학습의 맥락과 실천의 맥락이 떨어져 있음으로써 나타나는 한계를 극복하는 데 관심을 둔다. 상황학습은 어떤 유형의 학습이든지 그 학습이 지니는 상황성을 강조하는 이론이지, 단순히 일상의 생활 공간에서 학습하는 것이 바람직한 학습 형태임을 주장하는 입장이 아니다.

상황학습을 주장하는 대표적인 학자들인 레이브와 웽거(Lave & Wenger, 1991)는 학습을 하는 맥락과 학습의 결과를 활용하는 실천 맥락을 통합적으로 파악하는 입장을 견지한다. 이들은 인간의 인지적 · 심리적 활동으로 주로 간주하던 학습에 대한 전통적인 입장에서 벗어나서, 탈맥락적인 객관적 지식의 수용이 아닌 구체적인 실천 중의 학습 혹은 앎의 과정에 천착하여 상황학습을 설명한다. 이러한 주장의 연장선상에서 바라보았을 때, 학습이란 결국 우리의 일상생활 공간 어디에서나 그리고 언제나 이루어지는 실천 과정이다.

학습 현상이 나타나는 상황적 여건에 대한 고려를 주문하면서 상황학습을 설명하는 학자들은 학습의 상황적 여건을 구성하는 요소로서 상호작용(interactions), 도구(tools), 활동(activity) 그리고 사회적 맥락(social context)의 네 가지 요소를 일반적으로 지적한다(Hansman, 2001). 한스먼(Hansman, 2001: 45)은 일상적 상황에서 발견되는 성인들의 학습 장면은 "학습자가 맺고 있는 사회적 관계에 터한 상호작용의 속성, 그러한 상호작용 가운데 사용하는 도구의 성격, 상호작용을 통해서 수행하고 있는 활동 자체 그리고 활동이 이루어지는 사회적 맥락"에 의해서 가변적이고 역동적으로 나타난다고 설명한다. 이러한 점에서 볼 때, 상황학습에서 이해하는 학습은 분명 사회적인(social) 실천이며, 도구 의존적인(tool dependent) 활동이라고 할 수 있다.

상황학습의 관점에서 우리나라 노인들의 컴퓨터 학습에 대한 연구를 수행한 킴과 메리엄(Kim & Merriam, 2010)은 학습에서 사회적 상호작용, 학습 도구, 물리적 환경, 한국 문화로 특징지어지는 상황적 조건들이 노인들의 컴퓨터 학습 양상을 설명하는 단서가 된다고 강조하였다. 이들의 연구 결과를 살펴보면, 사회적 상호작용 측면에서 교사와 학습자의 상호작용, 학습자 간의 상호작용의 양상이 학습 과정에 관여하는 것으로 나타났다. 특히 이러한 상호작용의 양상은 컴퓨터 학습이 이루어지는 독특한 교실 구조라는 물리적 환경과 연동하여 나타났는데, 칠판이 있는 교실 앞쪽에서 교수 시간을 많이 할애하는 교사는 앞쪽에 앉아 있는 학습자와 상호작용이 활발하게 일어나는 반면, 중간이나 뒤쪽에 앉은 학습자들은 교사보다는 학습자들끼리의 상호작용이 활발하게 일어났다. 또한 노인들의 컴퓨터 학습에 개입하는 상황적 요소로서 학습 도구는 학습의 핵심적 매체가 되는 컴퓨터와 노트였으며, 이러한 요소는 학습자들이 배운 내용에 대한 실습을 통해 자신만의 지식을 구성하는 데 유용한 도구가 되는 것으로 나타났다. 또한 연구 참여자들의 문화적 가치와 배경 역시 상황학습으로서 컴퓨터 학습 양상에 영향을 미치고 있었다. 연구자들은 참여자들이 내면화하고 있는 유교주의 가치와 문화가 학습 과정에서 학습자들 스스로 체면을 중시하여 자신보다 나이 어린 학습자에게 물어보는 것을 자제하게 하기도 하고, 자신보다 나이 든 학습자의 체면을 생각하여 그가 학습 내용에 대해 이해하지 못해도 먼저 나서서 가르쳐 주지 않게도 하는 등 적극적인 학습 참여를 방해하는 원인이 된다는 점을 강조하였다.

상황학습이라는 개념 자체에 대한 이해와 더불어 정확한 이해가 필요한 또 다른 개념이 바로 실천공동체(communities of practice)이다. 실천공동체는 구체적인 상황학습의 양상을 이론적으로 파악할 수 있는 개념적 틀이라고 할 수 있다. 기본적으로 실천(practice)이란 사람들의 사회적 관계에 기초한 집단, 즉 "공동체(community)에 의존적인 활동"으로 간주되기 때문에(Strike, 2010: 60), 사람들이 일상적 조건에서 수행하는 다양한 활동에 내포되어 있는 학습으로서의 성격, 즉 상황학습에 대한 이해를 진작하는 것은 결국 실천의 과정에 대한 탐구라고 볼 수 있다. 그렇기 때문에 실천공동체는 개인의 사회적 활동으로서의 실천에 내포된 학습의 의미를 사회문화적으로 파헤치는 이론적·전략적 개념 틀이 된다. 레이브와 웽거(1991)는 학습자가 수행하는 지식의 습득과 기능의 숙달, 즉 학습의 과정을 학습자가 일정한 사회문화적 맥락 가운데 존재하는 실천공동체에 참여의 수준을 심화해 가는 과정으로 요약·정리한다.

레이브와 웽거는 실천공동체에 참여 수준을 더해 가는 과정으로서 학습을 "합법적 주변 참여(legitimate peripheral participation)"(p. 29)라는 개념으로 표현하고 있다. 합법적 주변 참여의 과정이 학습의 과정이라는 이야기는 무슨 의미일까? 합법적 주변 참여로서 학습이란—상황학습이란—신참자가 실천공동체의 합법적 구성원이자 중심인으로서 정체성을 변모시켜 가는 과정으로 해석할 수 있다. 실천공동체의 주변인이었던 신참자가 중심인으로 변화하는 과정은 참여와 비참여의 경계선상에 놓여 있는 주변적 참여자였던 신참자가 완전한 참여자라는, 그러니까 실천공동체의 핵심적인 일원이라는 정체성을 획득하는 과정이라고 할 수 있다. 이러한 점에서 상황학습은 개인 학습자의 정체성의 변화와 구성 과정을 핵심적인 학습 양상으로 간주한다. 여기서 완전한 참여자란 실천공동체 안에서 친숙함을 느끼는 사람으로서 실천공동체 주제와 관련한 과업이나 역할을 스스로 능숙하게 처리하고, 그 과정에서 자신의 능력에 대해 경험하며, 다른 구성원들로부터 자신의 능숙함을 인정받는 존재를 말한다. 이와 더불어서 실천공동체의 완전한 참여자는 공동체의 자원을 공유하고 활용하며, 다른 구성원들과 어떻게 관계 맺는지 잘 알고 있을 뿐만 아니라, 자신이 속한 실천공동체의 총체적인 특징도 이해하기 때문에 구성원들이 무엇을, 왜 하는지에 대해서 잘 알고 있는 존재이다 (Wenger, 1998). 따라서 상황학습은 실천공동체에 참여하지 않고서는 일어나지 않는다.

[참고자료] 영화 속에서 찾아본 상황학습 사례

상황학습은 영화 〈스타워즈(Star Wars)〉에서 루크 스카이워커가 오비완 케노비와 마스터 요다의 지도를 받으면서 진정한 제다이의 일원이 되는 과정을 설명할 수 있다. 루크 스카이워커는 처음에는 제다이로서 갖추어야 할 능력과 태도를 익히지 않은 주변적 존재, 신참자의 위치였다. 이 시기의 루크 스카이워커는 스승의 행동을 관찰하고 모방하며 스승의 가르침에 따라서 지속적인 수련을 해 나간다. 그러면서 제다이라는 실천공동체가 가지고 있는 역량, 가치관, 문화 등을 습득해 간다. 그 결과, 루크 스카이워커는 제다이로부터 기대할 수 있는 탁월한 무예, 우주의 힘을 이용할 수 있는 능력 그리고 정의로움을 스스로 고스란히 발휘하는 존재가 된다.

실천공동체는 공동체 구성원들이 항상 함께 존재하거나, 분명히 파악할 수 있는 사람들의 집단 혹은 사회적으로 그 경계를 구분 지을 수 있는 형태의 것이 아니다. "실천공동체는 참여자들이 자신들의 행위와 공동체에서의 생활이 갖는 의미에 대해 합의된 이해를 공유하면서 수행하는 활동 시스템을 의미한다."(Lave & Wenger, 1991: 98) 부언하면, 실천공동체란 동아리, 팀, 조직

등과 같이 물리적·제도적으로 일정한 형태를 갖춘 사람들의 모임을 뜻하는 것이 아니라 학습이 전개되는 구체적인 사회적 맥락, 즉 상황을 뜻하는 것이다. 물론 학습동아리, 팀, 조직 등도 실천공동체로서의 성격을 가질 수 있지만, 레이브와 웽거의 정확한 의도는 공통적 관심을 가지고 함께 모종의 실천을 전개해 가는 의도적으로 조직된 집단을 지칭하기 위하여 실천공동체 개념을 제시한 것이 아니다. 실천공동체는 다수의 사람이 함께 모여 있는 상태를 뜻하는 것이 아니라, 공동의 과업을 중심으로 사람들이 함께 실천 행위를 행하는 속성을 뜻한다. 이후의 저작에서 웽거(1998: 6-7)는 다음과 같이 실천공동체의 성격을 재차 설명하여 오해를 막고자 한다.

> 우리 모두는 실천공동체에 속해 있다. 집에서, 직장에서, 학교에서 그리고 취미생활을 할 때도 우리는 어느 특정한 시간에 여러 실천공동체에 속해 있게 된다. 그리고 인생을 살아가면서 속하는 실천공동체는 계속해서 변하게 된다. 사실상 실천공동체는 우리의 삶 어디에나 편재되어 있다고 할 수 있는 것이다. …… 실천공동체는 너무나도 무형식적이고 광범위해서, 일상생활에서 우리가 어느 실천공동체에 속해 있는지를 감지하는 것이 쉽지 않다. 그러나 달리 표현하면, 실천공동체는 그만큼 우리에게 너무나도 친숙하고 일상적인 상황이라고 볼 수 있다. 비록 실천공동체라는 개념 자체는 새롭게 들릴지 몰라도, 그것이 가리키는 경험은 지극히 일상적이고 평범한 것이다.

정리하면, 학습을 사회문화적 맥락에서 이루어지는 활동으로 파악하는 상황학습은 상황적으로 정당하고 적절한 지식, 기능, 태도를 발현할 수 있는 가능성을 신장하는 과정으로 그려 볼 수 있다. 이는 학습 성과의 가치가 학습이 수행되고 적용되는 구체적인 상황에 붙박여 판단된다는 것을 뜻한다고 볼 수 있다. 그렇기 때문에 상황적으로 적합한 수행을 실천한다는 것은 곧 학습이 전개되는 구체적인 사회문화적 맥락에서 개인의 의미, 즉 정체성을 변화시켜 간 결과인 셈이다. 이러한 모습은 모종의 상황에서 주변적 위치에 머물던 개인이 상황에 대한 친숙도를 심화시켜 상황 속에서 보다 중심적 위치로 이동해 가는 과정으로도 설명될 수 있다.

성인학습의 지도

학습자가 아동이든 성인이든 상관없이 교육자에게 학습 과정에 대한 지원은 중요한 과제이다. 학습을 통해서 학습자의 성장과 발전을 도모할 수 있는데, 그러한 성장과 발전이 보다 효과적으로 이루어지고 바람직한 방향으로 전개되기 위해서는 학습 과정에서 적절한 지도 노력이 수반되어야 한다. 물론 학습자의 특성에 따라서 지도의 내용과 형식은 달라질 수 있으며, 마땅히 달라져야 하지만, 학습지도 자체가 갖는 중요성은 학습자의 조건과 수준에 상관없이 강조될 수밖에 없다. 성인 학습자의 자기주도적 학습 상황에서조차도 학습자가 필요로 하는 자료를 준비한다거나 적절한 조언을 제공하는 노력은 보다 효과적인 자기주도적 학습에 중요한 요건이다. 그렇기 때문에 평생교육의 맥락에서 학습활동에 대한 지원은 그 형식과 구조만 변할 뿐, 여전히 중요한 의미를 가진다.

이 장에서는 성인학습지도의 목적, 원리 그리고 형식의 측면에서 구분되는 다섯 가지 입장을 이해하고, 실제 학습지도를 하는 데 요구되는 교육자의 자질과 지도 원리를 정리해 본다.

1. 성인학습지도에 대한 입장: 프랫의 다섯 가지 관점

바람직하고 효과적인 학습지도의 원리는 목적, 대상, 내용, 상황 등에 따라 달라진다. 예를 들면, 취업을 준비하는 사람들을 대상으로 직업기술을 훈련시키는 교육과 훌륭한 민주시민으로서의 가치와 태도를 길러 주는 교육을 실행함에 있어서 좋은 교수자의 역할, 적절한 교육 방법, 효과적인 학습 과정의 양상 등은 서로 다를 수밖에 없다. 반복적인 실습을 통해서 특정한 기술이나 행동 요소를 익히게 하는 것이 직업기술을 훈련시키는 경우에는 적절한 지도 방식이 될 수 있지만, 학습자 자신의 독자적인 사고 습관과 의식적 각성을 촉진하는 민주시민교육에서는 자칫 도그마(dogma)에 빠진 학습이 될 수 있다.

결국 성인을 대상으로 하는 바람직한 학습지도라는 것은 학습활동이 이루어지는 상황적 조건에 따라 차별적이고 구체적으로 어떠한 입장이 있는지 살펴보는 것이 필요하다. 프랫(Pratt, 1998)은 성인의 학습지도에 대한 입장을 다음의 다섯 가지 관점으로 정리하여 각 관점이 어떤 학습 상황에서 적절한지 설명하였다.

1) 지식의 전달

학습지도의 궁극적인 목적을 체계화된 지식을 전달하는 것이라고 바라보는 입장은 지금까지 살아오면서 우리가 가장 많이 접해 왔던 방식을 설명하는 원리이다. 지식의 전달에 치중하는 학습지도의 관점에서 볼 때, 교수자와 학습자가 만나서 이루어지는 수업은 객관적이며 안정적인 성격을 내포하는 지식을 효과적으로 그리고 왜곡 없이 학습자에게 전달하는 활동으로 이해할 수 있다. 따라서 이 관점에서 바람직한 교수자, 즉 지도자는 전달하고자 하는 지식에 대해서 정확히 알고 있고, 지식에 대한 전문적인 식견과 풍부한 경험을 바탕으로 지도자로서의 권위를 인정받을 수 있는 존재여야 한다. 그래야만 학습자들이 교수자가 소개하는 지식을 의심 없이 받아들일 수 있기 때문이다. 다시 말하면, '내용에 대한 신뢰'는 지도자가 가장 염두에 두어야 할 부분인 것이다.

지식의 전달에 관심을 가지는 학습지도 방식은 전형적인 지도자 중심의 교육 원리라고 할 수 있다. 지도자는 학습자를 대상으로 하는 성공적인 학습지도를 계획하고 준비하는 데 가장 큰 영향력을 가지고 있으며, 지도자의 철학과 성향에 따라서 학습활동의 내용과 구조가 다르게 나타난다. 그리고 지식은 교육활동에서 다루는 학습자의 생각이나 해석에 상관없이 객관적인 속성을 지니는 것으로서, 학습지도자는 그러한 지식을 정확하게 판단할 수 있는 전문성을 가지고 있는 사람이다. 그렇기 때문에 지도자가 학습 결과의 가치를 판단하는 평가 기준을 결정하는 모습은 지식의 전달 관점에서 보면 매우 자연스러운 일이다.

이러한 입장에서 다루는 학습 내용, 즉 지식은 전문가인 지도자에 의해서 하위 단위로 분석된다. 즉, 학습지도란 가르치는 사람이 전해야 할 지식의 본래 의미를 훼손하지 않으면서 전체로서의 지식을 학습자가 이해하고 수용할 수 있는 작은 단위로 쪼개어 단계적으로 전달하는 과정이다. 이러한 부분적 학습의 논리적 · 단계적 수행을 통해서 학습자는 익혀야 할 전체로서의 지식 혹은 기술 수준에 도달할 수 있다. 그러므로 지식의 전달 관점은 학습자가 수행할 수 있는 수준으로 학습 내용을 분석 · 계열화해서 제공할 것을 주장하는 행동주의적 심리학의 프로그램 학습 과정과 비슷한 점이 있다.

그러나 학습자를 수동적인 존재로만 간주하고 교육자가 학습자에게 일방

적으로 지식을 주입하는 형태의 수업 실천을 반영하는 관점이라는 점에서 지식의 전달로서 학습지도를 이해하는 것은 부정적으로 오해받을 여지가 크다. 왜냐하면 독자적인 자아개념과 자율성을 가지고 있는 성인 학습자가 학습 과정에 적극적으로 참여하여 자신의 학습을 이끌어 갈 수 있는 기회를 충분히 허용하지 않는다는 점에서 그 자체로 성인학습의 기본 원리와 배치되는 것처럼 보이기 때문이다. 이 점에 대해서 프랫은 지식의 전달로서 학습지도에 대한 부정적인 인식은 이 입장 자체가 갖는 본질적인 측면에서의 문제점보다는 이러한 입장에 근간한 구체적인 학습지도가 왜곡된 방식으로 이루어지는 경우가 많기 때문이라고 주장하였다. 즉, 지식의 전달을 강조하는 입장 자체는 학습지도에 대한 다른 관점들과 마찬가지로 긍정적 요소와 부정적 요소를 모두 내포하고 있으나, 현실적으로 우리가 관찰하는 많은 실천에서 긍정적인 측면을 살리지 못한 채 부정적인 측면을 많이 보이고 있다는 것이다. 하지만 학습자가 알아야 할 보편타당한 지식이나 효과적인 것으로 입증된 기술의 습득이 목적인 학습지도 상황의 경우에서 전문가로서 학습지도자가 학습자의 상황을 파악하여 주도적인 역할을 한다면, 보다 효율적인 학습이 가

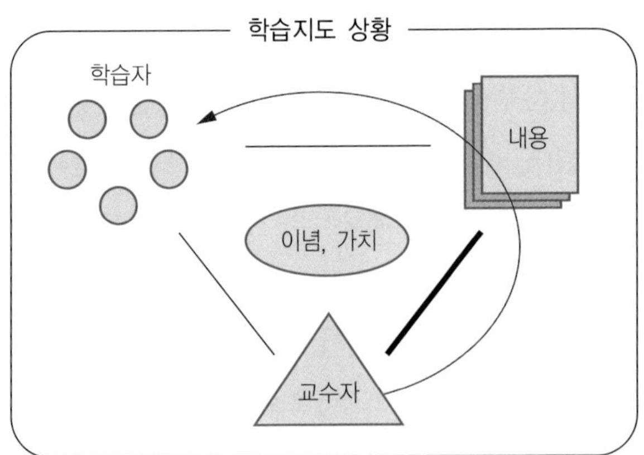

[그림 6-1] 지식의 전달 관점에서의 학습지도

출처: Pratt, D. D., & Associates (1998). *Five perspectives on teaching in adult and higher education* (p. 40). Malabar, FL: Krieger.

능할 것이다. 아직 학습 내용에 대한 이해가 부족한 학습자의 여건과 요구를 분명히 파악한 후, 적절한 내용과 방식 그리고 속도로 학습할 내용을 전하는 교수자의 모습을 굳이 비난할 이유는 없다.

2) 사고 수준의 발달

성인학습의 지도를 학습자의 인지적 사고 수준을 발전시키는 것에 초점을 맞추는 입장은 인지심리학의 전통과 밀접하게 관련지어 볼 수 있다. 사고 수준의 발달을 학습지도의 주된 목표로 하는 입장에서 보았을 때, 모든 개인은 세상을 이해하고 해석하는 나름의 인지구조(cognitive structure)를 가지고 있다. 그리고 학습이란 그러한 인지구조를 정교화하는 과정으로 규정할 수 있다. 사고 수준의 발달 관점에서 학습지도란 학습자의 인지구조를 정교화하는 일련의 과정을 보다 효율적으로 이끌어 가려는 노력으로 해명할 수 있다.

성인의 사고방식의 발달을 촉진하는 활동으로서 학습지도를 바라보는 관점에서는 학습자를 학습 주제와 관련한 선행 지식과 경험을 가지고 있을 뿐만 아니라, 자신에게 주어지는 다양한 형태의 문제를 파악하고 해결하는 사고의 틀(scheme)을 이미 가지고 있는 존재로 가정한다. 따라서 이 관점에서는 지식의 전달을 강조하는 관점과 달리 학습자가 가지고 있지 않은 지식이나 기술을 학습지도자가 일방적으로 주입하는 방식은 적절하지 않다고 본다. 오히려 이미 세상을 이해하고 문제를 인식하는 일정한 틀을 갖추고 있는 성인 학습자의 특성을 감안한다면, 학습지도는 학습자가 기존에 가지고 있는 사고의 틀, 즉 문제를 바라보고 해결하는 형식을 정교화하는 과정을 돕는 데 초점을 맞추어야 한다고 주장한다. 따라서 사고 수준의 발달 관점에서 보면, 학습활동에서 다루는 학습 내용은 학습자의 사고 수준이 발달하는 데 동원되는 재료 혹은 수단적 성격이 짙다. 즉, 사고 수준의 발달 관점은 지식의 전달 관점에서 생각하는 것처럼 학습 내용을 알게 되는 것 자체를 교육의 일차적인 목적으로 규정하지 않는다.

학습자가 가지고 있는 지식의 양적 증가보다 사고 수준의 질적 향상에 주안점을 두는 이러한 관점에서 보았을 때, 좋은 학습지도자는 학습자가 기존에 가지고 있는 사고 습관을 충분히 이해하고, 이를 보다 심화된 수준으로 끌어올리는 역할을 하는 사람이다. 이와 관련해서 프랫은 학습지도자에게 특히 필요한 지식이자 역량으로서 '가교적(架橋的) 지식(bridging knowledge)'을 제안한다(Pratt, 1998: 134). 가교적 지식은 학습지도자가 교육에 참여하는 학습자의 현재 수준을 파악하고, 학습자가 이해할 수 있는 수준과 방법으로 전달해야 할 핵심적 내용을 구성할 수 있는 지식을 말한다. 즉, 가교적 지식은 학습자가 기존에 가지고 있던 사고의 틀을 한층 더 심화할 수 있도록 적절한 자극과 필요한 지원을 제시할 수 있는 교육자 역량과 관련된다. 이러한 가교적 지식은 학습자의 수준에 대한 이해능력과 더불어 그 수준에 적합한 형태로 교육 내용을 재구조화할 수 있는 능력을 함께 필요로 한다.

사고 수준의 발달은 학습자에게 없는 것을 새롭게 추가하는 것이 아니라, 이미 학습자가 가지고 있던 사고의 폭과 깊이를 질적으로 변화시키는 것이다. 그러므로 학습지도자는 사고 수준이 발달해야 할 목표 수준에 대한 이해뿐만 아니라, 학습자의 기존 사고 수준이 어느 정도인지 파악하는 것도 필요하다. 그래야만 교육자는 가교적 지식을 바탕으로 학습자가 질적으로 보다 발달된 사고 수준을 보일 수 있도록 촉진할 수 있다. 즉, 다리가 출발할 지점과 도착할 지점을 분명히 파악해야만 강 한가운데에서 끊어지지 않는 다리를 연결할 수 있는 것이다. 사고 수준의 발달이란 관점에서 보았을 때, 보다 고차원적인 사고의 틀을 바탕으로 지식을 새롭게 이해하고 개념화하는 과정은 학습자의 능동적 역할을 바탕으로 한다. 이 과정에서 교육자는 학습 과정이 효율적으로 그리고 정확하게 이루어질 수 있도록 '다리를 놓는' 작업을 안내하고 조력하는 역할을 한다.

이러한 관점에서 주목하는 학습지도는 풍부한 경험을 통해 나름대로의 사

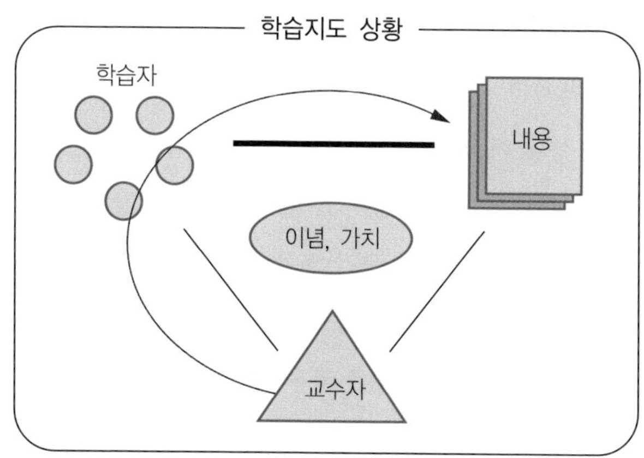

[그림 6-2] 사고 수준의 발달 관점에서의 학습지도

출처: Pratt, D. D., & Associates (1998). *Five perspectives on teaching in adult and higher education* (p. 46). Malabar, FL: Krieger.

고구조를 가지고 있는 성인 학습자의 특성을 반영하여 이로부터 학습지도의 실마리를 풀어 나가려 한다는 점에서 의미가 있다. 이뿐만 아니라 학습자의 능동적인 역할을 강조한다는 점에서도 평생교육의 여러 장면에 시사하는 바가 크다. 그렇지만 학습지도에 대한 이러한 관점이 노출하는 가장 커다란 문제점은 학습자의 학습 결과를 구체적으로 확인할 수 있는 평가 방법을 모색하기 어렵다는 것이다. 다시 말하면, 어떻게 사고의 폭과 깊이가 발달했는지 그리고 그 발달의 정도가 어느 정도인지 객관적으로 가늠해 볼 수 있는 방법이 마땅치 않다는 것이다. 따라서 학습자의 사고 구조의 변화에 주목하여 이것이 일시적인 변화나 현상이 아니라, 교육을 통한 질적인 발달이라는 점을 가시적으로 확인할 수 있는 객관적인 방법을 찾는 일은 여전히 풀어 가야 할 과제로 남아 있다.

3) 상황적 지식의 습득

상황적 지식의 습득을 학습지도의 주된 목적으로 바라보는 입장은 역사적으로 오랜 전통을 가지고 있는 도제식 교육 방법의 원리에 근간하고 있다. 도제식 교육(apprentice)이 추구하는 궁극적 목표는 바로 장인(master)의 특출한 역량과 실행 가능성을 체득하는 것이다. 장인은 특정한 분야에서 전문적인 역량을 가지고 있는 존재로 인정받는 사람이다. 다시 말하면, 장인은 자신이 가지고 있는 역량을 발휘해야 할 순간에 적절한 수준으로 행위할 수 있는 존재이다. 이러한 실무자를 닮은 능력을 갖추는 일은 단순히 수행에 필요한 지식이나 기술을 가르치는 것과는 다른 차원의 문제이다. 실무자, 즉 장인을 닮는다는 것은 모종의 구체적 상황에서 장인이 보이는 수행 수준에 비근한 활동을 할 수 있는 존재가 됨을 의미한다. 줄타기의 장인이 된다는 것은 줄타기에 필요한 지식을 말할 수 있고 부분적인 하위 기술을 갖춘다는 의미를 넘어서, 줄타기의 실제 상황에서 떨어지지 않고 줄을 잘 탈 수 있는 능력을 보일 수 있는 존재가 되는 것이다. 여기서 일어나는 존재의 변모, 정체성의 변화 과정에서 도제가 체득하는 지식을 상황적 지식이라고 한다. 따라서 상황적 지식의 습득이라는 관점에서 보았을 때, 학습지도는 학습자를 특정한 상황적 지식이 인정받는 구체적인 공동체(community)에 문화적으로 적응시키는(enculturation) 과정으로 규정할 수 있다. 여기서 공동체란 일정한 문화적 규범, 상징, 소통체계를 공유하고 있는 사회적 맥락이라고 할 수 있으며, 장인은 사회적 맥락에 내재되어 있는 규범, 상징, 소통체계, 그리고 적절하게 요구되는 지식, 기능 등을 충분히 익힌 존재인 반면, 도제는 그렇지 못한 존재라고 할 수 있다.

상황적 지식의 습득의 관점이 갖는 가장 큰 특징은 교육자, 교육 내용, 상황을 분리할 수 없는 것으로 인식한다는 점이다. 상황적 지식이라는 개념 자체가 특정한 상황에서 독특하게 인정받고 또 요구되는 지식을 말한다. 여기서 '상황'은 곧 지식을 동원하여 수행하는 바로 '그 사람'이 처해 있는 구체적인 시·공간 조건을 뜻한다. 따라서 학습자가 상황적 지식을 체득할 수 있도록 지도하는 교육자는 스스로 구체적인 상황에서 지식으로 간주되는 적절한 능력을 발휘할 수 있는 존재여야 한다. 이러한 점에서 교육자가 가지고 있는 지식이 학습 내용으로서 가지는 위상은 다른 학습지도의 관점과 구별된다. 특히 학습자가 갖추지 못한 지식을 전달하는 데 주목하는 지식의 전달 관점과 상황적 지식의 습득 관점은 비슷한 면이 있다. 하지만 상황적 지식은 오직 일정한 상황에서 학습지도자가 수행하는 활동 안에 붙박여 있다는 점이 지식과 학습지도자의 일치를 가정하지 않는 지식의 전달 관점과는 다른 점이다. 다시 말하면, 상황적 맥락 조건 속에서 학습지도자의 능력과 자질은 가치 있는 것이 되며, 이때 학습자는 지도자의 능력과 자질만을 추출하여 학습하는 것이 아니라 구체적인 상황에서 지도자의 행위 방식을 있는 그대로, '통째로' 학습한다.

예를 들어, 교사연수 프로그램을 통하여 학생들과 효과적인 의사소통을 할 수 있는 능력을 배양하는 것과, 실제 학교 현장에서 문제 행동을 보이는 학생과의 상담을 원활하게 진행할 수 있는 것에는 차이가 있다. 의사소통능력의 향상을 위한 연수를 통해서 의사소통에 관한 지식과 기술을 연습하였다 하더라도 실제 학생 상담의 상황에서 그것을 잘 적용하여 성공적인 상담을 할 수 있는 것은 또 다른 문제이다. 상담에 대해서 잘 아는 것이 아닌, 상담을 잘한다는 것은 실제 상담의 상황에 내재해 있는 조건과 연동되기 마련이다. 상황적 지식 습득의 관점은 상담에 대해서 잘 아는 교사가 아닌, 상담을 잘하는 교사의 교육에 주목하는 입장이라고 볼 수 있다. 그렇기 때문에 학습을 하였다는 것은 상황과 무관하게 지식이나 기술, 태도를 가지는 것으로 판단할 수 있는 것이 아니라, 실제 상황에서 얼마나 정당하고 효과적인 방식으로 문제를 해결하는지를 구체적으로 확인해야만 평가할 수 있는 것이다. 그리고 이러한 학습을 지도하는 사람은 바로 구체적인 상담 장면에서 효과적인 수행능력을 발휘하는 사람이어야 한다. 결과적으로 효과적인 학습지도는 학습지도자가 구체적인 상황에서 보이는 모습을 학습자가 모방(modeling)할 수 있는 기회를 가짐으로써 이루어질 수 있다(Johnson & Pratt, 1998). 학습자의 모

방이 효과적으로 이루어지기 위해서, 그리고 그런 모방이 가치를 가지기 위해서 학습지도자는 실제성이 담보된 참된 과제(authentic task)를 제시하고 이를 수행하는 모습을 시연해야 한다.

레이브와 웽거(Lave & Wenger, 1991)는 이러한 상황적 지식의 획득 과정을 '주변인의 합법적 참여(legitimate peripheral participation)'로 개념화한다. 그래서 학습이란 실천공동체로 규정되는 상황적 조건에 익숙하지 않은 주변인이 점차적으로 정당한 중심인으로 참여의 수준을 증진시키는 과정이라고 설명한다. 실천공동체의 중심인은 바로 실천공동체의 상황에서 타당하고 합리적으로 간주되는 상황적 지식을 효과적으로 발현하는 존재로서 실천공동체에 참여하는 주변인의 교육자 역할을 한다. 학습자는 중심인의 정체성을 갖는 교육자가 구체적 상황에서 수행하는 모습을 보고 따라감으로써 주변인에서 중심인의 존재로 점진적으로 변모한다. 이렇듯 주변인으로서 학습자의 정체성이 중심인으로 변화하는 과정이 바로 상황적 지식의 습득 관점에서 바라보는 학습지도의 과정이다.

[참고자료] 상황적 지식 습득 관점에서 공동체의 의미

상황적 지식의 습득 관점에서 언급하는 공동체의 의미는 우리가 흔히 이해하는 집단의 의미와는 조금 구별된다. 여기서는 일정한 형식과 물리적 구조를 가지고 존재하는 집단을 일컫는 것이라기보다 공동의 주제를 가지고 참여자의 역할과 정체성에 대해 가시적 · 암묵적 합의가 전제된 상태에서 이루어진 모든 형태의 사람들의 집합을 뜻한다. 직장의 부서뿐만 아니라 전문가 협회, 가정, 심지어 거리를 가다가 우연히 만난 사람에게 길을 물어보고 답하는 활동이 이루어지는 장면도 여기에서 말하는 공동체의 의미에 포함된다. 웽거(1998), 레이브와 웽거(1991) 등이 상황적 학습을 설명하기 위해 동원하는 '실천공동체(communities of practice)'의 community의 개념과 같은 것이라고 볼 수 있다.

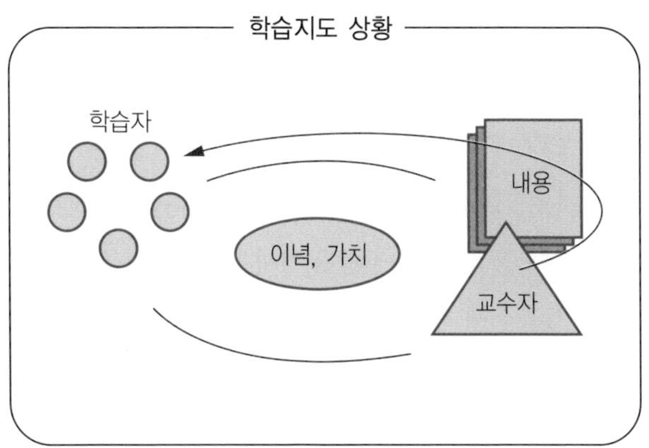

[그림 6-3] 상황적 지식 습득의 관점에서의 학습지도

출처: Pratt, D. D., & Associates (1998). *Five perspectives on teaching in adult and higher education* (p. 43). Malabar, FL: Krieger.

4) 자아효능감의 성숙

자아효능감의 성숙에 주목하는 관점은 인본주의 교육철학의 원리에 따라서 학습지도의 원리를 제안하고 있다. 이 관점에서는 무엇보다도 학습자가 자기 스스로에 대해서 가지고 있는 자아개념이나 자아효능감(self-efficacy)이 학습의 성과와 가치에 결정적인 영향을 미치는 것으로 본다. 앞선 학습지도의 관점에서 각각 주목하는 것, 즉 지식을 효과적으로 전달하려는 시도, 실제 상황 속에서 적절한 지식과 기능을 체화하려는 시도, 또는 학습자의 사고구조를 발달시키려는 시도 등 모두에 있어서 학습자가 학습하는 내용뿐만 아니라 학습하는 자기 자신의 능력과 가능성에 대해서 긍정적인 확신을 갖는 것이 필요하다. 학습을 성공적으로 풀어내리라는 자기 자신에 대한 확신이 부족한 상태에서 성공적인 학습 성과를 기대하기란 쉽지 않다. 따라서 인본주의 관점과 맥을 같이하는 자아효능감 성숙의 관점에서는 학습에 대해서 일차적 책임을 가지는 학습자가 자신의 학습 내용과 잠재적 능력에 대해서 확신을 가질 수 있도록 돕는 것이 학습지도의 핵심이 되어야 한다고 본다.

자아효능감의 성숙이라는 측면에서 볼 때, 의미 있는 학습지도가 이루어지기 위해서는 무엇보다 교육자와 학습자 간의 상호 신뢰와 존중의 관계를 형성하는 것이 중요하다. 교육자가 해야 할 과제는 이러한 관계를 매개로 하여 학습자에 대한 배려와 공감적 자세를 유지하는 동시에, 학습자가 지속적으로 새로운 문제에 도전하고 해결할 수 있도록 격려하며, 한 차원 높은 성취 목표를 제시함으로써 학습자가 어느 정도의 긴장감을 가질 수 있도록 하는 것이다. 프랫(1998: 49)의 표현을 빌리면, 자아효능감의 성숙의 입장에서 좋은 교육자는 학습자에게 "돌봄(caring)"과 "도전(challenging)"을 균형적으로 제공하는 존재이다. 그럼으로써 교육자는 학습자에게 친화적인 환경에서 이루어지는 학습활동을 통해 학습자가 성취감을 경험할 수 있도록 하며, 동시에 구체적인 성취 결과가 자신의 능력과 노력으로 획득한 것임을 확인할 수 있도록 도와주어야 한다.

교육자와 학습자 간의 상호 신뢰와 존중의 관계를 형성하고 이를 토대로 학습자의 자아효능감을 높이는 학습지도를 실행하기 위해서는 학습자 자신

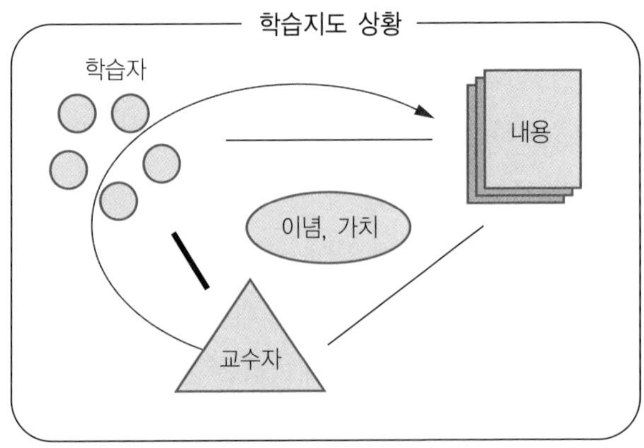

[그림 6-4] 자아효능감 성숙 관점에서의 학습지도

출처: Pratt, D. D., & Associates (1998). *Five perspectives on teaching in adult and higher education* (p. 49). Malabar, FL: Krieger.

의 내적 기준에 따라서 학습 과정과 결과를 가늠할 수 있는 기회를 제공해야 한다. 자신이 목표로 하는 것, 자신이 선호하는 것, 자신이 생각하는 능력 수준 등에 비추어서 스스로의 학습활동을 평가함으로써 학습자는 성장을 위한 노력을 계속해 갈 수 있다. 자아효능감 성숙의 관점에서 볼 때, 학습자의 조건과 무관한 기준에 의해서 이루어진 평가 결과는 학습자의 자율성과 성취감 향상에 자칫 부정적인 영향을 줄 수 있다. 예컨대, 장애인이 달리는 5km 단축 마라톤과 육상선수가 달리는 42.195km 마라톤은 객관적인 거리에서 차이가 있다. '누가 얼마나 많이 달렸는가?'라는 물음에 대해 객관적인 기준을 놓고 판단하면 당연히 42.195km를 달린 사람이 많이 달렸으며 더 잘 달렸다고 판단할 것이다. 그러나 자아효능감의 성숙을 강조하는 학습지도자는 자신의 조건과 의지에 따라서 5km를 힘껏 완주한 장애인의 성취 수준과 가치에 주목한다. 객관적인 성취 수준은 우수한 수준이 아닐지 몰라도, 그러한 목표를 달성하기 위하여 장애인 본인이 어려운 조건 속에서 수행한 활동의 질적인 가치를 그 자체로 인정하고 격려할 수 있어야 하기 때문이다. 실제로 마라톤 선수가 달린 42.195km라는 거리에 미치지 못한다고 해서, 5km 코스를 완주한 장애인의 노력을 폄하하는 사람은 아마도 없을 것이다.

결국 자아효능감 성숙의 관점에서 말하는 학습지도는 학습자에게 부여한 보편적이고 절대적인 목표를 어느 정도 달성했는가가 아닌, 학습자의 개별성을 존중하면서 각자가 설정한 스스로의 내적 성취 수준과 만족도에 주목하는 실천이라고 볼 수 있다. 이러한 점에서 교육자는 학습자가 스스로에 대해서 가지는 기대 수준과 능력 수준을 명확히 파악할 수 있도록 돕고, 그 수준과 기준에 따라 자신의 수행 수준을 평가하고 인정할 수 있도록 지원해 주는 노력이 필요하다.

5) 사회 개혁의 주체 양성

프랫이 제시한 성인학습지도의 다섯 번째 입장은 사회 개혁의 주체를 양성하는 것이다. 이러한 입장은 교육을 본질적으로 가치가 개입하는 이데올로기적인 활동이라고 보면서 사회 개혁의 도구로서 성인학습의 가능성에 주목한다. 사회 개혁의 주체를 양성한다는 측면에서 학습지도란 학습자가 자신이 속해 있는 사회의 불평등적 요소와 모순을 인식하고, 그것을 해소하기 위한 자발적 실천을 할 수 있는 존재가 되도록 이끌어 가는 것이다. 그리고 궁극적으로는 학습자들이 가지는 사회에 대한 문제의식과 사회 참여 노력을 통해서 보다 정의로운 사회를 추구하는 것까지 염두에 둔다. 이는 메지로우(Mezirow, 1990)가 분류한 학습 유형 측면에서 볼 때, 도구적 학습이나 의사소통 학습이 아닌 해방적 학습이 성인학습의 중요한 지향점이 되어야 한다는 입장을 반영하고 있다고 할 수 있다.

성인의 학습을 돕는 활동이란 일정한 가치, 윤리, 신념, 관심 등을 가지고 있는 사람과 사람이 만나서 벌이는 사회적 활동의 한 형태이다. 특히 학습지도자의 가치나 이념은 필연적으로 학습지도 활동에 개입한다는 점을 인정하므로 어떠한 가치체계와 신념을 바탕으로 학습지도에 참여하느냐에 따라서 교육활동의 의미는 달라질 수 있다고 본다. 결국 사회 개혁 주체의 양성이라는 측면에서 보았을 때 좋은 교육자는 사회 현실에 은폐되어 있는 이데올로기를 발견할 수 있는 비판적인 시각을 가지고 있어야 한다. 그리고 자신의 학습지도 활동이 사회 전체의 보편적 진리—공동선, 민주적 가치, 개인의 존중 등—에 따라서 이루어질 수 있도록 스스로 관리할 수 있는 자기규율적 존재여야 한다. 그래서 학습자로 하여금 자신들의 삶을 억압하는 불합리한 가치를 넘어서 사회 개혁이라는 이상을 수용할 수 있도록 이끄는 역할을 감당해야 한다. 그러나 교육자의 이러한 모습을 왜곡해서 지나치게 강조할 경우 사회 개혁의 주체를 양성하려는 시도 자체가 교육자가 가지고 있는 이데올로기

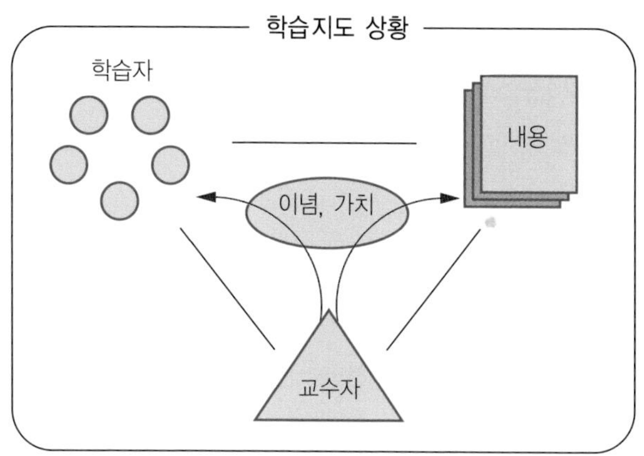

[그림 6-5] 사회 개혁 주체의 양성 관점에서의 학습지도

출처: Pratt, D. D., & Associates (1998). *Five perspectives on teaching in adult and higher education* (p. 51). Malabar, FL: Krieger.

를 강요하는 이데올로기적 폭력으로 변질될 가능성도 있다는 점은 경계해야 한다. 이와 같은 이데올로기적 강제를 막기 위하여 프레이리(Freire, 1995)는 '대화'를 학습자의 의식화를 도모하는 교육 방법으로 제안한다(프레이리의 '대화'식 학습을 이해하기 위해서 제4장을 참조하시오).

요컨대, 사회 개혁의 주체 양성에 주목하는 관점에서 가장 중요한 것은 학습지도에 내포되어 있는 이데올로기적 속성이다. 그렇기 때문에 학습자가 사회적으로 바람직한 가치를 내면화하고 사회 개혁의 실천 주체로서 역량을 진작시킬 수 있다면 어떤 학습지도 방법도 얼마든지 적용할 수 있다는 입장을 취한다. 즉, 앞서 언급한 학습지도의 관점—지식의 전달, 사고 수준의 발달, 상황적 지식의 습득, 자아효능감의 성숙—에서 강조하는 학습지도 방법이 학습자의 이데올로기적 각성을 유도하고 사회 참여를 실행할 수 있도록 이끌 수만 있다면 모두 유효할 수 있다는 것이다.

2. 성인학습지도의 실제

1) 성인학습지도자의 자질

놀스(Knowles, 1980)가 안드라고지(andragogy)의 개념을 설명하면서 지적한 것처럼, 성인을 대상으로 하는 학습지도는 교육자가 일정한 목표와 방향으로 이끌어 가는 것이 아니라 학습자 스스로 학습하는 과정을 도와주는 활동이다. 따라서 학습자의 학습 동기를 유발하고 지속적으로 참여할 수 있도록 하는 것은 아동을 대상으로 하는 교육에서도 중요하지만, 학습자의 자발성과 주도성에 근간하고 있는 성인학습지도의 맥락에서 더욱 강조될 수밖에 없다.

로드코프스키(Wlodkowski, 2008)는 성인학습의 지도에서 동기의 중요성을 지속적으로 강조해 왔다. 그는 효과적인 학습활동을 위해서는 학습자의 학습 참여 동기를 극대화하는 것이 중요하다고 강조하면서, 한편으로 학습지도자 스스로도 학습지도활동에 대해서 충분한 동기화가 이루어져 있어야 한다고 언급하였다. 다시 말해, 학습자의 학습을 지원하는 역할에 대해서 스스로 동기화가 잘되어 있는 지도자일수록 학습자에게 적절하고 실질적인 지원과 안내를 할 수 있다는 것이다. 그는 충분히 동기화가 이루어졌다는 전제하에서 학습지도를 담당하는 성인 교육자가 가지는 기술과 자질을 크게 전문성(expertise), 공감적 태도(empathy), 열정(enthusiasm), 명확성(clarity), 문화적 반응성(cultural responsiveness)의 다섯 범주로 구분하여 제시하였다. 로드코프스키는 이들 다섯 가지 범주에 해당하는 역량은 성인학습지도자들이 교육과 훈련을 통해서 충분히 습득·심화할 수 있다고 보았다.

첫째, 전문성 범주는 성인학습지도자가 학습 주제와 관련하여 가지고 있는 지식 수준과 교육활동에 대한 준비능력을 포함한다. 무엇보다도 지도자가 학습활동을 지원하는 데 필요한 전문적인 지식과 기술을 충분히 가지고 있을 때, 지도자 자신도 학습지도의 활동에 적극적인 태도를 보일 수 있으며, 학습자 역시 교육자에 대한 신뢰를 형성하며 학습활동에 적극적으로 참여할 수 있다.

둘째, 공감적 태도의 범주는 학습자의 입장을 이해하며 학습자의 심리적 상태와 의견을 경청하고 수용함으로써 학습자의 학습목표 성취를 도울 수 있는 요소를 포함한다. 일정한 목표의식을 가지고 참여하는 성인 학습자의 입장에 대해 성인학습지도자가 충분히 공감하며 함께할 수 있을 때, 보다 우호적인 교육자-학습자 관계를 기대할 수 있다. 그리고 학습자의 교육에 대한 동기 수준도 지속적으로 유지될 수 있다.

셋째, 열정의 범주는 학습지도자의 교육에 대한 관심과 헌신적인 자세를 학습자들도 알 수 있도록 표현하는 요소를 포함한다. 학습자의 학습활동에 대해서 교육자가 진지한 관심을 가지고 있으며, 학습자가 필요한 경우 적극적으로 도움을 제공하고 지원할 수 있는 준비가 되어 있음을 표현하는 것은 학습자의 동기 수준의 상승뿐만 아니라 실제 학습 성과 수준의 증대에도 긍정적인 영향을 미친다.

넷째, 명확성 범주는 학습활동을 체계적으로 조직할 수 있는 능력과 아울러 학습활동 가운데 학습자에게 요구되는 사항을 언어적으로 명확하게 전달할 수 있는 능력을 포함한다. 지도자가 탁월한 전문적 지식과 기술을 가지고 있고 열정을 지녔다 하더라도 학습자에게 정확하게 전달할 수 있는 능력이 부족하다면 교육자와 학습자 간 원활한 의사소통이 어려울 수밖에 없을 것이다. 이는 결국 학습자의 배움에 대한 동기 수준에 부정적인 영향을 미쳐 학습지도의 효과를 반감하는 원인이 된다.

마지막으로, 문화적 반응성 범주는 학습자에 대한 인간적인 존중 태도와 학습 장면에 내재되어 있는 다양성을 수용함으로써 모든 학습자에게 친화적일 수 있는 학습 환경을 조성하는 능력을 포함한다. 학습자의 특성과 다양한

표 6-1 성인학습의 촉진을 위한 지도자의 주요 요소

전문성	• 학습자의 생활 조건을 바탕으로 학습자에게 필요한 것이 무엇인지 알고 있다. • 학습 주제, 내용에 대한 충분한 지식과 경험을 가지고 있다. • 학습활동이 효과적으로 진행될 수 있도록 준비한다.
공감적 태도	• 학습자가 교육활동과 관련해서 가지고 있는 목표와 기대 수준을 이해하고 있다. • 학습자의 경험과 능력 수준에 적당한 방식으로 학습지도를 계획한다. • 학습자의 시각과 감정에 대해 계속해서 주의를 기울인다.
열정	• 활동에서 다루는 학습 내용이 중요하다는 것을 인정하고 강조한다. • 학습에 대한 관심과 열의를 적절하게 표현한다.
명확성	• 모든 학습자가 이해하고 잘 따라올 수 있도록 학습지도를 계획 · 실행한다. • 학습자가 부족한 선행학습의 내용을 파악하고 보완할 수 있는 기회를 제공한다.
문화적 반응성	• 상호 신뢰와 존중 그리고 수용적인 학습 환경을 조성한다. • 모든 학습자의 동기 수준을 촉진하기 위해서 노력한다. • 학습자의 배경적 차이로 인한 다양한 관심사와 사회 전체에서 공유하고 있는 관심사가 상호 연계되는 교육 내용을 구성한다.

배경에 대한 충분한 고려와 인간적인 배려가 배제된 상태에서 획일화된 기준으로만 진행하는 학습에서 학습자의 동기 유발과 참여를 기대하기란 쉽지 않다. 로드코프스키가 언급한 이상의 다섯 가지 범주에 포함되는 구체적인 요소는 〈표 6-1〉에 제시되어 있는 것과 같다.

2) 성인학습지도의 원리

효과적인 학습지도를 촉진할 수 있는 원리로 제시하는 대부분의 내용은 학습자 특성에 따라서 크게 다르지 않다. 그러므로 다양한 교육 실천 장면에서 성인을 대상으로 적용할 수 있는 학습지도 원리는 아동·청소년을 대상으로 하는 교육 장면에서도 충분히 적용할 수 있는 가능성이 있으며, 성인과 아동이라는 대상에 대한 이분법적 구분에 따른 지도 원리의 구분은 현실적으로 타당하지 않다. 그보다는 지도자가 운영해야 할 교육활동의 구체적인 학습 목적 및 내용, 학습 대상자의 독특한 조건, 학습 환경을 고려해서 학습지도의 원리를 변화·적용하는 것이 필요하다. 즉, 학습자의 학습을 돕는 최적의 방식은 아동과 성인이라는 학습자의 발달 수준 요소만을 고려한 기계적인 학습자 구분에 의해서 규정할 수 있는 성질의 것이 아니다. 학습을 지도하는 행위는 실제 학습 활동이 일어나는 상황적 조건에 대한 면밀한 분석과 이해를 토대로 보다 효율적인 방법을 모색하여 실천하는 모습에 가깝다. 학습지도의 원리는 반드시 고려해야 할 요소라기보다, 구체적인 상황의 특성에 맞게 유연하게 풀어 가는 데 참고할 필요가 있는 요소들인 셈이다. 여기에서 성인학습지도의 원리로 제시하는 내용도 이런 식으로 이해하는 것이 바람직하다.

권두승(2000: 196-199)은 아홉 가지 성인학습지도의 원리를 소개하였다. 이 아홉 가지의 학습지도 원리는 각각의 영어 명칭의 머리글자를 조합해서 RAMP2FAME이라고 한다.

- 근접성의 원리(law of recency): 선행학습과 후행학습이 시간적·공간적·표상적으로 근접하거나 유사할 때 학습효과가 좋다. 가장 최근에 학습한 내용을 중심으로 학습하는 것이 효과적이다.
- 적합성의 원리(law of appropriateness): 학습지도에서 사용되는 자료의 형식, 내용 등이 학습자의 요구에 부합해야 한다. 학습자가 일상에서 자주 접하거나 사용하는 형태의 자료들을 이용하면 자료에 대한 거부감이 없다.
- 동기부여의 원리(law of motivation): 학습자가 학습에 대한 동기부여가 되어 있고, 목적의식이 명확할 때 학습효과가 높다. 학습자가 자발성을

가지고 학습에 참여할 때 효과적이다.

- 우선성의 원리(law of primacy): 처음에 제시되는 내용에 대한 학습이 가장 잘 이루어진다. 학습 내용 가운데 가장 핵심적인 사항은 먼저 소개하는 두괄식 수업 구성이 효율적이다.
- 양방향 커뮤니케이션의 원리(law of two-way communication): 교수자와 학습자 간, 학습자 상호 간의 의사소통이 양방향으로 이루어지는 것이 효과적이다. 학습자가 학습활동 가운데 가지는 생각이나 의견들을 표현하는 기회를 제공하는 것이 효과적이다.
- 피드백의 원리(law of feedback): 교수자와 학습자 상호 간에 서로에 대한 정보가 적절하게 공유되어야 한다. 그럼으로써 보다 효과적인 학습활동 개선을 도모할 수 있다.
- 참여학습의 원리(law of active learning): 학습자의 능동적 활동과 참여가 이루어질 때 효과적인 학습이 가능하다. 학습자에게 직접적인 활동과 체험 기회를 제공하는 것은 학습효과를 배가할 수 있다.
- 다중감각 활용학습의 원리(law of multiple-sense learning): 학습자의 다양한 감각을 이용할 수 있는 기회를 제공하는 학습이 효과적이다.
- 반복학습의 원리(law of exercise): 학습한 내용을 연습하고 반복할 수 있는 기회를 통해서 충분한 학습을 유도할 수 있다. 비슷한 내용을 주기적으로 복기할 수 있는 활동은 학습자의 이해를 돕는다.

물론 이상의 아홉 가지 원리가 성인학습을 지도하는 데 있어서 고려해야 할 전부라고는 말할 수 없다. 사람에 따라서 학습요구가 다르며, 같은 사람이라고 하더라도 때와 장소에 따라서 학습요구가 변하기 마련이다. 이러한 인간의 학습을 도와주는 문제는 정형화된 원칙이나 방법으로 해결해 갈 수 있는 성질의 것이 아니다. 학습지도란 학습자와 학습 상황의 특성에 따라서 적절한 대응전략을 고민하고 결정하는 예술적 수완이 요구되는 활동이다. 하지만 성인이라는 발달적 특성을 고려하여 학습을 돕는 데 있어서 몇 가지 대원칙은 기억해 둘 필요가 있다.

첫째, 개별적 형태보다는 학습자와 지도자 간의 학습공동체 형성을 통해서 성인학습을 촉진한다. 그럼으로써 지도자와 학습자 간의 순환적 관계를 매개로 한 학습활동이 이루어질 수 있도록 해야 한다. 지금까지 주로 개별 학습자의 활동을 지도자가 일방적으로 이끌고 돕는 측면에 초점을 맞추어 왔던 학습지도를 가급적 지양하고, 학습을 지원하는 지도자와 학습자 간의 친숙한 상호작용과 협력적 활동을 통해서 학습활동이 이루어질 수 있도록 한다. 지도자와 학습자가 '우리' 의식을 가지고 함께 가르침과 배움을 행함으로써 보다 긍정적인 학습 성과를 기대할 수 있다.

둘째, 성인의 학습 참여는 자신의 생활에서 겪고 있는 다양한 문제를 중심으로 이루어지는 경우가 많다. 그렇기 때문에 학습지도의 상황에서 학습 과제를 효율적으로 해결하고 그를 통한 지식, 기술, 태도의 배양이 효과적으로 이루어질 수 있도록 도와주는 것뿐만 아니라 학습 내용을 적용할 수 있는 방안에 대해서도 고민이 필요하다. 학습자의 삶으로부터 유리되지 않은 문제를 부단히 제공함으로써 학습 주제를 실제로 응용하면서 보다 실전적인 지식, 기술, 태도 등을 발달시킬 수 있으며, 그 과정에 대한 안내를 제공함으로써 학습자들의 만족도를 높일 수 있다. 이뿐만 아니라 현재의 학습활동 이후에도 학습자 자신의 생활에서 문제의식을 가지고 학습의 필요성을 생성해 갈 수 있도록 격려하고 동기를 키워 주는 것이 필요하다.

셋째, 지식이나 정보를 전달하는 학습 목적에 따른 활동이 이루어지는 경우에는 학습 내용의 핵심을 요약해서 정리해 주고, 그 사항을 학습활동이 진행되는 가운데 반복적으로 상기시켜 주는 노력이 필요하다. 또한 학습 내용의 핵심적 사항이 지도활동 초반에 명확하게 드러날 수 있도록 자료를 제작하고 활동을 조직하는 것도 중요하다. 이때 중요한 점은 비슷한 수준에서 학습의 핵심적인 사항을 활동 초반, 활동 중반 그리고 활동 종료 시점에 반복적으로 학습자에게 제시할 경우 자칫 따분하고 지루하게 느낄 수 있다는 점이다. 따라서 반복적인 요약 및 정리의 기회를 제공하되, 학습자에게 친숙한 일상적인 예시를 많이 활용하거나 내용과 관련된 학습자의 간단한 성찰 혹은 경험 제시 등을 유도하는 것이 바람직하다. 그럼으로써 내용은 비슷하더라도 그 내용을 접하는 형식에 변화를 주는 방법이 필요하다.

평생교육 참여 현상

평생학습의 시대적 흐름 속에서 부딪히는 생활의 문제를 해결할 뿐만 아니라 개인적 차원의 흥미나 요구를 충족하기 위해서도 모든 개인은 학습에 참여할 수 있는 기회를 누릴 수 있어야 한다. 그럼으로써 지속적인 자기 계발 및 성장을 도모하며, 전 생애에 걸쳐서 다양한 학습 기회에 참여해야 할 필요성도 자각할 수 있다. 학교교육에 참여하는 아동·청소년과 달리, 성인 학습자를 주된 학습 대상으로 하는 평생교육에서는 의무적인 교육 참여 현상이 보편적으로 나타나지 않는다. 일정한 사회적 역할과 책임을 가지고 있는 성인 학습자의 경우 교육 기회에 참여하는 의사결정은 대체로 자발적으로 내리는 것이 일반적이다. 학습 참여에 대한 학습자의 자발성과 주도적 의사결정성에 주목한다면 평생교육에서 참여 현상에 대한 연구가 왜 중요한지 짐작할 수 있다.

1. 참여 현상 연구의 필요성

통상적으로 아동·청소년의 발달 단계 수준에 따라서 의무적인 교육 참여가 당연한 현상으로 간주되는 학교교육과 달리, 평생교육의 맥락에서는 학습 참여의 지속 혹은 중단에 대해서 학습자의 자율적인 선택 가능성이 훨씬 광범위하다. 특히 독립적인 자아개념을 갖추고 있는 성인 학습자는 학습자로서 자신의 교육적 요구와 가능성에 대해 판단하고, 삶을 통해서 겪은 다양한 경험을 교육에 활용하며, 삶의 문제를 해결하기 위한 학습에 대해서 자기주도적인 의사결정을 내리는 경우가 많다. 이들은 자신의 삶에서 어떠한 형태의 배움의 욕구가 발생하고, 그 욕구를 충족할 필요를 느끼게 되면 자신이 가지고 있는 다양한 물적·시간적·정신적 비용을 기꺼이 소모하면서 교육에의 참여를 스스로 결정한다. 이러한 자발적인 교육 참여 결정은 대체로 자신이 기대하는 교육적 효과를 극대화하는 동시에 교육 참여를 통해서 학습자 자신이 가질 수 있는 기회비용과 같은 불가피한 손실을 최소화하는 방면으로 이루어진다. 그러므로 성인들이 평생학습 기회에 참여함으로써 자신들이 원하는 학습 성과를 얻을 수 있도록 지원해 주는 노력은 단발적인 학습 참여가 아닌 지속적인 학습 참여로 인한 학습효과를 높인다는 의미를 내포한다.

한편, 평생학습 기회를 마련하고 그에 대한 적극적인 참여를 유도하는 것은 평생교육을 제공하는 교육 제공자의 입장에서도 중요한 의미를 갖는다. 현재 우리나라에는 다양한 평생교육시설이 운영되고 있는데, 대부분의 평생교육기관이 재정구조 측면에서 보았을 때 학습자가 지불하는 수강료에 대한 의존도가 높은 실정이다. 또는 프로그램에 등록한 학습자의 수에 따라 차등적인 지원을 받기도 하는데, 어떠한 양상으로든 학습자가 많이 참여할수록 기관과 프로그램 운영에 필요한 재원을 안정적으로 확보할 수 있다. 이러한 점에서 보았을 때, 성인 학습자의 교육 참여 의사결정은 충분한 재원을 바탕으로 교육 기회를 제공해야 하는 평생교육기관의 입장에서 매우 중요한 과제라고 할 수 있다. 학습자의 낮은 교육 참여율은 기관의 교육 투자에 대한 결과가 계획한 성과로 나타나지 못할 뿐만 아니라, 교육 투자가 비용으로 전환되는 경제적 비효용을 가져올 수 있기 때문이다.

그러므로 학습자에게 평생교육 참여 기회를 제공하여 교육 참여를 촉진하는 것은 학습자의 교육적 욕구 해소뿐만 아니라, 교육 제공자로서 평생교육기관의 효과적 운영을 위해서도 중요한 의미를 갖는다(김한별, 2007; Cervero & Kirkpatrick, 1990). 따라서 잠재적 학습자가 어떤 이유로 교육에 참여하는지, 어떤 요인이 이들의 참여를 방해하는지, 어떤 과정으로 교육 참여에 대한 의사결정을 내리는지 등에 대한 다각적인 연구와 논의가 강조될 수밖에 없다. "성인교육이 참여할 학습자를 선택하는 것이 아니라, 학습자가 참여할 성인교육을 선택 혹은 선택하지 않는 것"이라는 벤(Benn, 1997: 34)의 표현은 평생교육의 영역에서 참여 현상에 대한 연구가 가지는 중요성을 단적으로 보여준다.

[참고자료] 가치교환의 활동으로서 평생교육 참여 현상

교육 제공자와 학습자는 상호 기대하는 가치들을 가지고 있으며, 평생교육 참여란 양자 간의 원활한 가치의 교환 과정이 이루어짐으로써 나타나는 현상으로 이해할 수 있다. 교육 기회를 제공하는 교육기관의 입장에서는 학습자들의 참여를 통해서 기관이 추구하는 경제적 · 상징적 가치들을 얻을 수 있다. 교육기관은 학습자들이 지불하는 프로그램 등록비를 통해서 경제적 가치들을 획득할 수 있고, 그럼으로써 보다 안정적인 기관 운영을 도모할 수 있다. 이뿐만 아니라 양질의 교육을 지역사회의 개인들에게 제공하여 개인의 성장을 조장함과 동시에 지역사회 차원의 발전에도 기여한다는 인식을 획득함으로써 상징적인 가치도 얻을 수 있다. 이를 위해서 평생교육기관은 학습자들이 어떠한 요구를 가지고 있는지 명확하게 파악하여야 하며, 요구분석을 통해서 도출된 정보를 토

대로 양질의 프로그램을 개발하는 것뿐 아니라 교육 프로그램에 참여함으로써 기대되는 학습자 차원에서의 긍정적 효과 역시도 홍보하는 노력을 끊임없이 기울여야 한다.

반면, 교육 기회의 수요자인 학습자의 입장에서는 프로그램 참여를 통해 일터에서의 직무 수행이나 경력 개발 그리고 일상생활과 관련하여 갖는 개인적 차원에서 지식, 기술, 태도와 관련한 요구의 충족을 기대할 수 있다. 또는 자신과 비슷한 관심사를 가지고 있는 동료 학습자들과 접촉하고 교류할 수 있는 기회를 가지게 됨으로써 사회적 자본을 축적할 수 있는 기회도 예상할 수 있다. 물론 현실적으로 볼 때, 기회비용을 포함한 다양한 비용이 교육 참여로 인하여 발생하기 마련이다. 하지만 교육 참여를 통해서 자신들의 가정, 일터, 지역사회 등에서의 삶을 지속적으로 풍요롭게 할 수 있는 가능성과 그에 잠재된 효용이 그로 인해서 발생하는 다양한 비용요소를 상쇄할 수 있다면, 그리고 그럴 것으로 판단을 하게 되면, 평생교육에의 참여를 결정할 수 있다.

결론적으로, 평생교육 참여 현상은 주체적인 존재로서 교육 기회의 제공자와 수요자, 즉 교육기관과 학습자가 교육 프로그램을 매개로 하여 서로 만나서 형성하는 관계성의 표출이라고 볼 수 있다. 교육에 참여하려는 주체와 참여할 수 있는 기회를 제공하는 주체가 모두 존재할 때 평생교육 참여가 이루어지기 때문에 평생교육 참여가 원활하게 지속되기 위해서는 두 집단이 상호 추구하는 가치들을 순조롭게 교환할 수 있도록 긍정적 관계의 속성을 유지 · 관리하며, 나아가 관계의 총량을 점차적으로 늘려 가는 것이 필요하다. 이러한 관점에서 볼 때, 학습자의 교육 참여를 저해하는 다양한 장애요인은 양자가 원만한 가치교환 활동을 수행함에 있어서 제약이 되는 요인이라고 규정할 수 있다.

※ 이와 관련한 보다 자세한 논의는 "김한별(2007). 마케팅 개념에 의한 평생교육 참여현상의 이해. Andragogy Today, 10(3), 87-109"를 참고하시오.

2. 참여 동기와 참여 장애요인

1) 성인 학습자의 참여 동기

평생교육 참여 현상에 대한 이해는 우선 개인이 어떤 이유로 교육에 참여하는지를 살펴보는 것에서부터 시작할 수 있다. 실질적인 교육 참여를 촉진하는 학습 동기는 학습자가 가지고 있는 관심사와 학습 내용이 적절하게 관련성을 가질 때 나타난다. 존스턴과 리베라(Johnston & Rivera, 1965)는 성인 학습자의 참여 동기를 ① 취업을 위한 준비, ② 현재의 직업능력 계발, ③ 지식과 교양 함양, ④ 여가 시간 활용, ⑤ 가사 능력 계발, ⑥ 일상생활 기술 습득 및 친교, ⑦ 일상적 삶의 변화, ⑧ 기타 개인적 요구 등으로 분류하였다. 그러나 이들은 참여 동기를 분류하는 데 있어서 학습자의 특성 차이를 고려하지 않았다. 하지만 실제로는 학습자의 성별, 연령, 사회경제적 지위에 따라서 교육에 참여하려는 동기가 매우 상이하게 나타나기 마련이다. 예를 들어, 사회경제적 지위가 낮은 학습자일수록 직업능력과 관련한 동기가 두드러지며, 여성은 가사능력 계발에 대한 동기가 현저하게 나타난다. 또한 학습자 계층이 노년층일수록 여가 시간의 활용이나 지식과 교양 함양과 같은 직업과 무관한 교육활동에의 참여 동기가 강한 편이다.

한편, 훌(Houle, 1961)은 목표 지향적 학습자(goal-oriented learner), 활동 지향적 학습자(activity-oriented learner) 그리고 학습 지향적 학습자(learning-oriented learner)로 성인의 참여 동기 유형을 구분하여 제시하였다. 목표 지향적 학습자는 생활 가운데 직면하는 다양한 필요나 문제에 대한 대응을 위해서 학습하려는 동기를 가진 사람이다. 여기에서 언급되는 목표란 구체적인 학습 장면에서 학습자가 달성해야 할 목표라는 의미가 아니라, 학습 장면 외의 일상적 삶의 장면에서 직면한 해결해야 할 과제를 말한다. 따라서 목표 지향적 학습 동기는 학습활동이 가지는 수단적 가치에 주목하는 것이라고 할 수 있다. 예를 들면, 대학을 졸업하고 취업을 준비하는 성인이 취업을 잘하는 데 필요한 기술이나 소양을 익히기 위해 노력하는 것은 목표 지향적 학습 동기가 작용하고 있는 모습이다.

활동 지향적 학습자는 학습활동을 통해서 만나게 되는 동료들과의 사회적 상호작용에 관심을 가지고 참여하는 사람이다. 이 부류의 학습자는 학습 내

용 자체가 가지는 가치에 대한 인식보다는 상대적으로 프로그램의 참여를 통해서 비슷한 관심사를 가지고 있는 사람들을 만나서 교류하는 가운데 획득하는 만족감에 관심을 둔다. 이들에게 학습은 정체된 것처럼 보이는 자신의 삶에 새로운 활력을 제공해 주는 수단적 가치를 갖는다. 예를 들면, 사회봉사활동에 참여하면서 접하는 새로운 경험들이나, 함께 교육활동에 참여하는 동료들과 형성하는 인적 네트워크 및 유대감 등은 활동 지향적 학습 동기를 가지고 있는 개인이 가치를 두는 사항들이다.

학습 지향적 학습자는 학습 내용의 활용 가능성이나 학습에 참여하면서 기대할 수 있는 다양한 사회적 활동보다, 배우는 과정에서 경험하게 되는 자기효능감 및 성장의 감각에 가치를 두는 사람이다. 즉, 이들은 배움의 즐거움과 같은 학습 자체가 가지는 본질적 가치에 주목하는 사람들이라고 할 수 있다. 예를 들면, 자신의 능력에 대해서 회의감을 가지기 시작하는 노인 학습자의 경우를 학습 지향적 학습 동기를 가진 것으로 볼 수 있다. 이들은 학습 과정에 참여함으로써 새로운 지식과 기술을 배우고, 이를 활용하는 경험을 통해서 자기 스스로 여전히 무엇인가를 스스로 할 수 있고 사회적으로 기여할 수 있는 생산성을 가지고 있음을 인식할 수 있다. 에릭슨(Erickson)의 심리사회적 성격발달이론에서 지적한 것처럼 생산성에 대한 감각을 유지하는 것은 건강한 성인 발달의 과정에서 중요한 요소이다.

세 가지 참여 동기에 의한 학습자의 학습 참여 형태는 학습 주제나 상황적 조건, 학습자의 연령에 따라서 한 개인에게 복합적으로 나타나는 경우가 많다. 예를 들어, 한 직장인이 앞으로 있을 승진심사에서 좋은 인사고과를 받기 위해서 직무와 관련한 자격증 과정을 이수할 경우 목표 지향적 동기가 두드러진다. 하지만 한 달에 한 번씩 주말을 이용하여 동호회 회원들과 더불어서 각종 지역봉사 활동에 참여할 때는 활동 지향적 동기가 작용하고 있는 것이다. [그림 7-1]에서 보는 것과 같이 개인의 학습 참여는 단일한 동기에 의해서 이루어질 수도 있지만, 여러 가지 동기요인이 복합적으로 작용하기도 한

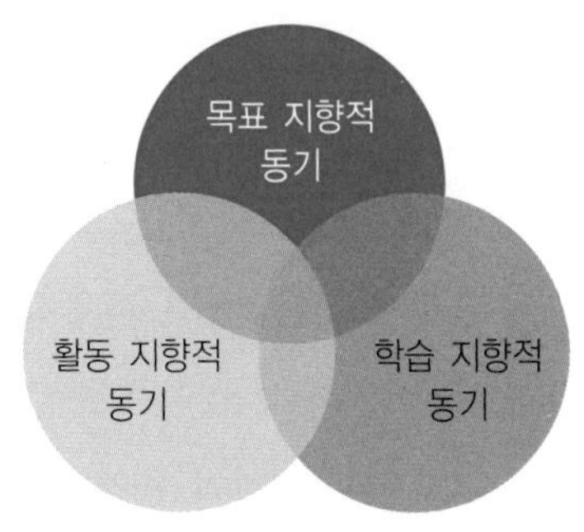

[그림 7-1] 성인 학습자의 교육 참여 동기

다. 따라서 한 개인의 학습 동기는 특정한 동기 유형에 고정되는 것이 아니라 다양한 환경적 · 상황적 요소에 따라 변할 수 있다(Merriam & Caffarella, 1999).

2) 교육 참여의 장애요인

참여 동기에 대한 분류와 아울러, 접근할 수 있는 교육 기회에 왜 참여하지 않는지에 대한 이유를 분석하는 작업도 평생교육에의 참여를 촉진하는 데 매우 중요하다. 교육 비참여(non-participation) 원인을 파악하려는 시도는 성인 학습자의 참여 동기를 설명하거나, 교육 참여 현상을 체계적으로 보여 주는 것만으로는 교육에 참여 자체를 하지 않거나 중도에 교육 참여를 포기하는 현상을 충분히 설명할 수 없다는 점에서 출발한다. 즉, 교육에 참여하지 않는 개인이 직업능력 계발 및 자아실현의 동기가 부족하기 때문이라고 단정할 수 없는 것처럼, 참여 동기에 관한 이론만으로는 학습자의 비참여 현상과 중도 탈락 현상을 충분히 설명하는 데 한계가 있다. 메리엄과 카파렐라(Merriam & Caffarella, 1999)는 참여 동기의 유형과 개인이 경험하는 참여 장애의 요인은 상호 별개의 차원이기 때문에, 참여 현상을 종합적으로 설명하기 위해서는 학습자의 교육 비참여나 중도 탈락을 야기하는 장애요인을 밝히는 노력이 함께 필요하다고 설명한다.

학자들에 따라서 참여 장애요인을 분류하는 기준은 조금씩 다르다. 먼저, 존스턴과 리베라(1965)는 참여에 부정적인 영향을 주는 요인을 내적 요인과 외적 요인으로 구분하였다. 내적 요인은 개인의 특성과 관련된 요인(dispositional barriers)으로서 자신의 심리적 · 신체적 조건에 대한 부정적인 인식 수준이 작용하는 것을 말한다. 내적 요인은 주로 노인 학습자의 교육 비참여의 원인이 되는 경우가 많다. 반면, 외적 요인은 학습자가 통제하기 어려운 상황적 요인(situational barriers)을 말하는 것으로, 비싼 등록비, 접근성이 떨어지는 시설 등을 포함한다.

크로스(Cross, 1981)는 존스턴과 리베라의 분류를 발전시켜서 교육 참여의 장애요인을 상황적 요인, 개인 특성 요인, 기관 및 제도적 요인(institutional barriers)의 세 가지로 정리하였다. 첫째, 상황적 요인이란 개인이 삶의 일정한 시기에 처하게 되는 상황, 즉 생활 맥락에서 기인하는 조건들로 인해서 평생교육의 참여가 어렵게 되는 요인을 뜻한다. 업무 부담, 가정에서의 역할 책임과 같이 개인이 가지는 사회적 지위와 역할에서 오는 부담이 학습 참여를 어렵게 만드는 것이다. 가령 '왜 교육에 참여하지 않는가?'라는 물음에 대해서 '바빠서'라고 답한다면, 이는 상황적 요인에 의해서 비참여가 나타나는 것이라고 볼 수 있다. 이러한 요소는 개인의 독특한 상황과 연동하여 장애요인으로 작용하기 때문에 동일한 조건이라도 상황이 바뀌면 더 이상 장애요인으로 작용하지 않을 수 있다.

둘째, 개인 특성 요인은 교육에 대해서 가지고 있는 학습자 개인의 신념과 태도 그리고 자신의 신체적 · 심리적 조건에 대한 부정적 인식으로 인해서 참여를 망설이는 것을 말한다. 자신의 능력에 대한 낮은 기대 수준이나 나이가 많아지면서 점진적으로 감퇴하는 신체적 · 인지적 수준으로 인해 스스로 프로그램의 성공적인 이수가 어렵다고 판단하고 교육을 포기하는 것이다. 예를 들어, '왜 교육에 참여하지 않는가?'라는 물음에 대해서 '나의 능력으로는 잘 해낼 수 없을 것'이라고 생각하는 것은 바로 개인 특성 요인이 작용하고 있음을 보여 주는 것이다. 개인 특성 요인은 노인 학습자나 장애인의 낮은 교육 참여를 대표적으로 설명하는 요인이다.

셋째, 기관 및 제도적 요인은 기관의 조건이나 프로그램 그리고 관련 제도적 요소의 특징이 학습자의 요구에 친화적이지 않기 때문에 교육 참여 장애가 나타나는 것이다. 예컨대, 접근성이 떨어지는 기관의 위치나 교육 프로그램 개설 시간대의 불편함, 등록 절차의 복잡성 등으로 인해서 학습자의 참여 동기가 약화되는 것을 말한다. '왜 교육에 참여하지 않는가?'라는 물음에 대해 '시설이나 프로그램을 이용하기 어려워서'라고 답하는 것에서 기관 및 제도적 요인의 의미를 생각해 볼 수 있다. 기관 및 제도적 요인은 학습자의 교육 참여를 촉진하는 데 있어서 직접적인 교육 제공자인 기관의 적극적인 역할이 필요하다는 점을 시사해 준다.

이러한 요인에 덧붙여서 다켄윌드와 메리엄(Darkenwald & Merriam, 1982)은 개인 특성 요인을 개인적 태도, 신념, 성격 등과 같은 심리사회적 측면과 개인이 확보하고 활용 가능한 교육에 관한 정보 측면으로 구분한다. 그리고 학습자가 이용 가능한 정보가 잘못되었거나 충분하지 않음으로써 나타나는 참여 장애 현상을 정보요인(informational barriers)에 의한 것으로 설명한다. 교육 참여에서 정보의 측면을 장애요인으로 파악하는 것은 실제로 학습자의 요구를 충족시킬 만한 프로그램이 존재하기는 하지만, 학습자가 자신의 요구에 부합하는 프로그램이 언제 개설되며, 어디에서 운영되는지, 어떻게 등록해야 하는지 등에 대한 정보가 충분하지 않기 때문에 교육에 참여하지 못하는 모습을 강조한다. '왜 교육에 참여하지 않는가?'라는 물음에 대해서 '내가 필요로 하는 교육을 언제, 어디에서 이용할 수 있는지 알 수 없어서'라고 답하는 것은 정보요인에 의한 참여 장애 현상이다.

다켄윌드와 밸런타인(Darkenwald & Valentine, 1985)은 참여장애척도(Deterrents to Participation Scale: DPS)를 개발하여 성인 학습자의 교육 비참여 원인을 실증적으로 분석하였다. 분석 결과, 교육 비참여 요인은 ① 자녀 양육, 건강, 직업 문제 등과 같은 학습자의 개인적 문제, ② 자신의 능력과 교육 참여 성공에 대한 확신의 부족, ③ 교육비에 대한 부담, ④ 교육 자체에 대한 전반적인 무관심, ⑤ 관심 주제를 다루는 프로그램의 부족, ⑥ 시간적 제약의 여섯 가지로 정리할 수 있다고 설명하였다. 그리고 이 여섯 가지 요인을 중심으로 타당화 작업을 수행하였다(Valentine & Darkenwald, 1990).

3. 평생교육 참여 모형

1) 밀러의 힘-장 분석 모형

밀러(Miller, 1967)의 힘-장 분석 모형(force-field analysis)은 성인 학습자가 교육에 참여하는 이유에 대한 설명뿐만 아니라, 교육 참여의 양상이 사회경제적 계층의 차이에 따라서 다르게 나타나는 이유도 함께 설명한다. 밀러의 모형은 매슬로(Maslow)의 욕구위계 이론과 레빈(Lewin)의 장 이론을 바탕으로 하고 있다.

밀러는 우선 매슬로의 욕구위계 이론으로부터 학습자에 따라서 교육에 참여하려는 동기가 구별된다는 점을 가정한다. 욕구위계 이론은 인간은 누구나 고차원적인 욕구 충족을 갈망하지만, 욕구위계(need hierarchy)에서 하위의 기본 욕구가 충족되지 않으면 보다 고차원적인 욕구가 발생하지 않는다고 설명한다. 그렇기 때문에 현재 개인이 어떤 욕구에서 결핍이 나타나고 있느냐에 따라서 필요한 충족의 내용은 다르게 나타난다. 밀러는 이 점에 주목하여 기본적인 생리적 욕구, 안전의 욕구 등을 원만하게 충족하는 계층, 즉 사회경제적 지위가 높은 개인의 경우 자아실현의 동기를 가지고 교육에 참여하는 반면, 기본적인 욕구 충족에 어려움을 겪는 낮은 사회경제적 지위를 가지고 있는 개인은 기본 욕구 충족을 보조할 수 있는 교육활동에 많은 관심을 가진다고 본다. 그래서 사회경제적 지위가 낮은 계층의 학습자는 주로 직업능력의 향상과 관련되는 교육에 대한 동기가 활성화된다고 주장한다.

한편, 레빈의 장 이론 역시 밀러의 힘-장 분석 모형을 구성하는 토대를 제공한다. 레빈은 개인의 심리적 장(psychological field)에 작용하는 힘이 존재하는데, 이들 힘의 성격에 따라서 개인의 행동 양상을 예측하거나 설명할 수 있다고 본다. 여기서 심리적 장이란 구체적인 공간의 개념이 아닌 어떤 행동의 순간에 개입하는 여러 가지 힘이 작동하는 마음속 장면이라고 생각하면 좋을 것이다. 레빈의 이론을 확장시켜서 밀러는 학습자가 참여에 관한 의사결정을 내리는 상황에서 심리적 장에 어떤 역동이 일어나는지 설명한다. 밀러에 의하면, 참여 의사결정 과정에서 발생하는 심리적 장은 참여를 유도하는 힘과 참여를 저해하는 힘이 경쟁하고 있는 장면으로서, 심리적 장 속 힘들 간의 상호작용에 따라 교육 참여의 가능성이 가변적으로 나타나게 된다. 즉, 참여에 우호적인 힘이 강력할 경우 교육 참여가 이루어지는 반면, 참여를 어렵게 만드는 힘이 강력할 경우에는 학습활동에 대한 비참여가 나타나는 것이다.

매슬로와 레빈의 이론을 종합한 밀러의 힘-장 분석 모형이 핵심적으로 강조하는 것은 학습자 개인의 심리적 장에 작용하는 힘의 유형과 강도가 욕구충족에 영향을 주는 개인의 사회경제적 지위에 따라 다르다는 점이다. 밀러는 자신의 주장을 뒷받침하는 사례로서 직업능력 향상을 위한 교육, 가정생활 능력 향상을 위한 교육, 시민능력 함양을 위한 교육, 자기계발을 위한 교육 프로그램에 참여하는 데 작용하는 힘을 계층별로 구분하여 분석하고 있다. 예를 들면, [그림 7-2]에서 보는 것과 같이 시민으로서 능력 향상을 위한 교육활동 참여에서 작용하는 힘은 학습자의 사회경제적 계층 차이에 따라 다르게 나타난다. [그림 7-2]에 제시되어 있는 것처럼 하위 계층의 학습자가 시민능력 함양 교육에 참여하지 못하는 것은 중산층 계층의 학습자와 달리 부정적 힘이 훨씬 강하게 작용하기 때문이다. 이처럼 밀러의 힘-장 분석 모형은 동일한 성격의 프로그램이라고 하더라도 학습자 특성에 따라 참여 동기가 서로 다를 수 있을 뿐만 아니라, 동일한 학습자라도 프로그램의 내용에 따라 다른 참여 동기가 활성화된다는 점을 강조한다.

하위 계층

긍정적 힘

1. 노동조합의 태도 변화

부정적 힘

2. 동료집단 문화에의 소속 욕구 제약
3. 중산층 문화 가치로부터의 소외
4. 경제적 관계 외의 유대감 약화

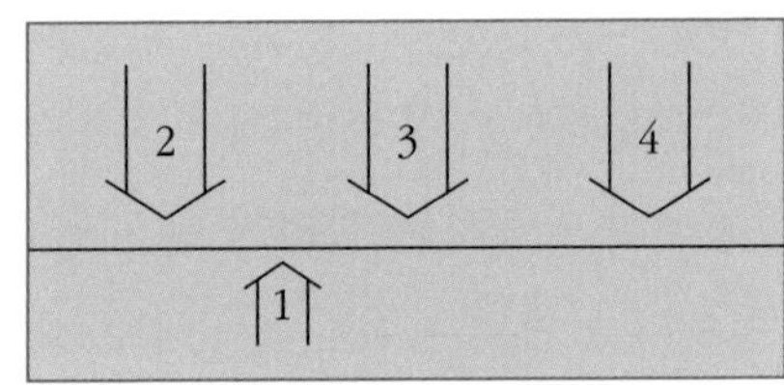

중산층 계층

긍정적 힘

1. 중산층의 사회적 지위 인정 요구
2. 상위 중산층의 세계 시민주의
3. 사회적 연대 증가 및 공동체 인식
4. 중산층 향유 문화, 관념의 중요성 증대

부정적 힘

5. 지위 욕구 충족에서의 개인적 관심 지향성
6. 지역사회적 · 국가적 관심과 태도에 영향을 미치는 하위 중산층의 전통적 가치
7. 매스미디어를 통한 정보 욕구의 충족

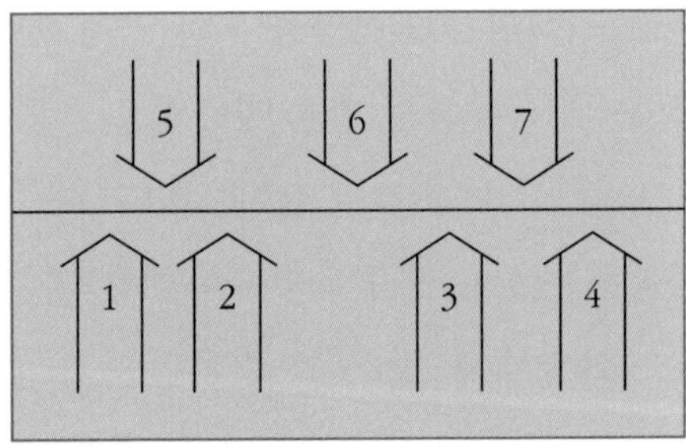

[그림 7-2] 개인의 사회경제적 계층에 따른 힘-장 분석 모형: 시민능력 함양 교육

출처: Miller, H. L. (1967). *Participation of adults in education: A force-field analysis* (pp. 29-30). Boston: Center for the Study of Liberal Education for Adults.

2) 루벤손의 기대-가치 모형

스웨덴의 교육자인 루벤손(Rubenson)은 교육이란 기본적으로 성취 지향적 활동(achievement-oriented activity)이라는 속성을 가지고 있다고 가정한다. 루벤손의 관점에서 보았을 때, 학습자란 보다 우수한 성취 수준을 보임으로써 두각을 나타내고자 하는 동기를 가지고 교육에 참여하는 사람이며, 학습자의 이러한 성취 지향적 동기를 촉진할 때 교육 참여 가능성은 더욱 높아질 수 있다. 따라서 루벤손이 소개하는 기대-가치 모형(expectancy-valence model)은 참여를 고려하는 교육 프로그램에 대한 학습자의 인식 수준이 성취 지향적 동기에 영향을 미치는 형식과 그 결과에 대한 설명이라고 할 수 있다.

루벤손의 모형은 기대요소와 가치요소로 구성되어 있으며, 이 둘이 모두 긍정적일수록 성취 지향적 동기가 강화되고, 결과적으로 교육 참여가 이루어진다는 점을 부각한다. 기대요소는 교육활동의 성공적 이수 가능성에 대한 기대와 성공적인 교육 이수를 통해서 획득할 수 있는 긍정적인 결과에 대한 기대로 구성된다. 가령 학습자가 교육 프로그램에 등록했지만, 학습 내용을 충분히 이해하기 어려워서 끝까지 이수하여 수료하기가 힘들다고 판단하거나, 애써 학습한 결과에 대해서도 긍정적인 기대를 가지기가 어렵다면 교육 참여의 가능성이 높지 않을 것이다.

가치요소는 교육 참여를 통해서 얻을 수 있는 결과나 경험이 가지는 잠재적 가치에 대한 판단을 포함한다. 교육 참여는 개인의 학습 성과뿐만 아니라 삶의 맥락에서 다양한 결과를 가져올 수 있다. 예를 들면, 승진 기회, 사회적 명예, 사회적 활동의 참여 기회 등은 모두 교육을 통해서 얻은 개인적인 성장과 발달을 상당 부분 요구하는 경험이다. 따라서 교육을 통해서 얻을 수 있는 성과의 가치에 대하여 학습자들이 긍정적으로 판단할수록 교육 참여의 가능성은 높아진다. 이 과정에서 학습자의 자아개념, 준거집단이 가치판단에 영향을 미치며, 가치판단의 내용은 긍정적일 수도 있지만 부정적으로 나타날

수도 있다. 그래서 루벤손은 학습자가 예상하는 결과와 가치의 총합 양상에 따라 참여 여부가 좌우된다고 본다.

루벤손의 기대-가치 모형은 교육 참여를 설명하는 데 있어서 학습자를 둘러싸고 있는 객관적인 외부 조건 자체보다는, 학습자의 외부 환경을 학습자 스스로 어떻게 지각하는가가 더 중요하다고 강조한다. 예를 들면, 동일한 교육 프로그램의 난이도라고 하더라도 개인의 조건과 선행 경험에 따라 프로그램에 대한 기대 수준은 다르게 나타나게 된다. 여기서 중요한 것은 프로그램 자체의 난이도라기보다 개인에게 다르게 지각되는 난이도 수준이라는 점이다. 이는 교육 참여에서 학습자 개인의 주관적 인식을 강조하는 입장이라고 할 수 있다.

3) 보시어의 일치 모형

보시어(Boshier, 1973)는 개인의 심리적 요인과 교육 환경적 요인의 상호작용을 통해서 교육 참여 동기가 나타난다고 보았다. 성인의 교육 참여는 "학습자의 자아개념과 교육 환경 요소 간의 불일치 정도의 함수관계"라고 설명하면서, 불일치의 정도가 커질수록 참여가 이루어지기 어려우며 중도 탈락 현상이 나타나기 쉽다고 주장한다(Cross, 1981: 119에서 재인용). 보시어의 모형이 가지는 커다란 특징은 교육 환경으로 물리적 · 제도적 환경과 더불어서 학습 환경에 존재하는 사람을 중요한 요소로 지적하고 있다는 점이다. 그래서 보시어가 주목하는 학습자와 환경 간의 불일치 가능성은 학습자-동료 학습자, 학습자-강사, 학습자의 현실 자아-학습자의 이상적 자아, 학습자-제도적 환경 차원으로 요약할 수 있다. 풀어서 이야기하면, 학습자가 자신의 동료 학습자, 강사, 제도적 환경 그리고 이상적 자아에 비추어 보았을 때 현재 자신의 모습에 대해서 불만을 가질수록 교육 참여가 나타나지 않거나 중도 탈락할 확률이 높다는 것이다. 예컨대 동료 학습자의 수준이나 기대가 자신과 많이 다르다고 느끼거나, 강사의 철학이나 교육 방향이 자신과 맞지 않다고 느끼는 경우, 스스로에 대해 가지는 기대에 비추어 보았을 때 기대에 미치지 못하는 실제 자신의 학습 모습을 자각하는 경우에 학습자는 교육 참여를 포기하게 된다.

보시어는 중도 탈락자를 대상으로 자신의 가설이 설득력이 있음을 검증하였으나, 아직 교육에 참여하지 않은 사람들을 대상으로는 실증적 검증을 시도하지 않았다. 그러므로 일치 모형은 중도 탈락의 이유를 설명하는 데는 어느 정도 타당성을 확보한다고 볼 수 있지만, 교육 참여 가능성에 대해서는 실증적 검증이 결여되어 있다고 말할 수 있다. 하지만 이러한 비판에 대해 보시어는 중도 탈락은 비참여의 연장선상에 있기 때문에 일치 모형은 비참여의 이유를 설명하는 데도 적용될 수 있다고 주장한다. 즉, 학습자 자신의 가치나 관심 수준이 참여를 고려하는 교육 프로그램의 환경적 요소들, 특히 '사람'이라는 환경과의 일치성이 부족하다고 인식할 때 교육에 대한 참여 가능성은 떨어진다는 것이다.

보시어의 일치 모형(congruence model)은 학습자가 참여하려는 교육의 환경적 조건에 대해서 가지고 있는 인식 수준이 중요하다고 강조한다. 왜냐하면 학습자가 자신의 교육 환경에 대해서 어떻게 생각하는가에 따라서 교육 참여의 가능성과 중도 탈락의 가능성을 예상할 수 있기 때문이다. 이뿐만 아니라 성인교육 프로그램에 대해서 학습자가 가지는 부정적 인식은 대체로 교육 환경으로부터 기인한다는 점을 언급하면서, 교육 제공자는 학습자에게 친화적인 교육 환경을 구성하도록 노력할 것을 제안한다.

4) 크로스의 반응연쇄 모형

크로스(1981)는 앞서 밀러, 루벤손, 보시어 등이 제안한 성인의 학습 참여에 관한 논의를 종합하여 반응연쇄 모형(Chain of Response Model: COR)을 구안하였다. 크로스는 심리적 요인과 환경적 요인에 대한 학습자의 반응이 연쇄적으로 이루어진 결과로 교육 참여가 이루어지는 것이라고 주장하면서 자신의 모형을 설명한다. [그림 7-3]에서 보는 것과 같이, 교육에 대한 참여는 학습자의 자기평가(self-evaluation)와 교육에 대한 태도가 상호작용하는 것에서부터 시작한다. 자기평가란 교육활동에서 자신이 일정한 성취 수준을 보일 수 있을 것인가에 대한 판단이다. 즉, 자신의 능력이 학습하는 데 어떤 의미를 갖는가에 대한 학습자 스스로의 생각이라고 할 수 있는데, 자기평가의 수준이 양호할수록 학습자는 교육 참여에 대한 긍정적인 태도를 보인다. 한편, 학습자가 가지는 교육에 대한 태도는 과거의 학교교육 경험이나 다른 평생교육 기회에 참여했던 경험에 대한 기억의 산물이다. 이를테면 교육에 대해서 좋은 기억들을 가지고 있고, 과거 경험을 돌이켜 보며 다른 활동에 대한 투자 대신 교육에 투자했던 것이 가치 있었다는 판단을 함으로써 참여할 교육에 대해서도 긍정적인 태도를 가질 수 있다. 이러한 자기평가와 교육에 대한 태도요인이 복합적으로 작용하여 긍정적인 반응을 산출할 때, 참여에 대한 학습자의 판단은 다음 과정으로 넘어가게 된다.

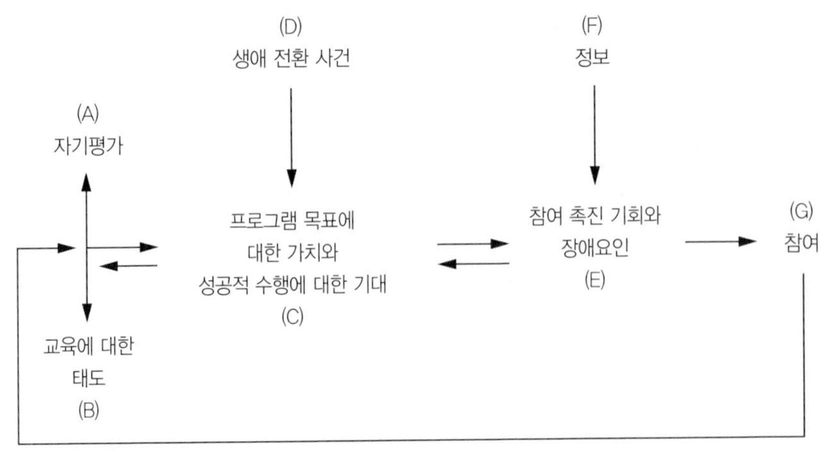

[그림 7-3] 크로스의 반응연쇄 모형

출처: Cross, K. P. (1981). *Adults as learners* (p. 124). San Francisco: Jossey-Bass.

학습자 자신에 대한 가치판단에 이어서 이루어지는 두 번째 과정은 참여를 생각하는 구체적인 학습 기회에 대한 가치판단이다. 이 부분은 루벤손의 기대-가치 모형과 많이 닮아 있다. 구체적인 학습 기회와 관련하여 고려하는 것은 학습활동에서 다루는 목표와 내용이 얼마나 자신의 삶의 조건에 유용한가와, 학습활동 참여를 통해서 자신이 성공적으로 학습활동의 참여를 완수하고 만족스러운 성취 수준을 보일 수 있을 것인가 하는 두 가지 측면으로 구성된다. 즉, 교육 내용의 유용성과 교육 목표의 성공적 달성에 대한 기대 수준을 동시에 고려하여 긍정적인 반응을 얻을 수 있을 때 참여에 대한 의사결정은 다음 과정으로 넘어갈 수 있다. 이때 이직, 취업, 결혼, 졸업 등과 같은 생애 전환(life transitions) 요인은 구체적인 학습 기회에 대한 학습 준비도와 밀접한 연관성을 갖는다. 일정한 생애 전환 사건을 접함으로써 개인은 전환을 성공적으로 수행할 필요성을 인식하며, 이 과정에서 필요한 학습 내용에 대한 준비도를 형성하게 된다. 이뿐만 아니라 이러한 생애 전환 사건은 자신이 교육을 성공적으로 완수할 것이라는 기대 수준과 교육활동의 유용성 측면에서의 가치판단에 있어서도 깊이 관여한다. 예컨대, 임신과 출산을 경험하는 결혼 초기에 주로 육아와 관련한 교육 요구가 구체적으로 드러나 기대 수준이 높아지며, 다른 생애 발달 시기에 비하여 육아, 자녀 성장에 관한 프로그램들이 훨씬 더 높은 유용성을 지니게 된다.

구체적인 학습활동에 대한 가치판단이 긍정적인 반응으로 이어지면, 학습자의 참여 의사결정 과정에서 일어나는 다음 활동은 학습활동 가운데 접하는 환경 조건에 대한 가치판단이다. 이 단계에서 학습자는 교육에 참여하면서 이용할 수 있는 긍정적인 기회나 지원의 존재 여부, 또는 교육활동을 하면서 부딪히는 잠재적 어려움 등을 고려하고 그에 대한 가치판단을 한다. 모형에서 확인할 수 있는 것처럼 자신이 가지게 될 기회요인과 장애요인에 대한 현실적 인식이 가능하기 위해서는 적절한 정보를 충분히 활용하는 것이 필요하다. 아무리 자신에 대해서 긍정적인 태도를 가지고 있으며, 참여하려는 교육활동에 대해서 긍정적인 가치판단을 한다고 해도, 실제 학습활동을 하면서 예상되는 장애요인에 대한 대안이나 이를 해결하는 데 필요한 도움에 대한 정보를 얻을 수 없다면, 참여자들의 학습 동기를 강화하기란 무척 어려울 수 밖에 없기 때문이다.

크로스의 모형은 이상에서 설명한 과정들에서 긍정적 반응이 연쇄적으로 이어짐으로써 학습 참여가 이루어진다고 설명한다. 만약 어느 단계에서든지 긍정적인 반응을 얻지 못한다면, 교육에 참여하려는 의사결정이 이루어질 수 없다고 이야기한다. 그리고 연쇄적 반응의 결과로 학습에 참여한 경험은 이후 다른 교육 기회를 모색하고 참여를 시도할 때 자기평가와 교육에 대한 태도 형성에 영향을 미친다. 모형의 마지막 단계에서 첫 단계로 연결되는 긴 화살표는 이 점을 보여 준다.

5) 다켄월드와 메리엄의 심리사회적 상호작용 모형

다켄월드와 메리엄(1982)은 성인의 교육 참여 양상을 심리사회적 상호작용 모형(psychosocial interaction model)에 근거하여 설명한다. 즉, 개인의 태도나 특성과 같은 심리적 요소와 더불어 사회적 존재로서 개인이 가지는 사회경제적 지위와 교육 참여가 이루어지는 사회적 · 환경적 요소의 영향을 함께 생각하여 이해하는 것이 필요하다고 여겼다. 특히 성인의 교육 참여를 충분히 이해하려면 이들이 가지고 있는 성인 이전 시기의 경험과 특성을 고려하는 것이 필요하다고 강조한다. 다켄월드와 메리엄의 입장에서 보았을 때, 자신들이 주목하는 학습자의 사회경제적 지위는 성인 이전 시기의 다양한 경험에 의해서 획득된 지위이기 때문이다. 그러므로 학습자가 아동 · 청소년 시절에 접한 학교교육 수준이나 성인 이전 시기부터 계속해서 고민하여 점진적으로 형성한 장래에 대한 포부나 기대 등은 현재 성인기 교육 참여에 관한 의사결정과 무관하다고 보기 어렵다.

[그림 7-4]에서 보는 것과 같이, 다켄월드와 메리엄은 여덟 가지 요인이 교육 참여나 비참여를 결정하는 데 작용한다고 정리한다. 이 가운데 학습자의 성인 이전 시기와 관련한 요인으로는 성별, 지능, 가족의 사회경제적 지위와 같은 개인 및 가정의 특성 등이 있다. 이러한 성인 이전 시기 요인은 성인 학습자가 현재 점하고 있는 사회경제적 지위 수준에 영향을 미친다. 구체적인 교육 참여가 이루어지는 성인기의 교육 참여 관련 변인으로는 자신의 사회경제적 지위, 학습 압력, 성인교육의 유용성과 가치에 대한 인식, 참여 준비도, 참여 자극, 장애요인 등을 거론할 수 있다. 성인 학습자의 사회경제적 지위 수준은 학습자가 지각하는 학습 압력의 성격과 밀접하게 관련되는데, 여기서 학습 압력(learning press)이란 "현재의 전반적인 환경이 학습자의 계속적인 학습을 요구하고 촉진하는 데 친화적인 정도"를 말한다(Darkenwald & Merriam 1982: 142). 학습 압력은 학습을 할 수밖에 없게끔 이끄는 긍정적인 압박 정도의 의미로 이해할 수 있는바, 학습자가 학습을 지속하기 어려운 갈등적 상황에 직면했을 때 이를 극복하여 학습을 지속할 수 있도록 이끄는 학습 친화적 압력이라고 할 수 있다. 그래서 사회경제적 지위 수준이 높을수록

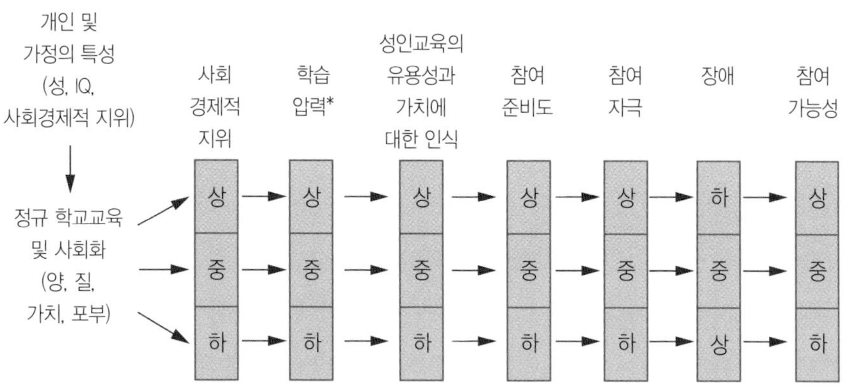

[그림 7-4] 다켄월드와 메리엄의 심리사회적 상호작용 모형

출처: Darkenwald, G. C., & Merriam, S. B. (1982). *Adult education: Foundations of practice* (p. 143). New York: HarperCollins.

학습 참여를 격려하고 지원하는 환경적 분위기를 가질 가능성이 높으며(높은 학습 압력), 사회경제적 지위 수준이 낮은 계층은 학습 참여에 친화적이지 않은 환경적 조건(낮은 학습 압력)을 가진다는 것이다.

학습자의 학습 압력은 이들이 참여 가능한 성인교육 프로그램의 유용성과 가치를 지각하는 데 영향을 미친다. 예를 들어, 사회경제적 지위가 낮아서 학습 압력이 상대적으로 낮은 성인일수록 성인교육 프로그램이 가지는 가치나 유용성에 대해서 확신이 덜한 경우가 많다. 왜냐하면 당장의 생계를 이어 갈 것이 중요한 관심사인 개인에게 평생교육 프로그램은 부차적인 것으로 인식될 수밖에 없기 때문이다.

특정 평생교육 프로그램에 대한 유용성과 가치에 대한 지각 수준은 학습자의 참여 준비도에 영향을 미친다. 그러나 참여 준비도가 높다고 해서 반드시 참여가 일어나는 것이 아니라 참여 자극의 개입이 있을 때 실제 참여가 촉발될 수 있다. 참여 자극(participation stimulus)은 "학습자로 하여금 구체적 교육 활동 내용을 절실히 요구하게 만드는 구체적인 사건"을 말한다(Darkenwald & Merriam, 1982: 144). 이직이나 가정에서의 역할 변화 등과 같이 개인에게 새로운 대응의 필요성을 요구하고, 지식 · 기술 · 태도 등의 측면에서 새로운 학습을 필요로 하는 사건은 새로운 학습에의 참여를 유도하는 자극(trigger event)이 될 수 있다는 것이다.

참여 자극이 교육 참여에 긍정적인 영향으로 작용하는 변인이라고 한다면, 개인이 처한 현재 상황에 개입하는 장애요인은 교육 참여에 부정적인 영향을 미치는 변인이다. 다켄월드와 메리엄은 장애요인의 영향이 개인의 사회경제적 지위에 따라서 다르게 나타난다는 점에 주목하였다. 그래서 사회경제적 지위가 낮은 계층의 성인일수록 보다 많은 형태의 장애요인을 접할 가능성이 높으며, 결과적으로 교육에 참여할 가능성이 낮다고 본다. 반대로 사회경제적 지위가 높은 계층일수록 교육 참여를 방해하는 요인들이 상대적으로 적기 때문에 교육에 참여할 가능성이 높다고 설명한다. 다시 말하면, 사회경제적 지위가 높은 학습자일수록 학습 압력, 교육의 유용성과 가치, 참여 준비도, 참여 자극 등에서 학습 참여를 뒷받침하는 긍정적인 지원을 제공하기 때문에 장애요인에 대한 대처도 비교적 용이한 반면, 사회경제적 지위가 낮은 학습자는 그렇지 못하다는 것이다.

요컨대, 다켄월드와 메리엄의 심리사회적 상호작용 모형은 학습 참여에 관한 의사결정에 있어서 성인 학습자의 현재 상황뿐만 아니라, 현재의 사회경제적 지위에 영향을 미친 성인 이전 시기의 경험과 배경들을 함께 고려하고 있는 모형이라고 평가할 수 있다. 심리사회적 상호작용 모형은 지금까지 개인의 생애 경험의 축적 결과로 개인적 성향과 사회적 위치가 구성되어 왔다는 사실에 주목한다. 그리고 이러한 요소가 현재 교육 참여에 관한 의사결정을 하는 장면에 개입하고 있음을 강조한다. 모종의 참여 결정의 근원을 탐색한다는 점에서 심리사회적 상호작용 모형은 이어지는 절에서 다루는 구조적 접근과 관련성을 갖는다.

4. 참여 현상에 대한 구조적 접근

지금까지 살펴본 성인 학습자의 교육 참여 현상에 대한 논의는 주로 교육 활동에 참여할 의사를 가지고 있는 학습자가 어떻게 참여 여부를 결정하는가를 해명하는 데 주력한다. 참여 현상에 대한 이런 식의 접근은 학습자의 주관적인 지각 수준에 참여 여부가 결정된다는 심리적 판단과 과정에 주목하는 특징을 갖는다. 다시 말하면, 교육 참여에 대한 의사결정은 객관적 현실의 조건이나 개인의 동기 수준이 관건이 아니라, 교육 환경 및 다양한 사회적 조건을 학습자 스스로 어떻게 인식하느냐가 핵심인 것이다. 예를 들면, 주말에 근무를 하는 사람들 중에서도 주말 근무를 학습에 큰 장애로 여기지 않는 사람이 있는가 하면, 또 어떤 사람은 주말 근무를 부담으로 여겨서 학습 참여를 힘겨워할 수도 있는 것이다. 이는 교육 참여에서 주도적인 의사결정을 하는 현재 학습자가 자신의 상황을 어떻게 인식하고 판단하는가라는 심리적 측면을 강조하는 연구 경향이다.

이와 같이 평생교육 참여 현상에 대해서 학습자의 심리적 측면에 주목한 연구 흐름은 자연스레 개인이 처한 외적 여건에 대한 입체적 고려에 있어서 미흡한 점들을 드러낸다. 이러한 연구들은 의사결정의 주체로서 학습자를 자신이 처한 상황에 대해서 합리적으로 판단하는 존재라고만 간주할 뿐, 학습자가 지금까지 삶을 통해서 경험한 사회적 · 시대적 · 문화적 환경 속의 신념, 가치, 규범 등에 의해서 형성 · 발달한 주체라는 점을 간과하였다. 다시 말하면, 개인의 인식이나 이해 수준과 상관없이 개인이 처한 사회적 맥락과 조건은 학습에의 참여 의지를 제한하거나 촉진할 수 있음에도 불구하고, 기존의 학습자의 의사결정 장면에 주목한 연구들은 이러한 양상을 충분히 조명하지 못하였던 것이다. 성인 이전 시기의 사회적 경험을 통해 형성된 사회경제적 지위의 영향을 고려한 다켄월드와 메리엄의 모형은 바로 이러한 점에 대한 문제의식을 제공한다.

이러한 맥락에서 교육 참여에 대한 구조적 접근은 학습자가 성장 과정에서 접한 복잡다단한 사회문화적 경험들이 오늘날 학습자의 심리적 특성을 형성하고 있다고 가정한다. 따라서 이러한 관점에서 보았을 때, 교육 기회에 대한 참여란 학습자를 에워싸고 있는 사회구조의 영향이 학습자의 삶의 과정 속에 지속적으로 침투 · 누적함으로써 학습자를 만들어 내고, 그러한 학습자의 소위 합리적인 판단에 의해서 이루어지는 것으로 해석할 수 있다(Cervero & Kirkpatrick, 1990).

과거 성장 배경과 경험을 포함하는 개인의 생애사적 특성은 평생교육의 참여에 대한 학습 준비도의 성격 및 수준과 밀접한 관련이 있다. 조손가정 배경을 가지고 살았던 경험, 유년 시절의 많은 시간을 보냈던 지역의 문화적 · 지리적 특성, 예상치 못한 사고에 대한 기억, 성역할에 대한 사회적 통념 때문에 겪었던 갈등이나 고통의 기억 등은 성인기에 참여하고자 하는 프로그램의 대상 내용, 참여 동기, 참여를 주저하는 장애요인, 평생교육을 통해서 접하게 되는 교육 기회에 대한 인식 태도 등에 다양한 영향을 미친다. 특히 아동기나 청소년기의 학교교육 경험은 성인기에 접어들어서 평생교육 프로그램에 참여하는 양상을 설명하는 의미 있는 변인이 된다(Bourdard & Rubenson, 2003; Cervero & Kirkpatrick, 1990; Darkenwald & Merriam, 1982). 예를 들면, 서베로와 커크패트릭(Cervero & Kirkpatrick, 1990)은 학습 경험을 학점화하여 인정받는 프로그램(credit type of adult education)이나 사회적으로 공인되는 자격증 취득 과정에 참여하는 개인은 주로 학교교육에서 양호한 성취 수준을 보이고 성공적인 경험을 했던 사람이며, 다른 성인교육 프로그램에 참여하는 사람들은 학교교육에서의 성취 수준보다는 다른 개인적 이유와 동기가 더 크게 작용하고 있다는 연구 결과를 제시한다. 그리고 참여하려는 성인교육 프로그램의 형태와 상관없이 학습자의 아버지 교육 수준이 교육 참여의 가능성을 예측하는 중요한 변인임을 강조한다. 서베로와 커크패트릭의 연구 결과는 참여 현상을 이해하기 위해 학습자가 어떤 경험들을 통해서 평생교육 프로그램을 이해하고 판단하는 지금의 기준을 만들었는지 파악할 필요가 있음을 시사해 준다.

교육 참여 현상에 대한 구조적 접근은 학습자의 역사성을 고려하는 것과 더불어, 사회구조의 문화적 틀에서 개인의 연령, 성별, 인종 등과 같은 포지셔낼리티(positionality)의 의미가 규정되는 양상을 참여 수준과 관련지어 논의를 펼친다. 교육 기회의 구조적 특징과 참여하려는 성인의 포지셔낼리티가 연동함으로써 학습자에 따라서 상이한 교육 참여 태도가 나타난다는 것이다. 북미 지역의 한 연구 결과(Aiken, Cervero, & Johnson-Bailey, 2001)는 백인, 남성, 중산층 계층의 문화를 반영하고 있는 평생교육 프로그램이 흑인 여성 학습자에게 '타자성(otherness)'을 은연중에 강화하는 기제라는 점을 보여 준다. 흑인 여성은 교육 프로그램의 주제에 대해서 관심을 가지지만, 자신들의 사회적 지위나 역할로 인해 교육을 이수하는 과정에서 끊임없이 타자화되는 경험—교육 목표, 내용, 방법, 그리고 동료 학습자의 특성이 자신과 어울리지 않는다는 느낌—을 하게 되기 때문에 프로그램의 참여를 망설이게 되거나, 참여하더라도 성공적인 이수를 하지 못하게 된다. 이는 성별, 인종적 특성에 대해서 학습자가 인식하는 가운데, 교육 프로그램에 내포되어 있는 문화적 가치와 기준이 특정 학습자로 하여금 주변인의 정체성을 인식하도록 영향을 미치는 현상이다. 그 결과, 흑인 여성은 프로그램의 문화로부터 타자성을 암묵적으로 강요당하고 소외됨으로써 교육 비참여 현상이 발생하게 된다.

이처럼 프로그램을 구성하는 가치와 문화는 교육을 통해서 성공적인 경험을 하거나 의미를 발견할 수 있는 학습자 대상을 구조적으로 한정 짓는다. 다시 말하면, 물리적 환경이나 개인적 여건이 성숙하고 학습자 스스로 교육에 대한 요구를 명확히 인식한다 해도, 프로그램을 지탱하는 문화적 가치와 학습자가 역사적으로 내면화한 문화적 가치 간에 불일치가 발생할 경우, 교육 참여는 원활하게 이루어질 수 없는 것이다.

요컨대, [그림 7-5]와 같이 평생교육 참여 현상을 구조적으로 이해하는 노력은 학습자와 교육 기회라는 두 가지 차원을 사회문화적 맥락 속에서 함께 고려하는 것이다. 먼저, 학습자의 교육 참여에 관한 의사결정을 이해하기 위해서는 참여에 관한 의사결정 장면을 규율하는 사회문화적 배경을 확인하는 작업을 해야 한다. 그럼으로써 어떤 교육적 · 사회적 가치와 유행의 추세 속에서 운영되는 프로그램인지, 학습자들의 교육적 선호와 요구는 어떤 사회문

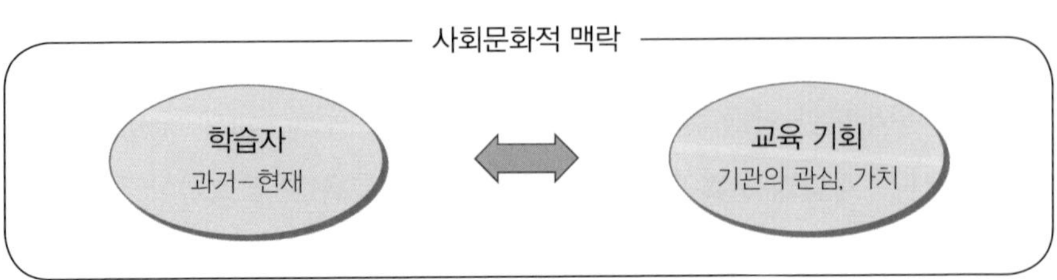

[그림 7-5] 참여 현상의 구조적 이해

화적 흐름 속에서 부각되고 있는 것인지 이해할 수 있다. 또한 의사결정의 주체로서 학습자의 성향은 삶의 경험 속에서 구성된 것임을 염두에 두어야 한다. 이러한 점에서 학습자의 생애사적 특성을 파악하는 것이 필요하다. 아울러 교육 기회를 제공하는 주체가 어떤 가치지향성과 관심사를 배경으로 프로그램을 개발 · 운영하는지에 대해서도 주목할 수 있어야 한다. 왜냐하면 이들이 가지고 있는 프로그램 운영 의도와 관심에 따라 학습자들의 교육 참여 과정에 대한 지원 노력도 달라지기 때문이다.

평생교육 프로그램

빠르게 진행하는 사회적 변동에 대처하려면 새롭게 요구되는 지식, 기술, 태도 등을 적절한 시기와 장소에서 습득하고 활용할 수 있어야 한다. 평생학습이 사회적으로 중요하게 확산되는 이유도 이러한 사회 변동에 따른 교육적 필요와 무관하지 않다. 사회 구성원들에게 평생학습의 기회를 제공하는 가장 대표적인 형태가 교육 프로그램이다. 교육 프로그램은 교육을 공급하는 집단이 교육 기회의 소비자로서 잠재적 학습자의 요구와 필요를 면밀하게 분석하여 이들에게 적합한 학습 경험을 제공하는 형태이다. 이 장에서는 평생교육의 실제에서 가장 일반적인 교육 프로그램의 의미와 유형을 정리하고, 프로그램 개발에 관한 이론적 논의 흐름들을 살펴본다. 그리고 프로그램 개발에 관한 최신 이론인 상호작용 모형을 중심으로 프로그램 개발 과정에 있어서 주목할 사항들이 무엇인지 검토해 보도록 한다.

1. 평생교육 프로그램의 이해

1) 교육 프로그램의 의미

프로그램(program)이라는 단어 자체를 살펴보면, '앞서서' '미리' 등의 의미를 가지는 'pro'와 '쓰다' '그리다' 등의 의미를 가지는 'gram'이 합쳐진 말이다. 그래서 프로그램은 단어 자체만으로 보면 '미리 앞서서 쓰다, 그리다' 정도의 의미를 가진다. 즉, 프로그램은 어떤 활동을 수행하기 위해서 필요한 사항들과 활동 절차들을 미리 계획해서 만들어 놓은 일종의 청사진인 셈이다(김한별, 박소연, 유기웅, 2010). 교육 프로그램은 일련의 교육활동에 필요한 사항들을 미리 구상해서 계획한 것이라고 할 수 있다. 교육 프로그램이란 내용과 형식에서 일정한 관심사나 전문성을 가지고 있는 사람들이 자신이 처한 사회적 맥락에서 구성하는 체계화된 실체로서, 계획적으로 선정된 일련의 학습 경험을 조직적으로 제공함으로써 학습자, 지역사회, 나아가 사회 전체의 변화를 실현하는 매개체로 정의할 수 있다(김한별 외, 2010). 이러한 교육 프로그램의 정의는 세 가지의 중요한 성격을 내포하고 있다.

첫째, 교육 프로그램은 그 자체로 복합적인 구성요소를 포함하고 있다. 프로그램은 프로그램의 목표를 중심으로 개별 하위활동 목표와 그에 따른 활동 내용과 운용 원리, 전략 등으로 구성되어 있다. 하나의 프로그램은 단일한 내용이나 형식으로만 이루어져 있지 않고, 여러 가지 학습 내용과 방법을 조합하여 프로그램의 목표에 도달하는 구조로 되어 있다. 그러므로 프로그램을 구성하는 요소들이 어떻게 구성 · 조합되는가에 따라서 교육 프로그램이 추구하는 최종 목표의 효과적 달성 여부가 다르게 나타난다. 따라서 좋은 교육 프로그램은 하위의 구성요소 상호 간에 유기적 조직이 잘 이루어져 있어야 한다.

둘째, 교육 프로그램이 지향하는 목표는 비단 개인적 수준에서의 변화뿐만 아니라 집단적 수준과 사회적 수준에서의 변화까지 함께 고려한다. 프로그램 목표는 프로그램의 실제 운영을 통해서 도달하고자 하는 이상적인 수준이다. 대부분 프로그램에 참여하는 주체를 개인으로 생각하는 경우가 많기 때문에 프로그램의 목표를 구체화하는 데 있어서도 주로 개인적 차원에서 기대할 수 있는 지식, 기술, 태도 변화 수준에 주목한다. 그러나 프로그램은 개인적 수준에서의 변화에만 치중하지 않는다. 평생교육의 실천을 구성하는 주요 활동으로서 교육 프로그램에 관심을 가지는 이유도, 학습자의 변화가 축적·확산됨으로써 기대할 수 있는 집단적·사회적 수준에서의 효과 때문이다.

셋째, 교육 프로그램은 사람들의 활동에 의해서 구성되며, 프로그램에 참여하는 학습자들에게 의미 있는 효과를 제공하기 위해서 개발·운영된다. 사람이 프로그램을 개발하고 사람의 관심에 충족하기 위해서 프로그램이 운영된다는 의미는 프로그램을 둘러싼 다양한 사회적 관심이 존재할 수 있음을 시사한다. 프로그램 개발부터 평가에 이르기까지 전 과정을 담당하는 교육 전문가의 경험과 역량 그리고 프로그램에 대한 가치나 관심사는 프로그램의 목표와 내용뿐만 아니라 형식에도 영향을 미치게 된다. 또한 프로그램에 참여하는 사람들의 서로 다른 요구와 기대 수준에 비추어서 프로그램의 가치와 의의가 상이하게 나타난다. 그러므로 프로그램을 둘러싸고 있는 다양한 이해관계자의 역할과 관심이 프로그램에 영향을 미치게 된다.

2) 평생교육 프로그램의 유형

평생교육 실천 현장에는 다양한 프로그램이 존재한다. 프로그램 유형의 분류는 학자들의 관점에 따라서 다르게 이루어지는데, 법적인 측면에서 프로그램 유형은 「평생교육법」 조항을 가지고 살펴볼 수 있다. 「평생교육법」 제2조

제1항은 평생교육을 "학교의 정규 교육과정을 제외한 학력 보완 교육, 성인 기초 · 문자해득교육, 직업능력 향상 교육, 인문교양 교육, 문화예술 교육, 시민참여교육 등을 포함하는 모든 형태의 조직적인 교육활동"으로 정의하고 있다. 즉, 평생교육 프로그램의 유형은 법에서 명시하고 있는 이 여섯 영역에 의해서 구분할 수 있다.

「평생교육법」에서 규정하고 있는 따른 여섯 가지 프로그램 영역은 평생교육의 실천 범위를 이해하는 데 좋은 기준을 마련하고 있다. 하지만 실천 현

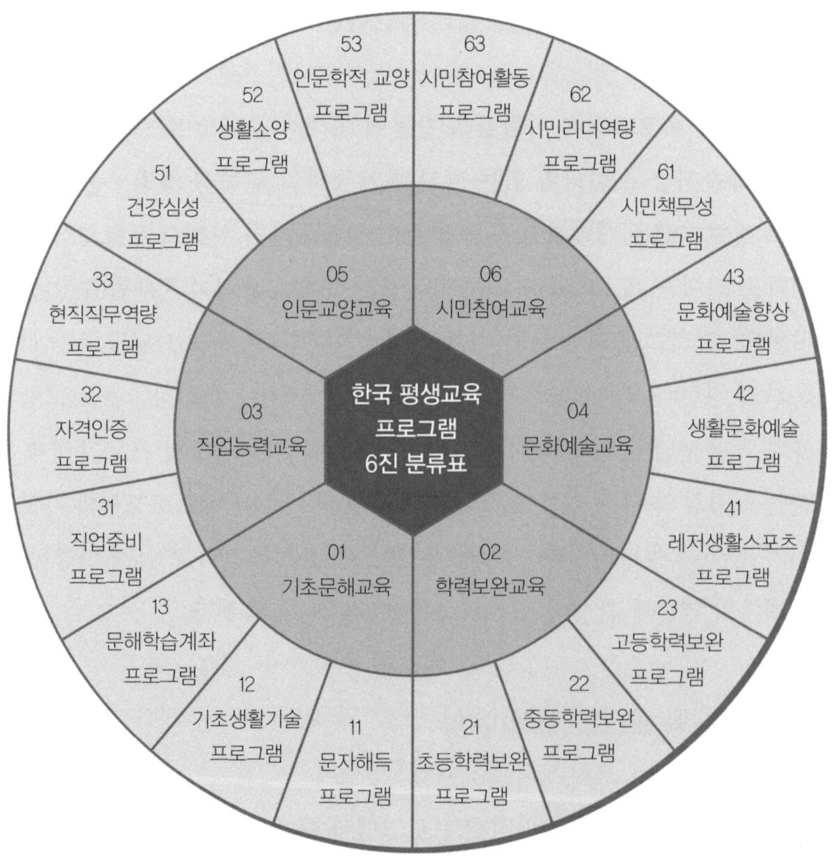

[그림 8-1] 한국 평생교육 프로그램 6진 분류표

출처: 김진화, 고영화(2009). 평생교육 프로그램 분류체계 연구(p. v). 서울: 평생교육진흥원.

장에서 프로그램의 내용과 형식은 단순히 여섯 영역으로만 구분하기 어려운 점이 있다. 왜냐하면 프로그램에 참여하는 학습자 특성이나 프로그램 운영 기관의 상황적 여건 등에 따라 같은 영역이라고 하더라도 조금씩 다른 양상으로 운영되기 때문이다(김한별 외, 2010). 이러한 맥락에서 김진화와 고영화(2009)는 급속하게 늘어 가는 평생교육 프로그램들을 체계적으로 분류할 수 있는 한국 평생교육 프로그램 6진 분류표를 구안하였다. [그림 8-1]의 평생교육 프로그램 6진 분류표는 「평생교육법」의 6대 평생교육 영역을 근거로 대분류를 하고, 각 영역별로 프로그램들의 공통성을 조사하여 다시 세 가지 범주로 중분류를 하여 코드번호를 부여하였다.

또한 평생교육 프로그램은 어서, 브라이언트와 존스턴(Usher, Bryant, & Johnston, 1997)이 경험학습을 분류한 논리에 따라서 유형화해 볼 수 있다. 이들은 학습의 동기가 개인적 관심의 표현인지 아니면 사회적 적응인지의 차원과, 학습의 성과가 개인적 수준에 대한 것인지 아니면 사회적 수준에 대한 것인지의 차원을 교차함으로써 드러나는 생활(life style), 직업(vocational), 비판(critical), 자기표현(confessional)의 네 가지로 경험학습 유형을 구분하였다. 이러한 경험학습 구분 논리를 차용하여 평생교육 프로그램도 프로그램 참여의 동기 범주와 프로그램 참여의 효과 범주의 두 가지 기준에 따라 유형화할 수 있다(김한별 외, 2010).

우선 프로그램 참여의 동기 범주에 따라서 개인적 관심과 관련한 프로그램과 사회적 적응을 돕는 프로그램으로 구분할 수 있다. 개인적 관심과 관련한 프로그램은 그 내용이 주로 개인의 삶의 질을 만족시키기 위한 개인적 관심과 흥미에 초점을 맞추어 구성되는 것이다. 반면, 사회적 적응과 관련한 내용으로 구성되는 프로그램은 사회적 존재로서 개인이 가지는 다양한 지위, 역할, 책임과 관련하여 발생하는 적응 욕구와 밀접하게 연관된다. 프로그램 참여의 효과 범주에 의해서는 프로그램의 참여를 통해 개인이 습득하는 효과가 개인적 만족과 흥미에 국한되는 프로그램과, 반대로 개인이 속한 조직 혹은

표 8-1 평생교육 프로그램 유형

프로그램 참여 동기 / 프로그램 참여 효과	개인적 관심 및 표현	사회적 적응
개인 차원 효과	개인 소비형 프로그램	개인 개발형 프로그램
조직, 사회 차원 효과	사회 참여형 프로그램	사회 적응형 프로그램

사회의 개혁과 변화에 긍정적으로 기여할 수 있는 사회적 차원의 파급 효과까지 아우르는 프로그램으로 구분할 수 있다. 이상의 프로그램의 참여 동기 범주와 참여 효과 범주를 함께 고려함으로써 평생교육 프로그램을 〈표 8-1〉과 같이 네 가지 유형으로 분류할 수 있다.

첫 번째 유형인 개인 소비형 프로그램은 일반 시민으로서 개인의 흥미와 관심을 표현하고 충족할 수 있는 프로그램이다. 여기에는 여가를 이용한 스포츠, 취미, 생활 중심의 자유교양 프로그램이 포함된다. 이러한 프로그램을 통해서 제공되는 내용은 부가가치를 창출할 수 있는 사회적 생산능력이나 고용 가능성의 증진 목적보다 주로 개인이 가지고 있는 시간적·재정적 여력을 활용하여 배움의 즐거움을 향유하고 삶의 수준을 개선하는 것에 초점을 맞추는 것이다.

두 번째 유형인 개인 개발형 프로그램은 학습자가 사회적 존재로서 안정적인 삶을 영위하는 데 필요한 지식, 기술, 태도 등을 함양하는 프로그램을 말한다. 즉, 개인이 다양한 사회적 지위와 역할을 감당하는 데 필요한 지식과 기술을 학습하는 것이다. 문해교육, 수학, 자녀교육, 생활기술 관련 프로그램이 여기에 속한다고 볼 수 있다. 그 밖에 외국어, 컴퓨터 활용능력 등과 같이 특정한 직무 수행 수준의 개선과 직접적인 관련은 없지만, 개인의 생애 전반에 걸쳐서 잠재적으로 긍정적인 효과를 창출할 수 있는 자기능력 계발 관련 프로그램도 이 범주에 포함될 수 있다.

세 번째 유형인 사회 참여형 프로그램은 사회 구성원으로서 자신이 속해 있는 사회나 조직의 문제에 대하여 학습자의 의식적 각성과 실천을 촉진하는 프로그램을 말한다. 사회 참여형 프로그램은 평소에 관심을 가지지 않았던 집단의 현안이나 사회적 이슈에 대해서 이해를 증진하고 학습자 자신의 철학과 이념을 반영한 사회운동에 참여할 수 있도록 돕는 특징을 가지고 있다. 각종 시민사회단체에서 운영하는 프로그램이 여기에 속하며, 프로그램 운영의 효과는 주로 기존 사회체제의 개선 및 개혁에 초점을 맞추고 있다.

네 번째 유형인 사회 적응형 프로그램은 직업과 관련하여 개인의 업무 수행 수준의 증진을 지원하거나 지속적 고용 가능성을 신장하는 프로그램을 말한다. 사회 적응형 프로그램은 경제적 가치 창출을 돕는 직업훈련, 각종 직무연수, 기업교육 프로그램 등을 포함하며, 현재 사회체제의 구조적 조건하에서 안정적인 삶을 영위할 수 있도록 도와주는 데 주안점을 둔다. 이러한 점에서 사회체제 자체에 내재되어 있는 문제에 대한 개인적 인식과 관심사를 표현하는 사회 참여형 프로그램과 구분되는 특징을 갖는다.

지금까지 살펴본 평생교육 프로그램의 유형에서 알 수 있듯이, 평생교육의 실천 현장에서 운영되고 있는 프로그램은 무척 다채롭다. 자신이 가지고 있는 순수한 개성과 관심에 따라 참여하는 학습자들을 위한 프로그램도 있는 반면, 개인의 관심과 요구를 넘어서 사회적 존재로서 감당해야 할 의무와 역할에 긍정적인 도움을 제공하는 프로그램도 있다. 또한 평생교육 프로그램에 참여하는 학습자들은 성별, 연령, 직업, 교육 수준, 신체적 특성 등의 차이에 따라 무척 다양하다. 학교교육을 충분히 이수하지 못한 개인, 취업을 준비하는 개인, 여가시간의 효율적인 활용을 고민하는 개인, 신체적 불편함을 안고 있는 개인 등 학습자들의 상황이 다양한 만큼, 프로그램의 내용과 형식도 다양하다는 점을 확인할 수 있다.

이어지는 절에서는 이러한 평생교육 프로그램의 개발에 대한 주요 논의 주제들을 분류해서 간략히 정리해 본다.

2. 프로그램 개발에 관한 주요 논의 주제

1) 프로그램 개발의 과정

프로그램 개발은 어떤 절차로 이루어지는가? 프로그램 개발 과정에 관한 논의는 평생교육 프로그램 개발에 관한 논의 가운데 가장 많이 진행된 논의이다. 프로그램 개발 과정에 주목하는 접근은 프로그램 개발자가 어떤 활동 순서로 개발 과정을 풀어 가야 하는지, 각 활동에서 개발자가 수행할 과제는 무엇인지, 각 활동을 효과적으로 실행하기 위해서 고려할 사항들은 무엇인지 등에 초점을 맞추고 있다. 평생교육 프로그램 개발에 대해서 관심을 가지고 있는 학자들은 이처럼 효과적인 프로그램을 개발하기 위하여 프로그램 개발 담당자가 고려해야 할 사항과 개발 절차 및 원리가 무엇인지 규명하는 데 역점을 두었다. 프로그램 개발 과정에 주목하는 이론적 논의는 가장 일반적이고 또 가장 오랫동안 논의해 온 경향이라는 점에서 고전적 관점(classical viewpoint; Cervero & Wilson, 1994) 혹은 전통적 접근(conventional or traditional approach; Caffarella & Daffron, 2013)으로 불린다. 프로그램 개발의 절차적 측면에 주목하는 논의는 대부분 교육과정 개발에서 선구적인 기여를 한 타일러(Tyler, 1949)의 교육과정 개발 모형의 논리와 맥을 같이한다.

타일러(1949: 1)는 학교 교육과정을 개발하는 일련의 절차는 개발자가 네 가지 핵심 문제에 대한 답을 순차적으로 확인하는 과정이라고 규정한다. 타일러가 제시한 네 가지 핵심 문제는 "학교는 어떤 교육 목적을 추구해야 하는가?" "교육 목적을 달성하기 위해서는 어떤 교육 경험이 제공되어야 하는가?" "목표를 달성하기 위하여 교육 경험은 어떤 식으로 조직되는 것이 가장 효과적인가?" "교육 목표의 달성 여부를 확인할 수 있도록 평가는 어떻게 수행되어야 하는가?"이다. 타일러의 교육과정 개발 논리는 성인 학습자를 대상으로 하는 교육 프로그램의 개발 절차를 제시하는 데 있어서 중요한 출발점이 된다. 평생교육 프로그램을 개발하는 과정을 소개하는 학자들 역시 프로그램 개발 과정을 대체로 교육 목표를 수립하기 위한 요구분석활동에서부터 프로그램의 가치와 효과성을 판단하기 위한 평가 방법의 계획에 이르기까지 순차적으로 이루어지는 활동으로 설명한다. 예를 들면, 놀스(Knowles, 1980)는 성인교육 프로그램 개발의 일련의 과정을 조직문화 및 구조의 구성, 요구 및 이해 분석, 교육 목적 및 목표 수립, 프로그램 설계 · 실행 · 평가의 단계로 제시하고 있다.

[그림 8-2]에 제시되어 있는 것처럼 프로그램 개발에 대한 전통적인 논의는 프로그램 개발 과정을 기본적으로 단계적(stepwise), 선형적(linear) 진행으로 묘사한다. 그러면서 하나의 교육 프로그램을 성공적으로 개발하려면 무엇보다도 개발자가 수행해야 하는 활동들—요구분석에서부터 프로그램 평가에 이르기까지—을 논리적 계열성에 따라서 진행하는 것이 중요하다는 점을 강조한다. 다시 말하면, 프로그램 요구분석을 성공적으로 수행함으로써 보다 명확한 프로그램 목표를 수립할 수 있으며, 목표를 명확하게 설정함으로써 목표 달성에 적합한 교육 내용 및 방법을 구상할 수 있다는 논리이다.

프로그램 개발 과정에 주목하는 논의는 프로그램을 개발하려는 사람들에게 무엇을 해야 할 것인지, 어떻게 해야 할 것인지, 필요한 것이 무엇인지 등에 대한 실질적인 가이드라인을 제공해 주고 있다는 점에서 의미가 있다. 하지만 프로그램이 개발되는 다양한 상황적 제약을 충분히 고려하지 않은 채, 개발자가 고려해야 할 과제를 당위적으로 제시하고 있기 때문에 실제 현장에

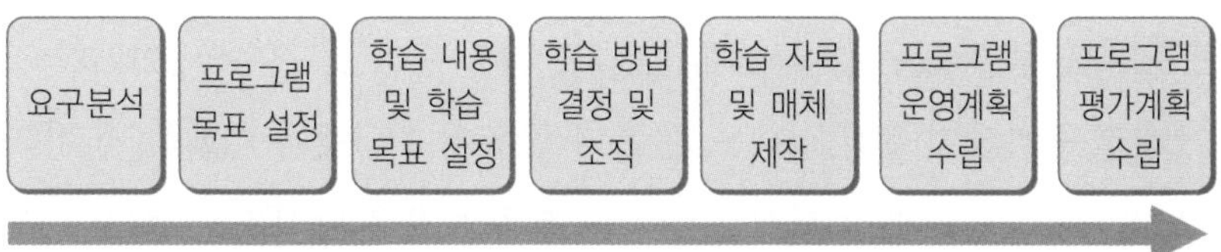

[그림 8-2] 전통적 프로그램의 개발 절차

서 이루어지는 프로그램 개발활동의 모습과는 거리가 있다는 비판을 받기도 한다(Cervero & Wilson, 1994). 평생교육 프로그램 개발의 실제는 순차적이지도 않으며, 상황에 따라 제시한 활동 중 일부가 생략될 수도 있기 마련이다. 또한 개발자가 어떤 가치와 역량을 가지느냐에 따라 각 활동의 수행 수준과 순서 등은 다양할 수 있다. 프로그램 개발 과정에 대한 전통적인 입장은 이처럼 프로그램 개발의 구체적 · 상황적 제약과 개발자의 경험 및 가치관이 프로그램의 개발 과정과 구조에 영향을 미치는 현실을 충분히 고려하지 못한다는 한계를 지적받는다.

2) 프로그램 개발의 실제

우리는 실제로 교육 프로그램을 어떻게 개발하는가? 평생교육 프로그램 개발 과정 및 절차에 대한 논의는 프로그램 개발이 어떤 흐름으로 진행되어야 하는가와 같은 처방적(prescriptive) 성격을 강하게 띤다. 그러다 보니 실제로 프로그램 개발자가 당면하는 구체적인 현실에 대한 고려가 미비하여 프로그램 개발의 실제를 충분히 설명하지 못하였다. 프로그램 개발 역량을 기르고자 하는 사람이라면 어떻게 프로그램을 개발하는지에 대해서도 알아야 하겠지만, 그와 함께 프로그램 개발자들이 실제로 어떻게 프로그램을 개발하는지 그 현실에 대해서도 잘 알고 있어야 한다. 아무리 좋은 매뉴얼을 가지고 있다고 하더라도, 프로그램 개발의 실제 상황이 매뉴얼을 그대로 적용하기에 적절치 못하다면 아무 소용이 없기 때문이다(Cervero & Wilson, 1994). 비유해서 이야기하면, 찌개 끓이는 레시피를 잘 알고 있다고 하더라도, 온갖 식기, 재료, 조미료들을 모두 갖춰서 레시피대로 끓일 수 있는 경우와, 이러한 것들을 제대로 구비하지 못한 상태—가령 가족 혹은 친구들과 여행 가서 야외에서 요리하는 경우—에서 찌개를 끓이는 경우는 같은 방식으로 접근할 수 있는 문제가 아니다.

프로그램 개발의 실제에 대해서 관심을 가지는 이유는 현실 속 프로그램 개발의 진짜 상황이 개발 과정에서 필요한 모든 조건을 완벽하게 갖춘 상태가 아니라, 다양한 결핍과 제약이 있는 상태이기 때문이다. 프로그램 개발자가 처한 환경적 · 상황적 제약은 앞서 언급한 프로그램 개발 절차에 대한 지식을 완벽하게 적용하는 일이 어렵게 한다. 그러므로 프로그램을 개발하는 완벽한 절차와 과정을 이해하는 것만으로는 결코 충분치 않으며, 프로그램 개발자가 어떻게 이러한 구체적인 조건 속에서 대처해 가며 프로그램을 개발하는지를 알아 둘 필요가 있는 것이다.

프로그램 개발의 실제에 주목하는 이론적 논의는 프로그램 개발의 과정을 다양한 제약이 존재하는 현실에서 실현 가능한 대안을 탐색 · 적용하는 과정으로 설명한다. 이 입장은 프로그램 개발에 대한 자연주의적 관점(naturalistic viewpoint; Cervero & Wilson, 1994) 혹은 실용적 · 실제적 접근(pragmatic or practical approach; Caffarella & Daffron, 2013)으로 분류된다. 어떤 이름으로 불리든 간에, 이러한 입장들에서 바라보는 평생교육 프로그램 개발은 피할 수 없는 현실 제약(real world constraints) 속에서 프로그램 개발자가 어떻게 개발 과정을 풀어 가는지 그 실제 양상을 파악하는 일이 중요하다고 주장한다.

조금만 생각해 보면 프로그램 개발자가 처한 현실 제약이 다양하다는 점은 쉽게 알 수 있다. 우리는 일정한 개발 기간 안에, 가용할 수 있는 개발 예산규모 안에서, 개발자를 비롯한 개발에 참여하는 동료들이 가지고 있는 지식, 경험, 가치지향성 등의 범위 안에서 프로그램을 개발한다. 또한 개발하는 프로그램을 운영할 강의실 여건, 섭외할 수 있는 강사 수준, 프로그램에 대해서 기관이 홍보하고 행정적으로 지원할 수 있는 여력 등도 프로그램의 목표, 내용, 형식, 규모 등에 제약을 가한다. 이와 같은 현실적 조건에서 단순히 알고 있는 프로그램 개발의 절차를 순리대로 수행하는 일이란 거의 불가능에 가깝다.

그러면 개발자는 어떻게 이 상황을 풀어 가며 프로그램을 개발하는가? 이 물음에 대해서 주목하고 있는 논의들은 실제 프로그램 과정에 있어서 핵심

적인 활동으로 프로그램 개발자들의 숙고(deliberation) 혹은 실제적 추론(practical reasoning)을 소개한다(Walker, 1971). 즉, 프로그램 개발자는 상황적 여건 속에서 동원할 수 있는 자원, 프로그램의 목표, 형식 등이 허용될 수 있는 범위, 개발자의 여력 등에 대해 치밀하게 숙고하여 현실 속에서 실행 가능한 프로그램을 개발한다. 다시 말하면, 프로그램 개발자는 매뉴얼에 나와 있는 프로그램 개발의 절차를 따라가는 사람이 아니라, 자신의 프로그램 개발 목표와 상황에 대해서 부단히 궁리하고 판단하는 가운데 가장 이상적인 형태의 프로그램이 아닌, 현실적으로 최선인 프로그램을 개발하는 사람이다. 그러므로 평생교육 프로그램 개발에 대한 논의는 프로그램 개발활동을 구성하는 과업과 그 수행 방식에 대해서만 주목할 것이 아니라, 프로그램을 개발하는 사람이 실제로 벌이는 행위들을 살피는 측면에도 관심을 게을리 해서는 안 된다고 강조한다.

3) 프로그램 개발의 목적

프로그램을 개발하는 이유는 무엇인가? 다시 말해, 무엇을 위하여 평생교육 프로그램을 개발하는가? 프로그램 개발에 관한 비판적 관점(critical viewpoint; Cervero & Wilson, 1994) 혹은 급진적 접근(radical approach; Caffarella & Daffron, 2013)으로 분류되는 프로그램 개발에 관한 논의는 평생교육 프로그램을 개발하는 활동이 본질적으로 가치지향적 · 이데올로기적 활동이라는 점을 부각하며, 프로그램 개발 활동이 지향해야 할 가치가 무엇이어야 하는지에 대해서 주목한다. 그러면서 평생교육 프로그램 개발은 기본적으로 민주적 원리에 따라 진행되어야 하며, 프로그램을 개발하는 목적은 참여자들의 사회적 실천과 참여 가능성을 증대함으로써 사회의 부조리와 불합리를 혁파하는 주체를 기르는 것이어야 한다고 주장한다.

앞서 살펴본 프로그램 개발의 실제에 대한 논의들은 프로그램 개발자의 역할과 그가 처한 구체적인 상황적 여건에 주목하였다. 상황적 여건에 따라서 프로그램의 양상은 얼마든지 바뀔 수 있기 때문에 프로그램 개발자는 프로그램의 여건과 개발 상황을 잘 읽어 내는 숙고와 판단을 하는 사람이라고 지적한다. 프로그램 개발의 지향점이 무엇이어야 하는가에 대한 논의에 있어서도 이러한 프로그램 개발의 실제에 대한 설명을 거부하지 않는다. 오히려 한 발 더 나아가 프로그램 개발의 목적을 논의하기 위해서 프로그램 개발자의 숙고 행위가 가지는 이데올로기적 성격, 프로그램 개발 상황에 내재해 있는 권력관계, 갈등적 속성을 드러내는 데 주력한다.

프로그램 개발의 목적에 대한 논의들은 교육 프로그램이 추구하는 근본적인 목적이 민주적 사회, 모든 개인의 존엄성과 자율성의 회복, 공동선의 추구 등을 지향하는 것이어야 한다고 본다. 그리고 평생교육 프로그램의 개발도 이러한 가치를 실현하는 과정이어야 한다는 전제에서 출발한다. 이러한 목적을 구현하는 프로그램 개발을 지지하려면 무엇보다도 프로그램 개발자 자신과 주요 이해관계자들이 스스로 미처 간파하지 못한 가치지향성을 드러내고 프로그램 개발 과정을 편향적으로 유도하는 가시적 · 비가시적 권력의 영향을 반드시 고려할 수 있어야 한다. 이러한 요소들을 제대로 살피지 못하고 프로그램의 개발에 참여하면, 개발자의 노력과 이해관계자들의 참여가 민주적이고 공동선에 부합하는 프로그램을 개발하는 데 기여할 수 없다. 오히려 프로그램을 개발하는 사람들의 전문적 역량은 애초에 추구하는 민주적 이상에서 멀어져서 이데올로기적 편향성을 사회적으로 정당화하고 재생산하는 수단이 될 뿐이다(Caffarella, 2002; Cervero & Wilson, 1994).

또한 프로그램 개발의 과정을 참여적 원리에 따라서 진행하는 것도 프로그램 개발이 추구하는 목적을 실현하는 데 중요하다. 프로그램에 관련한 다양한 계층의 사람들이 프로그램 개발 과정에 참여하고 공평하게 각자의 의견을 개진하고 또 타협해 갈 수 있는 기회를 가짐으로써 민주적 · 참여적 성격의 프로그램 개발이 가능할 수 있다. 그러므로 프로그램 개발자는 누가 프로그램 개발 과정에서 배제되고 있는지, 누구의 의견과 영향력이 프로그램의 목표, 내용, 형식 등을 결정하는 데 지배적인지 등을 끊임없이 통찰하고, 이러한 비대칭적 관계를 적절히 타협 · 조정해 낼 수 있는 역할을 감당해야 한다(Cervero & Wilson, 1994).

요컨대, 평생교육 프로그램이 추구해야 할 이상적 가치를 실현하기 위해서는 프로그램 개발자의 숙고와 판단이 어떤 속성의 것인지 살펴보아야 하며, 프로그램 개발 과정 상황 속에 깔려 있는 비대칭적인 권력관계를 인식하고 이를 제어하는 노력이 필요하다. 그러지 않고서는 프로그램 개발의 절차적 합리성이나 개발자의 기술적 전문성은 사회적 모순과 갈등을 오히려 효과적으로 고착시키는 프로그램 개발의 수단으로 전락할 뿐이다.

하지만 프로그램 개발의 목적에 대한 관심으로 이루어진 논의들은 이념적으로 사회 공공선을 지향하고 개인의 자유와 권리를 보장하는 프로그램 개발 과정을 실행하기 위해서 구체적으로 어떤 작업들을 어떤 방식으로 수행해야 하는지에 대해서는 시원한 해답을 제시하지 못한다는 비판을 받기도 한다(Cervero & Wilson, 1994).

3. 평생교육 프로그램 개발 이론

1) 서베로와 윌슨의 이해 협상활동으로서 프로그램 개발

평생교육 프로그램의 개발의 실제는 프로그램 개발자 자신 혼자만의 경험과 판단으로 이루어지지 않는다. 평생교육 프로그램 개발은 프로그램이 개발되는 상황에 내포된 문화적 가치, 개발되어야 할 필요성, 개발하는 사람의 가치와 동기, 개발하는 프로그램에 대한 다양한 관계자의 관심과 지원 등이 복합적으로 작용하여 이루어진다. 서베로와 윌슨(Cervero & Wilson, 1994,

2006)은 프로그램을 둘러싸고 있는 다양한 이해관계자가 가지고 있는 서로 다른 프로그램에 대한 관심, 즉 이해들을 협상하는 과정(negotiating interests)을 프로그램 개발 과정의 본질이라고 본다. 이들은 프로그램 개발이란 요구분석을 잘하고, 설계를 체계적으로 하며, 평가를 엄정히 실행하여 효과적으로 프로그램 개선에 대한 피드백을 제공하는 것과 같은 기술적(technical) 활동을 넘어서는 개념으로 파악한다. 그러면서 프로그램을 개발한다는 것은 개발하는 프로그램에 대해 다양한 내용으로 이해가 걸려 있는 사람들의 사회적 상호작용을 통해서 이루어지는 활동이라는 점을 강조한다.

그리고 논의를 좀 더 심화하여 서베로와 윌슨은 이러한 이해관계자들의 협상 과정이 이성적이며 공정한 방식으로 전개되는 것이 아니라, 이해관계자들이 가지고 있는 권력, 즉 프로그램 개발 과정에 투입할 수 있는 영향력이 서로 조우하는 가운데 일어나는 과정이라고 설명한다. 다시 말하면, 프로그램 개발자를 포함하여 프로그램 이해관계자들 간의 권력관계에 의해서 프로그램의 목표, 내용, 형식, 대상 등이 정해진다는 것이다. 이러한 점에서 서베로와 윌슨의 프로그램 개발 이론은 평생교육 프로그램 개발에 관한 정치적 접근으로 표현되기도 한다.

서베로와 윌슨은 프로그램 개발활동에 대해서 권력(power), 이해(interests) 그리고 협상(negotiation)의 세 가지 중요 개념을 동원하여 설명한다. 권력은 행위자가 자신의 의지와 관심에 따라서 행할 수 있는 가능성을 의미한다. 특정 이해관계자가 프로그램 개발에서 보다 우월한 권력을 갖는 지위에 있거나 다른 이해관계자들로부터 권위를 인정받을수록, 이들은 자신들이 선호하는 목표, 내용, 형식으로 프로그램이 개발되도록 영향력을 행사할 가능성이 커진다. 그러므로 프로그램의 양상은 강한 권력을 행사하는 특정 이해관계자의 입장에 맞게 구성될 수 있는 반면, 상대적으로 권력을 행사할 가능성이 적은 이해관계자의 요구는 프로그램 개발 과정에서 배제될 공산이 크다.

이해는 여러 프로그램 이해관계자 집단이 각자의 사회적 지위와 역할에 따

라 가지는 기대 혹은 관심 사항을 말한다. 이해는 프로그램의 목표, 내용, 형식을 구성하고 대상을 결정하는 재료로서, 프로그램 개발자는 다양한 이해관계자의 이해를 개발 과정에 끌어들이는 일이 중요하다. 그럼으로써 민주적인 프로그램 개발 과정에 따라 보다 많은 이해관계자의 기대에 부응하는 프로그램을 개발할 수 있기 때문이다. 특정한 이해관계자의 이해에 편중된 프로그램은 특정 이해관계자들의 이익에만 충실히 봉사하는 편향적인 프로그램으로 전락할 수 있다.

마지막으로 협상은 평생교육 프로그램 개발활동의 본질이라고 할 수 있다. 각각의 이해관계자들이 가지고 있는 상이한 이해들을 적절하게 타협·조합하는 협상활동을 통해서 프로그램 구성요소들의 모습이 드러난다. 또한 협상활동을 통해서 이해관계자들은 각자가 애초에 가지고 있는 프로그램에 대한 이해들을 스스로 조정하기도 한다. 예컨대, 프로그램에서 학습자들의 체험을 늘리는 것이 수강생을 모집하는 데 유리하다고 생각하는 개발자와 교재를 가지고 강의 위주로 프로그램을 운영하기를 원하는 강사가 협의하는 자리를 생각해 보자. 강사는 그 분야에서 나름대로 인기 강사로 알려져 있기 때문에 개발자는 이 강사를 초빙해서 프로그램을 운영하는 것이 수강생들의 좋은 반응을 이끌어 내는 데 필요하다는 것을 알고 있다. 또한 강사 역시 프로그램에서 강의할 기회를 얻음으로써 자신의 평판을 널리 알릴 수 있으며, 강사료도 받을 수 있다. 따라서 프로그램의 운영이 성사되기 위해서는 프로그램 개발자와 강사 모두 기존에 가지고 있던 프로그램에 대한 자신의 이해와 요구를 조정하는 일이 필요하다. 즉, 프로그램 개발을 성공적으로 완수하는 과정에서 프로그램 개발자와 강사가 행사할 수 있는 이러한 이해와 영향력 때문에 개발자는 체험을 늘리려는 자신의 요구를 양보하고, 강사 역시 교재 위주의 강의 방식으로부터 한발 물러서서, 결국 체험과 강의를 적절히 안배한 프로그램을 만들 수 있게 된다.

이해관계자들의 이해를 협상하는 과정을 통해서 서로 다른 이해들은 어떤

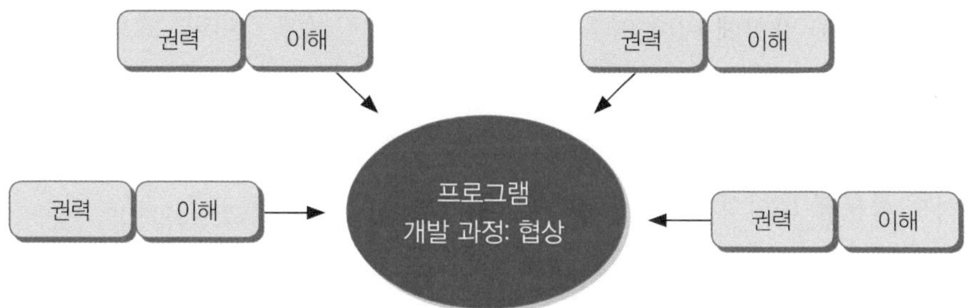

[그림 8-3] 이해 협상활동으로서 프로그램 개발

식으로든 융화되어 반영되기도 하며, 또는 특정한 이해를 전적으로 수용하며 경쟁하는 이해들을 배제하기도 한다. [그림 8-3]에서 요약적으로 보여 주고 있는 것처럼, 서베로와 윌슨의 관점에서 보았을 때 프로그램 개발의 본질은 이러한 이해의 협상 과정이며, 이 과정에 바로 이해관계자들이 행사할 수 있는 권력이 개입한다. 그런데 문제는 이해관계자들이 프로그램 개발 과정에서 행사할 수 있는 권력의 내용과 크기가 서로 다르다는 사실이다. 그렇기 때문에 프로그램 개발자는 개발 과정에 내재해 있는 이러한 비대칭적 권력관계로 인해서 프로그램 구성요소의 가치가 특정 이해관계자 집단에 편향적으로 구성되지 않도록 조정하는 역할을 해야 한다.

서베로와 윌슨은 이해관계자 각자가 가지고 있는 이해들을 프로그램에 충분히 반영하기 위하여 권력을 행사하는 양상을 프로그램 개발 과정의 핵심적 속성이라고 본다. 이러한 이들의 입장은 이스턴(Easton)이 이야기한 '희소가치의 권위적 배분'(Massialas, 1997)이라는 정치적 행위와 동일한 것으로 볼 수 있다. 1994년에 발간한 『성인교육을 위한 책임 있는 프로그램 개발: 권력과 이해 협상을 위한 가이드(Planning Responsibly for Adult Education: A Guide to Negotiating Power and Interests)』라는 책을 통해서 이들이 평생교육 프로그램 개발 이론에 기여한 가장 큰 공헌점은 프로그램 개발이 개발자의 단순한 기능적 전문성에 의해서만 이루어지는 것이 아니라, 프로그램 이해관계자와의

협상과 소통 양상에 의해 이루어진다는 사실을 지적한 것이다. 프로그램 개발의 사회적 속성은 개발 상황에 내재되어 있는 권력구조에 따라 가변적이라는 점을 지적함으로써 당시까지 프로그램 개발자의 기술적 전문성에만 치중하던 학문적 논의의 지평을 확대하였다.

평생교육 프로그램 개발의 정치적 성격을 고려했을 때, 좋은 프로그램 개발자는 권력관계에 의해서 왜곡될 수 있는 프로그램 개발 과정을 효과적으로 조율하는 존재이다. 프로그램 개발자는 개발 과정에서 상대적으로 많은 영향력을 행사할 수 있는 이해관계자뿐만 아니라, 그렇지 못하고 소외되는 이해관계자—하지만 중요한 의미를 가지는 집단—의 이해 역시 동등한 가치로 반영될 수 있도록 협상을 전개해 가는 것이 필요하다. 이를 위해서 프로그램 개발자는 개발 과정에 숨어 있는 권력의 종류와 개발자 자신을 포함한 이해관계자 간의 권력관계를 인식하고, 이들이 어떠한 이해관계를 가지는지 파악해야 한다. 서베로와 윌슨(2006: 25-26)은 평생교육 영역에서 프로그램 개발의 정치적 속성을 이해하는 일이 중요한 이유를 다음과 같이 간명히 정리한다.

> 성인교육 프로그램을 지식과 권력을 둘러싼 갈등지대로 바라볼 때, 프로그램을 통해서 누가 이익을 취하는지 그리고 어떤 방식으로 이익을 점유하는지에 대한 문제 제기는 실제적이며 윤리적인 과제일 수밖에 없다. 교육이 중요한 이유는 개인적, 조직적, 사회적 차원의 변화를 견인함으로써 교육에 참여한 사람들이 교육적, 사회적, 정치적 이익을 얻을 수 있기 때문이다. 프로그램 개발자는 바로 이러한 변화의 계기를 만드는 사람이라고 인정한다면, 이론은 반드시 교육을 통한 변화로부터 누가 이익을 누려야 하는지에 대해서 다루어야 한다. 교육 프로그램의 개발에 있어서 정치적·윤리적으로 순수한, 그런 중립적 역할이란 결코 존재하지 않는다. 교육은 바로 지식과 권력의 배분에 영향을 미치는 활동이기 때문이다.

2) 카파렐라와 데프런의 상호작용적 모형

카파렐라와 데프런(Caffarella & Daffron, 2013)의 상호작용적 모형(interactive model of program planning)은 1994년에 카파렐라가 프로그램 개발 모형을 처음 제안한 이래로 2002년에 상호작용적 모형으로 발전하여, 2013년에 카파렐라와 데프런이 함께 상호작용적 모형을 수정 · 보완한 후 현재에 이르고 있다. 이들의 모형을 상호작용적 모형이라고 지칭하는 까닭에 대해서 카파렐라(2002: 22)는 "프로그램 개발 과정을 구성하는 과업들의 정해진 수행순서를 규정할 수 없으며, 프로그램 개발을 하는 상황적 맥락과 개발자의 여건에 따라 적절한 과업요소들을 다양한 방식으로 조합하여 수행한다고 보기 때문"이라고 설명한다. 즉, 모형의 상호작용적 속성은 프로그램 개발을 구성하는 과업들을 상황에 맞게 적절한 순서로 그리고 다양한 방식으로 조합해서 수행한다는 점에 달려 있다. 카파렐라와 데프런(2013: 36)은 상호작용적 모형을 구성하는 열한 가지 과업요소를 실제로 조합할 수 있는 가능성을 네 가지 형태로 소개한다.

- 프로그램을 개발하거나 보완하는 과정에서 열한 가지 과업요소를 모두 수행하는 형태
- 프로그램 개발 과정에서 상황적으로 필요한 일부 요소만을 추려서 수행하는 형태
- 프로그램을 수정 · 보완하는 과정에서 특정한 과업만을 수행하는 형태
- 프로그램 개발 과정에서 발생하는 예상치 못한 상황 변화로 인해서 이미 진행한 과업 일부나 전체를 다시 수행하는 형태

이처럼 카파렐라와 데프런의 상호작용적 모형은 프로그램 개발의 실제에 대한 고려를 놓치지 않으면서 프로그램 개발을 담당하는 현장 실무자에게 프

로그램 개발 과정을 이해하는 데 필요한 지식을 제공한다. 카파렐라와 데프런은 자신들의 상호작용적 모형의 특징을 크게 네 가지 측면으로 구분하여 설명한다.

첫째, 실제로 프로그램은 단계적, 선형적인 개발 과정으로 만들어지지 않는다. 그렇기 때문에 상호작용 모형은 프로그램 개발의 순서를 절대적으로 규정하지 않는다. 프로그램 개발자는 자신의 개발 상황에 따라서 상호작용 모형이 포함하고 있는 과업들을 적절한 순서와 형식으로 수행하는 사람이다.

둘째, 프로그램 개발 과정은 근본적으로 사람들이 벌이는 활동이다. 그러므로 프로그램 개발에 관여하는 사람들의 능력과 관심 수준에 따라서 프로그램 개발 과정의 양상도 가변적이며, 개발되는 프로그램의 성격도 달라지기 마련이다. 상호작용적 모형은 '어떤 사람들이 함께 프로그램을 개발하는가?'라는 물음의 가치를 존중하면서, 프로그램 개발이란 관련되어 있는 이해관계자들이 프로그램에 대해 가지고 있는 각자의 기대, 관심 그리고 스스로 행사할 수 있는 권력 등을 프로그램 개발 과정에서 서로 조율해 내는 가운데 이루어지는 활동임을 시사한다.

셋째, 프로그램 개발자를 포함한 프로그램 개발에 관련되는 사람들은 개발이 이루어지는 사회문화적 맥락 속에서 프로그램 개발 활동에 참여한다. 국제화, 신자유주의 등과 같은 사회문화적 맥락은 프로그램 개발의 방향, 내용, 방법 등을 걸러 내는 역할을 한다. 이러한 점에서 상호작용적 모형은 프로그램 개발 과정을 프로그램 개발자의 전문적인 역량과 열정에만 의존한 활동으로 바라보지 않으며, 개발 과정을 에워싸는 사회문화적 맥락의 성격과 영향을 강조한다.

넷째, 프로그램 개발에 대한 논의는 프로그램을 개발하는 담당자의 실천을 개선할 수 있는 유용한 도구이자 지침이어야 한다. 기존의 프로그램 개발의 절차에 대한 논의는 프로그램 개발활동을 구성하는 과업들을 소개해 주지만, 프로그램 개발 현실을 간과하므로 실제 활용가능성은 제한적이다. 반면, 프로그램 개발 과정에 대한 서술과 묘사는 실제 현상을 이해하기에는 유리하지만, 정작 프로그램을 개발해야 하는 사람들에게 무엇을 어떻게 수행해야 할 것인지에 대해서는 명쾌한 정보를 제공해 주지 못한다. 상호작용적 모형은 기존의 프로그램 개발에 대한 논의를 종합하여, 프로그램 개발의 구체적인 현실을 충분히 반영하는 동시에 프로그램 개발을 실행하는 데 유용한 가이드라인을 제공한다.

상호작용적 모형은 [그림 8-4]와 같다. 그림으로 소개한 2013년 상호작용적 모형을 구성하는 과업요소는 2002년에 소개한 모형의 열두 가지 과업요

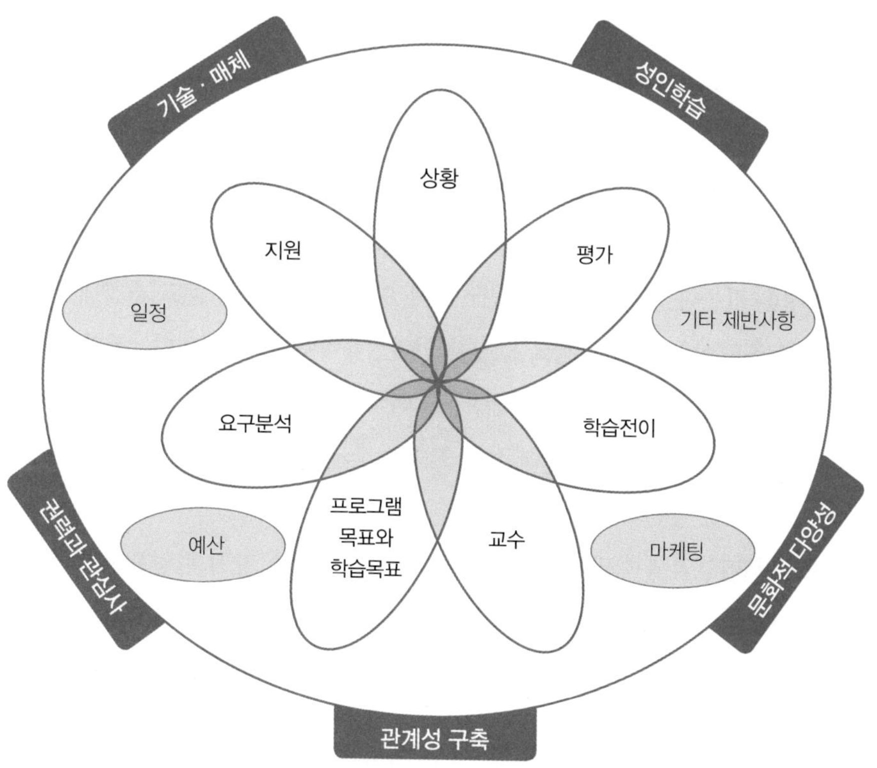

[그림 8-4] 프로그램 개발의 상호작용적 모형

출처: Caffarella, R. S., & Daffron, S. R. (2013). *Planning programs for adult learners: A practical guide* (3rd ed., p. 29). San Francisco: Jossey-Bass.

소에서 열한 가지 과업요소로 변화한 것이다.[1] 상호작용적 모형은 우선 평생교육 프로그램 개발 과정을 이해하는 데 필요한 기술 및 매체(technology), 성인학습(adult learning), 문화적 다양성(cultural difference), 관계성 구축(relationship building), 권력과 관심사(power & interest)의 배경지식 영역을 제일 바깥에 배치하고 있다. 평생교육 프로그램 개발에 대한 이해 수준을 높이고 효과적인 실천 가능성을 증진하기 위해서는 언급한 주제 분야에 대한 지식을 갖추는 것이 필요하다.

다섯 가지 배경지식 영역 안쪽으로 열한 가지의 프로그램 개발을 구성하는 과업요소가 자리 잡고 있다. 이 가운데 프로그램이 의도하는 실질적인 학습 과정에 영향을 미치는 교수학습 영역에 해당하는 일곱 가지의 과업이 서로 중첩한 가운데 모형의 제일 중심에 있다. 상황(context), 지원(support), 요구분석(needs assessment), 프로그램 목표와 학습목표(goals & objectives), 교수(instruction), 학습전이(learning transfer), 평가(evaluation) 등의 과업요소는 교육 프로그램을 통해서 학습자들이 접하는 학습 경험을 구성하는 데 직접적인 관련성을 갖는다. 모형에서 이 일곱 가지 요소를 분리하지 않고 중첩해서 제시한 까닭은 이 과업들이 서로 밀접한 연관성을 가지기 때문이다. 예컨대, 상황분석의 내용과 요구분석 내용은 프로그램 목표 및 학습목표를 수립하는 기초가 되며, 수립한 목표는 구체적인 교수설계의 기준이 되는 동시에 평가준거로 쓰임새를 갖는다.

교수학습 영역에 해당하는 과업요소 주변으로는 네 가지 과업요소가 별도로 위치하고 있는데, 이들은 프로그램의 순조로운 운영을 지원하는 행정·관리 영역에 해당하는 과업들이다. 여기에 해당하는 일정(scheduling), 예산

---

1) 2013년 판 상호작용적 모형은 2002년 판 모형의 프로그램 아이디어 확인 요소와 프로그램 아이디어 우선순위화 요소를 통합하였으며, 프로그램 결과보고 요소는 삭제하였다. 대신, 2002년 판 모형에서 예산, 마케팅 계획으로 하나이던 과업요소를 예산 요소와 마케팅 요소로 분할하여 제시하고 있다.

(budgets), 마케팅(marketing), 기타 제반사항(details) 등의 과업들은 프로그램의 효과적인 실행을 뒷받침하는 활동들이다. 카파렐라와 데프런(2013: 369)은 프로그램 과업요소를 교수학습 영역과 행정 · 관리 영역으로 구분하여 구체화함으로써 평생교육 프로그램 개발자가 "교육자이면서 동시에 행정관리자" 역할을 감당하는 존재임을 부각한다.

결론적으로 상호작용적 모형은 평생교육 프로그램 개발 과정에서 마땅히 고려해야 할 수행과업들이 무엇인지 소개함으로써 프로그램 개발을 하려는 사람들에게 가이드라인을 제공한다. 하지만 실제 개발 과정에 있어서 프로그램 개발자는 제시한 과업요소들을 정형화된 순서와 방식으로 수행하는 것이 아니라, 개발자가 처한 개발 상황에 따라서 얼마든지 유연하게 결정할 수 있다고 본다. 즉, 프로그램 개발자가 어떤 상황에서 프로그램을 개발 · 운영할 것인지는 일일이 짐작할 수 없기 때문에, 상호작용적 모형은 개발자가 자신의 상황을 스스로 판단하고 유연하게 대처하라고 조언한다. 그 과정에서 상호작용적 모형이 지적하는 과업요소들은 개발자가 고려할 요소들이 무엇인지 일러 준다.

학습공동체

성인들의 삶에 있어서 집단 형태의 학습활동에 참여하는 모습은 익숙한 장면이다. 많은 성인은 자신이 주로 생활하는 학교, 직장, 지역사회의 여러 장면에서 비슷한 관심을 가지고 있는 이웃들과 함께 일정한 모임 형식을 통하여 다양한 학습 경험을 축적한다. 다양한 형태의 집단적 학습활동은 구성원들이 함께 모여서 관련 자료를 읽고 실습이나 토론을 하는 형태로만 나타나지 않는다. 학습집단에 참여하여 동료들과 더불어 당면한 문제를 해결하는 데 적합한 현장지식을 생산하거나 사회문제에 대해서 적극적으로 참여 · 실천하는 모습으로도 나타난다.

성인들의 집단적 학습 과정에 대한 관심은 평생교육 분야에서 학습공동체(learning community)라는 키워드로 표현되고 있다. 학습공동체에 대한 관심은 사회적으로 고립된 조건에서 개인의 인지적 실천으로 이해하는 개인주의적 접근 방식을 넘어서 사회적 맥락 가운데 참여하는 개인들의 교류와 소통

을 통하여 모종의 공동 경험을 구성해 가는 모습에 주목한다. 이 장에서는 학습공동체의 의미를 이해하고, 평생교육 분야에서 논의되는 학습공동체의 주요 형태들에 대해서 살펴본다. 그리고 개인이 자신의 일상생활 가운데 학습공동체를 발견하고 참여하는 과정을 지원하기 위해서 생각해 볼 과제로 어떤 것들이 있는지 살펴본다.

1. 공동체와 학습공동체

1) 공동체의 의미

대부분의 경우 '공동체(community)'라고 하면, 우리는 '좋은 상태' '바람직한 상태' '선한 상태' 등 긍정적으로 이해하는 경우가 많다. 공동체를 긍정적인 의미로 받아들이는 경향은 비단 우리뿐만 아니라 서구 사회에서도 마찬가지로 나타난다(Jarvis, 2004; Tett, 2010). 예컨대, 자비스(Jarvis, 2004: 56)는 이미 영국에서도 '공동체'를 그 자체로 바람직하고 좋은 것이라는 의미로 수용해 왔다고 밝히며, 최근 들어 사회학을 중심으로 이상향으로서 공동체 개념에 대한 논의가 더욱 확장되고 있다고 설명한다. 그러면서 이러한 경향은 "이미 지난날부터 있어 왔던 그리운 시절에 대한 향수(nostalgia)와 더불어 이를 현실에서 재현할 필요가 있는 사회상"으로 간주하기 때문이라고 풀이한다.

공동체는 빠르게 진행하는 도시화와 산업화의 결과로 정서적 유대와 신뢰를 바탕으로 한 친밀한 인간관계가 사라지는 현실을 극복하려는 대안이자 바람직한 미래상으로 거론된다. 공동체에 대한 논의는 현대 사회가 겪고 있는 난점들을 극복할 수 있는 해답을 지금까지 없었던 전혀 새로운 영역에서 만들기보다, 이미 예전부터 있었으나 잊고 지냈던 지난날의 경험으로부터 복원하려는 움직임이다. 마치 '오래된 미래(ancient futures)'처럼 공동체에 대한 관심은 오늘날 이 시대가 양산하는 여러 사회문제에 대한 해법을 본연적 인간 삶의 양식으로부터 도출하려는 노력의 일환이다.

강대기(2003)는 공동체 개념을 힐러리(Hillery, 1955)가 제안한 시공간 차원, 사회적 차원, 문화적 차원을 동원하여 분석적으로 정의하였다. 첫째, 시공간 차원에서 보았을 때 공동체는 일정한 지리적 영역을 바탕으로 한다. 사회적 활동은 결국 일정한 시간과 공간 개념을 기초로 한다는 점에서 공동체는 지리적 영역과 시간 질서를 전제로 성립할 수 있다. 둘째, 공동체의 사회적 차원은 공동체를 구성하는 사람들의 상호작용을 말한다. 공동체는 사람들이 서로 교류하고 소통하는 모습을 지속함으로써 존속할 수 있다. 셋째, 문화적 차원은 사회적 상호작용의 결과로 나타나는 심리적, 상징적, 문화적 현상으로서 공동체 구성원들이 공유하는 공동의 연대의식이나 협동정신 등을 말한다. 일정한 교류와 소통을 통해서 공동체 구성원들은 일종의 집단 정체성을 공유하고 연대성을 강화한다. 이들 세 차원은 공동체 기반으로서 시공간 차

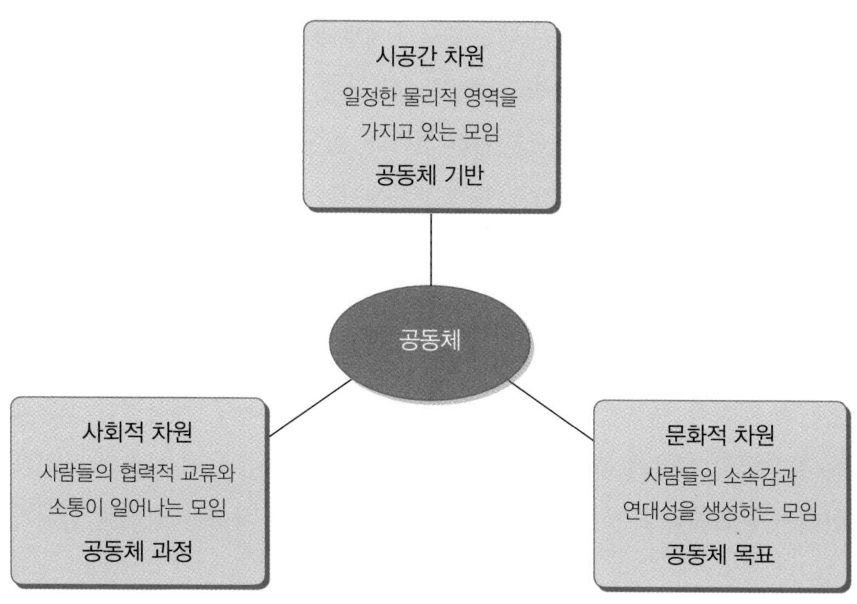

[그림 9-1] 공동체 개념의 세 차원

원과 공동체 과정으로서 사회적 차원, 공동체 목표로서 문화적 차원을 나타낸 것이다(강대기, 2003). [그림 9-1]에서 요약적으로 확인할 수 있는 것처럼, 결국 공동체란 일정한 물리적 영역을 토대로 구성원들의 지속적인 상호작용이 일어나며, 그 결과로 소속감, 일치감, 연대성 등을 형성하는 사람들의 모임이라고 정의할 수 있다.

물론 급속하게 사회가 변화하면서 이러한 공동체 정의를 그대로 적용하기 힘든 경우를 빈번하게 접하게 된다. 어떤 모임이 공동체라고 불리기는 하지만 정작 모임의 실제를 파고들면 과연 공동체라고 할 수 있는지, 또 어떤 이유로 그 모임을 공동체라고 부를 수 있는지에 대해 의문이 드는 경우가 많다. 강대기(2003: 28)는 공동체 연구가 "총체적 체계를 분석 대상으로 하기보다는 특정 측면을 대상"으로 함으로써 공동체 개념이 난립하고 혼란스럽게 다루어진다고 본다. 그래서 힐러리로부터 빌려 온 공동체의 세 차원을 사회 변동에 따라서 공동체의 개념과 형태가 변화하는 양상을 고찰하는 분석적 개념 영역으로 제시한다. 즉, 세 차원을 종합적으로 고려해서 공동체 여부를 판가름할 수 있는 것이다. 그렇기 때문에 공동체로 분류하더라도 사회적 맥락과 의도에 따라서 뚜렷하게 구별되는 공동체들을 발견할 수 있지만, 이는 세 차원에서 드러나는 속성의 차이로 인한 것이다. 공동체의 "세 차원은 어느 단계에서나 복합적으로 존재하지만, 특정 상황에서는 특정 차원이 상대적으로 더 강조될 따름"이다(강대기, 2003: 30). 가령 소셜 네트워크를 기반으로 하는 사람들의 소통모임을 가상공간 공동체라고 한다면, 이 공동체는 정보통신기술의 발달로 시공간이 축소되고 시간-공간이 상호 분리됨으로써 나타나는 시공간적 차원의 속성에 기인하는 새로운 공동체 형태이다. 가상공간 공동체는 전통적인 의미의 공동체와 비교하였을 때, 세 차원, 특히 시공간 차원에 있어서 구별되는 특징을 가지는 공동체이지, 시공간 차원을 배제한 실체가 아니다.

우리는 매우 다양한 형태의 사람들의 모임을 공동체라고 통칭해서 부른다. 작게는 동호회 같은 모임에서부터 시작하여 마을공동체, 신앙공동체, 나아가 전체 사회에 이르기까지 구성원들의 상호작용이 활발히 일어나면서 집단적 유대의식과 연대가 구현되는 사람들의 모임들을 공동체라고 지칭하곤 한다. 테트(Tett, 2010)는 사람들의 모임을 표현하는 범주로서 공동체는 크게 세 가지 형태를 의미한다고 설명한다. 첫 번째는 사람들이 모여서 활동하는 공간성에 주목한 공동체 개념이다. 이는 일정한 지리적 영역에서 함께 살아가며 연대의식을 발달시키고 공동의 관심사를 풀어 가는 사람들의 모임을 공동체라고 보는 입장이다. 공간성에 주목함으로써 마을, 학교, 직장 등을 공동체로 간주한다. 두 번째는 사람들이 공통적으로 가지고 있는 인구학적 배경이나 특성을 중심으로 규정하는 공동체 개념이다. 이 개념에서는 같은 종교적 신념을 가지고 있는 신앙공동체, 동일한 민족성을 가진 민족공동체 등을 공동체 범주에 포함한다. 세 번째는 같은 분야의 전문 직종에 종사하거나 공통의 관심사를 가지고 있는 사람들의 모임을 공동체로 이해하는 개념이다. 교사 집단이라든가, 각종 동호회 모임 등이 여기에 해당한다. 테트의 분류는 공동체가 하나의 차원으로만 설명할 수 없는 다차원적인 개념이라는 점을 분명히 보여 주고 있다. 이러한 점에서 학습공동체 역시 공동체의 어떤 측면을 부각하느냐에 따라서 매우 다양한 유형으로 포착될 것으로 생각해 볼 수 있다.

[참고자료] 공동체는 언제나 좋은 의미로만 받아들여지는가?

본문에서 언급한 것처럼 동서양을 막론하고 공동체를 말하는 사람들은 공동체가 잊고 지냈던 이상적인 과거의 생활양식이자, 현실 속 모순과 문제를 극복할 수 있는 대안으로서 우리가 추구해야 할 바람직한 미래 사회상이라는 점을 강조한다. 그러다 보니 공동체를 긍정적인 의미로 받아들이는 경우가 대부분이다. 분명 공동체는 그 구성원들의 입장을 중심에 두고 보면 긍정적으로 해석할 수 있는 여지가 많다. 빠르게 발전하는 현대 사회에서 개인들은 원자화되고 파편화되어 고독과 불안함을 항상 안고 살아간다. 공동체는 이러한 개인들이 서로 연결되어 단절로 인한 부조리를 극복할 수 있는 연대와 협력의 가능성을 제공해 준다. 다시 말하면, 공동체 논의를 통해서 개인은 이제 더 이상 혼자가 아닌 상태를 기대하는 일이 가능해진 셈이다.

그러나 중층적인 사회구조 속에서 한 공동체는 보다 작은 단위의 공동체를 포함하고 있을 뿐만 아니라, 그 자체로 더 큰 단위의 공동체의 일원이기도 하다. 그렇기 때문에 모든 공동체는 외부의 다른 공동체와 수평적, 수직적인 상호 영향 속에서 존재할 수밖에 없다. 이러한 조건을 감안했을 때, 특정한 공동체가 스스로 추구하는 이기적인 목표와 관심, 공동체 구성원들끼리의 호혜성에 근간한 상호작용, 그 결과로 구성원들 간의 연대성 발달에만 치중할 경우, 이는 오히려 독(毒)이 될 가능성이 높다. 님비현상(Not In My Backyard: NIMBY)으로 표현하는 지역이기주의나, 판매자들이 제품의 가격을 담합하는 경우는 공동체가 언제나 바람직하지만은 않다는 사실을 보여 주는 예이다. 왜냐하면 행태의 부정적 성격에도 불구하고 그러한 행태를 자아내는 집단은 구성원 상호 간의 긴밀한 소통과 협력 그리고 연대의 모습을 보이는 공동체 속성을 갖추고 있기 때문이다.

따라서 공동체 개념은 그 자체로 언제나 긍정적이거나 바람직하다고 볼 수는 없다. 만약 공동체 개념을 긍정적인 의미로 계속 수용하려고 한다면, 공동체가 벌이는 일련의 사회적 행위들이 다른 공동체들의 권익을 해쳐서는 안 되며, 나아가 사회 전체의 공공선과 충돌하지 않아야 한다는 조건을 추가적으로 고려할 필요가 있다.

2) 학습공동체의 개념적 특징

학습공동체는 학습을 공동체의 핵심 활동이자 주제로 하는 공동체라고 정의할 수 있다. 하나의 공동체가 학습공동체로 자리매김하기 위해서는 학습행위 자체가 공동체의 핵심적인 목적이어야 하며, 공동체 구성원들도 이러한 목적의식을 공유하고 있어야 한다. 한숭희(2001: 182)는 학습공동체를 "학습을 주목적으로 하는 개인들이 연합한 하나의 '단위'로서, 학습이라고 하는 인간행위에 의해 '관계' 지어지는 한편, 그 공동체의 구성과 유지 및 발전에 학습이 핵심적인 '기능'을 담당하는 집단"이라고 설명한다. 오혁진(2012: 314) 역시 학습공동체가 "학습을 '주목적'으로 하는 공동체라는 점에서 일반 공동체와 차

[그림 9-2] 인간집단의 한 유형으로서 학습공동체

출처: 오혁진(2012). 新 사회교육론(p. 313). 서울: 학지사.

이가 있다."라고 지적한다. 특히 [그림 9-2]에서 볼 수 있는 바와 같이, 학습공동체는 인간이 향유하는 다양한 집단 가운데 학습활동을 중심으로 공동체적 인간관계를 지향하는 유형의 집단이나 조직체라는 성격을 분명히 드러낸다.

이처럼 학습공동체는 상호 소통과 관계성의 결과로 구성원들의 배움과 성장, 나아가 공동체의 문화적 성숙을 목적으로 한다는 점에서 다른 유형의 공동체와 구별된다. 물론 다른 공동체의 형식에서도 학습적 요소는 얼마든지 발견할 수가 있다. 학습의 일상성을 강조하는 평생학습의 의미를 떠올린다면 사실상 어떤 공동체든지 그 안에 학습의 기능을 내장하고 있다고 보아도 무방하다. 가령 같은 종교를 가지고 있는 신앙공동체에서는 의례 행위뿐만 아니라, 교리적 지식을 배우고 신앙 체험을 서로 나누며, 또 자신의 삶과 경험을 묵상하는 학습행위가 일어난다. 신앙생활 가운데 나타나는 학습 경험은 개인의 종교적 영성과 신앙심의 발달에 긍정적으로 작용하며, 신앙공동체가 보다 성숙할 수 있는 자양분을 제공한다. 하지만 신앙공동체 차원에서 벌어지는 학습은 신실한 종교생활을 돕기 위한 수단적 행위라는 점에서 학습을 궁극적 목적으로 하는 학습공동체 차원의 학습과 그 성격과 의미가 다르다.

학습공동체가 집단적 차원의 학습을 강조하는 개념이라고 해서 공동체를 구성하는 개인들의 학습을 간과하거나 부정하지 않는다. 학습공동체가 공동체적 속성을 표방할 수 있으려면 공동체에 속한 개인들이 대등한 권한과 자율성을 바탕으로 주체적으로 학습에 참여하고, 그 결과 공동의 목표에 도달함과 동시에 구성원 상호 간의 연대성(solidarity)도 기를 수 있는 가능성이 열려 있어야 한다. 다시 말하면, 학습공동체 맥락에서 개인 차원의 학습 행위는 필수적인 요소이기는 하지만, 단순히 개인 학습의 산술적 합으로만 학습공동체의 성과가 나타나는 것은 아니다. 학습공동체에서 일어나는 개인의 학습 행위는 개별적 · 고립적 행위에 머무르지 않고 서로 유기적으로 연계되는 상호작용과 같은 공동체 과정을 필요로 한다. 공동체가 지향하는 학습 성과는 개인의 학습들이 서로 융합하는 과정을 거쳐야만 비로소 산출될 수 있으며, 이를 통해 구성원 개인들 간의 관계성 또한 발달할 수 있다. 이러한 점에서 보았을 때, 학습공동체는 학습의 결과보다는 과정에 주목하는 개념이라고 볼 수 있다. 학습이라는 공동체 구성원들의 공동 작업이자 상호작용의 범위, 강도, 빈도가 학습공동체의 성패를 판가름하는 중요한 속성인 셈이다.

요컨대, 학습공동체는 구성원들의 학습행위와 노력들의 상호 '짜임새'에 주목하는 담론이라고 말할 수 있으며, 이는 곧 구성원들의 '관계'를 가장 중요한 관건으로 부각하는 논의인 셈이다. 그리고 학습하는 '공동체'로서 공동체 구성원들의 관계는 각자의 이해타산에 의해서 유지되는 것이 아니라 퇴니스(Tönnies)가 말한 게마인샤프트(Gemeinschaft)의 속성인 친밀성, 호혜성, 정서적 유대에 기초한 상호부조의 관심으로 지속되는 것이다(Hugo, 2002).

실천의 맥락에서 발견할 수 있는 학습공동체의 유형은 매우 다양하다. 오혁진(2012)은 학습공동체 개념을 소집단, 조직, 지역사회의 세 차원으로 구분하여 정리한다. 그래서 학습공동체는 구체적으로 소집단 차원의 학습공동체인 학습동아리, 조직 차원의 학습공동체인 학습조직, 지역사회 차원의 학습공동체인 지역학습공동체로 요약한다. 그러나 학습공동체 개념은 이상의 세 차원으로 매듭지어지는 것이 아니라, 향후 사회변화와 평생교육 지형의 변화에 따라 개념적으로 충분히 확장할 수 있는 여지를 가지고 있다. 현실적으로 학습공동체의 실제 조직과 운영은 대부분 사회적 맥락과 참여하는 개인들의 요구와 특성 그리고 상황적 여건에 따라서 자생적으로 이루어지는 경우가 대부분이기 때문에 그 유형을 명쾌하게 분류하는 작업은 학습공동체에 대한 명확한 개념 정의에도 불구하고 쉽지 않다. 비록 학습공동체의 유형 분류에 있

[참고자료] **배움을 목적으로 하는 학습공동체: 수원 누구나학교**

수원 누구나학교는 누구든지 다른 사람들과 함께할 수 있는 수업을 개설하여 배움을 나눌 수 있는 학습공동체 실현을 돕는 제도이다. 홈페이지는 누구나학교를 "스스로 그리고 더불어 배우는 시민주도 평생학습 플랫폼"으로 소개하고 있다.

누구나학교는 자신이 가지고 있는 지식, 재능, 경험 등을 나누고 싶은 사람이 강좌를 열면, 그 강좌에 관심이 있는 사람들이 참여하여 학습을 해 나가는 형식이다.

누구나학교는 배우고 싶고 나누고 싶은 주제라면 어떤 주제도 상관없이 누구나 개설하고 참여할 수 있다. 그래서 누구나학교는 2012년 6월 '행복한 비누 만들기' 강좌로 시작하여 2017년 10월에 개설된 900번째 강좌 '사랑하는 아이를 위한 불빛 팬던트'에 이르기까지 시민들의 일상 관심에 기반을 둔 교육을 실행하고 있다.

누구나학교는 누구든지 원하는 때, 원하는 장소에서 자유롭게 강좌를 개설하여 스스로 강사가 될 수 있으며, 동시에 다른 강좌의 학습자로 참여할 수 있는 학습공동체이다. 또는 학습자로 참여하다가 자신이 가지고 있는 재능이나 관심을 적극적으로 나누고 싶어서 강사로 강좌를 개설하는 것도 가능한 공간이다. 그렇기 때문에 누구나학교는 정형화된 교육과정이나 형식을 특별히 요구하지 않으며, 나와 비슷한 관심을 가지고 있는 사람들과 만나서 소통하는 과정을 즐기면서 더불어 배움을 행하는 삶을 사는 것이다.

출처: 수원 누구나학교 홈페이지(http://nuguna.suwonedu.org).

어서 애매함이 있기는 하지만, 다음 절에서는 평생교육 분야에서 빈번하게 다루어지는 대표적인 유형으로 학습동아리와 지역학습공동체에 대해서 살펴보도록 한다.

2. 학습공동체의 유형

1) 학습동아리

학습동아리란 일정한 인원의 성인이 자발적으로 모임을 구성해 정해진 주제에 대한 학습과 토론을 위해서 정기적으로 활동하는 모임을 말한다(이지혜, 홍숙희, 박상옥, 2001). 오혁진(2012)은 학습동아리를 소집단 차원의 학습공동체로 분류한 바 있다. 학습동아리의 가장 큰 특징은 우선 구성원들이 자발적으로 형성하고 운영하는 모임이라는 점이다. 학습동아리 참여자들은 자신의 경험이나 생각을 거리낌 없이 주고받으면서 학습 과정에 참여한다. 학습동아리 구성원들은 동아리의 운영계획, 구체적인 학습 주제와 방법, 조력자의 참여 여부와 지원의 형태 등에 대해서 함께 결정을 내린다. 이러한 의미에서 볼 때, 학습동아리는 동아리 구성원이 자발적으로 학습목표, 학습 내용, 학습 방법, 학습 평가에 이르기까지의 일련의 과정을 자발적 · 협력적으로 전개해 가는 모습을 보인다. 이는 자기주도적 학습의 원리가 집단적 형태로 이루어지는 과정이라고 볼 수 있다.

학습동아리는 공동의 관심사를 바탕으로 구성원들의 협력적 상호작용을 통해서 학습활동을 전개한다는 특징을 가진다. 학습동아리는 구성원 각자에게 부여되는 고정된 역할에 따른 수직적 의사소통보다 누구나 상황에 따라서 학습자와 교수자의 역할을 바꿀 수 있는 순환적 의사소통에 의존한다(오혁진, 2006). 순환적 의사소통이 원활하게 이루어지기 위해서는 학습자 상호 간의 이해와 존중이 필수적이기 때문에 동아리 구성원들의 인격적 성숙과 자질이 학습동아리의 성패에 중요한 요소로 작용한다. 이뿐만 아니라 협력적 상호작용을 기대하기 위해서 학습동아리가 추구하는 목표에 대한 구성원들의 합의와 공유 노력이 필요하다. 학습동아리 활동에 대한 개별 동아리 구성원들의 기대 수준과 목표가 서로 일치하지 않는 경우, 갈등과 불협화음이 나타날 소지가 있으며, 결과적으로 목표에 도달하려는 공동의 노력이 소기의 성과를 거두기 어려울 수밖에 없다.

학습동아리에서 발견되는 학습의 양상은 프로그램 형태에서 이루어지는 학습 양상과 구별된다. 이지혜와 홍숙희(2002)는 학습동아리의 학습 역동을 원심적 역동과 구심적 역동으로 구분하여 설명한다. 원심적 역동이란 학습동아리 활동을 지속해 가면서 동아리 자체의 학습 역량과 실천현장에서의 영향력을 확대 · 발전시켜 가는 것이라고 할 수 있다. 원심적 역동은 학습동아리 활동을 지속적으로 수행해 가면서 동아리 구성원들의 역량이 향상되는 동시에, 그러한 역량의 향상이 동아리를 둘러싼 지역과 환경의 변화에 연계될 수 있는 가능성을 말한다. 원심적 역동은 동아리의 학습력을 배가하는 과정인 셈이다.

구심적 역동이란 학습동아리 스스로의 정체성을 유지 · 발전시켜 가는 힘이라고 할 수 있다. 동아리는 원심적 역동을 통해서 변화 · 성장하려는 운동성을 보이지만, 동시에 구심적 역동을 통하여 동아리가 추구하는 고유한 비전과 가치를 지속해 가려는 운동성도 보인다. 구심적 역동은 동아리 활동을 지속해 가면서 구성원들이 동아리의 비전을 공유하고 유대의식과 동질성을 강화하는 모습에서 찾아볼 수 있다. 이처럼 학습동아리 활동은 외연적 확대로서의 학습 역동과 내적 결속력을 강화하는 학습 역동의 두 가지 차원이 동시에 표출되는 과정이라고 할 수 있다.

학습동아리는 학습 요소가 강조되는 공동체이다. 단순한 모임의 성격을 넘어서는 하나의 공동체로서 학습동아리는 구성원들의 소통과 관계를 통해

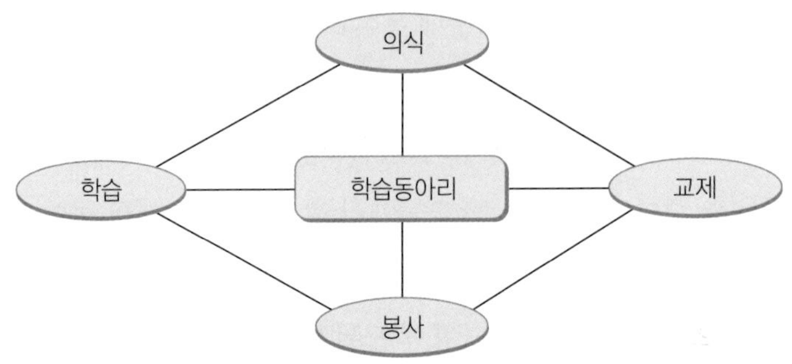

[그림 9-3] 학습공동체로서 학습동아리의 구성요소

출처: 오혁진(2006). 지역공동체와 평생교육(p. 247). 서울: 집문당.

서 같은 공동체 일원이라는 유대감을 형성하며, 공동의 목표에 대해서 합의하는 것이 필요하다. 이를 위해서 학습동아리는 몇 가지 조건을 갖출 필요가 있다. 오혁진(2006)은 [그림 9-3]에서 보는 것과 같이 학습공동체로서 학습동아리가 갖추어야 할 조건을 의식(儀式), 교제, 학습, 봉사의 네 가지로 제시한다. 사명선언문 낭독, 선서 등과 같은 의식을 통해서 동아리 구성원들은 공동의 목적을 확인하는 기회를 가지며, 교제를 통해서 구성원 상호 간의 유대감을 증진한다. 그리고 학습을 통해서 학습동아리 본연의 목적을 수행하며, 개발된 역량을 바탕으로 사회에 공헌하는 봉사를 통해서 학습공동체로서의 위상을 정립하게 된다.

학습동아리는 결성의 목적 및 학습 주제의 특성에 따라 심화학습형, 전문탐구형, 문제해결형의 세 가지 유형으로 구분할 수 있다. 첫 번째 유형은 심화학습형 학습동아리이다. 이러한 학습동아리는 주로 교육 프로그램을 이수한 후에 추가적인 학습의 필요성을 느끼는 프로그램 참여자들이 자발적으로 모여 프로그램을 통해서 습득한 내용을 심층적으로 보완하고 이해하기 위해 조직된다. 심화학습형 학습동아리는 주제에 대한 학습욕구를 가지고 있는 일반 성인이 자신들의 이해 수준을 심화하는 데 초점을 두기 때문에, 이들에게 전문적 지식이나 기술을 전달할 수 있는 리더나 강사가 함께 참여해 운영되는 경우가 많다.

두 번째 유형은 전문탐구형 학습동아리이다. 이것은 특정 전문 영역의 전문가로서 소양을 갖추고 있는 사람들로 동아리가 구성된 형태이다. 전문탐구형 학습동아리는 일종의 전문가 집단으로 구성된다는 점에서 심화학습형 학습동아리와 구분된다. 동아리 구성원은 자신이 소속되어 있는 전문 영역에서 관심 있는 주제를 자율적으로 선택하여 정보 교류와 연구 및 토론을 통해 심층적 탐구를 시도한다. 전문탐구형 학습동아리는 주로 특정 영역의 전문가 혹은 지도자들이 자신들의 전문적 지식과 소양을 지속적으로 갱신하기 위한 목적으로 결성된다.

세 번째 유형은 문제해결형 학습동아리이다. 문제해결형 학습동아리는 생활 속에서 접하게 되는 문제를 확인하고 이를 공동의 노력으로 해결하기 위해서 구성된다. 여기서는 구성원 간의 토론과 지식 공유가 이루어지지만, 앞선 두 가지 학습동아리와 구분되는 가장 큰 특징은 학습에 이어서 문제해결을 위한 구성원의 실천이 강조된다는 점이다. 문제해결형 학습동아리는 현실의 문제를 해결하고 개선하려는 뚜렷한 목적을 가지고 있기 때문에 구성원의 실천력 배양에 초점을 둔다. 그래서 동아리 구성원들이 명확한 문제의식을 가질 수 있도록 토론과 성찰활동이 주된 학습 방법이 된다.

개념적 수준에서 학습동아리의 유형은 이렇게 세 가지로 구분되지만, 실제로 운영되는 학습동아리는 이 세 가지 유형의 특징을 복합적으로 가지는 경우가 많다. 예컨대, 특정한 내용에 대한 심화학습을 목적으로 학습동아리를 운영하는 가운데, 구성원들이 동아리 활동을 통해서 학습한 내용을 지역사회에 환원하기 위해 참여 · 봉사하는 경우가 많다. 그리고 이러한 참여와 봉사 과정의 경험을 다시 학습의 주제로 삼아 동아리 구성원의 실천 능력 함양을 지속적으로 경주하는 동아리 사례는 심화학습형 학습동아리 성격과 문제해결형 학습동아리 성격이 서로 혼화되어 있는 상태라고 볼 수 있다. 이뿐만 아니라 처음에는 주제에 대한 흥미를 중심으로 심화학습형 학습동아리 성격으로 운영되다가, 점차 주제에 대한 전문가 집단으로 성격이 변모하면서 전문탐구형 학습동아리의 모습을 보이기도 한다.

2) 지역학습공동체

지역학습공동체는 마을주민처럼 비슷한 지역성(locality)을 기반으로 하는 사람들이 함께 참여하는 학습공동체로서, 다음 장에서 살펴볼 지역사회 평생교육의 전형적인 사례이기도 하다. 지역성이란 단순히 특정한 물리적인 장소를 가리키는 것이 아니라, 지리적인 근접성으로 빈번하게 왕래하고, 그럼으로써 생활습관이나 문화적 가치 등을 공유하는 사람들이 생활하는 공간을 의미한다. 마을 혹은 동네라고 부르는 공간이 대표적인 예이다.

지역성을 부각하는 학습공동체인 지역학습공동체는 크게 두 가지 유형으로 구분할 수 있다. 먼저, 마을에 거주하고 있는 사람들이 마을이라는 지리적 공간에서 함께 모여서 학습하는 공동체 유형이다. 이는 주민들이 마을이라는 공동체 맥락 속에서 함께 모여 학습하는 형태(learning in the community)로서(Hugo, 2002; Jarvis, 2004), 마을에 있는 주민자치센터나 복지관 등에서 운영하는 평생교육 프로그램과 학습동아리에 함께 참여하거나, 배달강좌처럼 지역주민들이 손쉽게 접근할 수 있는 마을회관, 체육관, 경로당 등과 같은 마을 공간을 이용하여 함께 교육에 참여하는 경우가 이에 해당한다. 이러한 지역학습공동체는 '개인 성장(growth of personality)'을 목적으로 한다는 특징을 보인다(Hugo, 2002: 13). 또한 주민들이 자신에게 주어진 여건 속에서 윤택하고 효율적으로 생활하는 데 필요한 학습을 마을 자원을 활용하여 공동으로 학습한다는 점에서 적응적 성격의 학습이 두드러지는 지역학습공동체 유형이라고 할 수 있다.

또 다른 지역학습공동체 유형은 주민들이 자신들의 생활세계인 마을에 상존하는 여러 문제를 함께 인식하고 이를 해결하기 위한 협력적인 노력을 투입하여 마을의 물리적 · 문화적 환경을 개선하는 과정을 통해서 학습하는 공동체이다. 이러한 형태의 지역학습공동체는 구체적인 문제 상황으로부터 마을의 변화를 이끌어 내는 실천 과정과 이를 뒷받침하는 현장성을 갖춘 지식(local knowledge)을 공동으로 구성하는 과정을 학습(learning for community action and/or development)으로 규정한다(Hugo, 2002; Jarvis, 2004). 지역학습공동체는 사회 개혁을 실천하는 '시민지성(civic intelligence)' 혹은 '사회적 지성(social intelligence)'의 개발을 강조한다(Hugo, 2002; 15). 최근 평생교육 분야에서 주목하는 마을 만들기 사업에 있어서 학습의 특징과 협동 가능성을 모색하는 움직임(양병찬, 2015)이나 작은 도서관 운동을 중심으로 지역의 학습력을 복원하는 움직임(김영경, 2016; 양병찬, 지희숙, 2011)은 실천적 학습 과정을 핵심 목적으로 하는 지역학습공동체의 대표적인 사례이다. 이러한 지역학습공동체는 변혁적 성격을 갖는다고 볼 수 있다. 왜냐하면 마을의 물리적 · 문화적 조건을 개선함으로써 지속 가능한 마을의 내발적 성장 동력을 육성하는 데 주안점을 두기 때문이다.

적응적 성격의 지역학습공동체와 변혁적 성격의 지역학습공동체 둘 모두는 일정한 지역성을 전제로 두고, 자발성과 연대성을 기초로 구성원들이 함

표 9-1 적응적 성격의 지역학습공동체와 변혁적 성격의 지역학습공동체 비교

		적응적인 지역학습공동체	변혁적인 지역학습공동체
공통점		• 지역성: 마을, 동네 • 공동체의 핵심활동: 학습 • 구성원 특성: 자발적 참여와 연대성	
차이점	공동체 속성	지원받는(sponsored) 학습공동체	자조적(self-organizing) 학습공동체
	학습-실천 관계	학습과 실천의 구분	실천을 통한 학습
	학습목표	개인의 성장	마을의 개선, 변혁
	'지역'의 의미	학습의 물리적 환경	학습 주제, 학습 대상

께 학습하는 모습을 공동체의 핵심 현상으로 간주한다는 점에서 공통적이다. 하지만 〈표 9-1〉에 간략히 제시되어 있는 것처럼 두 가지 지역학습공동체의 성격은 몇 가지 차이점을 보인다.

먼저, 공동체 속성 측면에서 적응적 성격의 지역학습공동체는 외부의 전문기관이나 단체로부터 교육 콘텐츠나 강사나 상담인력과 같은 전문 인력의 지원 또는 이러한 교육자원을 동원하는 데 필요한 재정적인 지원을 받는 경우가 많다. 그러나 변혁적 성격의 지역학습공동체는 주민들이 직접 문제를 인식하고 개선하려는 노력을 스스로 시도하는 자조적(自助的) 풀뿌리 지역운동의 성격이 강한 편이다. 학습-실천 관계에 있어서도 적응적인 지역학습공동체는 프로그램이나 강좌에서 배운 내용을 일상생활의 개선과 문제해결로 연결 짓는 시도를 반드시 전제하지 않지만, 변혁적인 지역학습공동체는 일상에서 포착한 구체적인 문제해결의 과정인 토론, 성찰, 실천 등의 활동이 곧 학습이라고 본다. 또한 적응적인 지역학습공동체는 구성원 각자가 가지고 있는 요구와 관심을 충족하기 위하여 배움에 함께 참여하는 경우가 많은 반면, 변혁적인 지역학습공동체는 구성원들이 가지고 있는 개별적 이해를 넘어서 모두가 함께 공유하는 공동의 이해와 고민, 즉 마을공동체 차원의 문제를 개선함으로써 공동체 구성원들의 보다 향상된 삶의 질을 목표로 한다. 결국 적응적 성격의 지역학습공동체에 있어서 지역이란 학습이 이루어지는 맥락이자 환경의 의미를 갖지만, 변혁적 성격의 지역학습공동체의 경우에는 풀어가야 할 문제 그 자체, 즉 학습 주제 혹은 학습 대상이라는 점에서 구별된다.

두 가지 지역학습공동체의 성격은 개념적으로는 구분할 수 있지만, 실제로는 서로 대비되는 별개의 현상으로 나타나지 않는다. 무엇보다도 적응적 성격의 지역학습공동체로서 축적한 구성원들의 학습 경험은 변혁적 성격의 지역학습공동체로 거듭날 수 있는 원동력이라는 점에서 두 개념은 양자택일의 문제로 귀착될 수 없다. 지역의 문제에 대해서 생산적인 의사결정을 추진할 수 있는 가능성과 그 과정에서 다양한 대안을 적극적으로 개진하고 독자적인 실천 방안을 생성할 수 있는 힘은 그에 필요한 지식, 기술, 태도 등을 기를 수 있는 교육 기회들을 통해서 성취할 수 있기 때문이다. 결국 적응적 지역학습공동체의 성격은 애초에 충분한 자조 역량을 갖추지 못한 지역이 점차 변혁적 지역학습공동체의 성격을 갖춘 내발적인 지역으로 탈바꿈하는 과정에서 나타나는 과도기적 특성이라고 할 수 있다. 또 달리 표현하면, 변혁적 지역학습공동체의 지속 가능성은 공동체가 포함하는 보다 작은 단위의 적응적 지역학습공동체 활동으로부터 에너지를 공급받아 유지 · 발전하는 것이기도 하다.

3. 마을 만들기와 학습공동체

1) 마을 만들기에서 학습의 중요성

오늘날 사회의 교통수단이 발전하면서 과거에 비하여 훨씬 더 빠르고 훨씬 더 멀리 이동하는 것이 가능해졌다. 개인이 일상에서 활동할 수 있는 공간의 범위가 넓어질수록 특정한 지역에 머무르면서 스스로를 가두기보다, 다양한 지역을 찾아 이동하면서 자신에게 필요한 보다 다양한 기회를 엿보려는 모습이 현저하게 나타나기 마련이다. 결국 이동이 훨씬 더 용이해질수록 한 지역에 정주하려는 경향성은 빠르게 줄어드는 역설적인 상황을 접하게 된다. 2017년 국토교통부 주거실태조사 결과를 살펴보면 서울시에서 2010년 이후로 이사 경험이 있는 가구가 73.7%에 달하는 것으로 나타났다. 이처럼 사람들은 과거 이전 세대에 비하여 훨씬 더 빈번하게 거주 공간을 바꾸고 있으며, 잦은 거주지 변동은 결국 사람들이 자신이 살고 있는 지역에 대해서 애착심을 가지거나 관심을 기울일 기회를 봉쇄하는 효과를 가져온다. 또한 거주지역의 주민이라는 자기 정체성을 형성할 가능성도 줄어들 수밖에 없다.

거주지를 자주 옮겨 다님으로써, 사람들은 살아가는 생활 공간과 자신을 연결 지을 수 있는 계기를 마련하지 못하고 그 결과로 스스로 지역의 주민이라는 주인의식을 형성하지 못한 채 지역에 대해서 더욱 무관심해지는 악순환을 반복한다. 마을에 어떤 문제가 있는지도 모르고, 문제가 있다는 사실을 인지하더라도 그것을 굳이 자신의 삶과 관련지을 필요성을 깨닫지 못하기 때문에 외면해 버리기 일쑤이다. 이러한 지역에 대한 무관심은 지역이 노출하는 여러 가지 사회문제에 대처하는 데 있어서 주민들의 입지와 영향력을 축소하는 결과를 가져온다. 관련 관공서의 공무원들이나 외부 전문가가 지역 현안을 해결하는 주된 역할을 할 뿐, 주민은 그 과정을 지켜보는 방관자적 역할을 하거나 동원의 대상으로 전락한다. 주민자치, 주민참여, 풀뿌리 시민운동 등과 같은 주장들은 이러한 상황을 타개하려는 입장에서 등장하기 시작했다. 이러한 분위기 반전은 정치적 · 사회적으로 민주화 움직임이 가속하는 동시에, 지방자치가 부활하면서 지역 문제에 대해 보다 적극적인 주민의 역할을 주문하는 사회적 변화 흐름에 힘입은 바가 크다.

마을 만들기는 주민들의 자조적 노력을 통하여 주민 삶의 공간인 지역을 공동체성을 갖춘 공간으로 재생하려는 노력이자 시민운동이다. 마을 만들기의 실제는 '자생적 마을 만들기' '마을 만들기 운동' '계획수법으로서 마을 만들기'와 같이 조금씩 다른 특징을 가지는 모습으로 나타난다(김은희, 2012). 하지만 세 가지 유형 모두 공통적으로 '주민참여'를 핵심 요소로 파악하고 있다. 박승현(2005)은 마을 만들기를 경제공동체, 문화공동체, 자치공동체를 만드는 과정이라고 규정하며, 공동체 지향적 지역화 과정으로서 마을 만들기는 "근대국가가 쇠퇴한 이후 시장이 그 자리를 대신하는 신자유주의적 방식이 아니라, 주민자치와 결합된 지역공동체가 자율적이고 창조적인 힘으로 지속가능한 내발적 발전을 전면화시킨 방식"이라고 설명한다(이은진, 2006: 20에서 재인용). 결국 마을 만들기는 주민들의 참여와 상호부조를 바탕으로 지역의 공동체성을 복원하여 지역의 가치를 변화시키며, 지역의 경제적, 정치적, 문화적 성장을 추구하는 시도인 셈이다.

마을 만들기에서는 무엇보다도 주민이 '주인'으로 변모하는 과정을 필요로 한다. "지역의 문제에 무관심한 '무관심형 주민'"을 일깨우고, "근린지역 단위의 작은 문제들까지 정부가 처리하거나 해결해 주기를 요구하고 의존하는 '권리요구형 주민'"을 공공적 시민으로 전환하여 이들이 마을의 문제를 함께 고민하고 해결하는 이웃으로 거듭나게 하는 노력이 필요하다(이은진, 2006: 14). 이처럼 마을 만들기에서 주민들이 능동적으로 참여하고 각자의 책임을 감당할 수 있는 태도의 변화와 각성을 강조하는 까닭은 무엇보다도 마을은 사람들이 사는 곳이기 때문이다. 마을은 단순히 물리적인 공간만을 의미하지 않는다. 마을은 사람들이 근접한 공간에서 함께 살아가는 가운데 공동의 체험과 기억들을 쌓아 가는 생활문화 공간이다. 따라서 마을의 성격은 각종 건물이나 시설 수준에 좌우되는 것이 아니라 사람들이 함께 살아가는 관계의 구조와 속성에 달려 있다. 살기 좋은 마을로 변화한다는 말은 물리적 환경과 같은 하드웨어 차원의 개선도 포함하지만, 궁극적으로 마을을 구성하고 살아가는 주민들이 생활 속에서 드러내는 사고방식과 행위 수준의 발전을 내포한다. 이 점이 바로 교육과 학습의 개입을 마을 만들기 과정에 있어서 중요하게 거론하는 이유이다.

마을 만들기는 주민의 역량과 태도의 변화 그리고 인식 수준의 고양을 추구한다. 그러나 개인의 요구와 관심에 국한한 개인적 성장에 머무르지 않고 마을이 가지고 있는 공동의 문제로 시선을 확장하여 주민들이 함께 해결하는 경험까지 마련한다. 주민들은 마을 만들기라는 일종의 지역재생 프로젝트에 참여함으로써 개인적 성장을 이룰 수 있는 형식적 · 무형식적 학습 기회를 접하며, 협력적으로 지역의 현안과 과제들을 고민하고 해결해 가는 가운데 주민 상호 간의 관계성을 다져 갈 수 있다(이규선, 2017). 주민들이 마을 만들기를 진행하면서 축적하는 다양한 경험은 주민참여에 의한, 주민주도의, 주민의 삶을 위한 지속 가능한 마을 만들기의 문화적 토대를 구축하는 재료들이다. 마을 만들기를 통해서 결국 지역의 거주자는 지역에 소속감을 가지는 주

민으로, 나아가 지역문제에 주체성을 발휘하는 주인으로 진화해 갈 수 있는 계기를 가질 수 있다.

[참고자료] 마을 만들기 활동의 주요 갈래

김은희(2012)는 우리나라에서 진행된 마을 만들기 활동을 크게 '자생적 마을 만들기' '마을 만들기 운동' '계획수법으로서 마을 만들기' 유형으로 구분하여 소개하고 있다.

먼저 '자생적 마을 만들기'는 주로 작고 친밀한 동네 규모로 마을 주민들이 서로 친밀한 관계를 맺고 있어서 정주성이 비교적 안정적인 단독주택지에서 이루어지는 마을 만들기 형태이다. 말 그대로 일상생활 가운데 주민들이 스스로 인식하는 문제에 대해 주민들이 함께 모여서 변화를 모색하는 자발적이고 자조적인 마을 만들기 활동이다. 그 예로서 서울 용두동 꽃길골목 사례를 들 수 있다. 용두동 꽃길골목은 도시형 한옥이 옹기종기 모여 있던 마을에 한 주민이 취미생활로 화초를 가꾸는 모습을 보며 평소부터 알고 지내던 이웃들이 관심을 보인 데서 시작하였다. 그렇게 화초를 심고 가꾸는 일에 참여하는 주민들이 점차 늘어나면서 이제 화초를 가꾸는 일은 주민들의 공통 관심사로 발전하기에 이르렀다. 결국 마을 골목길 전체를 꽃길로 조성하는 일을 주민들이 자생적으로 꾸려 가기 시작했으며, 주민들의 사랑방 역할을 하는 마을 골목이 탄생하였다.

'마을 만들기 운동'은 정치적 · 사회적 변화에 따라서 주민자치의 분위기가 확산되면서 생겨나기 시작한 시민단체가 주도적인 역할을 하는 움직임이다. 마을 만들기를 '운동'으로 풀어냄으로써 주민참여가 단지 동원 가능한, 단발적이고 기능적인 도구 정도에 머무르지 않고 지속적인 주민참여가 가능한 지역문화의 변화를 추구하게 되었다. 운동으로서 마을 만들기가 성공하기 위해서는 '자생적 마을 만들기'나 '계획수법으로서 마을 만들기'와 달리 운동전망을 제시해 나가는 노력이 필요하다. 왜냐하면 '마을 만들기 운동'은 단순히 한 지역의 물리적 · 문화적 변혁에 그치는 것이 아니라, 그 동력을 다른 지역으로까지 보급하여 마을 만들기가 추구하는 가치를 사회 전체로 확산하는 역할을 자임하기 때문이다. 마을 만들기 운동의 사례로 자본주의 논리에 의한 개발에서 환경과 문화를 존중하는 개발로의 방향 전환을 모색하는 서울 인사동의 작은 가게 살리기 운동과 같은 경우를 들 수 있다.

'계획수법으로서 마을 만들기'는 주민들이 참여하는 도시계획 사업 형태로서 관에서 추진하는 도시계획과 마을 만들기를 결합하여 추진하는 것이다. 마을을 새롭게 재편하는 청사진을 그리는 당사자는 기본적으로 도시계획을 수립하는 국가나 지자체이지만, 그 과정에서 지역주민들을 배제하지 않고 적극적인 계획의 주체로 인정하며 참여를 유도하는 모습이 나타난다. 그럼으로써 도시계획의 틀 속에서 주민들의 삶을 고려한 마을의 실질적 개선을 도모하는 방식이다. 예를 들어서, 2009년부터 서울시는 저층 주거지의 지속성을 확보하는 휴먼타운 사업을 추진했는데, 주민참여를 통해서 지역주민들의 의견을 수렴하고 동의를 받아 내는 것이 작업이 기본 계획 과정에서 이루어졌다. '계획 수법으로서 마을 만들기'는 관이 주도하는 행정의 역할과 주민이 주된 역할을 하는 자생적 마을 만들기 및 마을 만들기 운동을 상호 연계할 수 있는 가능성을 제시한다는 점에서 의미를 갖는다.

출처: 김은희(2012). 마을 만들기는 운동이다. 김기호 외 공저, 우리, 마을만들기(pp. 11-39). 경기: 나무도시.

2) 마을 만들기를 통한 지역학습공동체 형성

마을 만들기는 마을 구성원들의 변화와 성장을 견인하며 지역의 발전을 추구하는 활동이다. 사람의 변화라는 교육으로 풀어 가야 할 차원과 지역의 물리적 · 문화적 환경의 변화라는 교육외적 차원은 마을 만들기를 지탱하는 두 가지 목표 차원이다. 마을 만들기는 대상인 마을을 중심으로 보면 지역재생 프로젝트이며, 참여주체인 사람을 중심으로 보면 실천적 학습 프로젝트라는 이중적 성격을 가지고 있다. 이처럼 주민들의 교육과 학습에 주목한다는 점에서 마을 만들기는 평생교육과 분명한 연결고리를 가지고 있다고 볼 수 있다. 평생교육의 관점에서 보았을 때, 마을 만들기는 지역의 현안에 대해서 지역의 자원을 동원하여 주민들이 참여하여 주민 스스로의 성장과 지역의 변혁을 함께 도모하는 실천적 학습 과정이다. 그리고 학습자로서 주민은 마을을 살아오면서 축적한 경험들을 가지고 참여하는 존재이자, 자신과 가족 그리고 이웃이 앞으로 살아갈 마을을 구상하는 가운데 당면한 마을 현실을 개조해 가는 존재이다.

마을 만들기는 일종의 실천적 학습 프로젝트이다. 마을 만들기를 지탱하는 핵심적인 학습 양상은 마을 만들기 맥락 외부에서 공급하는 지식과 이론, 기술적 소양 등을 터득하는 성격을 보이기보다, 마을의 문제를 해결하여 변혁해 가는 과정에 착근한 현장성 있는 지식과 이론을 스스로 생산하는 모습을 보인다(양병찬, 2015). 이러한 학습 경험을 바탕으로 마을 만들기에 참여하는 주민들의 임파워먼트(empowerment)를 기대할 수 있으며, 동시에 마을의 문화적 성숙도 고양할 수 있다. 많은 학자는 마을 만들기의 가장 중심에 주민참여가 자리 잡고 있으며, 주민참여의 폭과 깊이에 따라 마을 만들기의 성공적인 실천 가능성을 가늠해 볼 수 있다고 이야기한다. 따라서 참여하는 주민의 질적인 수준을 좌우하는 교육과 학습을 어떻게 구성하느냐의 문제는 마을 만들기의 성패를 좌우하는 핵심적인 준거가 된다.

학습 프로젝트로서 마을 만들기는 지역을 학습공동체로 변혁하는 활동이다. 즉, [그림 9-4]에서 볼 수 있는 바와 같이 지역학습공동체는 마을 만들기

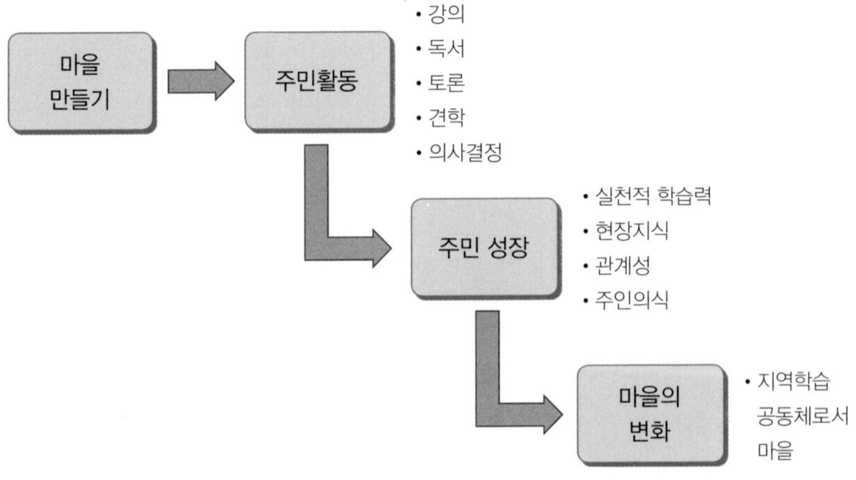

[그림 9-4] 마을 만들기를 통한 지역학습공동체 형성

를 실행하는 과정에서 수행하는 활동을 토대로 나타나는 실행 주체들의 성장 결과인 셈이다. 마을 만들기는 아무런 준비를 갖추지 않은 주민들이 모여서 되는 일이 아니다. 먼저 강의, 워크숍, 독서토론, 견학 등과 같은 학습을 통해서 마을 만들기가 무엇이고, 왜 필요하고, 어떻게 진행되며, 어떤 결과를 예측할 수 있는지에 대해서 이해하는 노력이 선행되어야 한다(김기호, 2012). 기본적인 학습이 어느 정도 이루어지고 나면 이제 주민들은 자신이 가지고 있는 지식과 경험을 토대로 마을에 대한 문제의식을 공유하고, 그에 대한 적절한 대응 방법을 함께 토론하며 구체적인 실천도 직접 해 보기 시작한다. 이러한 일련의 과정을 통해서 주민들은 마을 만들기가 주목할 의제들을 직접 설정할 수 있을 뿐만 아니라, 변화를 이끌어 내는 실천까지도 감당할 수 있는 리더로 성장한다. 그리고 이 과정에서 동료 이웃들과 함께 고민하면서 의견을 나누고 결정하며, 때로는 갈등하기도 했던 경험들을 가지고 '나'가 아닌 '우리'라는 유대의식을 함양한 공동체로 진화해 간다. 이러한 맥락에서 양병찬(2015: 15)은 시흥시 '학습마을' 사업 사례를 중심으로 마을 만들기 과정이 포함하고 있는 "마을 문제해결을 위한 토론, 의견교환, 공동 결정, 공동 책임 등의 민주적 훈련은 주민들의 자치의식 함양으로 이어져 궁극적으로 지역학습공동체 형성의 기반"이 된다고 평가한다.

정리하면, 마을 만들기는 본질적으로 참여하는 주민들의 학습을 필요로 하고, 학습의 결과는 주민들의 개별적 성장 차원에 머무르지 않고 함께 마을을 고민하는 지역학습공동체의 모습으로 구체화되는 것이다.

제 2 부

평생교육의 실제

LIFELONG EDUCATION

지역사회와 평생교육

지역사회는 지금 우리가 살고 있는 생활 공간이다. 지역사회에 대한 관심은 세계화(globalization)의 흐름 속에서 잊혀 가는 개별 지역의 독특한 가치를 강조하는 동시에, 개별적으로 고립되어 가는 삶 속에서 경험하기 쉬운 고독과 소외를 넘어서는 대안으로서 각광받고 있다. 여기서 지역사회는 계약적 관계에 의해서 성립하는 게젤샤프트(Gesellschaft), 즉 이익사회의 성격보다는 집단의 공익과 더불어 인간적 긴밀성과 교류를 바탕으로 개인의 사적 영역도 함께 존중하는 게마인샤프트(Gemeinschaft), 다시 말해 공동사회로서 공동체 모습에 가까운 모습이다. 지역사회 평생교육은 공동체로서 지역사회의 특성을 매개로 하여 전개되어야 할 교육적 실천 양상이자, 그러한 지역사회의 특성을 완성할 수 있는 핵심 원동력이 된다.

1. 지역사회에서 평생교육의 의미

1) 공동체로서 지역사회의 개념

지금 우리가 살고 있는 지역사회를 한마디로 정의하면, 일정한 지리적 영역에서 공동의 유대를 가지고 사회적 상호작용을 하는 인간 집단으로서 일상적 생활을 함께 영위해 가는 공동생활체라고 할 수 있다(곽삼근, 2005a). 공동체, 조직, 무리 등과 같이 외형적으로 지역사회의 개념과 비슷한 의미를 내포하는 용어들과 구분하여 지역사회는 대체로 물리적 공간을 전제로 한다는 점, 구성원들의 상호작용이 이루어진다는 점, 구성원들의 개별적 관심과 자유를 보장하려고 한다는 점에서 그 개념적 특성을 확인할 수 있다.

첫째, 지역사회는 일정한 물리적 공간을 전제로 한다. 지역사회는 주민에게 주거, 경제, 교육의 물리적 생활환경을 제공하며, 이러한 물리적 조건은 지역의 역사적 변천 과정 속에서 점진적으로 조형된 것이다. 또한 지역사회의 물리적 조건은 지역주민들의 생활 모습에 영향을 미쳐 구성원들의 활동을 촉진 혹은 저해하는 조건으로 작용하기도 한다. 즉, 하나의 지역사회를 다른 지역사회와 구별할 수 있는 특징은 지역주민들의 일상적 생활습관이나 문화적 특징에 따라서 나타난다. 그리고 이러한 차이는 주민들이 거주하는 지역사회의 지리적 특성 차이에서 기인하는 것이다. 이러한 점에서 지역사회의 물리적 공간은 지역사회를 이해하는 중요한 요소가 된다.

둘째, 지역사회는 사람들이 모여서 살아가는 공동체이다. 지역사회는 개인 단독으로 살아가는 모습을 가리키지 않는다. 지역사회는 다양한 가치와 생활양식을 가지고 있는 사람들이 함께 어우러져 살아가는 공동체적 성격을 내포하고 있다. 지역사회가 가지고 있는 공동체적 성격은 지역성, 지역사회 주민들의 지속적인 관계성, 주민들 간의 연대성으로 요약할 수 있다. 지역사회는 하나의 공동체이므로, 프로 스포츠가 열리는 경기장에 운집해 있는 관중들의 모임과 같이 단순히 사람들이 지리적으로 모여 있는 것만으로 지역사회를 규정할 수는 없다. 경기장의 관중들도 분명 사람들의 모임임에는 틀림없지만, 관중 상호 간의 긴밀하고 지속적인 교류가 이루어지지 않으며 밀접한 유대감의 형성도 전제하지 않는다는 점에서 공동체라고 보기 어렵다. 지역사회는 그 구성원 상호 간의 교류와 협력이 이루어지는 가운데 나름대로의 공동문화와 가치를 형성하고 전수하는 모습을 드러내며, 구성원 간의 유대감을 형성한 공동체이다.

셋째, 지역사회는 구성원들의 자발적인 합의와 신뢰에 기초한 보이지 않는 규칙에 따라서 공동선을 지향한다. 그리고 도덕적 자유를 행사할 수 있는 개인으로서 지역주민을 고려한다. 이러한 점에서 지역사회는 일정한 목적과 제도화된 규칙 그리고 구성원들의 규정된 역할을 바탕으로 각자의 임무를 수행하는 조직과는 구별되는 개념이라고 할 수 있다. 조직의 맥락에서 보면 구성원들은 자율적으로 활동하기보다는 조직의 목적과 비전에 따라서 담당해야 할 역할이 결정되기 마련이다. 조직은 조직의 성장이라는 집단적 관심에 따라서 체계적으로 활동하며 개인의 역할은 조직이 추구하는 목표에 의해서 조정된다. 반면, 지역사회는 구성원들의 개인적 관심과 자유로운 행위가 가능하며, '공익'이라는 이름으로 개인의 다양한 사적 영역이 일방적으로 침해받지 않는 생활세계이다.

요약하면, 지역사회는 일정한 물리적 공간을 전제로 하는 공동체의 한 형태라고 할 수 있다. 한 지역사회의 특징은 해당 지역사회의 물리적 환경에 따라서 다양하게 나타나기 때문에 지역의 물리적 · 지리적 조건을 이해하는 것은 지역사회를 파악하는 핵심적인 작업이 된다. 따라서 인터넷 카페와 같이 물리적 공간을 뛰어넘는 가상공간의 공동체는 지역사회의 범주에서 제외될 수밖에 없다. 지역사회는 개인과 개인이 함께 모임으로써 그 실체가 드러나지만, 이들이 모여 있는 구조와 성격에 따라 단순한 군집이나 사람들의 집합

과는 분명히 구별된다. 특히 지역사회는 사람들이 모여서 상호작용하는 가운데 고유의 문화적 양식과 생활 원리를 창출해 가는 역동적 성격을 갖는다. 이러한 점에서 지역사회의 공동체성을 다시 확인할 수 있다. 또한 지역사회는 구성원들의 도덕적 자유와 사적 관심사의 표출을 인정하는 집단이다. 공동선을 지향하기 위하여 지역사회는 형식적인 인간관계와 제도화된 규율 및 원칙에만 기초하여 구성원들의 책임과 역할을 규정하지 않는다. 지역사회는 공동선의 구현을 자유로운 개인으로서 자신의 자율적 판단과 행동의 가능성이 열린 상태에서 시도하는 공동체적인 성격을 지닌다.

2) 지역사회 개념에 비추어 본 평생교육

지역사회 평생교육은 그 용어 자체만을 놓고 이해하면 지역에서 이루어지는 다양한 형태의 교육을 총칭하는 개념이라고 할 수 있다. 그러나 이 정도의 개념 정의로는 지역사회 평생교육과 일반적으로 이해하고 있는 평생교육의 개념을 분명히 구분하기가 어렵다.

평생교육이란 전통적인 교육의 개념을 시간, 공간, 형식의 측면에서 확장하는 가운데 자연스럽게 지역사회의 각종 시설을 이용한 주민 대상의 다양한 교육과 아울러 지역사회 주민들이 생활 속에서 접하는 직접적인 경험 성장의 기회까지 모두 포섭한다. 따라서 단순히 교육이 이루어지는 '지역'이라는 공간 범주에만 근거해서 지역사회 평생교육 개념을 이해하고자 한다면, '지역사회'라는 수식어를 통해서 담아내는 의미와 특징을 제대로 포착하기 어려울 것이다.

앞서 언급한 것처럼 지역사회의 개념은 물리적 조건을 전제로 하고 있으며, 주민들 간의 지속적인 교류를 통한 지역 고유의 문화와 생활 원리를 창출하는 가능성에 주목하며, 자유로운 행위 주체로서 주민을 고려한다. 이러한 지역사회의 특징을 감안하였을 때, 지역사회 평생교육을 일반적인 평생교육

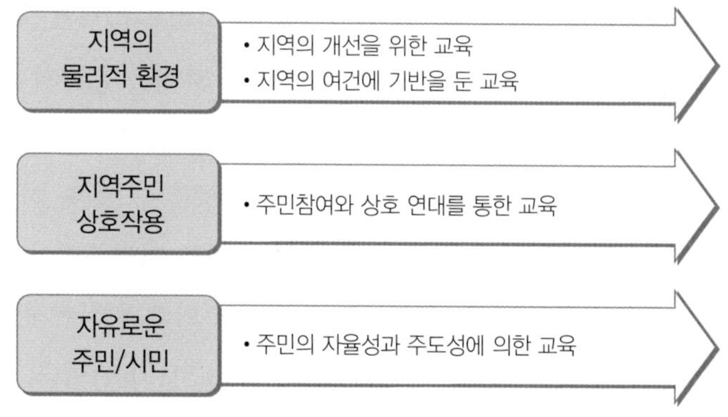

[그림 10-1] 지역사회 평생교육의 특징

과 개념적으로 구분할 수 있는 특성은 [그림 10-1]에 제시되어 있는 것처럼 세 가지로 정리할 수 있다.

첫째, 지역사회 평생교육은 지역의 여건에 기반을 둔 교육 실천이며, 지역의 물리적·문화적 환경을 개선하려는 의도를 내포한다. 지역사회에는 다양한 평생교육시설이 운영되고 있으며, 교육시설은 아니지만 지역주민을 대상으로 교육 프로그램을 운영하는 기관도 존재한다. 실천적인 측면에서 볼 때, 지역사회 평생교육은 해당 지역을 거점으로 하여 운영하는 모든 형태의 교육을 지칭할 수 있다. 하지만 개념적 측면에서 볼 때, 지역 안에서 운영되는 교육 프로그램이라고 하더라도 지역의 현실적 여건과 관심에 무관한 교육은 지역사회 평생교육의 진정한 모습이라고 이야기하기 어렵다. 또한 지역적 기반을 전제로 한다고 하더라도 교육 실천의 목적이 지역사회 구성원들이 공유하고 있는 지역사회문제와 무관한 개인적 흥미와 만족에 치중하는 것도 진정한 지역사회 평생교육과 거리가 있다. 지역공동체 차원에서 평생교육의 실천은 그 형식과 내용이 지역 환경과 주민들의 생활에 밀접한 관련성을 가짐으로써 지역의 문화적 특성을 대변하며, 지역의 조건과 상황에서 효과적으로 운영될 수 있어야 하며, 나아가 지역사회의 경제적, 문화적, 교육적 발전에 기여할 수 있어야 한다.

둘째, 지역사회 평생교육은 주민의 상호 연대와 참여를 바탕으로 이루어지는 교육활동이다. 지역주민은 상호 연대와 참여의 과정을 통해서 지역의 현안 과제를 '우리'의 문제로 인식하면서 함께 해결해 나갈 수 있다. 또한 이러한 과정에서 지역에 대한 애착과 공동체 의식도 형성할 수 있다. 지역의 구체적인 맥락에서 교육 내용을 결정하고 운영한다고 해도 지역주민의 고른 참여와 협력을 전제하지 않은 채 특정 집단이나 개인에 의해서 선택적으로 교육이 이루어진다면 이 또한 지역사회 평생교육이라고 보기 어렵다. 주민들의 참여와 유대의식에 기초한 연대와 협력을 보장함으로써 평생교육적 실천은 지역사회의 구체적 현안과 밀접하게 연계될 수 있는 가능성을 갖는다. 다시 말하면, 지역사회에 적합한 교육 프로그램이나 지원 사업을 외부의 전문가로부터 제공받고 외부의 역량에 의존하여 진행하는 사업은 실제 지역주민이 관심을 가지고 실질적으로 요구하는 사안과 분명한 거리를 보일 수밖에 없다. 지역사회의 외부인은 해당 지역의 특수한 상황과 배경에 대해서 충분한 정보의 확보나 심도 있는 이해가 어려울 수 있으므로 교육 실행에 있어서도 어려움을 겪을 가능성이 농후하다. 그렇기 때문에 지역사회 평생교육에서는 지역주민들이 지역에 대한 애착심과 책임의식을 바탕으로 적극적으로 지역사회의 바람직한 성장에 필요한 목소리를 내며 참여해야 한다. 지역주민은 단순히 외부 전문가의 조언이나 실천에만 의존하지 않고 지역공동체의 과제와 미래에 대해서 깊은 관심을 가지는 주체적인 존재로 거듭나야 한다.

셋째, 지역사회 평생교육은 상명하달식의 수직적 교육 운영체제를 탈피하여 지역주민의 자발성과 자기 결정성을 근간으로 하고 있다. 지역사회 평생교육은 교육을 실시하는 주체이자 교육의 주요 대상으로 지역주민을 고려한다. 지역주민은 일정한 기간 동안 비슷한 지역에서 거주해 오는 사람이다. 그러나 지역주민을 단순히 특정한 지리적 공간에 거주하고 있는 사람으로만 규정하며 지역사회 평생교육의 의미를 이해하려고 한다면, 지역사회 평생교육의 본연적 가치를 파악하는 데 한계가 있을 수밖에 없다. 지역사회 평생교육을 이해하기 위해서 지역주민을 단순한 지역의 거주자 의미를 넘어서, '시민(citizen)'으로 이해하는 것이 필요하다. 시민이란 사회적, 정치적, 경제적 차원에서 기본적인 자유와 권리를 스스로 행사할 수 있는 자유롭고 평등한 존재로서, 서로 밀접한 관계성을 가지며 공동의 문제를 스스로 해결하는 사람들이다(신진욱, 2008). 따라서 시민으로서 지역주민은 자유로운 존재로서 스스로의 행위에 대한 결정권과 그 결과에 대한 책임을 가지는 존재이며, 다양한 형태의 외적 조건에 대한 가치판단을 할 수 있는 존재이다. 이러한 시민을 교육의 주체이자 대상으로 전제하는 지역사회 평생교육은 비록 지역사회라는 집단적 차원에서 교육 실천의 양상을 포착하고 있지만, 지역사회 구성원의 개별성과 자율성을 침해하지 않고 존중하는 교육 실천으로서의 면모를 잃어버리지 않도록 유의해야 한다. 지역사회 평생교육은 집단적 관심만큼이나 구성원 개개인의 관심과 참여도 중요하다. 이러한 시민의 개념에 맞추어 지역주민을 이해함으로써 지역사회 평생교육은 주민들의 참여에 터한 자생적 평생교육 실천으로서 위상을 나타낼 수 있다.

[참고자료] 시민의 개념

시민은 크게 도덕적 자유, 사회적 연대, 참여의 가능성을 가지고 있는 존재이다(신진욱, 2008). 자유로운 시민이란 개인의 욕구와 이익을 자유롭게 추구할 수 있는 기회를 보장받는 사람을 뜻하는 것이 아니라, 타인과 사회에 대한 관심과 배려를 바탕으로 양심에 따라서 판단하고 행동할 수 있는 도덕적 자유를 행사할 수 있는 사람을 말한다. 그래서 자신의 도덕적 양심에 반하는 행동을 강요하면 개인의 도덕적 신념은 정치적 저항의 원천이 되며, 이것이 시민 불복종의 형태로 나타나게 된다. 합법적으로 인정되는 권위나 제도에 대해서 저항하는 시민 불복종은 민주주의와 사회의 법체계를 인정하는 가운데 개인 나름의 분명한 도덕적 판단 근거와 양심에 따라 행사할 수 있는 권리이다. 사회적 약자이기 때문에 사회의 지배적 가치와 문화를 일방적으로 따르기보다, 자신에게

부여되는 가치와 규범이 자신의 도덕적 판단에 근거해 비추어 보았을 때 바람직하지 않다면 거부할 수 있는 자유를 행사할 수 있는 존재가 바로 자유로운 시민인 것이다.

또한 시민은 공동체 의식을 가지고 사람들과 서로 소통하고 함께 행동할 수 있는 사회적 연대가 가능하다는 의미를 내포한다. 시민의 상호 연대 가능성이 중요한 까닭은 정치적 · 경제적 거대 권력을 견제하고 자신들의 권리를 지켜 낼 수 있는 원천이 시민들의 결집된 힘에서 출발하기 때문이다. 독립적인 개인들이 자발적으로 결성한 연합체가 두텁게 형성된 사회일수록 다원적이고 민주적인 역동성을 발휘할 수 있다.

물론 자유로운 시민들의 자발적 결사체 자체가 시민들의 목소리를 지켜 주고 다원적 민주주의를 보장하지는 않는다. 그러므로 앞선 두 가지 요건과 더불어서 자신이 속한 공동체의 구성 주체로서 사회적 현안에 대한 관심을 가지고 다른 구성원들과 함께 행동하고 참여하는 모습이 필요하다. 그렇게 함으로써 자신의 삶을 지켜 낼 수 있으며, 소속 공동체의 선(善)을 적극적으로 실현할 수 있는 존재가 된다. 지역사회 평생교육은 그 과정에 참여하는 주체로서 도덕적 자유, 사회적 연대 그리고 자발적 참여를 하는 지역주민의 위상을 전제로 하는 교육 실천이라고 할 수 있다.

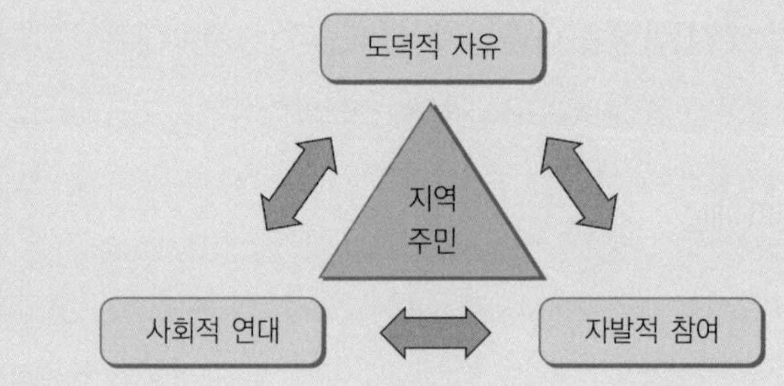

비슷한 맥락에서 오혁진(2006)은 오늘날 지역사회를 기반으로 하여 진정한 의미의 지역공동체를 구현하기 위한 평생교육을 지역공동체 평생교육이라고 정의하면서, 종래에 보편적으로 사용하던 지역사회 교육의 개념을 세 가지 차원으로 확장한다.

첫째, 지역사회학교 논의와 관련하여 주로 사용되었던 지역사회 교육의 개념에서는 지역사회의 일원으로서 학교가 가지는 역할의 확대에 주로 관심을 가졌다. 하지만 지역공동체 평생교육은 학교의 역할을 포함한 지역의 다양한 조직과 시설이 지역주민을 대상으로 제공하는 평생교육적 기능과 의미를 포괄적으로 이해하고 다룬다.

둘째, 지역공동체 평생교육은 '커뮤니티(community)'가 가지는 두 가지 의미, 즉 지역성과 공동체성 모두를 강조한다. 지역공동체 평생교육은 지역사회 교육의 개념을 특정한 지역에서 나타나는 교육의 모습만 담아내는 의미로 사용함으로써 가지는 한계, 즉 물리적 경계와 상관없이 지역이 가지는 공동체로서의 특징을 제대로 포착하지 못하는 약점을 극복하고자 한다.

셋째, 지역공동체 평생교육은 급속한 세계화의 추세에서 새롭게 조명되는 지역의 의미와 역할을 교육적 맥락에서 재해석한다. 지역사회 교육에서 고려하는 지역성은 개별 지역들이 가지고 있는 특수성에 주된 가치를 두는 반면, 지역공동체 교육은 세계화의 움직임이 야기하는 문제점과 한계를 극복할 수 있는 대안을 지역에서 발견함으로써 세계화와 지역화가 서로 보완하는 관계구도 속에서 균형적으로 발전하는 데 관심을 갖는다.

이러한 지역공동체 평생교육의 의미와 맥을 같이하는 지역사회 평생교육은 개인과 지역사회의 공진화(co-evolution)를 염두에 둔다. 개인과 지역사회의 공진화란 어느 한쪽이 다른 한쪽의 부분으로서 기능하는 비대칭적인 관계가 아닌, 양자의 성장과 발전이 상호 대등한 관계 속에서 보완적으로 조화를 이루며 동시에 진행되는 것을 의미한다. 발전하는 지역사회에서 지역주민들은 자신들이 필요로 하는 재화와 서비스를 충분히 생산하고 효율적으로 분배 · 소비하며, 생활에 필요한 지식과 행동 방식을 계속해서 전수할 수 있다. 그렇기 때문에 지역사회의 발전은 주민들의 삶의 수준이 한층 더 향상될 수 있는 환경을 마련할 수 있다. 또한 주민들이 사회의 규범에 순응하고 지역의 공동 노력에 적극 참여하며 어려움에 직면하였을 때 서로 협력하여 상호 부조하는 역할을 수행함으로써 지역사회는 정치적, 경제적, 문화적으로 성장할 수 있다. 교육을 통한 주민의 성장은 지역사회 발전의 필수적인 근간이다

(곽삼근, 2005a). 결국 지역주민의 행복한 삶을 돕는 지역사회 평생교육의 목표는 자연스럽게 지역사회의 성장과 발전의 동력을 가속하는 목표와 만날 수밖에 없다. 따라서 지역사회 평생교육에 있어서 개인과 지역사회는 양자택일의 문제가 아니라, 서로 결합되어 있는 관심사라고 볼 수 있다.

2. 지역사회 평생교육의 실천

1) 평생학습도시

평생학습도시 사업은 지역사회의 수준에서 평생교육의 활성화를 도모하는 대표적인 정책이다. 평생학습도시란 개인의 자아실현, 사회적 통합 증진, 경제적 경쟁력 제고를 통해 궁극적으로 개인의 삶의 질을 제고하고 도시 전체의 경쟁력을 향상시킬 수 있도록 언제, 어디서, 누구나 원하는 학습을 즐길 수 있는 학습공동체 건설을 도모하는 총체적 도시 재구조화(restructuring) 운동이자, 지역사회의 모든 교육 자원을 기관 간, 지역사회 간, 국가 간 연계시킴으로써 네트워킹 학습공동체를 형성하려는 지역사회 주민에 의한, 시민을 위한, 시민의 지역사회 교육운동이라고 할 수 있다(양병찬, 2002).

평생학습도시는 도시에 거주하는 시민들의 자유로운 학습 욕구를 효과적으로 실현할 수 있는 지역이다. 이를 위해서 평생학습도시는 풍부한 학습 자원을 갖추고 있어야 하며, 시민들이 지역 내 학습 자원을 효과적으로 활용할 수 있는 제도적 기반을 갖추고 있어야 한다. 또한 시민들 스스로 학습이 담고 있는 개인적 · 사회적 차원의 긍정적인 가치를 인식함으로써 자기주도적으로 학습을 실행하려는 의지를 보여 줄 수 있어야 한다. 간단히 정리하면, 평생학습도시 사업은 이러한 세 가지 차원, 즉 시민들의 학습 욕구 실현, 도시의 학습 자원 개발, 제도적인 학습 지원 기반 구축에 있어서 도시의 성격을 개조하는 노력이다. 그리고 그 궁극적인 목적은 도시 전체의 성장 동력과 경쟁력을 향상하여 도시민의 삶의 만족도를 배가하려는 데 있다.

지역사회의 성장과 발전에 대하여 크게 두 가지 접근을 생각해 볼 수 있다. 첫 번째 접근은 지역사회가 가지지 못하는 외부의 자원이나 인력을 외부로부터 유치하는 방법을 주로 이용하는 것이다. 이는 외부 투자자나 기관에 대한 인센티브를 제공하여 이들이 지역에 거점을 두고 활동할 수 있도록 지원함으로써 지역을 활성화하려는 것이다. 그러나 외부로부터 끌어들이는 자원에 의존한 지역 개발은 지역의 외형적 성장에는 어느 정도 기여할 수 있지만, 지역 자체의 자생적 성장 동력을 배양하는 데는 한계가 있을 수밖에 없다. 빠르게 발전하는 지역 성장의 근원이 물리적으로는 지역 내에 위치하고 있지만, 그 주체는 여전히 외부자이기 때문이다. 지역 여건이 변하여 외부로부터 들어온 자원이 지역을 떠나고 나면, 그 이후의 지역 발전을 견인할 동력을 찾기가 어려워져서 난관에 부딪히게 된다. 따라서 미래의 변화하는 환경에서도 지역의 지속 가능한 발전을 담보하려면 무엇보다도 외부로부터 도래한 지역 성장의 동력이 지역 내부에 뿌리내려야 한다.

지역사회의 성장과 발전을 시도하는 두 번째 접근은 지역이 자체적으로 보유하고 있는 내부 역량을 극대화하는 시도이다. 이는 지역주민의 역량 증진, 지역주민의 참여의식 제고, 지역문화의 혁신, 지역의 독자적 문제해결 능력 강화 등을 통해서 지역이 자주적으로 변화하는 환경에 효과적으로 대응할 수 있는 능력을 기르도록 하는 것을 말한다. 평생학습도시 사업은 지역주민의 학습을 중요한 견인 수단으로 부각하는 이러한 접근 방식을 근간으로 한다. 즉, 지역사회의 지속 가능한 발전 가능성을 제고하기 위하여 무엇보다도 지역주민의 역량 증진과 이들의 참여를 필수적인 기제로 여기는 것이다. 그리고 지역주민의 역량 계발과 의식 개혁에 핵심적인 수단이 되는 학습 기회를 활성화함으로써 지역의 전반적인 체질을 개선하고자 노력한다. 이를 위하여 주민이 필요로 하는 학습 기회를 지역사회 차원에서 체계적으로 제공할 뿐만 아니라 학습 참여 과정을 조직적으로 지원함으로써 주민들이 자신들의 삶의 욕구를 지역사회 안에서 충분히 충족할 수 있도록 한다. 이러한 시도를 통하여 내부자로서 주민들이 개인적인 행복을 원만하게 추구할 수 있도록 보장하고, 이들의 전반적인 능력 수준과 지역사회에 대한 애착과 관심을 증진할 수 있다. "평생학습도시는 시민 없는 도시의 시민 만들기 사업"이라는 표현(한숭희, 2009: 247)은 이러한 측면에서 평생학습도시 사업의 근본적인 취지를 단적으로 보여 주는 것이라 할 수 있다.

평생학습도시는 지역사회 발전을 위하여 다른 무엇보다도 지역주민의 학습을 핵심적인 도구로 활용한다. 평생학습도시 사업은 지역주민의 다양한 삶의 관심과 요구를 반영한 학습 기회 제공에 관심을 두며, 주민들의 능동적인 학습 참여와 학습에 대한 긍정적 인식을 형성하고자 다각적인 노력을 기울인다. 그럼으로써 지역주민의 성장과 참여의 확대로 대표되는 도시의 내부 역량을 강화한다. 또한 많은 평생학습도시 전문가는 학습도시의 원활한 기능을 지원할 수 있는 제도적 기반으로서 네트워크 체제를 구축할 것을 강조한다. 지역주민들의 역량을 계발하더라도 이 계발된 역량을 실제 지역사회 발전에 동원하려면, 이들을 효율적으로 배치 · 운영 · 관리할 수 있는 제도적 기반이 마련되어야 하기 때문이다.

네트워크 체제를 구축함으로써 지역사회는 지역사회를 구성하는 여러 집단이 함께 문제를 해결하고 성장을 추구할 수 있는 기반을 갖출 수 있다. [그림 10-2]에 나타나 있는 것처럼, 지역주민의 학습을 촉진하기 위해서 인적 네트워크, 사업 네트워크, 시설 네트워크 그리고 정보 네트워크가 잘 구성되어야 한다. 즉, 도시가 보유하고 있는 평생교육 역량을 결집하기 위해서는 평생교육 전문가, 봉사자들의 협업체제(인적 네트워크), 지역 내 기관들의 사업의 공동 운영(사업 네트워크), 시설의 공동 사용(시설 네트워크) 그리고 다양한 정보의 원활한 유통과 공유(정보 네트워크)가 효율적으로 실행되어야 한다. 네트워킹은 평생학습도시 안에 산재해 있는 평생학습 역량을 효과적으로 결

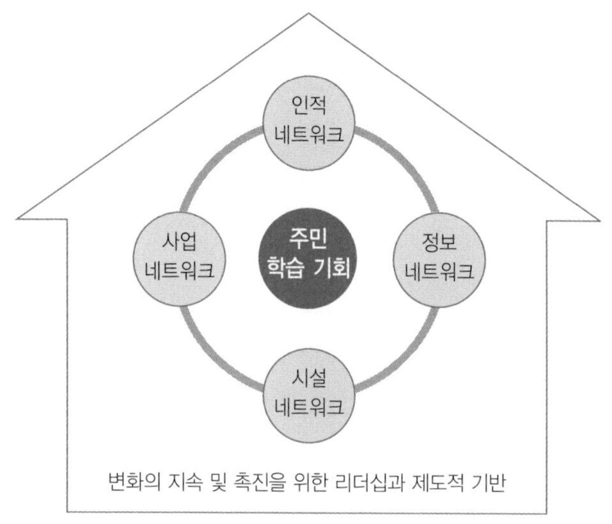

[그림 10-2] 평생학습도시의 네트워크 유형

집하여 관리할 수 있는 체계적인 활동으로서 중요한 의미를 갖는다.

평생학습 네트워크가 실질적으로 기능하기 위해서는 변화촉진자로서 평생교육 담당자들의 리더십과 시민들의 셀프리더십이 요구된다. 평생교육 담당자들의 리더십은 학습도시의 지속적인 변화 및 성장을 가능하게 하는 요소이다. 즉, 평생교육의 리더는 주민들의 평생학습 참여가 도시 전체 성장의 디딤돌이 된다는 점을 분명히 알릴 수 있어야 하고, 도시가 추구하는 궁극적인 지향점을 명확하게 제시하면서 주민들의 학습참여를 독려할 수 있는 자질을 가지고 있어야 한다. 그리고 학습자로서 시민은 학습을 통한 자기 성장의 개인적·사회적 가치를 총체적으로 이해하고, 자신의 학습 경험을 도시의 현안 해결과 발전에 환원하려는 자발적인 참여와 관심사를 스스로 표명할 수 있어야 하며, 궁극적으로 자신의 학습을 주도적으로 이끌어 갈 수 있어야 한다.

평생학습도시 사업은 2001년 경기도 광명시, 전라북도 진안군 그리고 대전광역시 유성구의 3개 기초자치단체를 평생학습도시로 지정하면서 시작되었다. 2001년 이래로 평생학습도시 사업은 잠시 중단되기도 했지만, 해마다

표 10-1 우리나라 평생학습도시 지정 현황

(2018년 12월 현재)

광역	도시 개수	지정연도														
		'01	'02	'03	'04	'05	'06	'07	'11	'12	'13	'14	'15	'16	'17	'18
서울	17	–	–	–	관악구	양천구 성북구	영등포구	강동구 강서구 마포구	–	은평구	금천구 서대문구 강남구 노원구 도봉구 송파구	–	–	용산구	–	중랑구 구로구
부산	14	–	해운대구	–	–	–	연제구	사상구	영도구	부산진구	남구 사하구 서구 금정구	기장군	–	동구	북구 중구	수영구
대구	4	–	–	–	–	달서구 동구	–	–	수성구	–	북구	–	–	–	–	–
인천	6	–	–	연수구	–	부평구	남구	–	남동구	–	–	서구	–	–	계양구	–
광주	5	–	–	–	–	남구	동구 광산구	–	북구	–	–	–	서구	–	–	–
대전	4	유성구	–	–	–	–	–	대덕구	–	동구	서구	–	–	–	–	–
울산	5	–	–	–	–	–	울주군	중구	–	북구	–	–	–	동구	–	남구
경기	27	광명시	부천시	–	이천시	수원시 구리시	안산시 용인시 시흥시 평택시	과천시 안양시	남양주시	포천시	군포시 의정부시 김포시 성남시 화성시 양주시 의왕시 가평군	고양시 양평군 연천군	오산시	–	여주시	파주시

강원	11	–	–	–	–	–	삼척시 화천군	강릉시 횡성군	–	동해시	평창군 인제군	홍천군	철원군	영월군	–	춘천시
충북	8	–	–	–	청주시	제천시 단양군	진천군	–	–	–	음성군 옥천군	증평군	충주시	–	–	–
충남	13	–	–	–	금산군	부여군	태안군 아산시 서산시	천안시 서천군	–	당진시	홍성군	예산군	논산시	공주시	–	보령시
전북	9	진안군	–	–	전주시	익산시	남원시 김제시 정읍시	군산시	완주군	–	–	–	–	–	부안군	–
전남	12	–	–	순천시	목포시 (신안, 무안)	–	여수시 광양시 곡성군	강진군 영암군	–	–	–	담양군	화순군	고흥군	영광군 완도군	–
경북	10	–	–	안동군	칠곡군	–	–	구미시 경산시	–	포항시	경주시 영주시	청도군	김천시	–	의성군	–
경남	13	–	–	거창군	창원시	김해시 남해군	양산시 하동군	진주시 통영시	–	–	창녕군	합천군	–	함안군	밀양시 산청군	–
제주	2	–	제주시	서귀포시	–	–	–	–	–	–	–	–	–	–	–	–
계	160	3	3	5	8	14	24	19	6	8	28	11	7	7	10	7

※ '08~'10년에는 신규 평생학습도시 지정이 이루어지지 않음.

순차적으로 평생학습도시의 수를 증가시켜 나갔다. 그래서 〈표 10-1〉에서 보는 바와 같이, 2018년 12월 현재까지 모두 160개의 기초자치단체가 평생학습도시로 지정되었다.

2) 행복학습센터[1)]

행복학습센터를 설치하여 운영하는 사업은 평생학습도시 사업과 마찬가지로 지역사회 주민들의 평생학습 기회 보장을 위한 정책적 노력이다. 행복학습센터 설치는 2014년에 교육부 평생학습사업으로 처음 시작된 사업으로서 읍·면·동 수준에 주민들이 이용할 수 있는 근거리 평생학습배움터를 마련하려는 노력이다. 행복학습센터 사업과 평생학습도시 사업은 지역사회가 주민들의 배움의 욕구를 보다 효율적으로 담아낼 수 있는 공간으로 체질을 바꾸는 시도라는 점에서 공통적이다. 그러나 평생학습도시 사업이 주로 도시 전체, 즉 기초자치단체 수준—시·군·구 차원—에서 법적·제도적 기반 마련, 학습인프라 구축, 프로그램 정비, 인력 양성 등에 주력하는 사업이라면, 행복학습센터 사업은 기초자치단체보다 한층 더 미시적인 수준—읍·면·동 차원—에서 주민들이 직접 참여하는 실제 교육 프로그램이나 학습동아리 활동 등을 지원할 수 있는 공간적 기반을 구축하는 사업이라는 점에서 차이를 보인다.

행복학습센터는 「평생교육법」 제21조의3에서 규정하고 있는 읍·면·동 평생학습센터를 실현한 형태라고 이해할 수 있다. 아무리 좋은 프로그램을 개발하고 강사를 양성했다고 하더라도 주민들이 제대로 프로그램에 참여하

1) 사실 정부 차원의 행복학습센터 지원 사업은 2017년을 끝으로 종료되었다. 그럼에도 불구하고 정책적 지원을 중단한 사업에 대한 내용을 개정판에 굳이 삽입한 까닭은, 행복학습센터나 작은 도서관과 같은 주민들의 일상에 밀착한 미시적, 근거리 배움터를 발굴하고 육성하는 일이 정책사업과 상관없이 지역 평생학습 활성화 차원에서 여전히 유효하기 때문이다.

기 어렵다면 이러한 노력의 가치는 아무래도 퇴색할 수밖에 없다. 행복학습센터는 주민들이 학습에 참여할 때 겪는 이동 거리나 시간 등에서의 어려움을 지원하기 위하여 주민들의 일상 공간 속으로 좀 더 깊이 파고들어 간 배움터이다. 즉, 평생학습도시에서 중추적인 역할을 하는 지역의 평생학습관이나 평생학습센터만으로 감당하기 어려운 주민들의 평생교육 접근성 문제를 해소하려는 시도가 행복학습센터를 설치하려는 주된 동기인 것이다. [그림 10-3]에서는 행복학습센터와 거점지원센터인 지역 평생학습관이나 평생학습센터의 관계를 확인해 볼 수 있다.

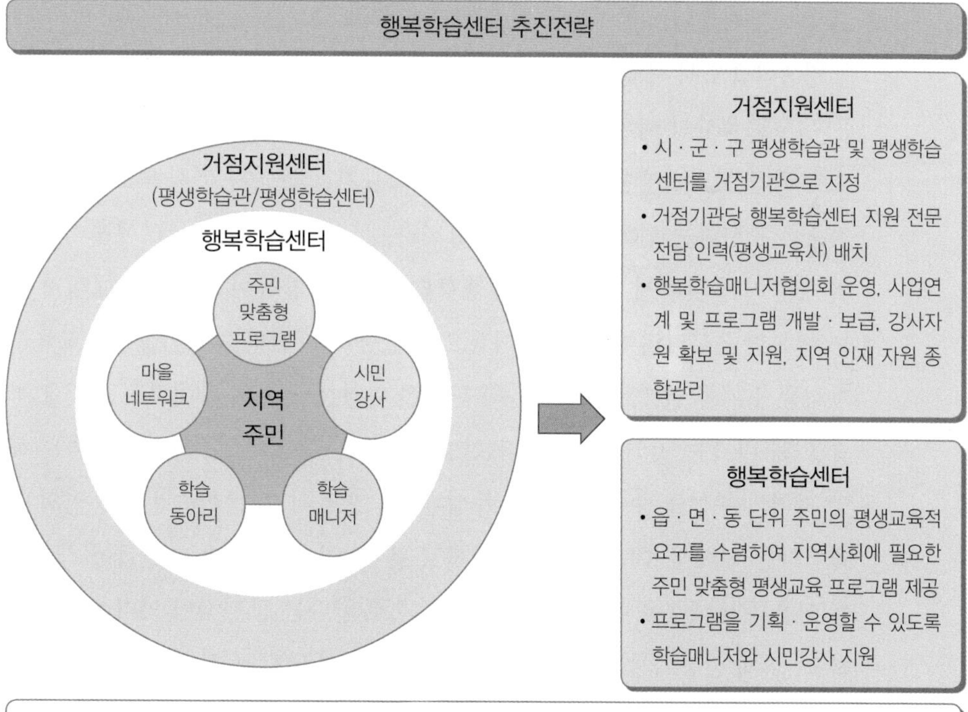

[그림 10-3] 행복학습센터와 거점지원센터의 관계

출처: 변종임, 고영상(2013). 제10차 평생교육정책포럼 자료집(p. 70). 서울: 국가평생교육진흥원.

행복학습센터 사업의 특징을 한마디로 요약하면 지역주민들의 접근성을 최대한 살릴 수 있는 근거리 학습센터를 마련하는 것이다. 그럼으로써 지역주민들의 평생학습 기회를 확대하고 지역주민들의 교류를 활성화하여 주민들의 자치역량을 기르는 동시에 말 그대로 지역에서의 삶이 배움을 통해 '행복'해질 수 있도록 하려는 취지를 가지고 있다. 행복학습센터 사업이 추구하는 근거리 학습센터의 마련은 신규로 건물을 건축하는 것이 아닌, 지역에 있는 기존의 유휴공간을 활용하고 지역의 자원을 발굴・연계하는 방식을 취한다. 그래서 주로 주민들의 일상과 밀착해 있는 경로당, 작은 도서관, 아파트 관리사무소, 주민자치센터 등과 같은 공간을 행복학습센터로 전환하는 방식으로 이루어진다.

평생학습도시 사업이 지역의 평생교육 사업을 전문적으로 추진해 갈 수 있는 평생교육사의 배치를 강조하는 것처럼 행복학습센터 역시 주민들을 대상으로 하는 프로그램을 운영・관리하며, 학습자를 관리하고 학습요구를 주기적으로 조사하는 인력의 확보가 필요하다. 실제로 행복학습센터에는 주민들의 눈높이에 맞춰서 봉사하는 평생학습주민활동가들이 행복학습매니저 또는 행복학습코디네이터 등의 이름으로 활동하고 있다. 이들은 평생교육사 자격증 소지와 별개로 평생학습과 관련한 다양한 활동에 참여하고 스스로 학습을 해 나가는 지역주민들이다(현영섭, 2015). 평생학습주민활동가들은 해당 지역의 주민들 중에서 발굴・육성한 인력으로서, 행복학습센터 운영의 주축이라는 점에서 주민참여의 한 형태로 볼 수 있다. 하지만 주민들이 참여하여 이웃들의 배움을 돕는 역할을 주도적으로 한다는 긍정적인 의미에도 불구하고, 실제 현장에서는 평생학습주민활동가들이 담당하는 직무의 성격과 범위가 매우 다양하고, 이들에 대한 기대 수준도 지역에 따라서 편차가 크게 나타나고 있는 문제점을 노출하고 있다. 이러한 문제점은 행복학습매니저들의 정체성 혼란을 가중하고 이들의 전문성을 의심하는 단초가 된다(서희정, 방정은, 2016). 따라서 지역별로 행복학습센터의 특성과 행복학습매니저의 역할을 합의하는 것이 필요하며, 이를 토대로 행복학습센터에서 활동하는 사람들이 감당할 직무와 요구되는 역량체계를 정립하는 작업이 시급하다.

본래의 취지를 살려서 행복학습센터의 운영을 지속적으로 유지하려면 무엇보다도 '근거리 학습센터'라는 특징을 살려야 한다. 앞서 언급했듯이 행복학습센터는 평생학습관, 평생학습센터에 비하여 훨씬 주민들의 일상에 밀착해 있는 배움터이다. 다시 말하면, 행복학습센터는 주민들과 가장 가까운 거리에서 교육을 실행하는 기관이므로 평생학습관, 복지관, 도서관 등이 쉽게 풀어내기 힘든 지역과 주민들만의 고유한 요구를 반영한 지역친화적 프로그램을 운영할 수 있다. 그리고 행복학습센터를 기반으로 운영하는 교육프로그램이나 학습동아리 활동이 지역의 독특한 관심이나 요구, 주민들의 특성에 부합하는 주제, 형식으로 이루어질 때, 행복학습센터의 정당성도 지지될 수 있는 것이다. 이러한 맥락에서 서희정과 방정은(2016: 121)은 기존의 평생학습과 유사한 프로그램을 반복적으로 운영하는 행복학습센터의 실제에 대한 우려를 지적하며, '행복학습센터 맞춤형 프로그램' 개발을 강조한다. 이러한 점에서 지역의 독특한 상황을 고려한 지역친화적 프로그램 개발 및 운영은 바로 행복학습센터 맞춤형 프로그램이 지향해야 할 방향이라고 할 수 있다.

3. 지역사회 평생교육의 주요 과제

1) 지역사회 평생교육의 기반 구축

지역사회 평생교육을 활성화하고 지속할 수 있는 가능성을 제고하기 위해서는 평생교육이 작동할 수 있는 기반을 확충하기 위해서 노력해야 한다. 지역사회 평생교육의 기반은 법적 차원, 인적 차원, 학습 기회 차원, 그리고 제도적 차원으로 구분할 수 있다. 먼저, 법적 차원은 지역사회 평생교육 실천을

뒷받침하기 위해서 법령을 마련하는 것이다. 평생교육의 실제는 법이 규정하는 범위 안에서 이루어질 수밖에 없다. 그러므로 평생학습 조례 및 관련 법규를 제정 혹은 정비하는 노력은 얼마나 평생교육의 실천을 역동적으로 지지할 것인가와 연관성을 갖는다.

둘째, 인적 차원은 한 지역이 평생학습도시로 변모하기 위해 기반을 확충하는 노력의 일환으로 평생학습 전담 부서 및 전문 인력을 확보하는 일과 관련한 것이다. 다양한 평생교육 프로그램의 기획과 그 실행을 지원하는 노력과 각종 평생학습 관련 사업의 추진이 효과적으로 이루어지기 위해서는 책임을 가지고 업무를 담당할 전담 부서를 마련하고 전담 인력을 확보하여야 한다. 전문성을 갖춘 전담 인력의 확보는 평생교육사와 같은 전문 인력을 새롭게 충원하는 방법과, 기존의 지역주민들 가운데 평생교육에 관한 전문성을 계발하고 봉사할 수 있는 사람을 발굴 · 육성하는 방법 모두를 고려해 볼 수 있다.

셋째, 학습 기회 차원에서 지역사회 평생교육은 지역주민의 학습 촉진에 기여하는 새로운 학습 기회를 마련하는 것도 강조하지만, 지역에 이미 존재하고 있는 시설이나 프로그램 그리고 인력을 조직적으로 연계하여 지역사회 차원의 평생학습 역량을 극대화하는 시도도 중요하다고 생각한다. 따라서 지역사회의 다양한 인적, 시설, 프로그램, 정보 등의 자원을 효율적으로 연계할 수 있는 네트워크 체제 구축을 중요한 과제로 간주한다. 평생학습 네트워크 체제는 평생학습센터를 중심으로 네트워크 참여 주체들의 원활한 소통과 협의를 중재하여 결과적으로 지역주민들에게 보다 효율적으로 학습 기회를 제공할 수 있는 가능성을 제고한다. 즉, 평생학습관이나 평생학습센터는 지역 내 다양한 평생교육 실천이 상호 중첩되지 않으면서 효율적으로 이루어질 수 있도록 안내하고 지원하는 허브(hub) 역할을 한다.

넷째, 제도적 차원에서 추진하는 지역사회 평생교육 기반 구축 노력은 각종 협의회 등을 구성하고 그 운영을 활성화하는 것이다. 지역이 하나의 학습

평생학습도시의 활성화를 위해서는 지역사회 평생학습 담당자들이 긴밀한 협력 네트워크를 구축하고, 이들의 전문성 계발을 위한 연수 및 워크숍을 개발 · 운영하는 것이 필요하다.

공동체로 거듭나려면 무엇보다도 서로 협의하고 협력하는 경험을 축적하는 일이 중요하다. 지역사회의 분산된 자원, 인력, 기관이 상호 공조할 수 있는 가능성에 대해서 의견을 교환하고 결정하는 평생교육협의회, 평생학습실무자협의회 등은 이러한 취지를 반영한 제도적인 장치이다. 이 협의회는 지역의 평생학습에 관한 사항을 정기적으로 논의하며, 지역 내 유관 기관 간의 유기적 협력을 모색하는 역할을 한다.

2) 지역주민들의 평생학습 참여 기회 지원

지역에서 참여할 수 있는 평생교육 프로그램의 다양화는 대부분의 평생학습 참여자들이 요구하는 사항이다. 개개인의 다양한 학습욕구를 충족하기 위해서 평생교육 프로그램의 주제와 형식이 다채로울 필요가 있음에도 불구하고, 대부분의 지역사회 평생교육의 실제는 지역의 특성과 주민들의 독특한

요구를 반영한 프로그램보다는 취미, 교양, 건강, 스포츠 등 여가활용의 프로그램들이 주류를 이루고 있는 실정이다. 그러므로 지역사회 평생교육이 말 그대로 그 '지역사회'의 평생교육으로서 진행되려면, 지역의 특색에 맞는 프로그램을 상시적으로 개발 · 개선하려는 노력을 경주해야 한다. 이러한 점에서 주민요구를 분석하고 그 내용을 프로그램으로 개발하여 운영하는 역할은 특히 지역주민들과 함께 호흡을 하며 활동하는 평생교육사가 담당해야 할 중요한 직무 내용이 된다(김진화, 김한별, 김만희, 2007).

지역주민들의 평생학습 기회를 마련하고 또 참여를 지원하기 위해서는 평생교육 프로그램의 개발과 더불어서 프로그램을 진행하는 전문적 역량을 갖춘 강사의 양성도 필요하다. 교육의 질은 교사의 질을 넘어서지 못한다는 표현처럼, 교육 프로그램의 질적인 수준은 프로그램을 담당하는 강사의 역량 및 전문성과 밀접한 관련성을 가지고 있다. 그러므로 지역에서 활동하는 강사의 역량을 배가하는 지원이 요구된다. 이뿐만 아니라 지역 안에서 전문 강사로 활동할 수 있는 인력을 발굴 · 육성함으로써 지역은 주민들의 다양한 요구를 실질적으로 풀어내는 강사를 지역자원으로 확보할 수 있다. 이러한 시도는 결국 지역사회 평생교육의 질적인 수준을 한층 더 끌어올리는 기회가 된다.

지역주민들이 가지고 있는 평생교육에 대한 열망과 관심이 높다고 하더라도 이것이 높은 평생교육 프로그램 참여를 보장하지는 않는다. 왜냐하면 프로그램에 참여하기 위해서는 다양한 차원에서 참여 저해요인들을 해소해야 하기 때문이다. 이러한 맥락에서 주민들이 이용하기 편리한 공간에서 프로그램을 운영하고, 주민들의 성별, 연령, 직업, 관심사, 가족관계 등을 고려한 학습상담을 제공하거나 지역에서 접근할 수 있는 평생학습 기회에 대한 정보를 손쉽게 이용할 수 있도록 지원하는 노력 등이 필요하다. 근거리 학습공간으로서 행복학습센터 활성화는 이러한 점에서 의미가 있다. 왜냐하면 지역주민들의 삶에 밀착한 학습 기회를 마련하고 필요한 상담과 정보를 제공하는

평생교육 프로그램에 대한 주민의 참여를 증진하기 위해서는 프로그램의 대상, 형식, 운영 형태 등에서 지역주민들의 특성과 요구를 반영하는 노력이 필요하다.

동시에 주민들이 자신들의 학습요구를 자기주도적으로 실천해 가는 데 유리한 조건을 갖추고 있기 때문이다.

3) 평생학습 문화의 정착 및 확산

평생학습 문화가 정착하는 모습은 지역주민들이 평생학습의 과정과 결과에 대해서 긍정적인 인식을 가지면서, 자신들의 일상적인 생활 속에서 다양한 학습 기회에 적극적으로 참여하고, 이웃의 학습을 격려하고 돕는 분위기가 지역사회 전반에 퍼져 있는 상태라고 할 수 있다. 그러므로 평생학습 문화의 정착은 주민들의 자기주도적인 학습태도 형성을 바탕으로 한다. 지역주민들이 학습에 대해서 우호적으로 생각하고 자발적으로 참여하려는 의욕을 가질 수 있으려면 무엇보다도 학습을 즐거운 과정으로 받아들이는 계기를 가져야 한다. 이러한 점에서 지역주민들이 서로 학습 경험을 공유하고 배움의 기회를 소개하는 평생학습축제 혹은 평생학습박람회와 같은 행사를 추진하는 일이 중요하다. 평생학습축제나 평생학습박람회 같은 행사를 통해서 지역주민들은 지역사회에 존재하는 다양한 학습 기회를 인식하는 계기를 가질 수 있으며, 궁극적으로는 배움이라는 것이 지극히 일상적인 생활의 일부이며 즐거운 과정이라는 것을 느낄 수 있다.

우리는 과거에 학교 다니던 시절에 무엇인가 열심히 노력한 것에 대해서 담임선생님으로부터 인정받고 칭찬받을 때 조금은 우쭐해지기도 하지만 더 열심히 계속해서 그 일을 하려 했던 기억이 있다. 마찬가지로 지역주민들이 스스로 학습한 바를 인정하는 기회는 주민들의 자발적 학습을 증진하는 동기요인으로 작용함으로써 지역의 평생학습 문화를 지속시키고 확산하는 데 많은 기여를 할 수 있다. 학습 경험의 인정은 평생학습의 다양한 기회에 참여한 경험이 단순히 학습자 개인의 만족으로 그치는 것이 아니라 대외적으로도 그 가치를 인정받는 기회를 제공하며, 이후 추가적인 학습활동에 활용될 수 있는 가능성을 갖고자 하는 것이다.

평생학습 문화를 정착시키는 데 있어서 평생학습에 대한 정보가 원활히 유통될 수 있도록 하는 일도 필요하다. 지역에서 이용할 수 있는 교육 기회에 대한 정보 부족과 소통 기회의 결핍은 학습자의 평생학습 참여를 어렵게 하는 대표적인 장애요인 중 하나이다. 주민들이 평생학습에 대한 열의를 가지고 있다고 해도 이를 어디서, 어떻게 풀어낼 수 있는지에 대한 정보가 효과적으로 제공되지 않는다면 학습문화의 확산은 쉽지 않은 작업일 수밖에 없다. 평생학습의 문화는 언제, 어디서, 어떤 프로그램과 학습동아리가 운영되고 있는지, 지역주민들 각자의 개별적 관심과 특성을 감안했을 때 어떤 교육 기회가 적절한지 등에 대한 안내를 편리하게 접할 수 있는 지역에서 안착할 수 있다.

표 10-2 역대 전국평생학습축제 및 평생학습박람회 개최지 및 주제

연도	개최지	주제(부제)
제1회 (2001. 11. 8.~11. 11.)	충청남도 천안시	함께 배우는 즐거움! 나를 찾는 기쁨!
제2회 (2003. 9. 25.~9. 28.)	대전광역시 유성구	세대와 국가를 넘어 평생학습사회로! (학습참여, 지역참여, 국가발전)
제3회 (2004. 9. 21.~9. 24.)	제주시	평생학습 등불을 밝히자! (느영나영 평생학습, 함께하는 배움 세상)
제4회 (2005. 9. 23.~9. 26.)	경기도 광명시	미래를 향한 약속, 사람 중심의 평생학습사회
제5회 (2006. 9. 30.~10. 3.)	부산광역시 해운대구	배움의 물결 평생학습의 돛을 올려라!
제6회 (2007. 9. 5.~9. 9.)	경상남도 창원시	평생학습! 즐거움(Fun), 감동(Feel), 미래(Future) (푸른 학습도시 창원에서 희망열쇠를 찾으세요)
제7회 (2008. 10. 17.~10. 20.)	전라남도 순천시	행복의 반올림 희망의 어울림-2008 순천! (사람과 자연, 생태수도 순천에서 찾는 배움의 기쁨)
제8회 (2009. 10. 9.~10. 12.)	경기도 구리시	행복의 반올림 희망의 어울림 2009 구리! (미래를 여는 한강의 학습기적)
제9회 (2010. 10. 8.~10. 11.)	대구광역시 동구	행복의 반올림 희망의 어울림 2010 대구 동구!
제10회 (2011. 9. 2.~9. 5.)	경기도 이천시	행복의 반올림 희망의 어울림 2011 이천!
제1회 (2012. 11. 23.~11. 25.)	대전광역시	인생 100세, 일과 학습의 아름다운 동행
제2회 (2013. 10. 17.~10. 20.)	충청북도 제천시	즐겁지 아니한가! 행복한 평생학습
제3회 (2014. 10. 17.~10. 19.)	경기도 고양시	학습하는 즐거움, 함께 나누는 행복
제4회 (2015. 9. 4.~9. 6.)	서울특별시	배우는 기쁨, 함께하는 평생학습

제5회 (2016. 9. 22.~9. 25.)	경상남도 거창군	배움으로 즐기는 100세 시대의 행복
제6회 (2018. 10. 25.~10. 27.)	부산광역시	평생학습, 사람을 빛나게 하다!

※ 2012년부터 '대한민국 평생학습박람회'로 명칭이 변경되었으며, 기초자치단체에서 광역자치단체의 주관 행사로 확대됨.

4) 정부 주도 평생교육 활성화의 한계 보완

지역사회 평생교육은 일정한 지역성을 바탕으로 이루어지는 실천이다. 이 장에서 지역사회 평생교육의 실천사례로 거론하고 있는 평생학습도시 사업이나 행복학습센터 설치, 운영 사업 등은 지역주민들이 살아가고 있는 지역 안에서 접근할 수 있는 양질의 평생학습 기회를 늘리는 동시에 실제로 학습 참여를 하는 과정을 지원하였다는 점에서 나름대로의 성과를 거두었다고 평가할 수 있다. 특히 이 사업들은 대도시에 비하여 재정 자립도 수준이 열악하여 주민들을 대상으로 하는 학습인프라를 구축하고 필요한 교육 기회를 구비하는 것이 어려운 지역에게 요긴한 사업이었다. 무엇보다도 이 사업들의 성과 덕분에 배움을 통해서 지역주민들이 성장하고, 성장하는 주민들이 주도하여 지역의 경제적, 정치적, 문화적 여건이 점진적으로 발전해 가며, 지역의 발전이 다시 주민들의 삶의 질 향상을 뒷받침하여 배움에 대한 계속적 참여를 돕는, 즉 일련의 개인-지역 동반 성장의 선순환 구조가 정착할 수 있었다.

하지만 지금까지 평생학습도시나 행복학습센터와 같은 지역사회 평생교육 실천은 주민이 주도하여 자생적으로 추진한 사업이라기보다는 주로 정부의 주도적인 역할에 의존하여 추진된 사업이다. 말하자면 이 사업들은 지자체가 침체되어 있는 해당 지역을 살리기 위해서 필요한 재정적 지원을 중앙정부로부터 확보하려는 하나의 방안으로 추진된 경우가 많았던 것이다. 그래서 지역사회 평생교육을 활성화하는 이들 사업은 대체로 ① 정부가 전체적인 사업 취지, 사업 내용, 지원 대상, 지원 범위, 지원 규모 등을 결정하고, ② 정부가 추진하는 사업에 대해서 필요성을 느끼는 지자체가 정부가 요구하는 방향성을 바탕으로 사업계획서를 작성하고 지원하여, ③ 선정이 되면 정부가 애초에 설정했던 사업 기간 안에 정부의 재정지원을 투입할 수 있는 사업 주제들을 추진하는 방식으로 이루어졌다. 그러다 보니 지역주민들은 평생학습에 대한 공감대를 충분히 형성하지 않은 채, 지자체가 정부의 재정지원을 바탕으로 추진하는 사업의 수혜자의 모습으로 참여하는 경우가 많았다.

가장 이상적인 모습은 지역주민들이 정부가 추진하는 지역평생교육 지원사업에 응모하는 단계에서부터 참여하여 지역에 필요한 사업 내용과 범위를 함께 결정하는 것이다. 하지만 이는 정부가 공지하는 공모사업의 목적과 내용을 접할 수 있는 시기와 사업계획서를 작성하여 신청할 수 있는 기간이 정해져 있다는 제약 때문에 현실적으로는 쉽지 않은 작업이다. 하지만 정부의 지원사업을 지역으로 끌어들이는 역할은 지자체가 주로 할 수밖에 없다고 하더라도, 사업의 실행과정과 그 성과를 모니터링하고 이후의 사업계획을 수립하고 계속해서 실천해 가는 과정에서는 주민참여를 이끌어 낼 필요가 있다. 왜냐하면 지역사회 평생교육의 활성화는 결국 주민들이 살아가는 생활 공간, 즉 마을을 바꾸는 노력이므로 지역을 살아가는 주인으로서 주민들의 역할을 배제하고서는 좋은 성과를 기대할 수가 없기 때문이다. 진정한 수요자 중심의 지역사회 평생교육 실천을 위해서는 주민들이 사업의 주체이면서 동시에 수혜자로 참여해야 한다. 그럼으로써 평생교육을 통한 지역사회의 역량을 기대할 수 있다.

학교와 평생교육

끊임없이 그리고 빠르게 변화하는 오늘날 사회에서 원만한 삶을 살아가기 위해서는 지속적으로 배움의 기회를 탐색하고 또 여기에 참여해야 한다. 청소년 시절에 많은 시간을 보냈던 학교에서 배운 지식과 기술만을 가지고 변화하는 사회를 살아가기에는 부족한 것이 많기 때문에 학교를 졸업하고 성인이 되어서도 새로운 것을 열린 자세로 수용할 필요가 있다. 새로운 것에 대한 수용적 자세는 스스로 가지고 있지 못한 것을 받아들이는 자세뿐만 아니라, 필요한 경우 기존의 익숙한 것을 개조하거나 폐기하려는 자세까지 함께 포함하는 의미를 가지고 있다. 바로 새로운 것에 대한 수용적 자세는 언제 어디서나 능동적으로 학습하려는 자세의 또 다른 표현이라고 할 수 있다.

평생학습은 전 생애주기에 걸친 지속적인 학습의 중요성을 강조한다. 변화하는 환경을 이해하여 자신의 역할을 조정하거나 환경을 창조적으로 개선하기 위해서는 지속적인 학습이 필요하다. 이를 위해서는 학습의 가치에 대한 긍정적 인식과 효과적인 학습 수행의 방법을 갖추는 것이 전제되어야 한다. 왜냐하면 학습에 대한 긍정적인 입장과 태도를 형성하고 있지 않은 상태에서 학습에 지속적으로 그리고 적극적으로 참여하기를 기대하기가 쉽지 않기 때문이다. 따라서 평생교육의 맥락에서 학습자들이 배움에 대하여 긍정적인 인식을 갖는 동시에 스스로 배움을 이끌어 갈 수 있는 역량을 갖추는 것은 매우 긴요한 작업이 아닐 수 없다. 학교교육의 주된 초점을 학생들의 자기주도적 학습능력을 신장하고 학습에 대한 긍정적 인식을 살리는 데 맞추어야 한다는 주장은 이와 맥을 같이한다.

실제로 성인학습에의 참여 양상은 학교교육에서의 경험과 밀접하게 관련되어 있다. 학교교육에서 성공적인 경험을 하고 높은 학력을 보유하고 있는 개인이 평생교육에도 적극적으로 참여하고 평생교육을 통한 성장을 계속할 수 있는 가능성이 높다. 이 장에서는 평생교육의 맥락에서 학교와 학교교육의 기능과 성격을 살펴보기로 한다.

1. 평생교육 맥락에서의 학교와 학교교육: 세 가지 접근

평생교육은 [그림 11-1]에서 보는 것과 같이 학교의 기능, 학교교육 과정에서 다루는 가치와 이념, 학교 구성원으로서 교사의 위상이라는 세 가지 측면에서 새로운 논의 가능성을 보여 준다.

첫째, 학교가 가지는 기능의 측면에서 학교가 그동안 담당해 온 아동 · 청소년의 교육에만 매진하지 않고, 다양한 사회집단을 대상으로 하는 교육기관으로서 학교 기능의 다변화 가능성에 주목하는 논의가 나타난다. 이는 지역사회 주민들과 함께하는 교육기관으로서 학교의 기능에 대한 논의들을 포함한다.

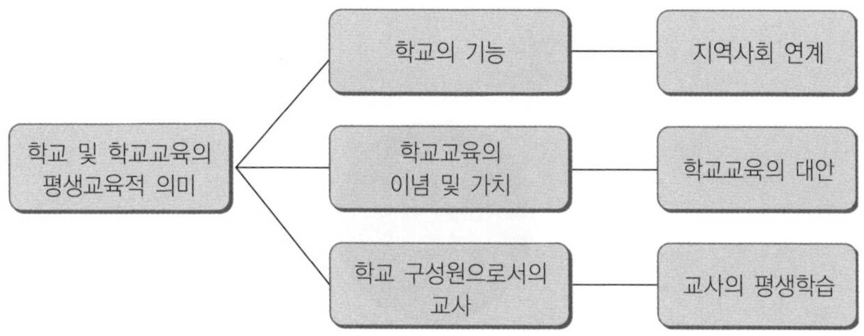

[그림 11-1] 평생교육적 차원에서의 학교의 세 가지 의미

둘째, 평생교육은 학교 교육과정의 가치와 이념에 대한 새로운 논의 기회를 마련한다. 이는 교육활동의 독점적 기관으로서 학교교육이 국가나 시장의 이데올로기를 획일적으로 전달하는 역할을 넘어서서 다양한 개인의 삶의 욕구를 실현할 수 있도록 학교교육의 성격과 틀 자체를 재구조화하는 시도에 대한 논의이다. 즉, 학교의 성격과 구조를 가지고는 있되, 이데올로기적 국가기구로서 전통적 학교교육이 지녔던 이념과 가치를 넘어서려는 시도가 여기에 해당한다.

셋째, 평생교육은 전통적인 학교교육의 장면에서 주로 가르치는 존재로서 필요한 자질과 역할만이 집중적으로 조명되었던 교사의 모습에서 학습자로서의 모습을 부각한다. 즉, 교사의 가르치는 역할과 더불어 배움의 역할까지 함께 가시적으로 드러냄으로써 평생학습자로서 교사들의 학습에 대한 이해를 돕고 지원 필요성을 강조한다.

1) 학교 기능의 다변화

학교에 대한 평생교육적 접근과 관련하여 가장 많이 지적하는 사항은 지역사회와 단절되지 않은 채 학교의 기능을 확대하여 운영하는 논의이다. 학교 기능의 확대란, 학교와 지역사회가 함께 연계함으로써 단순히 학령기 학생들

[그림 11-2] 학교와 지역사회의 연계

의 교육으로서만 학교 기능을 제한하지 않고, 지역주민들의 다양한 교육적 욕구를 충족할 수 있는 학습 공간으로서 학교의 역할을 모색하려는 시도이다. 학교와 지역사회를 연계함으로써 학교는 지역사회가 가지고 있는 다양한 교육적 요구를 충족하는 데 적합한 자원들을 제공하며, 지역 또한 학교가 원활하게 교육과정을 운영하는 데 필요한 인적 · 물적 자원을 지원할 수 있는 토대를 구축할 수 있다. 1930년대 미국의 '지역사회학교(community school)' 운동의 영향을 받아서 관 주도로 추진되었던 '향토학교' '새마을학교'라든가, 2000년대에 들어서 역시 국가 차원의 교육정책 일환으로 접근한 '학교 평생교육 시범학교'와 '지역과 함께하는 학교' 등은 학교와 지역사회의 연관성을 강조한 대표적인 사례들이다(양병찬, 2018).

학교와 지역사회의 연계를 강조한 다양한 정책적 사례는 학교가 단순히 아동의 정규 학교교육만을 전담하는 것에 머무르지 않고 지역 성인을 대상으로 하는 교육 지원기능을 담당할 것을 주문한다. 그럼으로써 학교는 지역주민의 교육 수준을 고양하며, 나아가 지역사회가 자주적인 문제해결 능력과 경쟁력을 가질 수 있도록 기여한다. 또한 학교가 그 본연의 기능을 효과적으로 수행하기 위해서는 지역과 긴밀하게 연계할 필요가 있다는 점을 강조하며, 학교가 미처 감당하지 못하는 인적자원, 시설, 교육 내용 등에서 지역사회와 협력할 수 있는 근간을 제공한다. 예컨대, 2007년부터 교육부 정책 사업으로 추진하였던 '지역과 함께하는 학교'는 지역사회학교와 향토학교가 가지고 있던 역사적 전통과 이념을 현대적으로 계승하는 사업으로서, 지역주민의 교육기회 제공과 이를 통한 지역의 성장을 도모하기 위하여 학교와 지역사회의 상호 연계를 꾀하는 활동이라는 점을 명시하였다(이경아, 양병찬, 박소연, 윤정은, 김은경, 2008).

그러나 학교와 지역사회의 협력적 관계를 모색하는 데 있어서 정부나 교육청이 주도적인 역할을 했던 이러한 접근은 주로 학교를 지역사회에 개방하는 방향으로 전개되었다. 즉, 학교의 평생교육적 기능, 좀 더 정확히 말하면 성인교육에 있어서 학교의 역할을 강조하는 방식에 주안점을 둠으로써 지역사회의 성장에서 학교가 제공할 수 있는 기능과 역할에 초점을 맞춘다. 물론 기존의 학교와 지역사회 협력을 지원하는 다각적인 시도 가운데에는 지역사회와 학교의 연계를 통해서 학교가 기대할 수 있는 긍정적인 효과도 분명 없지 않다. 그러나 학교를 개방함으로써 얻고자 하는 궁극적인 효과는 지역주민이 가지고 있는 배움의 욕구를 효과적으로 실현할 수 있는 지원의 가능성을 학교로부터 도출하려는 데 있다. 따라서 학교를 지역사회에 개방하는 형태의 학교-지역사회 연계는 지역과 함께하는 학교로 학교 기능을 확대함으로써 지역주민들의 학습권을 보장하며, 나아가 교육 기회의 평등을 실현하는 의의를 가진다. 다시 말하면, 학교가 지역주민을 대상으로 하는 교육적 지원에 개입함으로써 주민들은 자신이 거주하는 지역 안에서 누구나 원하는 교육—그 내용과 기대하는 성취 수준은 다르지만—에 접근할 수 있는 가능성을 제고한다.

이처럼 학교시설을 개방하고 교사들의 역할을 주문함으로써 학교와 지역사회를 연계하려는 시도는 학교와 교사들에게 상당한 부담으로 다가올 수밖에 없다. 학교의 본래 취지인 아이들의 교육을 효과적으로 감당하기도 버거운데, 설상가상 지역주민들이 가지고 있는 교육요구까지 학교가 감당할 것을 주문하니 학교와 교사 입장에서는 난감할 수밖에 없다. 그러다 보니 학교와

지역사회의 다양한 자원을 학교 재량교육이나 방과후 학교 프로그램에 활용함으로써 정규 교육과정에서 미처 다루지 못한 교육 경험을 제공할 수 있다.

교사들은 '학교 평생교육' 혹은 '학교-지역사회 연계'라는 담론에 대해서 소극적이고 방어적인 태도로 대응하는 모습을 보이곤 한다. 결국 상호적일 수밖에 없는 학교와 지역사회의 협력을 제대로 구현하기 위해서는 비단 학교뿐만 아니라 지역사회의 능동적인 역할과 참여가 필요하다.

최근 들어서 학교교육의 왜곡과 모순에 대한 한계를 절감하며 학교교육을 개혁하려는 시도가 나타나고 있다. 구체적인 명칭은 조금씩 차이를 보이지만, 각 지역에서 확산하고 있는 혁신학교는 개별 학교 차원의 자발적 노력과 교육청 차원의 행·재정적 지원을 결합함으로써 학교교육을 혁신하려는 전략이다. 혁신학교에 참여하는 가운데 교사들은 학교만 변해서 학교교육을 바꿀 수 있는 것이 아니라, 학교가 자리하고 있는 지역이 보조를 맞추어 함께 변해야 한다는 점을 인식하기 시작하였다. 즉, 교육이 아이들의 삶으로부터 단절되지 않음으로써 각 아이들의 삶에 의미 있는 교육 경험을 제공하고 전인적 성장을 돕기 위해서는 지역과 학교가 공생할 수 있는 문화와 기반을 다지는 것이 필수적이라는 생각이 학교와 교사들로부터 싹터서 커 가기 시작한 것이다. 다시 말하면, 학교가 제대로 기능하기 위해서, 아니 아이들의 배움과 돌봄을 챙김으로써 행복한 교육을 실천하기 위해서는 무엇보다도 지역과의 소통, 지역의 참여와 관심 그리고 지역과의 공조(共助)가 필수적이라는 인식이 대두되고 있다.

최근 들어서 활발한 논의와 실천이 이루어지고 있는 '마을교육공동체'는 바로 이러한 인식으로부터 출발한다. 마을교육공동체는 학교와 지역이 교육이라는 주제를 중심으로 역할을 분담하여 협력하는 문화가 성숙해지는 가운데 나타나는 학교와 지역의 어우러짐 현상, 즉 "교육공동체 현상"이다(서용선 외, 2016: 102). 그러므로 마을교육공동체는 학교가 가지는 본래의 역할과 사명을 다하기 위하여 지역과의 연계라는 기능까지 포섭한 결과인 셈이다. 기존의 학교–지역사회 연계가 학교의 교육적 역량이 지역사회에 비해 상대적으로 우위라는 전제를 바탕으로 접근한 입장이라면, 마을교육공동체는 학교와 지역사회가 서로 대등한 관계에서 함께 참여하여 보조를 맞추는 가운데 아이들의 교육, 나아가 지역주민의 성장까지 고민하는 입장이다. 마을교육공동체는 학교교육과 평생교육을 인위적으로 구획하는 제도적 경계를 뛰어넘어 학교교육의 개혁과 발전을 도모하는 평생교육적 해법을 보여 주는 예시이다.

지역사회와의 연계, 협력이라는 학교 기능의 확대와 더불어 방과후 학교(after school)도 학교의 기능을 아이들의 정규 교육과정 운영으로부터 확장하고 있는 모습이다. 방과후 학교는 학생들의 특기적성 교육과 교과 보충학습, 그리고 청소년 보호라는 기능을 효과적으로 수행할 수 있도록 학교시설을 이용하는 프로그램이다. 주로 해당 학교의 소속 학생의 참여를 전제로 하기 때문에 이들의 참여가 용이하며, 학교의 교실이나 각종 시설 이용이 가능한 방과후 시간에 주로 운영된다(변종임, 조순옥, 최종철, 박현정, 김인숙, 2009). 방과후 학교는 학교교육을 통해서 소외되거나 뒤처지는 학생이 발생하지 않도록 보충해 주는 기능과 인성과 지성의 균형이 잡히도록 함으로써 주지적 성격에

경도되는 정규 학교교육의 한계를 보완하는 특기적성 교육이 주를 이루게 된다. 또한 학교가 끝나고 청소년에 대한 적절한 보호시설이 부재한 상황에 대해서 보호의 기회를 제공하는 기능도 담당한다. 방과후 학교는 학교교육으로부터 파생되는 교육 기회와 결과의 불평등을 해소하기 위한 제도적 접근이라고 할 수 있으며, 학생에 대한 교육 기회 및 교육 효과의 균등이라는 측면에 주목하여 교육 결과의 평등을 실현하려는 목적을 가진다.

방과후 학교 프로그램들은 주로 수익자인 학생 개개인들의 요구를 반영하여 다양한 내용으로 운영된다. 학교는 한 사회의 구성원으로서 학생들이 공통적으로 습득해야 할 교육적 내용을 정규 교육과정을 통해서 다루며, 개별적인 관심과 발달 수준을 보이는 학생들의 개성을 살리는 교육 기회를 방과후 학교를 통해서 제공하는 것이다. 이러한 점에서 방과후 학교 프로그램은 학생들의 사교육에 대한 수요를 흡수하는 효과도 보이며, 사교육 열풍에 대한 공교육 차원의 대응으로서 전략적으로 강조되기도 한다. 하지만 이러한 논리적 뒷받침에 의해서 방과후 학교 프로그램은 어느 정도 사적으로 풀어 갈 수밖에 없는 개별 학생들의 교육요구까지 학교로 끌어들이게 된다. 물론 사교육의 장면에서 접하기 힘든 다양한 체험활동이나 특기적성 교육 등도 포함하고 있으나, 일정 부분에서 방과후 학교 프로그램은 지역에 존재하는 다양한 사적 교육의 기회들과 경쟁하는 구도로 운영되는 경우가 많다. 그 결과, 방과후 학교 프로그램은 학교가 감당해야 할 역할이 계속해서 커져 가는 원인으로서, 학교 구성원들이 교육적으로 져야 할 추가적인 부담으로 작용한다.

요컨대, 방과후 학교는 아동·청소년들의 배움이 학교의 정규수업으로만 이루어지지도 않으며, 또 그럴 수도 없다는 입장에서 풀어 가는 시도라는 점에서 학교가 보유하고 있는 공간과 시설을 활용한 아동·청소년 대상의 평생교육 실천으로서 의미를 갖는다. 그러나 방과후 학교 프로그램 형태로 운영하는 교육들이 학교와 지역사회의 공존이라는 측면에서 어떤 효과가 있는지에 대해서는 계속 관심을 가지는 것이 필요하다. 방과후 학교로 인한 학교와 교사의 부담을 덜고, 지역사회가 참여함으로써 지역사회의 교육적 역량을 기르는 동시에 특기적성 교육이나 체험학습이 보다 풍성해질 수 있는 가능성을 적극적으로 모색해야 한다.

2) 학교교육의 이념과 가치를 넘어서

평생교육은 교육 대상, 교육과정, 교육 형식 등에 있어서 전통적인 학교 기능의 변화 필요성에 대한 논리를 제공할 뿐만 아니라, 기존의 학교교육이 지향하는 교육 목표와 이념을 탈피하여 다양한 사회적 가치를 충족할 수 있는 교육활동의 중요성도 함께 부각한다. 평생교육은 정규 교육과정의 밑바탕이 되는 사회의 보편적 문화에서 벗어나 있는 사회계층의 관심과 욕구에 교육적으로 접근함으로써 어떠한 이유에서든지 학교교육의 혜택을 충분히 제공받지 못하는 이들을 도울 것을 강조한다. 이것은 학교 기능의 양적 확대를 통한 교육 기회의 형평성을 제고하는 것도 중요하지만, 궁극적으로 학교교육에서 다루는 내용의 가치 속성이 다양한 사회계층 모두의 삶에 실질적으로 기여할 수 있는 질적 형평성도 갖출 것을 주문하는 것이다. 즉, 평생교육은 학교교육이 가르치고 배워야 할 내용을 중심에 두는 교육주의에 매몰되지 않고, 학습자의 삶으로부터 기인하는 다양한 요구와 관심들을 중심에 두고 풀어 가는 학습주의를 다시금 부각함으로써 교육의 민주화를 실현하는 실천으로 변혁할 수 있는 비전을 제시한다(김신일, 2005).

학교교육의 변혁 가능성에 주목하는 평생교육적 입장은 지금까지 학교가 개인의 발전과 건강한 시민의 양성에 기여하는 것이 아니라 전체 체제의 이익을 대변하고 정당화하는 기제로서 주로 작동해 왔다는 점에 주목한다. 공교육에 관한 담론이 확산되면서 교육에 대한 국가의 역할이 부각되고 있지만, 그 과정에서 국가의 집단 이데올로기와 가치가 교육과정에 침투하는 현

이반 일리치
(Ivan Illich, 1926~2002)

상이 빈번하게 발생했던 것이다.

학교교육의 이러한 부정적인 모습에 대하여 비판적인 교육학자들은 다양한 대안을 제시한다. 예컨대, 프레이리(Freire)는 문제제기식 교육(problem posing education)을 통하여 학습자가 교육을 통해서 주입되는 허위의식을 인식하고 넘어설 수 있도록 도와줄 것을 이야기하며, 일리치(Illich)는 교육의 제도화를 통해서 나타나는 가치 주입의 가능성을 없애기 위해서 학습 기회가 사회 전체에서 지원되는 '탈학교 사회(deschooling society)'를 제안한다.

일리치(1995)는 탈학교 사회를 주창하면서 학교로 제도화되는 가운데 교육에 대한 통제와 왜곡이 발생한다고 주장한다. 학교가 교육을 독점하는 사회제도로 인정받고 작동하게 되면, 사회 구성원은 학교교육만이 성인기의 사회생활에 필요한 준비를 할 수 있다는 유일한 기회라고 생각하게 된다. 그래서 학교가 교육을 전담하는 사회체제는 그 자체로 사회 구성원으로 하여금 학교에서 가르치는 것이 가장 중요하며, 학교 밖에서 배우는 것은 상대적으로 가치가 떨어지는 것이라는 인식을 심어 준다. 또한 학생들은 일정한 자격을 갖춘 교사의 지도하에서 실시되는 교육만이 사회적으로 인정받는 현상은 당연하다고 받아들이며, 그러한 학교교육의 경험을 통해서 사회적 지위가 결정되는 것은 아무런 문제가 없다는 인식을 내면화한다. 일리치는 이와 같이 학교교육에 대한 사회 구성원의 기대와 태도가 암묵적으로 형성되는 과정을 '학교교육의 은폐된 교육과정(hidden curriculum of schooling)'이라고 명명한다.

학교교육의 은폐된 교육과정을 통해서 사회 구성원은 학교가 제공하는 교육 내용을 학년별로 단계적으로 습득하는 것이 사회적으로 공인되는 학습 경험이 되며, 이에 대한 성취 수준이 사회적 활동에 중요한 영향을 미친다는 점을 수용한다. 요컨대, 일리치가 주장하는 교육의 왜곡 현상은 학교교육의 은폐된 교육과정이 지속되는 가운데 나타나는 것이다. 이러한 모습이 해소되지 않는 이상, 학교는 사회적으로 자신의 독점적 교육 기능을 스스로 정당화하며, 동시에 사회 구성원들로부터 그 정당성을 계속적으로 인정받게 된다. 일리치가 보았을 때 이러한 현상이 갖는 가장 커다란 문제점은 학교 외의 사회제도나 기관이 가지고 있는 교육 기능을 구조적으로 왜곡하고 폄하한다는 점이다. 그래서 결국 한 개인의 삶의 여러 영역에서 이루어지는 학습의 가치를 충분히 인정하지 않을뿐더러, 특정 계층의 가치와 이해에 따른 교육의 통제가 영속될 수밖에 없다는 점을 역설한다.

일리치가 주장하는 탈학교 사회는 학교 자체를 사회로부터 삭제하자는 주장이 아니라, 학교가 독점하는 가르치는 행위에 대한 전문적인 지위를 거부하는 것을 의미한다. 학교라는 제도를 넘어서 사람들이 자유로운 삶의 공간에서 필요한 학습을 자발적으로 실행하고, 동시에 자유롭게 가르칠 수 있는 사회체제, 문화의 변화를 요청하는 것이 탈학교 사회이다. 탈학교 사회는 교육에 있어서 과도한 학교중심적 · 학교의존적 속성을 개혁하는 사회라고 말할 수 있다. 그러므로 탈학교 사회의 모습은 사회 모든 영역에서 교육과 학습의 기능을 복원하며, 각 영역의 독자적 교육과 학습 결과가 긴밀하게 연결될 수 있도록 하는 공학적 지원을 역설한다. 여기서 일리치가 주장하는 공학적 지원이란 기계나 매체 등과 같은 수단적 지원을 언급하는 것이 아니라, 실제적인 문제를 해결하기 위해 과학적인 지식을 체계적으로 적용하는 것을 의미한다. 그래서 공학적 지원의 결과로서 사회체제를 일종의 학습 네트워크로 재편할 것을 강조하는데, 이것이 바로 일리치가 탈학교 사회의 모습으로 제시한 '학습망(learning web)'이다.

한편, 학교교육 내용 및 가치의 다양화와 관련되는 것으로서 대안교육이 있다. 대안교육은 정규 학교교육의 독점적 지위로 인하여 나타나는 획일적 교육을 지양하는 구체적인 시도로서 대안교육의 실천을 담당하는 대안학교

나 학교 형태의 평생교육시설 등이 운영되고 있다. 대안학교란 법적으로 볼 때, 학업을 중단하거나 개인적 특성에 맞는 교육을 받고자 하는 학생을 대상으로 현장 실습 등 체험 위주의 교육, 인성 위주의 교육 또는 개인의 소질 및 적성 계발 위주의 교육 등 다양한 교육을 실시하는 학교를 말한다(「초 · 중등교육법」 제60조의3).

'대안'이라는 표현이 암시하듯이 대안교육은 정규 학교교육의 대체재로서의 성격을 지향하기 때문에 교육 이념, 교육 내용, 교육 방법, 교육 대상, 교육 공간 등에서 정규 학교교육에 비해 자유롭고 구별되는 특성을 가지고 있다. 그래서 학습자의 사회경제적 지위나 교육 경험 수준을 감안할 때 정규교육을 정상적으로 이수하기 어려운 학생들에게 대안적 형태의 학교교육을 제공한다. 실제로 대안적 형태의 학교교육은 전통적 학교교육의 수혜집단에서 배제된 중도 탈락자나 부적응자 등이 전통적 학교교육의 대안으로 접근할 수 있는 복지 서비스로 인식되는 경우가 많다.

그러나 최근 들어서는 자신이 처한 사회적 상황과 제약으로 인해서 정규 학교교육에서 탈락하거나 배제된 학생뿐만 아니라, 개인적 신념과 환경에 대한 능동적 대응으로서 정규교육을 대신하여 대안학교에 참여하는 경우가 늘고 있다. 이들은 사회경제적으로 약자의 위치에 있지도 않으며, 문화적으로 소외된 계층도 아닌, 학교교육의 참여능력이 있음에도 불구하고 자발적으로 대안교육을 선택하는 집단이다. 결국 대안교육에 참여하는 대상은 국가가 보편적으로 지원하는 학교조차도 정상적으로 다닐 수 없다고 판단되는 계층 혹은 국가가 지원하는 학교보다 훨씬 탁월하고 자신에게 적합한 교육 기회를 스스로 선택할 수 있는 계층 모두를 포함한다. 따라서 대안학교의 성격은 이념적 지향성에 의해서 획일적으로 재단할 수 있는 것이 아니며, 그 설립의 목적뿐만 아니라 참여 학생들이 가지고 있는 진학 동기와 학습요구를 고려해서 구별할 필요가 있다.

[참고자료] 대안학교와 학교 형태의 평생교육시설

대안학교와 학교 형태의 평생교육시설은 구체적인 실천 장면에서는 비슷한 모습을 가지고 있다. 그러나 제도적으로 다음과 같이 구분되는 특징을 갖는다.

우선 대안학교는 「초 · 중등교육법」 제60조의3 '기타 학교'의 유형 가운데 하나이기 때문에 주로 학령기 청소년을 대상으로 한다. 대안학교는 그 운영 형태에 따라서 정규학교와 같은 전일제 형태와 특정 교육 내용의 제공에 주력하는 프로그램 형태로 구분될 수 있다. 전일제 형태의 대안학교는 다시 그 교육 경험이 정규학교 교육 경험과 동등하게 인정받을 수 있는 인가 대안학교와, 국가의 인정을 받지 않고 대안학교 자체의 교육 이념과 목적에 따른 자율적 운영에 치중하는 미인가 대안학교로 구분된다.

프로그램 형태의 대안학교는 주로 학교생활의 부적응 학생이나 학교교육에 대한 보완적 요구를 가지고 있는 학생을 대상으로 학기 중의 여가 시간을 이용하거나 1~2주 또는 한 달 정도의 프로그램 이수 형태로 운영되는 대안학교이다. 주로 학생들이 제도권 학교교육을 통해서 접하지 못하는 교육 경험을 제공하기 위한 목적으로 시간제 형태로 운영되며, 방학 기간 중에 운영되는 계절학교나 학기 중의 주말과 방과후에 운영되는 주말학교 혹은 방과후 학교 프로그램이 여기에 포함된다(이종태, 2007).

반면, 학교 형태의 평생교육시설이란 「평생교육법」 제31조에서 규정하고 있는 기관으로서 정규 초 · 중등학교 교육과정의 취학연령을 초과한 자 또는 성인이 정규 교육과정을 이수하거나 초 · 중등학교 또는 전문대학 졸업 학력을 취득할 수 있는 시설을 말한다. 학교 형태의 평생교육시설은 학력 미인정 평생교육시설, 초 · 중등 졸업 학력 인정 평생교육시설, 전문대학 졸업 학력 평생교육시설로 구분된다. 학교 형태의 평생교육시설은 「평생교육법」에 의거한 교육시설이기는 하지만, 그 취지가 정규학교의 교육과정에서 다루지 못하는 내용과 교육시설에서 지향하는 교육 이념과 원리에 따라 자유로운 교육 운영이 가능하다는 점에서 실질적으로 대안교육의 기능을 담당하고 있다.

3) 학습자로서 교사의 위상

일과 학습의 구분이 모호해지고 양자의 연계를 강조하는 사회적 변화에 있어서 일과 관련하여 이루어지는 학습은 개인의 성장과 더불어 일터의 변화와 적응이 지속될 수 있도록 돕는 원동력이다. 교사들에게 있어서 학교는 일터(workplace)이다. 교사들은 학교라는 일터에서 가르치는 역할을 주로 담당한다. 그렇지만 일터에서 요구하는 '가르치는 자'로서 전문성을 높여서, 소위 '좋은' 교사로 종사하기 위해서는 다양한 학습 기회에 참여하여 좀 더 잘 가르칠 수 있는 역량을 부단히 개선해 가는 노력이 중요하다. 교사가 가르치는 역할을 지속적으로 발전시키기 위해서는 끊임없는 자기계발이 필요하며, 자기갱신을 위한 학습에 참여해야 한다. 교사를 대상으로 하는 다양한 연수 프로그램, 교사학습공동체 등은 학습자로서 교사의 모습을 부각하는 사례라고 할 수 있다. 즉, 교사는 가르치는 존재와 학습하는 존재로서의 역할을 동시에 가지고 있으며, 좋은 교사로 성장한다는 것은 이 두 가지 모습을 함께 고려함으로써 기대할 수 있다(서경혜, 2009).

교사에게 있어서 교육과 학습의 중요성은 교사교육에 대하여 관심을 가지는 많은 학자가 지속적으로 강조하여 왔다. 변화하는 교육 환경에 효과적으로 대응하여 자신의 역량을 충분히 발휘할 수 있는 전문성을 유지・갱신하기 위해서 학습은 필수적인 요소로 부각될 수밖에 없기 때문이다. 평생학습자로서 교사의 모습을 강조하는 것도 이러한 논의와 크게 구별되지 않는다. 다만, 평생학습의 맥락에서는 교사가 획득하는 학습 경험의 의미와 가치를 교사라는 역할에만 국한해서 해석하기보다는, 교사의 생애 발달 과정과 현재 삶에서 교사 개인이 가지는 여러 가지 역할과 관련하여 이해하는 시도를 한다. 즉, 교사에게 있어서 학습이란 단순히 교사로서 기능을 수행하는 데 필요한 지식, 기술, 태도 등을 배양하는 도구적 학습에 머무르지 않으며, 교육 및 교직 문화와 같이 자신의 삶을 에워싸는 기본 가정과 규범 등에 대한 독자적인 반성과 해석까지 포괄하는 것이다(김한별, 2008). 그럼으로써 교사 자신의 독특한 조건에서 필요한 지식을 스스로 구성하고 환경을 이해함으로써 스스로의 역할과 학교 환경 및 문화를 통합적으로 조망하는 시각을 점진적으로 조형해 갈 수 있게 된다. 그리고 궁극적으로는 교직문화의 능동적 변혁자로서 교사의 임파워먼트(empowerment)를 기대할 수 있다(한숭희, 1999).

평생교육의 관점에서 교사의 학습을 이해하려면 학습의 형식에 대하여 보다 확장된 시각으로 접근하는 것이 필요하다. 일반적으로 교사의 학습 경험의 획득은 시 · 도 교육청과 학교에서 주관하는 연수 프로그램의 참여나 자율적인 교사 모임 및 수업연구회, 동아리 등의 형태로 나타나는 전문적 학습공동체 활동을 통해서 이루어진다. 이러한 학습 기회는 모두 그 제공 주체에 상관없이 모종의 학습 행위를 실행하기 위하여 의도적으로 조직된 성격이라는 공통점을 갖는다. 그러나 교사의 평생학습은 의도적으로 계획된 학습 기회뿐만 아니라 학교 현장에서 학생을 가르치고 여러 가지 업무를 수행하면서 동료 교사들과 소통하는 가운데서도 나타나며, 스스로 생각하는 이상적 교사상과 현실의 자기 모습의 차이에서도 나타난다(김한별, 2010b).

교사는 많은 시간을 보내는 학교 현장에서의 다양한 경험을 통하여 자신이 속한 학교 환경에 적합하고, 학교생활 가운데 대면하는 학생, 동료 교사, 학부모와의 관계에서 필요한 지식, 기술, 태도를 습득해 간다. 이러한 학습 과정은 실제 학교 상황에서 교사들이 반성적 성찰을 통하여 자신의 가치와 행동 양식을 계속적으로 변화시켜 감으로써 상황적 · 효과적으로 대응할 수 있는 가능성을 높이며, 나아가 상황을 개선하려는 시도로 해석될 수 있다. 다시 말하면, 평생학습의 관점에서 학교 현장에서의 교사가 수행하는 학습은 사회적으로 고립된 상황에서 제시되는 정보나 지식을 축적해 가고, 그 원리를 인지적으로 이해하는 탈맥락적인 활동으로만 해명할 수 없다. 교사의 학습 과정은 다른 구성원들과의 상호작용 양상과 교사가 처한 구체적인 조직 상황에서 이루어지는 상황적 활동으로서 성인의 경험학습 양상을 포함하고 있다(김한별, 2008, 2010b; Fenwick, 2003; Usher, Bryant, & Johnston, 1997).

따라서 경험학습으로서 교사의 학습 과정은 상황적 지식(situated knowledge)을 생산하는 과정이라고 정의할 수 있다. 상황적 지식이란, 말 그대로 지식이 행위자의 머릿속에서 나오는 것이 아니라 행위를 벌이고 있는 실천 상황 속에 내포되어 있다는 점을 강조한다. 구체적 상황 속에서 당면하는 문제의 효과적인 해답으로서 지식은 행위자의 머릿속에서 탈맥락적으로 발현되는 성격이 아니라, 실천 현장의 독특한 조건 속에서 구성되기 마련이다. 어떤 문제를 해결하는 데 유용한 지식은 그 문제가 발생하는 상황 가운데에서 생성되며, 상황과 분리된 지식은 어떤 식으로든 제한적인 속성을 가질 수밖에 없다고 본다. 연수 프로그램이나 교사 모임과 같이 학습을 위해서 의도적으로 만들어진 조건에서 이루어지는 학습활동은 학습이 전개되는 상황과 학습 결과가 활용될 학교 현장 및 교사의 상황과 분리되어 있다는 점에서 상황적 지식을 습득하는 데 한계가 있다. 많은 교사가 실제로 이루어지는 교사교육 프로그램에 대하여 지적하는 '이론과 실천 간의 괴리'의 문제점은 바로 이러한 점과 밀접하게 관련되어 있다.

교사 학습에 대한 평생교육적 접근은 곧 상황적 지식의 생산자로서 교사의 위상을 파악하는 것과 동일한 작업이라고 할 수 있다(한숭희, 1999). 그리고 지식의 생산자로서 교사의 모습을 조명하는 것은 곧 교사가 활동하고 있는 일선 학교의 조건에서 자신의 역할을 효과적으로 수행할 수 있는 지식을 스스로 구성해 내는 구조와 형식에 대한 논의이며, 여기서 말하는 지식을 구성해 내는 구조와 형식은 바로 교사들이 스스로 접하는 경험을 바탕으로 수행하는 평생학습의 얼개가 된다. 따라서 평생학습자로서 교사는 교실 현장에서 효과적으로 활용할 수 있는 지식과 기술의 형태를 독자적으로 재구조화할 수 있는 능력을 계발해야 한다.

2. 학교 평생교육의 실천 과제

평생교육 활동에 참여하는 기관으로서 학교의 역할이 확대되어 원활하게 이루어지기 위해서는 현재 실천 장면에서 발견되는 문제점을 적절하게 해결할 필요가 있다. 학교 평생교육의 실천에서 중요하게 고려하고 다루어야 할 과제는 지역에 따라, 학교급에 따라 다양할 수 있다. 이 절에서는 다섯 가지 정도로 과제를 정리해 보고자 한다.

1) 학교와 지역사회 간의 협력체제 강화

학교는 언제나 일정한 지역적 기반을 전제로 한다. 제도적으로는 학교가 지역과 분리되어 있다고 하더라도 지역 교육청과의 관계 속에서 그 본래 기능을 수행하는 데에는 큰 무리가 없다. 그러나 학교교육에 대한 요구가 늘어나고 학교가 다루어야 할 교육적 과제들이 다양해지면서 학교 홀로 이러한 요구와 과제를 감당하기란 점점 더 어려워지고 있다. 물론 일반적으로 보면, 지역사회 안에서 학교만큼 교육적으로 풍부한 인프라와 전문성을 갖춘 인력을 배치하고 있는 기관은 별로 없는 것이 사실이다. 그러나 특정한 주제를 풀어 갈 수 있는 가능성 측면을 놓고 보면 지역사회 안에 존재하는 많은 평생교육기관이나 사회복지시설, 혹은 각종 학원 등도 나름대로의 노하우와 역량을 축적하고 있다. 예컨대 음악 실기를 접할 수 있는 기회라는 측면에서 볼 때, 지역에 있는 각종 사설 음악 학원은 학교에 비하여 훨씬 더 학습자의 수준과 특수성에 입각한 개별적 실습이 용이한 조건을 가지고 있다. 학교와 지역사회가 함께 참여하는 교육공동체는 이들과 학교를 경쟁 관계로 해석하고 상호 배타적인 성격의 것으로 받아들이기보다는 상호가 가지고 있는 장점을 적극적으로 인정함으로써 태동할 수 있다.

이러한 관점에서 학교는 지역사회의 공동체 일원이 되어 지역사회 내 구성원들을 연대의 대상으로 인식하는 동시에, 그들로부터 연대 가능한 존재로 인식될 수 있어야 한다. 연대의 해체는 교육에 관하여 결코 학교의 기능을 강화하지 못할 뿐만 아니라 지역사회가 가지고 있는 교육의 잠재성마저 훼손할 수 있기 때문이다. 상술하면, 학교가 지역사회와 관계 구도 속에서 존재 가치를 상실하면 지역사회의 교육요구 충족은 그만큼 힘겨워지며, 반대로 지역사회가 가지고 있는 교육 자원이 빈약해진다면 그 부담은 고스란히 학교의 부담과 고충으로 이어질 수밖에 없다. 그러므로 학교와 지역사회가 가지고 있는 교육적 역량을 상호 보완적이고 공생적인 관계로 인식함으로써 양쪽 모두가 가지는 교육적 부담을 분담할 수 있는 가능성을 얻게 된다.

러시아의 크로포트킨(Kropotkin, 2005)이 부각한 상호부조론은 학교와 지역사회가 협력하여 각자가 가지고 있는 교육적 요구를 함께 풀어 가는 것이 양자 모두에게 궁극적으로 이득이 될 수 있음을 뒷받침해 준다. 크로포트킨은 생존 경쟁이 생물 및 인간 사회가 진화할 수 있는 요인이었다는 소위 다윈의 자연선택설 입장과 달리, 자발적인 상호부조와 협동 관계를 진화의 요인이라고 본다. 즉, 군집생활을 하는 동물들의 세계뿐만 아니라 인류의 역사를 살펴보면, 종의 진화와 영속을 지탱하는 원리에는 '경쟁'이라는 요소 이외에 '협동'이라는 요소도 분명히 존재하고 있었다고 설명한다. 그러나 급속한 산업화의 흐름 속에서 등장하는 서구 자본주의 이데올로기는 협동의 가치가 드러나는 수많은 사례를 간과한 채 경쟁의 논리만을 부각하였다고 주장한다. 이에 크로포트킨은 자연계와 인간의 역사 속에서 발견되는 수많은 상호부조의 예를 들어 보이면서, 악조건 속에서도 구성원들이 상호 보호하고 공존할 수 있는 장치들을 끊임없이 만들고 협력하는 모습이 역사가 증명하는 인간의 생존과 진화의 동력이었음을 강조한다.

학교와 지역사회가 함께 대등하게 참여하여 협력하는 교육체제를 새롭게 구상하는 것은 상호부조론을 비롯하여 최근 들어 강조되는 '협동' '협력'의 가치와 무관하지 않다. 학교와 지역사회 간의 협력체제를 구축하는 것은 지역을 하나의 학습생태계로 파악하여 그 구성요소로서 학교와 지역사회가 역할을 분담하고 보완적으로 기능할 수 있는 지역으로 개조하는 것이다. 다시 말하면, 학교 평생교육이 지향해야 하는 것은 다양한 지원을 학교에만 투입한 후에 학교가 지역사회의 교육요구에 반응하여 다양한 교육 서비스를 제공하도록 유도하는 모습이 아니다. 이는 학습생태계의 불균형을 유발할 수 있으며, 종국에는 학습생태계의 파괴로 이어질 수 있다. 학교 평생교육이 지역사회의 여러 교육적 자원과 학교 간의 긴밀한 소통 및 협력관계를 구축하는 방향으로 전개됨으로써 학교와 지역사회 각자가 지향하는 교육적 가치를 실현할 수 있을 것이다.

2) 학교 평생교육에 대한 교사의 태도 변화

학교 평생교육 담당자는 대부분 교사들이며, 이들은 학생지도에 대한 역할을 일차적으로 수행하는 가운데 평생교육에 대한 업무를 함께 감당한다. 이러한 현실에서 평생교육 업무의 담당은 교사의 과중한 업무 부담으로서 평생교육 프로그램의 운영이 효과적으로 이루어지기 어렵게 만들며, 교사의 역할 전문성 역시 제한적일 수밖에 없다. 또한 평생교육 업무를 담당하는 것도 교사의 경험이나 관심사와 상관없이 결정되므로, 많은 교사가 업무를 배정받음으로써 평생교육에 대한 내용을 처음 접하게 되는 경우가 많다. 그러다 보니 담당 교사는 평생교육에 대한 모종의 관점이나 철학을 가지고 프로그램을 운영한다기보다, 공문과 평생교육 관련 책자를 보면서 시행할 수밖에 없는 경우가 대부분이다. 이는 결과적으로 형식적인 평생교육 프로그램의 기획 및 운영으로 치우칠 수밖에 없는 한계를 보이며, 새로운 변화와 혁신을 어렵게 만드는 원인이 되기도 한다.

이뿐만 아니라 교직은 주기적인 근무지 이동 및 업무 분담의 순환이라는 특성을 가지고 있기 때문에 평생교육 관련 업무를 일정 기간 동안 지속적으로 담당하기 어려운 직무 구조를 가지고 있다. 그렇기 때문에 교사로 하여금 평생교육 업무를 체계적으로 이해하고 업무를 효과적으로 수행하는 데 요구되는 역량을 강화함으로써 평생교육 관련 업무에 대한 전문성을 신장하도록 이끄는 유인가가 부족한 실정이다. 이에 대한 대응책으로서 교사를 대상으로 한 평생교육의 전문적 실천 역량과 안목을 기를 수 있는 평생교육사 양성 교육 및 연수 실시를 고려할 수 있다. 하지만 아직까지는 학교 현장의 교사를 대상으로 평생교육사 자격을 부여하는 교육이나 연수가 거의 이루어지지 못하고 있는 실정이다.

학교교육의 주축이라는 교사의 정체성 역시 학교 평생교육 활성화라는 측면에서 부정적인 요인으로 작용한다. 교사들은 학생에 대한 일차적 책무 의식으로 인해서 스스로 지역주민을 상대로 한 평생교육은 자신들에게 부차적이면서 과외의 업무라는 인식을 형성하게 된다. 학교교육의 원활한 운영이라는 관점에서 보았을 때, 학생에 대한 책무성을 명확히 인식하고 헌신하려는 자세는 매우 바람직한 모습이다. 그러나 보다 근본적으로 학교는 지역사회에서 유리된 존재가 아니며, 학교 자체의 원활한 기능 수행을 위해서 지역사회와의 관계성을 배제할 수 없다. 지역사회로부터 학교 운영에 필요한 사항을 원활하게 지원받을 수 있으려면 학교와 지역사회의 관계를 원만하게 지속할 수 있는 제도적 · 문화적 기반을 구축해야 한다. 동시에 지역사회 역시 주민의 생활수준 제고와 지역 성장에 필요한 동력을 학교의 인적 · 물적 자원을 바탕으로 하는 교육을 통해서 확보할 수 있어야 한다. 이를 위해서는 학교 평생교육 담당자인 교사의 역할을 새롭게 규정하고 수용해야 한다. 이러한 맥락에서 교사의 역할 범위에 대한 교육이 예비교사를 양성하는 교육대학 · 사범대학 교육에서부터 바뀔 필요가 있다. 아울러서 학교와 지역사회의 관계가 중요하게 부각됨에 따라서 증가하는 교사의 업무 부담을 효과적으로 경감할 수 있는 행 · 재정적 지원이 마련되어야 한다.

3) 학교 평생교육사의 배치

학교 평생교육 운영과 관련하여 교사의 부담을 덜어 주고, 평생교육 실천의 전문성을 제고하기 위해서는 평생교육사가 일선 학교에 배치되어 활동할 수 있어야 한다. 학교 장면에서 평생교육 활동으로 분류되는 교육을 운영하기 위해서는 활동의 특성상 학교 운영 시간의 제도적 틀을 넘어서는 것이 불가피하다. 그래서 방과후, 주말 혹은 방학 기간 등과 같이 정규학교 개방 시간을 초과해서 운영할 수밖에 없는데, 교사에게 이러한 프로그램을 담당할 것을 요구하는 것은 현실적으로 한계가 있다. 그러므로 학교 평생교육 프로그램은 전담할 수 있는 인력을 어떤 식으로든 충원하여야 한다.

학교 평생교육사는 학교 공간에서 이루어지는 아동 · 청소년 그리고 지역 성인들을 대상으로 하는 평생교육 운영을 담당하는 존재이다. 이뿐만 아니라 학교와 지역을 연결하는 매개적 존재로서 지역의 자원을 학교로 끌어들이기도 하며, 동시에 학교를 지역사회에 개방하는 과정에서 나타날 수 있는 문제를 관리하는 역할을 할 수 있다. 학교 평생교육사는 학교가 지역과 상시적으로 소통하고 협력할 수 있는 첨병으로서, 이들의 필요성은 학교가 평생교육 측면에서 원활한 기능을 수행하는 데 핵심적인 과제가 된다.

각 단위 학교에 평생교육사를 배치하는 것은 기존 교사들로 하여금 평생교육사 자격을 취득하게 하여 평생교육 업무를 전담하는 방안과, 교사 외의 인력 가운데 평생교육사 자격을 가지고 있는 사람을 새롭게 배치하는 방안이 있을 수 있다. 첫째, 기존 교사들로 하여금 평생교육사 자격연수를 이수하도록 함으로써 이들이 평생교육 관련 업무를 전담하도록 하는 방안은 기존의 인력이 평생교육에 대한 전문적인 역량을 길러서 업무를 담당하는 것이다. 이러한 방안은 학교 조직의 문화를 안정적으로 유지할 수 있으며, 학교교육과 평생교육의 유기적 연계가 용이할 수 있다는 장점이 있다. 그러나 기본적으로 학생지도 외에도 교사에게 요구되는 업무의 과중함이 계속해서 거론되

는 현실에서 교사의 적극적인 참여를 유도하기가 쉽지 않다.

둘째, 신규로 학교 평생교육사를 채용하는 방안이다. 평생교육사는 학교 시설을 이용한 평생교육 운영을 보다 체계적으로 할 수 있는 전담 인력으로서, 기존 교사의 평생교육 업무의 경감을 기대할 수 있다는 점에서 긍정적인 측면이 있다. 하지만 기존의 학교구조에 평생교육사가 새롭게 편입되어 활동하게 되면 학교를 구성하고 있는 교사들과의 관계를 설정하는 일이 중요하다. 자칫 업무 수행으로 인한 갈등이나 의견대립 등이 일어날 수 있을 뿐만 아니라, 교사들이 절대 다수를 차지하고 있는 학교 문화에서 순조롭게 적응하지 못한 채 소수자로 고립될 수 있다. 따라서 어떤 식으로든 학교의 평생교육 실천이 원활하게 이루어지고 지역주민 및 학생, 학부모에게 실질적인 도움이 될 수 있도록 학교 평생교육사의 위상에 대한 면밀한 검토가 충분히 이루어져야 할 것이다.

4) 지역사회 교육요구의 파악

학교 평생교육을 활성화하기 위해서는 지역주민 및 학부모들이 기대하는 교육요구를 파악하여 그에 부합하는 교육 프로그램을 특성화하고 차별화하는 시도가 필요하다. 성인 학습자의 경우 자신의 사회적 지위나 역할과 관련해서 도움이 되는 교육에 참여하려는 경향이 높게 나타난다. 학생들 역시 자신들이 선호하는 방과후 학교 프로그램을 수강하려는 경향이 강하다. 따라서 수요자인 학습자들의 요구와 참여가 학교의 평생교육에 있어서 중요한 관건이라고 말할 수 있다. 그러므로 각급 학교에서 참여하는 주된 학습자 대상—학교의 학생들, 학부모, 지역주민—의 특성과 요구를 면밀히 분석하는 일이 반드시 선행되어야 하며, 이를 바탕으로 해당 학교에서 실제로 운영 가능한 프로그램이 무엇인지 결정해야 한다. 수요자에 대한 파악을 충분히 진행하지 않은 채, 그저 학교의 평생교육에 대한 역할을 당위적으로 강조하며 그에 따른 사업을 의무적인 모습으로 실행한다면, 학교 평생교육 프로그램은 학습자의 실질적인 성장에 기여하기 어려울 것이다. 이러한 구조에서 배움은 교육 수혜자들이 발전할 수 있는 계기도 되지 못할뿐더러, 교육 제공자인 학교에게 있어서도 의미 없는 업무 부담으로만 다가오게 된다.

실제로 학교시설은 주로 학령기 학생에 대한 집합식 교육활동을 우선적으로 고려하여 설계되어 있기 때문에 다양한 교육요구에 유연하게 대처하기 어려운 구조인 경우가 많다. 그러다 보니 학교시설을 이용해서 효과적으로 운영할 수 있는 프로그램의 내용과 형식이 제한될 수밖에 없는 문제가 생긴다. 이는 학교가 다양한 내용과 형식의 교육 프로그램을 포괄적으로 운영할 수 없는 제약요인인 동시에, 학교의 조건과 특성을 고려한 프로그램의 차별화 및 특성화가 필요하다는 점을 암시한다. 예컨대, 실업계 고등학교와 같은 경우는 다양한 실험, 실습 기자재와 그에 따른 공간이 잘 마련되어 있는 반면, 대부분의 일반 초 · 중 · 고등학교는 지식 중심의 인지적 활동이 교육의 주를 이루기 때문에 상대적으로 실험, 실습을 위한 별도의 공간이 부족하다. 또한 초등학교 저학년 교실의 책걸상은 아이들의 신체적 발달 수준에 적합한 크기이기 때문에 성인들의 학습활동을 위한 공간으로는 적절하지 못하다.

이러한 학교시설의 제약뿐만 아니라, 지역사회에서 접근 가능한 평생교육기관의 프로그램들과의 관계도 고려하여 지역의 기존 평생교육시설에서 운영하는 프로그램과의 중복을 방지할 필요가 있다. 학교에서 이루어지는 평생교육 프로그램이나 방과후 학교 프로그램이 지역의 다른 평생교육시설이나 사설 학원 등에서 운영하는 프로그램과 별반 차이가 없다면, 학교의 평생교육 프로그램 운영은 지역사회의 민간 평생교육시설의 입장에서 볼 때 잠재적 경쟁기관의 증가로 해석되며, 그리 환영할 만한 모습이 되지 못한다. 지역사회 전체적으로 보았을 때, 이는 학습자들이 이용할 수 있는 배움의 기회가 다양하지 못한 상태인 셈이다. 학교 평생교육의 필요성은 지역의 민간 평생교육 부문에서 감당하기에 적절하지 않거나 어려운 부분을 학교시설을 이용하여 공적으로 다룬다는 기대가 커질 때 더욱 두드러질 것이다.

또한 학교급별로 프로그램 내용을 차별화할 수 있는 방안도 깊이 고민해 보아야 할 문제이다. 특히 학부모들을 대상으로 한 교육에 있어서 학교급별 특성화의 중요성을 확인할 수 있다. 아이의 성장에 따라 부모는 초등학교 학부모, 중학교 학부모, 고등학교 학부모로 발달해 가고, 아이의 성장에 따라 부모로서 관심을 가지고 주목하는 교육 내용도 변화해 가기 마련이다. 하지만 정작 학교에서 학부모들을 대상으로 운영하는 프로그램이 학교급에 따라 차별성을 가지지 못한다면 부모의 입장에서는 비슷한 교육 내용을 반복적으로 접할 뿐인 셈이다. 말하자면, 내 아이가 초등학교에 다니던 시절에 학부모 교육을 통해서 들은 내용을 중학교 학부모가 되어서 또다시 학교의 학부모교육에서 다시 접하게 된다면, 아마도 실망을 금치 못할 것이다.

이러한 현상을 방지하기 위해서는 지역사회의 평생교육 관련 기관 담당자와 학교의 담당 교사 간의 인적 네트워크가 필수적으로 요구된다. 이를 통해서 지역사회와 학교의 상호 협력과 공동 노력을 구체화할 수 있으며, 학교 평생교육 실천의 깊이를 심화할 수 있을 것이다. 지역사회와 학교와의 긴밀한 교류는 학교 평생교육 프로그램의 특성화와 전문화를 도모하는 데 필수적이다. 거듭 강조하지만 양자의 네트워킹과 파트너십이 원활하게 이루어지지 못할 경우, 지역사회의 평생교육시설과 학교는 상호 협력과 공존의 관계가 아닌 지역사회의 한정된 학습자 집단을 중심으로 한 경쟁관계가 될 수밖에 없다. 교육의 수혜자인 지역 학습자에게 어떤 교육 경험이 필요하고, 이를 효과적으로 제공하기 위하여 학교와 지역이 서로 어떻게 역할을 조정하느냐에 따라 학교는 지역사회의 평생학습 문화를 확산하는 데 든든한 지원군이 될 수 있다.

그러므로 학교 평생교육이 소기의 성과를 도출해 내기 위해서는 무엇보다도 학교 평생교육 관련 담당자와 지역사회 평생교육 관련 담당자 모두가 학교와 지역사회가 분리되는 것이 아니라 상호 협력하는 가운데 각자의 요구를 충족하고 함께 진화하는 관계임을 명확히 인식하는 것이 중요하다.

5) 교사의 학습문화 정착

평생학습의 관점에서 볼 때 교사도 학습자의 모습을 가지고 있는 존재이다. 교사는 학생들에게 자기주도적 학습자로서 역할모델이 될 수 있으며, 스스로의 교육 전문성을 제고하기 위한 학습을 끊임없이 수행해야 한다(Cropley & Dave, 1978). 이를 위하여 교사의 개별적인 학습과 교육 참여를 촉진하는 지원과 더불어 개인의 학습 경험이 확산되어 다른 동료 교사들의 경험과 공유될 수 있는 학습공동체의 구성 및 운영을 제도적으로 지원하는 노력이 필요하다.

교사로서의 역할을 보다 효과적으로 수행하는 데 적합한 지식과 기술은 학교 현장을 벗어난 연수 기회에만 의존해서는 한계가 있다. 교사들은 교직 경험을 바탕으로 학생을 지도하는 방식이나 담당 교과나 학급을 운영하는 방식과 관련하여 나름대로의 지식과 방법을 가지고 있기 마련이다. 따라서 연수를 통해서 새로운 경험을 접하는 것뿐만 아니라, 교사들이 경험을 통하여 터득한 지식과 역량을 서로 소통할 수 있는 분위기 마련도 중요하다. 구체적인 상황에서 접한 문제를 해결하는 데 효과적인 방법은 무엇이었는지, 그러한 방법을 적용하는 가운데 가졌던 애로사항은 무엇이었는지 등에 대하여 교사 간의 논의와 성찰의 기회를 정기적으로 가짐으로써 교사들은 각자의 상황에 맞는 지식과 태도를 구성해 갈 수 있다. 예컨대 수업연구회와 같은 교사의 정기적인 교육 지도 경험의 공유 기회라든가, 수업 사례 발표회 등과 같은 행사를 통하여 교사는 상호 학습의 기회를 가질 수 있다.

외형상 학교는 비슷한 교육과 선발 절차를 통하여 교사라는 직업을 가진 사람들이 함께 모여 있다는 측면에서 비교적 동질적인 조직으로 보인다. 하지만 실제로는 성별, 교직 경력, 담당 교과, 보직 업무 등의 조건과 관련하여 상충되는 이해와 관심을 가지고 있는 개인들이 모인 이질성을 가지고 있다.

구성원들의 교류와 의사소통은 이질적인 학교조직이 합의된 비전과 목표를 바탕으로 운영되는 데 필수적이다. 따라서 학습공동체로서 교사의 활동을 지원함으로써 함께 근무하고 있는 교사 상호 간의 학교 운영 및 교육 전반에 관한 합의된 비전과 가치관을 형성할 수 있다. 그리고 이러한 협력적 활동의 전개는 교사의 학습을 격려하는 계기이자, 학교의 협력적 학습문화를 형성하는 중요한 토대가 될 수 있을 것이다.

[참고자료] **전문적 학습공동체**

전통적으로 교사들의 교육활동은 교사들이 서로 단절되고 닫힌 상태에서 고립적으로 벌이는 개별 행위로 인식되어 왔다. 교사가 자신의 학급을 운영하는 문제에 있어서 다른 교사들의 개입과 간섭을 거의 받지 않으며, 수업활동을 준비하고 책임을 지는 것도 주로 교사 개인의 몫으로 간주되었다. 그러나 교사의 수업 개선 및 교사로서의 전문성 개발을 위해서는 교사 상호 간의 소통과 협력이 중요하다는 점을 인식하면서 교사들 간의 전문적 학습공동체를 강조하기 시작하였다.

전문적 학습공동체(Professional Learning Community: PLC)는 교사들 간의 자율적인 협력체제로서 학습공동체를 구축함으로써 교사들의 전문성을 제고하는 동시에, 그 결과로 학생들의 성취 수준과 학습만족도를 향상하려는 취지로부터 출발한 개념이다. 호드(Hord, 1997: 6)는 전문적 학습공동체를 "한 학교의 교사들과 관리자들이 전문가로서 자신들의 효과성을 개발하는 학습을 공유함으로써 학생들의 학업에 긍정적인 이익을 가져올 수 있도록 하는 공동체"로 설명한다. 우리나라에서는 전문적 학습공동체와 교사 학습공동체를 같은 의미로 사용하고 있다.

전문적 학습공동체는 개념적으로 세 가지 요소를 바탕으로 한다(DuFour, 2004). 첫째, 전문적 학습공동체는 학생들의 학습활동 개선을 궁극적인 목적으로 한다. 전문적 학습공동체 참여를 통하여 교사들이 주목하는 수업개선은 잘 가르치는 것에 대한 관심을 뛰어넘어서 학생들이 잘 배울 수 있도록 하는 데 주안점을 둔다. 둘째, 전문적 학습공동체는 협력적 문화가 학교에 안착할 수 있는 토대이다. 교사들은 자신의 교실에서 드러나는 문제를 공동체 차원에서 공유함으로써 함께 궁리하고 공동의 해결방안과 아이디어를 창출하는 협력적 경험을 쌓는다. 셋째, 전문적 학습공동체는 결과에 대해서 주목한다. 전문적 학습공동체는 구성원들이 단순히 모여서 학습하는 행위에 의의를 두는 것이 아니라, 학습공동체 활동을 통해서 교육과정이나 실제 수업상의 변화와 개선을 가시적으로 확인하고자 한다.

국내에서는 서경혜(2008)가 교사들의 전문학습공동체로서 교사학습공동체를 학습지향성, 협력, 반성적 실천의 세 가지 특성으로 정리하였다. 첫 번째 특성인 학습지향성은 교사의 학습 및 학생의 학습 증진을 지향한다는 의미를 갖는다. 이는 학생의 교육을 담당하는 교직의 특성을 반영한 특징이다. 두 번째 특성인 협력은 교사학습공동체는 교사들의 협력을 통한 학습을 강조하는 내용이다. 협력을 통한 학습은 교사들 간의 협력적 상호작용을 통해서 학습함으로써 고립, 단절, 불간섭 등으로 대변되는 전통적인 교사문화를 극복한 학습의 가능성을 시사한다. 세 번째 특성인 반성적 실천은 교사의 학습공동체 활동은 자신의 교육 실천에 대한 반성을 토대로 실행한다는 점을 지적하는 것이다. 교사의 학습과 실천을 결부하여 학습공동체를 꾸려 감으로써 교사들은 공동으로 실천을 반성하고 그로부터 실천 수준의 개선을 도모할 수 있는 방안을 도출하고 이를 직접 적용해 감으로써 전문성 신장을 도모해 간다.

결국 전문적 학습공동체는 학생들의 학습 경험 증진에 초점을 맞춘 교사 전문성을 계발하기 위하여 교사들이 협력적으로 수업 및 교육과정 개선에 대해서 함께 성찰하며 학습하는 집단, 모임이라고 정의할 수 있다.

인적자원개발

청소년 시절에 학교에서 하루의 많은 시간을 보내는 것처럼, 일터(workplace)는 성인이 가장 많은 시간을 보내는 생활 공간이다. 급속하게 증가하는 지식의 양과 근무 환경의 빠른 변화에 대응하여 자신이 담당하는 업무를 보다 효과적으로 수행하기 위해서는 자신의 역량을 지속적으로 개발하는 노력이 필요하다. 그러한 까닭에 신입사원에서 조직의 고위 임원진에 이르기까지 일터에서 근무하는 대부분의 성인은 끊임없이 학습 기회에 참여할 필요성을 가진다. 따라서 일터는 성인에게 있어서 중요한 평생학습의 장면이다.

성인이 일터에서 참여할 수 있는 학습 기회는 다양하다. 자신의 개인적 관심을 충족하고 자기 계발을 목적으로 참여하는 기회도 있으며, 조직 차원에서 구성원이 갖추어야 할 역량을 증진하기 위한 목적으로 운영하는 체계화된 교육 프로그램에 참여하기도 한다. 이 가운데 특히 조직의 의도적 지원과

개입의 성격을 가지는 후자는 인적자원개발(Human Resource Development: HRD)이라는 영역에서 주목하고 다루게 된다. 오늘날 일터 장면에서 성인이 참여하는 일반적인 교육 및 훈련의 내용과 형식은 바로 인적자원개발의 맥락에서 접근하는 것이다.

1. 인적자원개발의 개념

지식기반 사회로의 변화가 빠르게 진행되면서 조직의 성장을 촉진하고 지속하는 핵심적 요소로서 조직의 구성원, 즉 개인의 자질과 역량에 대한 관심이 고조되고 있다. 이는 주로 물적 · 재정적 요소를 조직 활동에 투입할 수 있는 자원으로 바라보던 기존의 시각에서 조직 구성원 역시 조직 활동에 활용되는 자원으로 포함하는 시각으로의 변화를 보여 주는 현상이다. 즉, 조직의 구성원으로서 사람들이 보유하고 있는 지식과 기술 수준이 어느 정도로 조직의 성과에 기여하는가에 따라 조직의 성패가 좌우된다고 보는 입장인 것이다. 인적자원개발은 바로 조직이 이용하는 자원의 가치가 증가할수록 조직 차원의 성과도 증가하기 때문에 다른 무엇보다도 인적자원의 가치를 제고하는 노력, 즉 개발활동을 강조한다. 인적자원개발은 일터 구성원이 물적 자원과 재정적 자원을 조합하는 주체로서 조직의 생산성 증가에 결정적 역할을 하는 존재이며, 이들이 가지고 있는 개인적 역량 수준과 상호 관계의 양상에 따라 조직 차원의 성과도 달라진다고 본다.

인적자원개발이라는 용어를 처음 사용한 내들러(Nadler, 1969: Swanson & Holton, 2001에서 재인용)는 인적자원개발의 활동 형태를 훈련, 교육, 개발로 구분하였으며, 그 개념은 다음과 같다.

- 훈련(training): 학습활동이 제공되는 현재 시점에서 구성원이 담당하고

있는 직무와 관련된 학습활동으로서, 현재 하고 있는 일에 대한 수행 능력을 증진시키기 위해서 제공하는 제반 활동을 말한다.

- 교육(education): 확정된 미래의 다른 직무에 대한 준비학습을 의미하는 것으로서, 현재 하고 있는 일과 다른 특정 분야 혹은 같은 분야라 할지라도 구성원의 전반적인 능력을 현재 이상으로 증진시키는 활동을 말한다.
- 개발(development): 구성원이 현재 담당하고 있거나 미래에 담당할 특정 업무와 직접적인 관련은 없지만, 조직 및 개인의 성장이라는 측면에서 의미가 있을 것으로 판단하고 수행하는 활동을 말한다.

인적자원개발에 대한 내들러의 정의는 주로 조직 구성원 개인적 수준에서 이루어지는 교육 및 훈련 활동에 초점을 맞추고 있다고 볼 수 있다. 그러나 내들러 이후 많은 인적자원개발 분야의 학자는 그 개념을 확장 · 정교화하는 작업을 부단히 수행하였으며, 그 개념은 참고자료에서 제시하고 있는 것과 같이 다양한 학자에 의하여 정의되어 왔다. 이러한 정의들을 바탕으로 종합하여 보면, 최근의 인적자원개발은 크게 세 가지 범주의 내용을 포함하고 있음을 확인할 수 있다.

첫째, 인적자원개발은 조직의 맥락에서 실행되고 적용되는 활동이다. 인간의 변화를 지향한다는 점에서 인적자원개발은 교육과 공통점을 가지고 있다. 하지만 인적자원개발은 교육이 실행되는 맥락으로 항상 조직을 고려한다. 즉, 조직의 생존과 성장을 위해서 구성원들에게 제공하는 교육적 활동이라는 점을 강조한다.

둘째, 인적자원개발이란 조직 내에서의 구성원들의 업무 수행 능력을 개선하기 위한 목적으로 지식, 기술, 능력을 증진시키는 노력과 더불어, 구성원들의 업무 수행 개선을 촉진하고 지속적 변화와 성장 가능성을 지원할 수 있도록 조직 운영의 구조와 형식을 재구성하려는 노력도 포함한다. 다시 말하면, 인적자원개발은 조직 구성원들의 업무 수행 수준의 개선을 위해서 그 제반 환경을 혁신하는 활동에 대해서도 주목함으로써 궁극적으로 조직 차원의 성과 증진을 도모하는 활동이다.

셋째, 구성원들의 지식과 기술 습득을 위한 교육 및 훈련, 미래의 업무와 관련된 수행 개선에 초점을 맞추는 경력 개발, 조직의 변화와 혁신을 시도하는 조직 개발 등 세 가지 하위 영역을 포함하고 있다. 인적자원개발은 개인 차원의 교육 및 훈련의 계획적 제공 수준에 머무르지 않으며, 조직의 성과 증진에 기여할 수 있는 개인의 전문적 역량을 극대화할 수 있는 다양한 개발활동을 통합적으로 제공한다.

이상의 내용을 요약하면, 인적자원개발이란 이러한 조직 구성원의 현재 수준과 미래 수준을 모두 고려하는 조직 차원의 체계적인 노력을 통하여 조직의 성과 향상을 도모하는 의도적 실천이며, 이를 위하여 조직의 환경 개선 및 구성원의 역량 향상을 함께 시도하는 활동으로 정의할 수 있다.

[참고자료] HRD 개념에 대한 주요 정의

- 내들러(Nadler): 미국훈련개발협회(ASTD)에서 최초로 소개함
  - 일정한 시간적 범위에서 제공되는 일련의 조직화된 활동으로서 개인의 수행 수준의 변화를 가져오기 위해서 설계된 활동(1969)
  - 일정한 시간적 범위에서 조직의 성과 향상과 구성원의 개인적 성장을 가능하게 하는 조직화된 학습 경험(1989)
- 샬로프스키와 링컨(Chalofsky & Lincoln, 1983)
  - 조직을 구성하는 개인과 집단을 학습을 통해 변화시키고자 하는 노력
- 길리와 에그랜드(Gilley & Eggland, 1989)
  - 조직의 맥락에서 조직 차원의 성과 향상과 개인적 성장을 통하여 직무, 개인 그리고 조직의 개선을 도모하는 조직화된 학습활동
- 매클레이건(McLagan, 1989)
  - 개인 훈련 및 개발, 경력 개발 그리고 조직 개발을 통합적으로 활용하여 개인과 조직의 효과성을 개선하려는 활동

- 살로프스키(Chalofsky, 1992)
  - 조직의 성장과 효과성 증진을 목적으로 제공하는 학습 기반 개입(learning-based interventions)의 체계적 적용을 통하여 개인, 집단 그리고 조직의 학습 역량을 증진시키기 위한 이론과 실천
- 마식과 왓킨스(Marsick & Watkins, 1995)
  - 훈련, 경력 개발, 조직 개발의 조합이자 조직의 전략적 활동으로서, 하나의 조직이 학습 조직으로 변모하기 위한 이론적 통합
- 스완슨과 홀턴(Swanson & Holton, 2001)
  - 개인적 훈련과 개발, 조직 개발 등의 활동을 통해서 인간의 역량을 극대화하는 일련의 과정으로서 성과 향상을 궁극적 목적으로 하는 활동

출처: Swanson, R. A., & Holton, E. F. (2001). *Foundations of human resource development* (pp. 4-8). San Francisco: Berrett-Koehler.

2. 인적자원개발의 영역

매클레이건(McLagan, 1983)을 연구 책임자로 하는 「수월성의 모델(Models for Excellence)」 보고서는 인적자원과 관련한 영역을 체계적으로 분류하였다. 여기에서는 인적자원과 관련한 영역을 모두 열 가지로 구분하고, 이 가운데 개인 개발(Individual Development: ID), 경력 개발(Career Development: CD) 그리고 조직 개발(Organization Development: OD)을 인적자원개발의 세 가지 영역으로 나누었으며, 나머지 일곱 가지 영역을 인적자원관리(Human Resource Management: HRM)로 개념화하였다.

1) 개인 개발

개인 개발은 최근 들어서 훈련 및 개발(Training & Development: T&D)로 지

칭되는 경우가 많다. 개인 개발은 조직 구성원들로 하여금 조직 내에서 담당하는 자신들의 역할을 효과적으로 수행하는 데 필요한 새로운 지식, 기술, 태도 등을 습득하게 하여 업무 수행 수준을 변화시키는 데 중점을 둔다. 기업이 자사 직원들에게 제공하는 계층별 및 직무별 교육, 학교 교사를 대상으로 교육청에서 실시하는 각종 직무연수 등처럼 조직에서 참여 대상을 구별하여 이들이 업무 수행 능력을 제고할 수 있도록 제공하는 교육 및 훈련 혹은 연

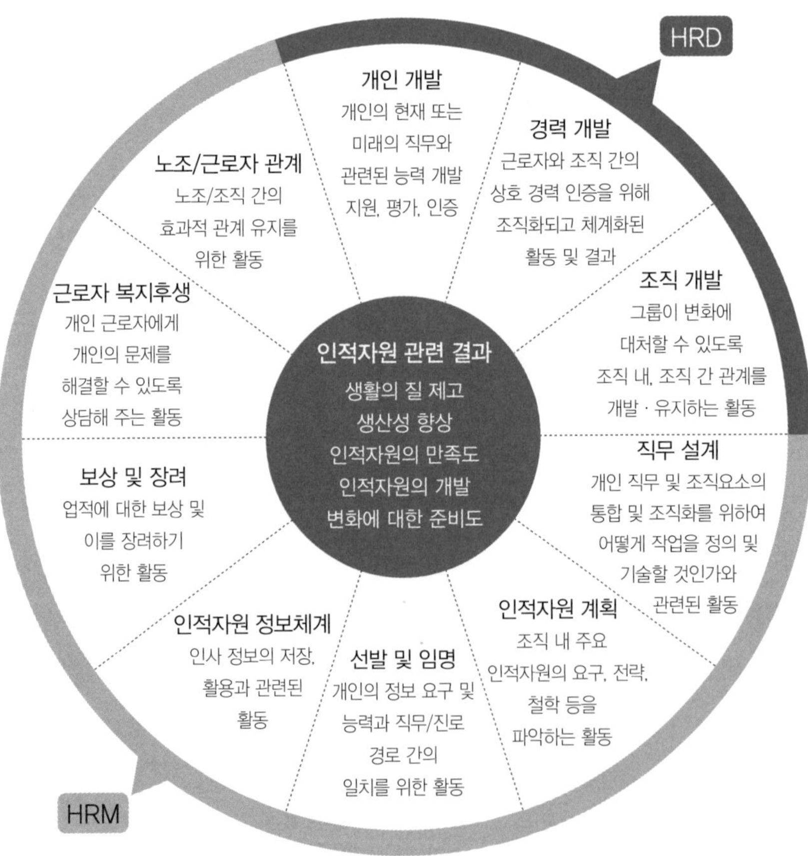

[그림 12-1] 인적자원의 수레바퀴

출처: McLagan, P. A. (1983). *Models for excellence*: Gilley, J. W., & Eggland, S. A. (1989). *Principles of human resource development* (p. 19). Reading, MA: Addison-Wesley Publishing company에서 재인용.

수 프로그램이 개인 개발활동이다. 이러한 개인 개발활동은 조직 차원의 성과를 향상시키기 위하여 구성원들에게 투입하는 가장 기본적인 활동이기 때문에 인적자원개발의 영역 가운데 가장 높은 비중을 차지하고 있다(Gilley & Eggland, 1989).

개인 개발활동은 기본적으로 대부분이 성인인 조직 구성원의 개인 차원의 변화에 초점을 맞추기 때문에 교수학습이론 및 성인 학습자의 이해, 성인학습의 운영 원리 등과 같은 성인교육 영역의 성과와 밀접하게 관련되어 있다. 그래서 조직 구성원 개개인의 역량 증진을 목적으로 제공하는 교수자 중심의 교육 및 훈련, 컴퓨터 기반 교육 및 훈련, 위성 프로그램, 영상 콘퍼런스, 자기주도학습, OJT 등이 개인 개발활동으로 자주 활용되는 편이다(배을규, 2009).

근래에 들어 개인 개발의 목적으로 많이 이루어지는 교육 및 훈련의 형태로 액션러닝과 코칭이 있다. 액션러닝(action learning)은 교육 참여자들을 그룹의 형태로 조직하여 현업에서 수행하고 있는 과제나 조직 차원의 프로젝트를 협력적으로 해결하는 학습 방법이다. 액션러닝은 팀 단위의 프로젝트 수행 과정을 통해서 문제해결 과정에 대한 학습과 함께 문제 내용에 대한 학습이 동시에 이루어질 수 있도록 한다(Marquardt, 2004). 이때 액션러닝 팀이 해결해야 할 문제는 학습을 위해서 가상적으로 조직된 과제가 아니라, 실제 조직의 경영상 해결해야 할 필요성이 있으며, 도출한 해결방안을 실제로 적용할 과제이다. 액션러닝은 팀별로 수행하는 프로젝트를 통해서 도출한 문제해결 방안을 조직의 실제 운영에 직접 적용하기 때문에 최고 경영층과 관리자들의 강력한 실행 의지와 지원이 필수적으로 요구된다. 액션러닝 과정은 [그림 12-2]에 제시된 것처럼 학습팀 구성, 팀별 프로젝트 과제 선정, 팀 활동

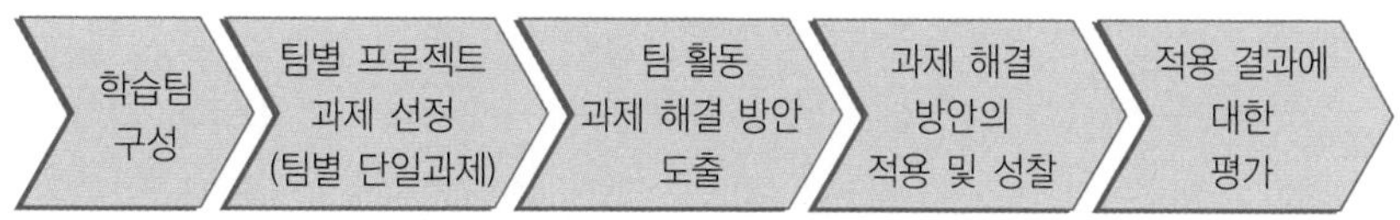

[그림 12-2] 액션러닝의 실행 과정

을 통한 과제 해결 방안 도출, 해결 방안의 적용과 성찰, 해결 방안 적용에 대한 평가로 진행된다.

액션러닝에서는 학습의 핵심적인 기제로서 학습자의 성찰을 강조하며, 이를 위해서 학습자의 액션, 즉 실천을 학습 과정에 포함한다. 액션러닝의 가장 큰 특징은 팀별활동을 통해서 도출된 해결 방안을 실제 현안에 직접 적용하는 액션에 있으며, 이러한 액션의 실행과 그 결과에 대한 성찰과 평가를 통해서 학습이 발생한다는 점에 주목한다.

[참고자료] 액션러닝과 문제해결 기법

액션러닝과 문제해결 기법에 대한 개념을 설명하는 자료들은 두 개념의 차이를 이렇게 설명한다. "액션러닝은 현업에서 수행하는 실제 프로젝트나 문제를 가지고 그룹의 형태로 해결하는 학습 방법을 말하며, 문제해결 기법은 현업에서 발생하는 실제 문제를 해결하는 것을 말한다."

이에 따르면, 궁극적 목적이 학습과 문제해결이라는 점에서 서로 다르다(Swanson & Holton, 2001)는 것을 알 수 있다. 즉, 액션러닝이 과제 해결 과정을 통한 구성원들의 학습이 제일의 목적이라면, 문제해결 기법은 문제해결이 우선시되며 학습은 부차적인 과정이 된다. 그러나 이 정도의 설명에 따른다면, 두 개념의 차이는 기본적으로 동일한 현상—문제를 해결하기 위해서 그룹이 모여서 고민하는 활동—에 대한 해석의 차이만 있을 뿐이며, 나타나는 현상 자체만으로는 구분하기 어렵다.

액션러닝과 문제해결 기법을 구분하는 가장 두드러진 특징은 액션이다(Marquardt, 2004). 액션러닝의 핵심은 액션이며, 액션이 중요하게 간주되는 이유는 액션이 반성적 성찰의 단초를 제공하기 때문이다. 마쿼트(Marquardt)는 일반적으로 사람은 어떤 행동을 한 후의 결과에 대해서 반성적 성찰을 하며, 학습은 이러한 반성적 성찰 과정에서 발생한다는 점에서 액션의 중요성을 부각한다. 즉, 모종의 해결책을 실행하는 액션을 동반하지 않고서는 학습자들의 성찰을 촉진하기 쉽지 않다는 것이다.

액션러닝에서 강조하는 액션은 단순히 과제를 해결하기 위해서 팀 차원에서 벌이는 작업을 지칭하는 것이 아니다. 물론 팀 활동도 액션의 한 부분임에는 틀림없지만 '액션러닝'을 분명하게 '문제해결'과 분리하는 액션의 개념은 팀 활동을 통해서 도출된 과제에 대한 해결 방안을 실제로 적용 · 실천하는 것을 지적한다. 그렇기 때문에 액션러닝팀은 단순히 문제에 대한 해결 방안을 제시하는 것에 그치는 것이 아니라 그 해결책을 직접 실천(액션)하는 임무도 가지게 된다. 해결 방안의 적용으로서 액션에 대한 반성적 성찰을 통해서 팀은 해결 방안의 적절한 요소와 그렇지 못한 요소를 인식하고 잘못된 부분에 대해서 의문을 제기함으로써 다시 다음 단계의 학습—적절하지 못한 요소의 해결—으로 넘어갈 수 있다.

이러한 점에서 액션러닝이 문제해결 과정을 전제하고 있음은 분명하다. 그러나 액션러닝은 과제의 해결에서 그치는 것이 아니라, 과제의 해결 과정에 대한 반성적 탐구(reflective inquiry)를 통한 연속적 학습(continuous learning)이 핵심적인 활동인 것이다.

2) 경력 개발

경력 개발은 개인과 조직의 상호적인 경력 탐색과 개선활동을 가능하게 하는 계획적이고 체계적인 노력이며, 구조화된 과정으로 이루어지는 인적자원개발 활동이다(Gilley & Eggland, 1989). 다시 말해, 경력 개발은 개개인의 특별한 관심과 직무가 일련의 단계를 거쳐 지속적으로 성장하도록 돕되, 그러한 성장 과정을 조직의 이해 및 요구와 연동하여 체계적으로 관리하는 과정이라고 할 수 있다. 조직 구성원들의 다양한 경험과 조직의 지속 가능한 발전을 고려할 때 필요한 인재상을 동시에 감안함으로써, 개인에게는 조직에서의 향후 진로와 활동 영역을 조망할 수 있는 기회를 제공하며, 조직에는 필요한 인재를 준비할 수 있는 일종의 미래 전략으로서 의의가 있다(배을규, 2009).

[그림 12-3]에 제시된 것과 같이 효과적인 경력 개발이 이루어지기 위해서는 경력 개발의 대상인 조직 구성원의 경력 계획(career planning)의 노력과 조직 관리자의 경력 관리(career management) 노력이 함께 수반되어야 한다. 경

력 계획은 조직 구성원이 자기 수준에 대하여 명확하게 인식하고 자신이 처한 조건에서 기회요소와 장애요소를 확인한 후, 이를 바탕으로 자신의 요구에 적합하고 현실적으로 타당한 경력 목표를 설정하여, 이러한 경력 목표 달성에 필요한 업무, 교육 혹은 그 밖의 다양한 경험 등을 결정하는 의도적인 과정이다(Gilley & Eggland, 1989). 반면, 조직의 역할이 강조되는 경력 관리란 개인이 경력 계획을 구체적으로 실행하는 과정에서 필요한 제반 사항을 준비 및 지원하고 그 실행 과정에 대한 주기적 점검을 실시하는 지속적인 활동을 말한다(Gilley & Eggland, 1989). 다시 말하면, 경력 관리는 경력 계획의 실현에 필요한 인적, 물적, 제도적 지원이 적절하게 이루어지도록 하는 활동인 것

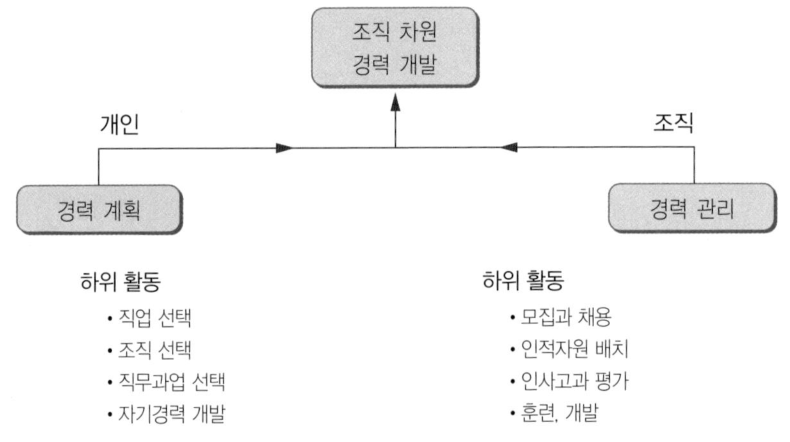

A) 경력: 개인의 생애에서 진행되는 일 관련 활동, 행동, 태도, 가치 포부 등의 계열적 추이
B) 조직 차원 경력 개발: 개인의 경력 계획과 조직의 경력 관리 간 상호작용 결과
C) 경력 계획: 경력 목표 달성에 필요한 일련의 의도적 조력들의 방향, 시기, 순서를 결정하기 위하여 자아, 기회, 제약, 선택, 결과의 인식, 경력 관련 목표의 확인, 그리고 일, 교육, 개발 경험의 계획을 조직적으로 수행하는 의도적 활동
D) 경력 관리: 개인 단독 혹은 조직의 경력 시스템과 연동하여 경력 계획을 준비, 실행, 모니터링하는 지속적 과정

[그림 12-3] 조직 차원의 경력 개발 실행 모형

출처: Gutteridge, T. G., & Otte, F. L. (1983). *Organizational career development* (p. 7): Gilley, J. W., & Eggland, S. A. (1989). *Principles of human resource development* (p. 50). Reading, MA: Addison-Wesley Publishing Company에서 재인용.

이다.

인적자원개발의 모든 활동이 일관성을 가지고 지속적으로 이루어져야 하지만, 경력 개발은 특히 지속성을 강조한다. 왜냐하면 개인의 경력을 관리한다는 것은 개인의 과거 경력에 대한 이해와 현재 역할에 대한 분석을 통해서 도출된 정보를 바탕으로 개인이 미래에 감당할 것으로 예상되는 역할과 그에 필요한 역량 수준을 연결 짓는 것이기 때문이다. 이러한 경력 개발 활동을 통해서 조직 내부의 미래 역량을 증진해 갈 수 있으며, 조직 구성원들은 자신들의 성장과 발전에 대하여 조직이 관심을 가지고 관리해 준다는 인식을 가짐으로써 조직에 대한 헌신과 몰입 수준이 증가할 수 있다. 그럼으로써 조직은 이직률을 감소시키고 내부 핵심 역량의 외부 유출을 방지하여 지속적으로 조직이 성장할 수 있는 원동력을 유지할 수 있게 된다.

경력 개발 활동의 대표적 활동으로 거론되는 것이 멘토링(mentoring)이다. 멘토링은 조직 내에서 풍부한 업무 경험이나 전문적인 지식을 가지고 있는 사람이 조직에 대한 적응이 필요한 개인을 일대일로 전담하여 조직생활에 대한 적응뿐만 아니라 생애 경력 계획의 전반에 걸쳐서 지도·조언하는 활동을 말한다. 많은 기업이 신입사원들로 하여금 업무 및 조직문화에 대해서 신속하고 효과적으로 적응할 수 있도록 도와주고 이들의 성장 잠재력을 계발시키는 것을 목적으로 도입하고 있는 '후견인 제도'는 멘토링의 전형적인 사례라고 볼 수 있다.

멘토링은 도움을 제공하는 후원자로서 멘토(mentor)와 도움을 제공받는 사람인 멘티(mentee) 혹은 프로테제(protege) 간의 상호작용을 기반으로 한다. 멘토와 프로테제 간의 지속적인 멘토링 활동은 경력 계획에 대한 지원과 심리적 지원의 두 가지 기능을 갖는다(Hezlett & Gibson, 2005). 경력 계획에 대한 지원은 프로테제가 조직에서 수행할 수 있는 역할에 대한 안내를 통하여 프로테제의 개인적 특성을 고려한 적절한 역할 진로를 조언하고 그에 필요한 지식, 기술, 태도 차원의 경험 및 노하우를 전수하는 것을 말한다. 반면,

심리적 지원은 프로테제가 조직 생활에서 겪는 심리적 어려움에 대해서 공감, 위로, 격려를 지원하고, 그것을 해결할 수 있는 조언과 지원을 충분히 제공하는 것을 의미한다.

멘토링은 멘토가 조직에서의 풍부한 경험을 바탕으로 습득한 지식을 프로테제에게 전달하며, 특히 현업에서 시간, 공간, 형식의 제약에 구애받지 않고 직접 상호작용함으로써 정형화된 교육 및 훈련 프로그램을 통해서는 다루기 힘든 지식과 노하우를 전달할 수 있는 장점이 있다. 또한 멘토로 선정되어 프로테제를 배정받는 개인은 대체로 조직의 핵심 인재로서 활동하며 의미 있는 성과를 창출하는 관리자급인 경우가 많기 때문에 이들의 우수한 역량과 특성을 프로테제들이 모델링할 수 있는 기회를 제공할 수 있다. 그럼으로써 멘토링은 프로테제들이 조직의 핵심 인재나 리더로 성장할 수 있는 가능성을 제공하는 활동이라고 말할 수 있다.

그러나 멘토링을 효과적으로 운영하기 위해서는 멘토와 프로테제의 관계 속성에 따른 편향적 효과를 신중히 고려해야 한다. 멘토링의 실제에 대한 많은 연구의 성과를 살펴보면, 멘토가 프로테제를 자신과 비슷한 속성의 인물로 생각할 때 멘토와 프로테제 간의 상호작용이 증가하며, 멘토링의 효과가 높은 것으로 나타났다(Hezlett, 2005). 이것은 멘토와 비슷한 사회경제적 배경 및 인구학적 배경을 가지고 있는 프로테제들이 멘토링을 통해서 보다 긍정적인 효과를 얻는 반면, 그렇지 못한 프로테제들은 멘토링의 수혜를 누리지 못한다는 것을 보여 준다. 또한 조직의 상사인 멘토와 부하 직원인 프로테제 간의 관계로서 멘토링은 구조적으로 비대칭적 권력관계에서 이루어질 수밖에 없기 때문에 적절하지 않은 권력의 사용에 따른 부정적인 영향이 나타날 수 있다. 예를 들면, 성희롱 및 성적 수치심 유발 등은 이성 간의 멘토링 활동에서 멘토의 권력 개입으로 나타날 수 있는 대표적 사례이며, 프로테제가 일상적 조직활동에서 멘토의 눈치를 살피게 된다거나, 멘토가 멘토링의 범위를 넘어선 과도한 간섭과 참견으로 자율성을 억압하는 것 역시 자칫 멘토링을 통해서 야기될 수 있는 좋지 않은 결과들이다.

이와 같은 멘토와 프로테제 간의 구조적 관계의 특성에도 불구하고 흥미로운 점은 멘토링을 통해서 제공되는 경력, 심리적 차원의 지원에 대한 가치판단은 프로테제에 의해서 이루어진다는 사실이다. 그렇기 때문에 프로테제가 멘토에 대한 신뢰나 가치 부여를 하지 않을 경우에는 멘토링이 지속되기 어려운 점이 분명히 존재한다. 다시 말하면, 멘토링의 지속 여부에 대해서는 멘토보다 프로테제의 의지와 태도가 더 많은 영향을 미치기 때문에 프로테제가 멘토링 관계에 중요한 의미를 두지 않는다거나 거짓말을 하는 등의 행위를 하는 경우에 멘토링은 당초의 기대효과를 창출하지 못하고 효과적으로 지속되기도 어렵다(Hezlett, 2005; Hezlett & Gibson, 2005).

3) 조직 개발

조직 개발은 조직의 구조, 운영과정, 전략, 구성원의 특성 그리고 문화가 잘 조화될 수 있도록 하며, 새롭고 독창적인 조직 차원의 문제해결 방안을 도출할 뿐 아니라 궁극적으로는 조직의 효과적인 문제해결 및 변화 가능성을 개발하는 활동이다(Gilley & Eggland, 1989). 구성원 개인의 역량 수준 변화에 주목하는 개인 개발, 개인의 관심과 조직 요구의 연계 및 조정에 관심을 가지는 경력 개발에 비하여 조직 개발은 조직 전체가 움직이는 구조와 문화 자체의 개선에 관심을 가진다. 조직 개발이 인적자원개발의 영역으로 간주되는 까닭은 무엇보다도 조직이 사람들의 집단이기 때문이다. 즉, 조직 구성원들의 활동 양상에 따라서 조직의 문화적 성격과 조직 전체의 운영 효과성이 차별적으로 나타나기 때문에 결국 조직 개발을 위해서는 그 구성원들에 대한 처치가 핵심적이다.

조직 개발은 환경적 변화를 능동적으로 수용하고 관리할 수 있는 조직 차원의 역량을 개발하는 활동으로서 다음과 같은 다섯 가지 사항을 핵심적으로 고려하여 이루어진다(배을규, 2009).

첫째, 조직의 효과성을 증진시키기 위하여 조직 개발을 실행한다. 조직 효과성은 조직의 목적과 목표를 달성하는 데 조직 전체의 지원과 관심을 결집할 수 있는 가능성과 조직 구성원들이 높은 수행 성과를 창출할 수 있도록 동기화하는 가능성을 포함한다.

둘째, 조직 개발은 조직 구성원들의 복지를 개선한다. 조직 개발은 조직 구성원들이 자신들의 직무 내용과 업무 수행의 환경에 대해서 만족을 느낄 수 있도록 조직의 제도적 측면을 혁신하는 과정이다.

셋째, 조직 개발은 체계적이고 계획적으로 수행된다. 조직 개발이 성공적으로 이루어지기 위해서는 구성원들의 적극적인 참여가 필요하다. 조직 개발에 관련되는 주체를 명확히 하며, 이들이 각자의 역할을 수행하거나 협력적으로 활동을 전개하는 일련의 과정이 임의적으로 이루어지는 것이 아니라 구체적인 근거와 계획적 절차에 따라서 진행되어야 한다.

넷째, 조직 개발의 실행은 행동과학지식(behavioral science knowledge)을 활용한다. 스완슨과 홀턴(Swanson & Holton, 2001)은 조직 개발을 심리학, 시스템, 경제학의 제 이론을 조직 차원의 전략, 조직구조, 조직 과정의 개발 및 개선, 그리고 강화에 체계적으로 적용함으로써 궁극적으로 조직의 효과성을 극대화하는 활동이라고 정의한다.

다섯째, 조직 개발은 변화를 창조하고 강화하는 장기적인 활동이다. 일회적 처치를 통해서 조직 자체의 체질을 변화시킬 수 없으며, 장기적인 안목에서 점진적인 변화를 추구하는 접근이 필요하다.

조직 개발의 실행을 안내하는 모델로서 린햄(Lynham, 2000)의 수행체제를 위한 조직 개발 모형(Organization Development for Performance System: ODPS)이 있다. ODPS는 수행 수준의 증진을 위하여 조직 개발을 어떻게 실행할 것인가에 대해서 기본적인 절차를 제시하고 있다. ODPS에 따르면, 조직 개발은 조직 구성원과 하위 조직, 운영 과정 그리고 조직 전체의 수행 수준의 개

[그림 12-4] 수행체제를 위한 조직 개발 모형

출처: Lynham, S. A. (2000). *Organization development for performance system*. St. Paul: University of Minnesota Human Resource Development Research Center.

선을 위하여 구성원의 전문성을 계발하는 의도적이고 체계적인 활동이다. ODPS는 [그림 12-4]에서 보는 것과 같이 크게 5단계 과정으로 이루어진다.

린햄은 조직 개발이 궁극적으로 조직이 상황에 따라서 효과적으로 변화할 수 있는 가능성과 그 과정을 적절하게 관리할 수 있는 가능성을 제고하는 목적을 갖는다고 설명한다. 그런데 조직이 이러한 가능성을 내재할 수 있는 것은, 다름 아닌 조직을 구성하고 있는 개인들의 변화 수행 및 관리 역량이 극대화됨으로써 가능할 수 있다. 따라서 ODPS는 조직 구성원의 수행 수준의 개선을 촉진하는 활동으로서 조직 개발의 의미를 강조한다. 하지만 ODPS가 개인 개발활동이 아닌, 조직 개발활동으로 분류되는 이유는 구성원의 수행 역량 향상은 단순히 구성원 개인 단위의 교육 및 훈련을 통해서 이루어지는 것이 아니라 체계적으로 접근되어야 하며, 의도하는 변화를 수행하는 구성원들의 일련의 활동 과정—투입, 과정, 산출 그리고 피드백—을 통합적으로 이해하고 다루어야 한다고 보기 때문이다. 아울러 ODPS의 실행 결과로서 수행 수준 향상은 개인 구성원의 수준뿐만 아니라 그룹, 과정 그리고 조직 전체 수준의 수행 수준의 향상을 염두에 둔다는 점 역시 개인 개발활동의 범위를 넘어선다.

이상에서 살펴본 인적자원개발의 세 가지 활동 영역은 별개의 독립 분야 또는 상호 배타적인 것이라기보다는 기능적으로 상호 관련되어 있다. 따라서 세 가지 활동을 통합적인 관점으로 파악하면서 인적자원개발에 대해 이해할 필요가 있다.

3. 인적자원개발 프로그램의 평가

1) 프로그램 평가의 중요성

인적자원개발의 영역에서 평가는 중요한 활동이다. 인적자원개발에서는 조직 구성원의 수행 수준의 개선을 위하여 실행하는 다양한 노력을 총칭하여 개입(intervention)이라고 표현하며, 교육 및 훈련 프로그램은 개입의 한 가지 유형이다. 평가활동이란 인적자원개발 프로그램(HRD 프로그램)과 조직 차원의 변화 간의 연결고리를 확인함으로써 인적자원개발의 개입의 정당성을 조직 내부와 외부로부터 인정받을 수 있는 활동으로 이해할 수 있다.

인적자원개발 담당자의 입장에서 볼 때, 체계적으로 수립한 인적자원개발의 개입 내용과 형식이 개인의 수행 수준 변화에 기여한 정도와 개인의 변화를 유도함으로써 그 결과로 추론할 수 있는 조직 차원의 성과 증진이 어느 정도인지를 입증하는 것은 중요한 과제이다. 왜냐하면 기본적으로 조직은 이윤 추구를 목적으로 형성되고 또 운영되는 기관이기 때문에 구성원 각자의 흥미와 만족을 충족시키기 위하여 교육 및 훈련을 실시하는 것에 대해서는 관심이 별로 없기 때문이다. 조직에서 인적자원개발 개입을 지원하고 실행하는 이유는 구성원들이 담당 업무를 수행하는 대신에 교육 및 훈련에 참여함으로써 발생하는 현재의 기회비용을 교육 및 훈련을 실행한 이후 구성원들의 변화된 수행 수준으로 획득할 수 있는 부가적 이윤으로 충분히 상쇄할 수 있다는 신념을 전제하고 있기 때문이다. 따라서 인적자원개발 개입의 차원에서 실행하는 다양한 프로그램이 실질적으로 조직의 성과 향상에 기여하는지를 명확하게 설명할 수 없다면, 인적자원개발에 대한 조직 차원의 지원은 기대하기 어려우며 인적자원개발 담당자의 노력이 타당했음을 인정받는 것도 어려울 수밖에 없다.

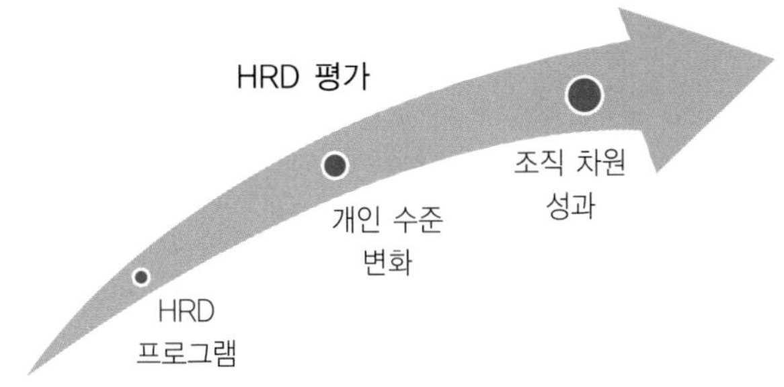

[그림 12-5] HRD 프로그램 평가의 세 가지 차원

[그림 12-5]에서 보는 것과 같이, 인적자원개발 프로그램의 평가는 크게 세 가지 차원으로 구분해 볼 수 있다. 첫 번째 차원은 프로그램 자체가 가지고 있는 특징을 평가하는 것이다. 프로그램의 목표, 내용, 형식, 운영 방식 등 프로그램의 내재적 속성의 가치를 확인하는 것이다. 일련의 교육적 처치로서 프로그램은 참여하는 학습자들에게 의미 있는 학습 경험을 제공하는 것이 기본이 된다는 점에서 첫 번째 차원의 평가의 중요성을 이해할 수 있다.

두 번째 차원은 프로그램에 참여한 학습자의 수행 수준을 평가하는 것이다. 이를 통하여 프로그램을 실행함으로써 기대할 수 있는 인지적 · 행동적 · 태도적 영역에서 참여자의 변화를 확인하게 된다. 인적자원개발은 교육 행위 자체가 목적이 아니라 교육이 개인의 변화와 성장으로 이어질 것을 강조한다. 그러므로 프로그램이 실제 개인의 변화로 이어졌는지에 대해서 주목할 수밖에 없는데, 이를 학습전이(transfer of learning)라고 이야기한다.

그리고 세 번째 차원은 프로그램 운영 결과로서 조직 수준에서 어떠한 변화가 나타나는지를 분석하는 것이다. 이를 통하여 프로그램의 궁극적인 정당성과 효과성을 확인할 수 있다. 조직이라는 맥락에서 논의되는 인적자원개발의 특성상, 조직 수준의 변화와 효과는 인적자원개발이 반드시 챙겨야 할 책무이다. 이러한 점에서 평가는 조직 수준에서 확인할 수 있는 변화들에 주목한다. 세 가지 차원에서의 프로그램 평가를 통해서 얻어진 프로그램의

내용, 형식, 운영 과정 그리고 결과 등에 관한 정보는 인적자원개발 담당자가 조직의 성과 향상에 기여하는 프로그램을 운영하였는지, 조직의 성장에 기여하였는지 등을 입증하고, 나아가 향후 조직의 목적과 관심에 부합하는 프로그램의 개발 및 개선 등을 위해서 활용할 수 있다.

2) 커크패트릭의 4단계 평가

프로그램 평가의 세 가지 차원을 종합하여 커크패트릭(Kirkpatrick, 1998)은 인적자원개발 프로그램을 통해서 획득할 수 있는 네 가지 결과 유형에 따른 단계별 평가활동의 가이드라인을 제시하였다. 커크패트릭은 프로그램 운영의 결과로서 학습자의 프로그램에 대한 만족도 수준, 프로그램 목표에 따라 제공한 내용을 학습한 수준, 참여자가 현업에 돌아가 보이는 수행 수준의 변화 정도, 학습자의 변화된 수행 수준에 따라서 조직의 성과로 가져온 변화 수준 등에 대해서 평가할 것을 제안한다.

1단계 평가는 반응평가(reaction evaluation)로서, 여기서는 프로그램 참여자들이 교육 및 훈련을 통해서 경험한 주관적인 참여 만족도를 확인하게 된다. 프로그램의 일차적 수혜자이자 핵심 이해관계자로서 이들이 인식하고 있는 프로그램의 가치와 의미를 탐색하는 것이 반응평가의 궁극적인 목적이다. 그러나 반응평가에서 수집하고 분석하는 자료는 참여자들의 주관적 판단이기 때문에 프로그램 특성의 객관적인 가치를 확인하는 데 한계가 있다.

2단계 평가는 학습평가(learning evaluation)로서, 참여자들이 프로그램의 참여 경험을 통하여 의도한 목표를 어느 정도 달성하였는지 확인하는 활동을 전개한다. 효과적인 학습평가를 위해서는 구체적인 프로그램의 목표를 사전에 결정하고, 목표를 기준으로 참여자들의 학습 경험의 의미를 판단하게 된다. 반응평가가 주로 참여자의 관점에서 프로그램의 가치와 의미가 어떠한지 점검하는 활동이라면, 학습평가는 프로그램을 운영하는 담당자의 입장에서 프로그램의 가치를 탐색하는 활동이라고 볼 수 있다.

3단계 평가는 행동평가(behavior evaluation)로서, 학습자가 프로그램의 참여 이후 현업에서 드러내는 변화된 행동 수준의 가치와 속성을 판단한다. 행동평가는 교육 및 훈련 활동을 통해 나타난 학습 수준의 변화가 현장에서의 구체적인 실무활동에 얼마만큼 전이(transference)되어서 업무 수행 수준이 향상되었는가를 규명하는 활동이다. 그렇기 때문에 변화된 수행 수준과 학습 수준을 논리적으로 연결 짓기 위해서는 실제 수행 과정에 영향을 미치는 업무 내용, 조직 풍토, 동료의 지원 등의 요소를 종합적으로 고려하는 것이 필요하다.

4단계 평가는 결과평가(result evaluation)로서, 프로그램을 통해서 향상된 조직 구성원의 수행 수준의 결과로 조직 차원의 성과가 어떻게 나타났는지 평가하는 것을 말한다. 여기서 말하는 결과란, 학습자 개인의 차원에서 기대되는 결과를 말하는 것이 아니라 조직 차원에서 기대되는 생산성, 업무 수행의 효율성, 이직률, 각종 투자 대비 효과성 등과 같은 결과를 의미한다. 결과평가는 대체로 조직 차원의 성장을 비교적 명확하게 환산할 수 있는 금전적인, 그리고 가시적인 차원에서 파악하는 것을 강조하지만, 조직 구성원의 윤리의식 제고, 학습문화 정착, 조직에 대한 헌신 등의 비가시적이고 비금전적인 차원의 변화 수준도 함께 고려한다(Kirkpatrick, 1998).

커크패트릭의 4단계 평가는 인적자원개발 프로그램의 평가를 수행함에 있어서 무엇에 초점을 맞추어야 하는지, 각 프로그램의 결과에 대한 평가를 어떻게 실시해야 하는지에 대해서 명확한 지침을 제공하고 있다는 점에서 인적자원개발의 실천 분야에서 가장 대중적으로 거론되는 내용이다. 러스-엡트와 프레스킬(Russ-Eft & Preskill, 2001)은 커크패트릭의 4단계 평가가 교육 및 훈련 평가의 가장 기본적인 틀을 교육 담당자에게 제공하고 있다는 점에서 가치를 인정한다. 특히 인적자원개발 영역에서 제시되고 있는 많은 평가 모형이 4단계 평가를 기초로 하여 이를 보완·발전시키는 형식으로 만들어져 제안되어 왔다는 점을 지적한다.

그러나 현장의 교육 담당자에게 명확하고 실용적인 평가 기준 및 목표를 제시하고 있다는 점에서 4단계 평가의 장점을 찾아볼 수 있지만, 경험적 연구를 통해서 입증되지 않았다는 점, 지속적인 개정이 이루어지지 않는다는 점, 교육 담당자로 하여금 부정확한 의사결정을 내리게 할 수 있다는 점 등에서 비판의 대상이 되고 있기도 하다(Swanson & Holton, 2001). 또한 각 단계 간의 인과성 결여라는 측면에서 홀턴(1996)은 커크패트릭의 4단계 평가가 하나의 평가활동이 이루어지는 과정을 체계적으로 설명하는 '모형(model)'으로 불리는 것은 부적절하며, HRD 교육 및 훈련 프로그램의 평가 영역을 보여 주는 '분류체계(taxonomy)'로 이해해야 한다고 주장한다.

4. 인적자원개발과 평생교육

인적자원개발은 조직의 맥락에서 인간의 능력 신장에 주안점을 두는 활동이다. 지속 가능한 조직의 성장 동력의 원천은 무엇보다도 조직 구성원들의 자질에 있기 때문에 이에 대한 조직 차원의 전략적 대응이 필요하다는 점에서 그 중요성을 확인할 수 있다. 개인의 입장에서 볼 때 인적자원개발에서 전제하는 조직이란, 바로 일정한 대가를 제공받으면서 자신의 노동을 투입하는 일터가 된다. 오늘날 지식 기반 경제사회에서 개인이 안정적인 삶을 영위하기 위해서는 지속적인 노동활동을 통하여 삶에 필요한 재화를 획득할 수 있어야 한다. 따라서 핵심은 어떻게 하면 일터에 계속 소속되어 노동활동을 해 나갈 수 있는지에 달려 있으며, 이에 대한 인적자원개발 지지자들은 부단한 개인의 수행 수준 제고를 해답으로 제시하고 있다. 그렇기 때문에 인적자원개발은 조직에서 제공하는 체계적인 교육활동을 통해서 구성원들이 탁월한 수행 능력을 발휘할 수 있는 가능성을 신장하며, 그 결과로서 자신의 경쟁력을 입증하는 동시에 조직의 생산성에 기여함으로써 보다 원활한 삶을 살아가는 데 필요한 자원을 획득할 수 있다고 본다(Swanson & Arnold, 1995). 인적자원개발의 이러한 논리는 개인이 필요로 하는 교육 경험을 제공하고, 그럼으로써 개인의 삶의 질 제고를 도모한다는 점에서 평생교육과 비슷하다. 하지만 평생교육과 인적자원개발은 그 개념적 범위나 실천 모습 그리고 이념적 지향성 측면에서 분명히 구분되는 성격을 가지고 있다.

평생교육과 인적자원개발의 개념적 관계는 [그림 12-6]에서 보는 것과 같이 크게 세 가지로 나누어 볼 수 있다. 첫 번째 관계는 평생교육의 한 부분으로서 인적자원개발을 이해하는 것이다. 학교 밖의 장면에서 성인이 참여하는 다양한 형식의 학습과 교육활동에 주목하는 평생교육의 개념에서 볼 때 인적자원개발은 학교 밖의 여러 장면 가운데, 특히 성인이 가장 많은 시간을

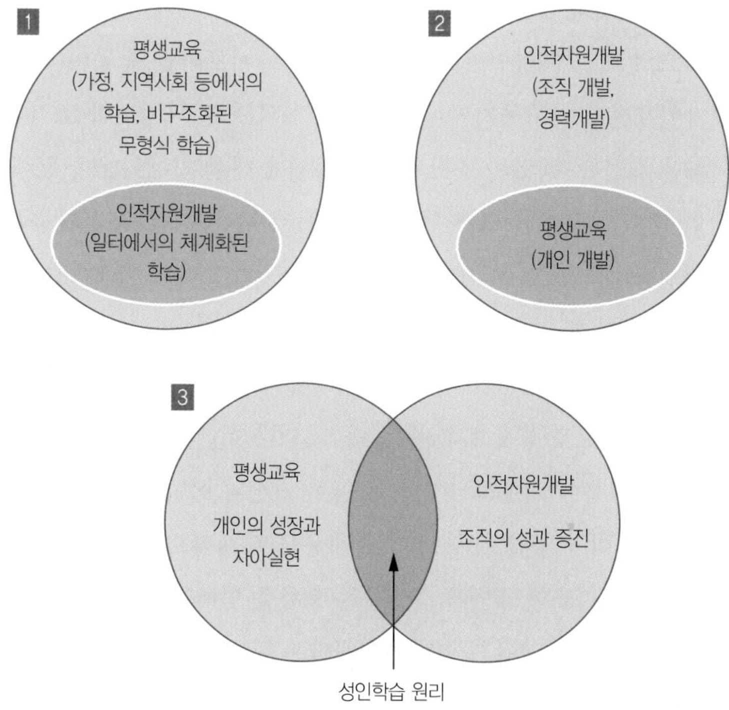

[그림 12-6] 평생교육과 인적자원개발의 개념적 관계

보내는 공간인 일터에서 성인이 참여하는 교육 및 학습 활동을 체계적으로 관리하는 것이다. 다시 말하면, 인적자원개발은 일터 장면에서 성인을 대상으로 의도적이고 형식적으로 이루어지는 교육 및 학습 활동으로서 성인이 참여하는 하나의 평생교육 활동 유형인 셈이다. 그래서 이러한 관계 구도에서 평생교육은 인적자원개발의 범위를 넘어서는 청소년 대상 교육, 지역주민이 참여하는 지역사회 교육, 비의도적인 경험학습 등의 범주를 포괄하는 영역을 말한다. 하지만 여기에는 기본적으로 인적자원개발을 개인을 대상으로 제공하는 조직화된 교육과 학습 기회로만 한정하여 관계 규정을 하고 있는 맹점이 존재한다.

두 번째 관계는 인적자원개발의 하위 범주로서 평생학습 영역의 교육과 학습을 포함하는 관계이다. 인적자원개발은 단순히 조직 구성원 개인을 대상으로 하는 교육 및 훈련을 통해서만 이루어지는 것이 아니며, 조직의 성과 증진을 목적으로 하는 다양한 접근을 통합적으로 시도하는 활동이다. 효과적인 인적자원개발이 이루어지기 위해서는 조직의 운영 과정이나 조직의 변화관리 역량을 개선할 수 있는 조직의 구조 자체에 대한 처방이 요구된다. 아울러 개인의 경력 계획의 수립 지원 및 관리 등과 같은 경력 개발 활동은 조직 구성원 개인을 대상으로 하는 접근이지만, 반드시 교육과 학습을 매개로 하지는 않는다. 이러한 점에서 볼 때 인적자원개발은 평생학습, 특히 성인학습 이론을 중요하게 활용하는 개인 개발을 하위 부분으로 포함하는 조직 차원의 통합적인 활동으로 생각해 볼 수 있다. 그러나 이러한 관계구도 설명은 평생학습과 평생교육이 내포하고 있는 다양한 속성과 이념적 지향성을 외면한 채, 단순히 성인이 요구를 가지고 있는 내용을 체계적으로 조직하여 제공하는 교육활동의 원리로만 개념을 축소하는 오류를 범하고 있다.

세 번째 관계는 평생교육과 인적자원개발을 어느 한쪽이 다른 한쪽을 포함하는 개념적 관계 설정이 아닌, 일정한 교집합 부분을 가지는 서로 독자적인 개념으로 이해하는 것이다. 두 개념 모두 개인의 교육과 학습을 핵심적인 매개체로 하며 이를 안내하는 성인학습의 원리를 주목한다는 점에서 공통점이 있다. 하지만 인적자원개발은 궁극적으로 조직의 생산성 증가에 관심을 가지는 반면, 평생교육은 개인의 성장과 자아실현을 최종 목적으로 한다는 점에서 구별되는 영역이다. 즉, 교육 및 학습 활동에 대하여 인적자원개발에서는 이들이 조직 차원의 성과 증진에 도움이 되기 때문에 관심을 가지는 반면, 평생교육은 개인의 자율적인 가치와 관심 충족에 의미를 두고, 결국 자기실현 과정에 기여하기 때문에 강조하는 차이점을 보인다.

이와 비슷한 맥락에서 평생교육과 인적자원개발이 상호 구별되는 고유한 활동이라는 사실은 교육과 학습의 실제 과정에 대한 통제 주도권(locus of control)을 서로 다르게 부여한다는 점에서도 확인할 수 있다. 인적자원개발은 교육과 학습의 목적, 방법, 내용 등의 결정 과정에서 조직이 주도권을 가지는 반면, 평생교육은 교육과 학습의 일련의 의사결정 장면에서 개인 학습자가 자신의 사적 관심과 요구를 우선적으로 반영하여 결정한다(Gilley & Eggland, 1989; Swanson & Arnold, 1995).

한숭희(2009)도 평생교육과 인적자원개발은 완전히 별개라는 점을 강조한다. 평생교육과 비교했을 때, 인적자원개발은 그 실제 지향성이 인간의 정신세계의 성장이 아니라 물질세계의 성장에 있다고 설명한다. 인적자원개발이 물질세계의 성장에 궁극적인 목적을 두기 때문에 인간의 개발도 물질세계의 성장 원리의 일환으로서 이루어지며, 학습의 경제적 가치와 도구적 가치에 치중하고 있다고 본다. 따라서 인력(manpower)을 만드는 활동으로서의 인적자원개발은 인간(manhood)을 만드는 활동으로서의 평생학습과 구별되는 개념임을 분명하게 지적하고 있다. 반면, 평생교육과 평생학습은 '개인 성장의 가치'에 초점을 두며, 재화로 전환될 수 있는 인간의 능력 가치에 우선하여 학습자의 개인적 · 사회적 삶의 생존과 성장에 기본적인 가치를 부여하는 것이라고 본다. 요컨대, "평생교육은 학습자의 개별 경험의 자기주도적이고 계속적인 성장을 지향하는 것"이라고 정리할 수 있다(한숭희, 2009: 428).

평생교육의 주요 대상

평생학습사회에서는 누구나 자신에게 필요한 지식을 스스로 선택하고 추구하며, 나아가 생산할 수 있다. 그러므로 누구나 자신이 원하는 시기와 공간에서 학습 기회를 보장받을 수 있어야 한다. 범국가적인 평생교육체제를 구축하려는 시도는 학교교육을 포함하여 사회 전역에서 기대할 수 있는 다양한 교육 기회에 대하여 사회 구성원 모두가 공평하게 접근할 수 있는 가능성을 극대화하는 노력이다. 그러나 평생교육의 구체적 실천을 살펴보면, 교육 기회의 양적 확대에도 불구하고 교육 경험의 질적인 측면에서는 여전히 자신들에게 필요한 내용을 충분히 제공받지 못하는 계층이 존재한다. 이러한 맥락에서 평생교육은 보편적인 평생교육의 원리와 지향점에 대해서뿐만 아니라, 특정한 대상을 중심으로 보다 구체적인 평생교육의 실천 방향에 대해서도 논의한다. 이 장에서는 평생교육 분야에서 많이 논의되어 온 여성, 청소년, 노인, 장애인 그리고 이주민의 다섯 계층의 학습자를 대상으로 평생교육의 실천의 의미를 살펴본다.

1. 여성

여성의 사회적 활동과 참여가 증가함에 따라서 여성이 담당하는 역할과 일의 사회적 의미를 이해하며 그러한 역할과 일이 차별받지 않고 그 가치를 정당하게 인정받을 수 있도록 하는 것이 중요하다. 여성의 평생교육은 여성의 능력 계발, 사회참여 확대, 사회적 지위 향상에 기여할 수 있는 여성에 대한 학습 기회를 마련함으로써 여성의 사회적 역량을 향상시키는 데 관심을 갖는다(곽삼근, 2005b). 여성은 역사적으로 남성에 비하여 상대적으로 교육 결손 집단을 점유하기 때문에 이들에 대한 보상적 교육 기회 제공이 평생교육 차원에서 이루어져야 한다는 주장이 지속적으로 제기되어 왔다. 그 결과, 실제로 여성을 대상으로 하는 평생교육 프로그램은 양적인 측면에서 증가해 왔다. 평생학습 참여율을 성별에 따라서 살펴보면 남성과 여성이 거의 비슷한 수준의 참여율을 보이고 있는 것으로 나타났다. 「2016 한국 성인의 평생학습 실태」에 따르면, 남성의 평생학습 참여율은 34.4%이며, 여성의 평생학습 참여율은 37.1%인 것으로 조사되어 여성의 평생학습 참여율이 더 높은 것으로 나타났다(한국교육개발원, 2016). 이러한 수치는 최소한 평생교육 분야에 있어서만큼은 여성의 교육 참여가 활발히 이루어지고 있음을 보여 주는 것이다.

그러나 여성을 대상으로 하는 평생교육 기회의 양적인 확대와 이들의 교육 참여율 증가에도 불구하고, 여성 평생교육의 실천은 남성에 비하여 불평등한 여성의 사회적 지위를 정당화하고 은폐하는 기능을 한다는 비판을 꾸준히 받고 있다. 여성의 평생교육에 대한 비판적 입장에서는 특히 여성이 주로 참여하는 평생교육 프로그램의 내용적 측면에 대해 문제점을 제기한다. 즉, 여성

여성의 능력 계발을 도우며 이들의 다양한 사회활동 참여를 지원하기 위해 여성을 대상으로 하는 평생교육 프로그램이 활발히 운영되고 있다.

의 평생교육 프로그램은 여성의 사회적 지위 상승과 역량 강화가 자기 성장 과정에 실질적인 기여를 하지 못한 채, 남성 중심의 사회체제에서 고착화된 여성의 사회적 역할을 잘 감당할 수 있도록 하는 도구적 학습에 의존하고 있다는 비판인 것이다(Hart, 1995; Johnson-Bailey, 2001).

비판의 대상이 되고 있는 많은 평생교육 프로그램은 가부장적 전통에 입각한 사회구조에서 여성에게 전통적인 성 역할에 충실한 여성이 되기를 요구하는 문제점을 가지고 있다. 그래서 여성의 평생교육 프로그램은 우리 사회의 여성에게 불합리한 성 역할 정체성을 강요하며 여성성이라는 것을 구분하여 지속적으로 드러낸다. 실제로 여성이 주로 참여하는 프로그램은 단순한 취미, 교양, 여가 중심의 소비적 성격의 교육 프로그램이 주류를 이루고 있으며, 이러한 교육 프로그램은 여성이 가부장적 사회구조 가운데 약자의 입장에서 벗어나기 어렵게 한다. 오늘날 여성을 주된 학습자로 고려하는 다수의 평생교육 프로그램은 여성에게 부여되는 전통적 역할—가사, 자녀 양육 등—에 충실한 여성의 요구에 부합하는 것이지, 사회적 생산활동에 적극적으로 참여하는 여성이 가지는 교육적 요구와는 어느 정도 거리가 있다. 따라서 교육 프로그램 참여를 통해서 여성은 노동시장이나 가정에서 주도적인 위치를 가지기보다는 주도적 역할을 하는 남성을 보조하는 부차적 역할을 하는 존재로 고착될 수 있는 우려가 있다.

또한 여성의 평생교육 현황에 대한 비판적 입장은 여성이 기본적으로 남성과는 다른 삶의 양식을 가지고 있으며, 그렇게 구별되는 삶의 구조와 학습 경험 및 교육적 요구에 따라서 여성의 평생교육 필요성을 찾는다. 남성의 경험과 가치, 생활양식을 전범(典範)으로 하여 프로그램화된 교육 내용과 형식은 여성의 경험과 요구를 끊임없이 타자화(otherness)함으로써, 여성의 사회적 지위 향상과 해방을 억압할 수 있기 때문이다(Hart, 1995; Tisdell, 1998). 그렇기 때문에 여성의 독특한 인식 방식이나 생물학적 특성을 고려한 여성화된 교육 프로그램의 개발 필요성을 강조한다. 이는 남성들과 달리 관계적 사고와 감성적 요소가 상대적으로 강한 여성의 경험을 존중하고 강화할 수 있는 교육적 경험의 제공을 정당화하는 토대로 작용한다.

평생교육이 여성의 삶의 질 개선에 실제적으로 기여하기 위해서는 무엇보다도 여성의 독특한 삶의 조건을 반영한 프로그램의 운영 시간, 공간, 부대서비스에 대한 충분한 고려가 있어야 한다. 예를 들면, 구조적으로 여성을 자녀 양육과 가사에 대한 일차적 책임자로 간주하는 현재의 조건에서 여성은 자녀 양육 문제, 보육 문제에 대한 충분한 배려와 지원이 선행되지 않으면 교육 참여가 매우 어려울 수밖에 없다.

일반적으로 여성의 경제활동 참가 비율은 20대 후반까지 증가하다가 30대 초반으로 넘어가면서 현저히 낮아지는 경향을 보인다. 2018년 10월 통계청의 국가통계포털 자료에 의하면 여성의 경제활동 참가율은 20세 이상 29세 이하의 연령층이 65.7% 수준을 보이다가 30세 이상 39세 이하의 연령층에서는 62.7%로 경제활동 참가율이 3%p 정도 감소하였으며, 40세 이상 49세 이하의 연령층에서 67.4%로 다시 증가하는 모습을 보인다. 이러한 수치는 결혼에 따른 육아 문제와 가정 문제로 인해 여성들이 직장생활을 지속하지 못하고 중도에 포기하는 경우가 많은 것으로 해석할 수 있다. 일을 중단하다가 다시 시작하는 비율이 높아지기는 하지만, 이 과정에서 오랫동안 일을 하지 않음으로 인해 발생하는 경력 단절 현상을 경험할 수 있으며, 자신감 상실과 함께 원활하게 직업생활을 영위하기 어려움을 노출할 수 있다(전혜숙, 2010). 따라서 경력 단절을 경험하는 여성의 상황을 이해하고 경력을 보다 순조롭게 이어 갈 수 있게 하는 교육적 지원이 요구된다.

여성의 평생교육 참여가 늘어나고, 평생교육 기회가 여성들에게 내실 있는 경험으로 다가서기 위해서는 여성 집단 속의 상이한 계층들을 인식하는 것이 필요하다. 대표적으로 가사에 전념하는 여성들과 직장생활 및 가사를 병행하는 여성들의 교육요구는 서로 다르다는 점을 인정하는 것이다. 이런 점에서 교육 프로그램의 내용이나 운영시간을 다양화하는 시도가 필요하며, 학습동아리 활동을 지원함으로써 비슷한 관심을 가지는 여성들이 편리한 시간에 서로 관계를 맺고 유대감을 형성하는 가운데 학습할 수 있도록 도와줄 필요가 있다.

2. 청소년

권이종과 이상오(2001)는 청소년 평생교육이란 청소년에게 정규학교 교육과정 외의 내용을 학습하도록 하는 체계적인 교육활동이라고 정의한다. 이러한 개념 정의는 청소년을 학교교육의 주된 학습 대상으로만 이해할 것이 아니라, 평생교육 차원에서도 여전히 중요한 학습 대상이라는 점을 시사해 주는 대목이다. 학교교육의 맥락에서는 주로 교과교육이나 학교의 정규 교육과정에서 청소년들이 도달해야 할 학업성취 수준에 이를 수 있도록 하는 데 주안점을 두는 반면, 평생교육의 맥락에서는 전인적 발달을 할 독자적인 개인으로서 선호하는 교육 경험 제공에 주목한다고 볼 수 있다. 자연스럽게 청소년 평생교육은 정규 학교교육에서 포함하고 있는 내용뿐만 아니라 학교 외의 장면에서 참여할 수 있는 인성교육, 체험교육, 수련활동 등에 대하여 고민하게 된다. 결국 청소년 평생교육은 이들이 다양한 방면에서 조화롭게 성장할 수 있도록 돕기 위해서 교육활동이 일상생활의 여러 영역에서 균형적으로 벌어질 수 있어야 함을 강조한다. 교육활동의 균형을 이룬다는 것은 단순히 다양한 경험을 양적으로 동등하게 제공하는 것을 뜻하지 않는다. 청소년의 관심과 현재 발달 수준을 고려하여 부족한 교육 경험의 기회를 필요한 시기에 적절히 접할 수 있도록 함으로써 결과적으로 볼 때 다양한 삶의 영역에서의 경험으로 인하여 균형 잡힌 성장이 이루어지는 것을 의미한다.

청소년 평생교육의 구체적 실천은 체험활동, 자연관찰, 노작교육 등과 같이 제도권의 일반적인 학교교육에서 충분히 다루기 어려운 경험들을 청소년

청소년의 건강한 성장을 돕기 위해서는 교실에서의 수업뿐만 아니라 학교 밖의 다양한 장면에서 학습 기회가 제공되어야 한다.

에게 제공하려는 대안교육에서 찾아볼 수 있다. 대안교육은 교육의 운영 주체가 추구하는 교육 이념과 교육 목표에 따라서 자연친화적 가치에 바탕을 두는 교육, 공동체성 함양을 목적으로 하는 교육, 교육의 자율성 회복에 주목하는 교육, 지역사회와 함께하는 노작과 체험 중심의 교육 등과 같이 다양한 형태로 전개된다(이병환, 김영순, 2008; 이종태, 2007). 대안교육은 학생들의 삶과 개성을 중심에 두고 구체적인 교육 실천을 염두에 둔다는 점에서 평생교육 이념과 밀접한 관련성을 갖는다. 다시 말하면, 이상적으로 교육의 목적은 학생들의 전인적 성장을 추구해야 하는 것임에도 불구하고, 현실의 학교교육은 학생의 삶과 요구를 중심에 배치하기보다, 사회가 학생들에게 요구하는 가치와 내용을 지식 중심의 교육 방식으로 풀어 가는 양상을 보인다. 대안교육은 바로 이러한 교육현실 속 문제에 대한 저항이면서 교육이 지향해야 할 근원적 가치를 복원하는 시도라는 점에서 의의를 갖는다.

대안학교는 이러한 대안교육을 실천하는 학교 형태의 시설을 말한다. 대안학교는 특성화 중·고등학교와 같이 그 교육 경험이 정규 학교교육 경험과 동등하게 인정받을 수 있는 인가 대안학교와 국가의 인정을 받지 않은 채 대안학교 자체의 교육 이념과 목적에 따른 자율적 교육 운영에 치중하는 미인가 대안학교로 나뉜다(이종태, 2007). 그러나 대안학교는 제도권 학교와 같이 전일제 형태만을 고집하지 않고 다양한 형식의 운영을 시도한다. 그래서 학기 중 대부분의 청소년은 자신들이 다니는 학교에서 정규 학교교육을 이수하고 있기 때문에 학교교육 외의 여유 시간에 참여할 수 있는 시간제 대안교육 프로그램 형태로 운영하는 경우도 많다. 프로그램 형태의 대안교육은 주로 학교생활 부적응 학생이나 학교교육에 대한 보완적 요구를 가지고 있는 학생을 대상으로 단기간의 프로그램 이수 형태로 운영된다. 예를 들면, 정규학교에 학적을 그대로 두고 학기 중에는 정규학교에서 교육을 받으며 방학을 이용해서 참여할 수 있는 계절학교, 주말을 이용하여 교육을 실시하는 주말학교, 방과후 시간에 청소년이 거주하는 지역사회 시설 및 기관과 연계하여 학생들에게 보다 다양하고 풍부한 경험을 제공하는 방과후 학교 형태가 있다. 그럼으로써 정상적인 학교교육과 대안교육 가운데 하나를 선택하고 다른 하나를 포기하도록 하는 것이 아니라, 두 가지를 병행하면서 학교교육과정도 이수하며, 학생 개인의 상태에 알맞는 대안적 교육 경험도 접할 수 있다.

평생교육은 교육의 시기, 장소, 형식의 측면에서 청소년이 참여하는 교육 경험에 보다 유연한 시각으로 접근함으로써 학교에만 의존함으로써 생기는 한계를 넘어설 수 있도록 한다. 청소년 평생교육은 교육 기회를 제공하는 형식적 제한을 넘어서서 수요자로서 청소년이 제공받을 수 있는 교육적 경험을 삶의 전 영역에서 탐색함으로써 학생들이 지덕체를 조화롭게 발달한 균형 잡힌 인격체로서 성장할 수 있도록 돕는다. 이러한 평생교육의 관점에서 볼 때 청소년을 대상으로 하는 교육은 이들의 삶이 전개되는 가정, 학교, 지역사회가 공동으로 담당해야 할 과제인 것이다.

평생교육이 지향하는 바는 균형 잡힌 인격체로서 청소년의 성장과 더불어, 청소년이 자신들의 건전한 문화를 스스로 형성하고 발전시킬 수 있는 기회와 가능성을 길러 주고자 하는 것이다. 하지만 많은 청소년 대상 교육 프로그램은 청소년의 변화하는 요구를 충분히 반영하지 못한 채 기존의 프로그램을 답습하거나, 성인의 입장에서 청소년에게 필요하다고 여겨지는 교육 내용을 제공하는 경우가 많다. 즉, 교육 기회의 단순한 소비자로서 청소년을 한정하여 바라봄으로써 이들이 관심을 가지는 교육이 원활하게 이루어질 수 있는 가능성을 구조적으로 제한하고 있는 것이다. 그렇기 때문에 이미 다른 사람들과 구별되는 자아개념을 형성하고 있는 청소년들이 스스로의 관심과 목소리를 가지고 참여할 수 있는 기회를 찾기가 힘든 실정이며, 이는 독자적인 문화 생산자로서의 능력 계발을 어렵게 만드는 주요 원인이 된다.

이러한 문제를 해결하기 위해서는 무엇보다도 청소년을 교정과 보호의 대상으로 바라보던 입장에서 자율적인 통제와 활동이 가능한 독자적인 존재로 인정할 수 있도록 사회적인 시각이 근본적으로 변화할 필요가 있다. 청소년은 아동기의 의존적 · 수동적 성향을 가지고 있는 동시에, 스스로 삶의 의미를 탐색하고 풀어 가는 자주적 성향을 가지고 있다. 청소년 시기가 아동기적 특성과 성인기 특성을 동시에 드러내는 과도기적 존재라는 점을 인정함에도 불구하고, 많은 경우 사회의 기성세대는 아동기의 특성을 바탕으로 청소년들을 이해하는 태도를 보인다. 따라서 청소년들이 가지고 있는 자율성과 독자성을 인정하고 존중하는 노력은 청소년 평생교육을 실천하는 입장에서 반드시 고려해야 할 부분이다.

이러한 의미에서 청소년 평생교육은 지금보다 좀 더 높은 수준의 청소년들의 참여와 역할을 허용할 수 있어야 한다. 즉, 교육 참여자로서 청소년이 선호하는 교육요구 수준과 성인의 입장에서 볼 때 이들에게 당위적으로 요구되는 교육 수준을 조화롭게 조절하는 작업이 중요하다. 품 안의 자식처럼 미성숙한 아동을 대하는 방식에 고착하여 사회와 기성세대의 시각에서 마땅히 요구되는 교육활동만을 지나치게 강조할 경우, 청소년들은 교육에 대하여 흥미를 느끼지 못할뿐더러, 훗날 성장하여 인생을 살아가는 데 필요한 자율성을 충분히 계발하기 어렵다. 또 반대로 청소년이 선호하는 내용과 형식에만 지나치게 치중하여 교육활동을 전개할 경우, 이들이 반드시 길러야 할 품성과 능력을 효과적으로 계발하기 어려우며 교육 목적이 흐려지는 방임적인 교육이 될 수 있다.

3. 노인

현대 사회의 특징 중 하나는 인구의 고령화 현상이다. 의학의 발달과 생활 수준의 향상으로 평균 기대 수명이 길어지고 있다. 우리 사회의 인구구조의 변화에도 불구하고 노인을 바라보는 사회적 인식은 여전히 이들을 사회적으로 보호해야 할 대상으로, 무엇인가 능동적으로 실행하기에는 이미 늙어 버린 존재로 보는 경향이 농후하다. 그러나 노인은 스스로 활동할 수 있는 잠재력을 여전히 가지고 있으며, 청장년층과 구별되는 독특한 능력을 가진 존재이다. 평생교육의 관점에서 보았을 때 노인들이 살아온 삶의 역사는 결코 무의미하게 소비한 시간이 아니다. 지난 삶의 경험 속에는 수많은 배움의 흔적이 응축되어 있다. 평생교육은 개인이 삶을 통해서 경험한 다양한 배움이 오늘의 삶과 학습을 지탱하는 밑거름이 된다는 점을 인정한다. 그런 점에서 노인들의 학습은 아동·청소년들의 학습양상과 다를 뿐이지, 질적으로 떨어진다고 판단할 수 없다.

실제로 인간 발달에 관한 많은 논의는 인간의 노화로 인하여 신체적·인지적 능력은 쇠퇴하더라도 오랜 경험을 통해서 얻어진 지혜와 노련함은 오히려 증가한다고 본다. 예컨대, 혼과 커텔(Horn & Cattell, 1966)은 인간의 지능을 교육과 경험의 증가로 향상되는 결정성 지능(crystallized intelligence)과 일반 정신능력과 관련되는 유동성 지능(fluid intelligence)으로 구분하면서, 한 개인의 노화가 진행되면서 유동성 지능은 쇠퇴하지만 결정성 지능은 오히려 증가한다고 주장한다(김영석, 2010에서 재인용). 이러한 사실은 노년기에도 인간 발달의 과정이 계속해서 이루어지며, 앞서 언급한 것처럼 다만 발달의 질적인 특성이 청장년기의 발달 특성과 구별된다는 점을 보여 주고 있다.

발달은 노년기에도 여전히 계속된다는 사실은 노인에 대한 적절한 교육적 지원이 의미 있는 작업임을 암시한다. 노인교육은 노년기 발달을 효과적으로 촉진할 수 있는 교육 기회에 대해 주로 관심을 갖는다. 노인 자신과 다른 사회 구성원 모두가 노인은 사회적 약자라는 고정된 인식으로부터 벗어날 것을 주문하며, 노인이 스스로 건강하고 생산적인 삶을 지속할 수 있도록 돕는 데 교육적 초점을 맞추고 있다. 한정란(2001)은 노인과 관련한 교육을 노인을 위한 교육, 노인에 관한 교육 그리고 노인에 의한 교육의 세 가지 형태로 구분하여 설명한다.

긍정적인 삶을 영위하려는 노인의 학습욕구를 해소할 수 있는 사회적 지원이 다양하게 이루어질 필요가 있다.

첫째, 노인을 위한 교육은 노인이 일생을 통하여 이미 습득한 기술을 유지하고 새로운 기술 변화에 적응하는 것뿐만 아니라, 삶에서 자신의 능력을 발휘할 수 있도록 돕는 것을 말한다. 노인을 위한 교육은 이들이 가지고 있는 개인의 능력을 발전시킬 수 있는 기회로서 교육 및 훈련의 기회를 제공하는 것과 아울러 이들의 능력이 사회적으로 활용될 수 있도록 돕는 교육적 노력을 포함한다. 노인이 고도의 직업능력을 갖추었다 해도 자신을 무능하고 쓸모없는 사람으로 인식하면, 실제로 무엇인가를 할 수 있어도 스스로 활동을 포기하거나 사회적 적응이 어려워지는 경험을 하게 된다. 그러므로 이들이 자신들을 생산적인 존재로서 긍정할 수 있도록 심리적 부담을 극복할 수 있게 하는 교육적 지원이 이루어져야 한다.

둘째, 노인에 관한 교육은 현재는 노년기에 도달하지 않았으나 조만간 노년기에 접어들게 될 대상이나 노인과 더불어 살아가야 할 사회 구성원을 대상으로 하는 교육활동이다. 여기서는 주로 노화 과정의 특성과 대응 방법에

대해서 다루거나, 노년기의 발달과업 등에 대한 이해를 증진시키는 내용을 다룬다. 노인에 관한 교육을 통하여 인간이라면 어느 누구도 피해 갈 수 없는 노화 과정과 노년기의 심리적 · 사회적 특성을 이해하고, 노인을 보다 수용적인 태도로 대하고 자신의 노화 과정을 스스로 준비할 수 있도록 돕는다. 사회 구성원들이 공동체적 삶을 지속하기 위해서는 상호 이해의 자세가 중요하다. 사회적 동반자에 대한 이해의 폭이 넓어질 때 이해하고 수용할 수 있으며 유대감을 형성할 수 있기 때문이다. 노인에 관한 교육은 바로 우리 사회 구성원들의 노인에 대한 이해의 수준을 높이고, 여러 세대가 더불어 살아가는 문화의 자양분이다.

셋째, 노인에 의한 교육은 노인이 스스로 가지고 있는 많은 경험과 지식 및 기술을 이용해 타인의 교육을 돕는 교육 인력으로 나설 수 있도록 하는 것을 말한다. 노인은 오랜 시간 동안 살아오면서 다채로운 경험을 해 왔으며, 이러한 경험을 통해서 체득한 지식과 정보는 다른 사람의 성장을 도울 수 있는 유용한 교육 자원이 될 수 있다. 노인에 의한 교육에서 강조하는 것은 바로 노인이 자신의 다양한 인생 경험을 통해서 습득한 전문적 지식이나 풍부한 식견을 이용해 동료 노인이나 아동 · 청소년과 같은 다른 교육 대상자들의 학습을 도와주고자 하는 것이다. 예를 들어, 노인 강사를 양성해 이들이 노인을 대상으로 하는 교육 프로그램의 강사로 활동하게 하는 것이다. 노인 강사는 노인 학습자들이 가지는 진정한 학습요구를 더 잘 이해할 뿐만 아니라, 이들에 대한 충분한 이해와 공감에 기초한 교육 운영의 가능성을 보여 줄 수 있다. 또한 상대적으로 한자 실력이 뛰어난 노인들이 지역 내 아동 · 청소년을 대상으로 한자교육 강사로 일할 수 있도록 하는 것도 좋은 예라고 할 수 있다. 이상과 같은 노인교육에 대한 세 가지 형태는 자기 성장, 공동 유대감, 타인 조력이 노인교육이 추구하는 목적이라는 점을 요약적으로 보여 준다.

노인과 관련한 어떠한 형태의 교육이든 상관없이 노인 학습자를 대상으로 하는 교육 프로그램을 효과적으로 운영하기 위해서는 우선 이들의 심리적 ·

신체적 특성을 반영하고 있는 교육요구를 면밀히 파악해야 한다. 그리고 아울러 교육 참여가 지속적으로 잘 이루어지도록 돕기 위해서 노인 학습자들의 사회경제적 수준을 고려하는 것도 필요하다. 특히 은퇴 후의 시간을 보내고 있는 대부분의 노인은 경제적 기반이 사회활동이 왕성하던 시기와 비교했을 때 약화되어 있는 경우가 많다. 따라서 경제적 취약계층으로서 노인에게 교육 프로그램 참여를 위해서 드는 일정한 비용적 부담은 교육 비참여를 야기하는 원인이 될 수 있다.

이러한 상황과 관련하여, 학자들은 노인의 사회활동 참여를 증진할 수 있는 프로그램을 통해 노인의 경제활동과 사회적 활동을 도와야 한다고 주장한다. 재취업 관련 교육이나 사회봉사에 필요한 기술을 제공하는 교육 프로그램은 노인의 자립을 돕는다는 점에서 긍정적인 요소를 지닌다고 할 수 있다. 그렇지만 이러한 교육이 소기의 성과를 거두기 위해서는 노인의 참여가 필수적인데, 해당 교육 프로그램의 참여 시 발생하는 경제적 비용 부담을 충분히 지원해 주지 못하면 이들의 교육 참여는 난관에 봉착할 수밖에 없다.

또한 노인 학습자 내부에 존재하는 이질적 속성도 염두에 두어야 한다. 대표적으로 노인의 성별 차이에 따른 학습 기회의 불일치와 참여 양상의 차별성을 거론할 수 있다. 평생교육시설에서 운영하는 많은 노인 대상 프로그램의 가장 보편적인 참여자는 여성 노인인 경우가 많으며, 프로그램 내용도 이들의 삶의 요구와 관심에 따라 구성되는 경우가 많다. 그러다 보니 남성 노인, 특히 은퇴 이후 갑작스러운 여가 시간의 증가와 생활주기의 변화에 대응해야 하는 노인 학습자는 프로그램 과정 중에 고립되는 경우가 많다. 그러므로 노인 학습자 계층을 세분하여 각 계층의 특성별로 원활하게 교육에 참여할 수 있도록 지원을 다각화하는 노력이 필요하다.

4. 장애인

교육의 평등은 단순히 참여할 수 있는 기회의 양적 균등과 더불어 참여를 통해서 획득할 수 있는 효과, 즉 교육 결과의 평등까지 고려할 수 있어야 한다. 신체적 · 인지적 장애를 가지고 살아가는 장애인들이 교육 결과의 평등으로부터 배제되지 않기 위해서는 비장애인과 구별되는 특별한 교육적 지원을 제공해야 한다. 이러한 교육적 배려는 이들이 참여할 수 있는 교육 기회를 사회적으로 보장할 뿐만 아니라, 이들이 자신들의 독특한 조건과 관련하여 구성하는 교육 경험의 가치가 비장애인의 그것과 동등할 수 있도록 돕는다는 점에서 의의를 가진다.

누구든지 자신의 자아실현을 도울 수 있는 교육 기회에 참여할 수 있도록 하는 평생교육의 취지를 감안할 때, 장애인은 분명히 평생교육적 차원에서 지원해야 할 계층이다. 그러나 교육적 소외계층에 대한 관심을 강조하는 평생교육의 영역에서도 현실적으로 장애인은 상대적으로 덜 주목받아 왔으며, 장애를 가지고 있는 성인에 대한 사회적 관심과 지원이 더욱 요구되고 있는 상황이다.

최근 들어서 장애인 평생교육에 대한 관심이 높아지고 있는 추세이다. 2016년에 이루어진 「평생교육법」 일부 개정을 통해서 장애인 평생교육에 관한 조항이 신설 · 추가되었다. 구체적으로 개정 「평생교육법」 제19조의2 제1항에서 장애인의 평생교육진흥과 관련된 업무를 지원하기 위하여 국가장애인평생교육진흥센터를 둘 것을 밝히고 있다. 그리고 그 연장선상에서 국가, 지방자치단체, 시 · 도 교육감 등이 장애인평생교육시설을 설치 · 운영할 수 있다는 점(제20조의2)과 기존의 「유아교육법」 및 「초 · 중등교육법」 등에 따라 학교에서 장애인의 계속교육을 위한 장애인 평생교육과정을 설치 · 운영할 수 있다는 점을 명시하고 있다(제21조의2). 이러한 법적 정비는 장애인에 대한 평생교육적 지원을 뒷받침하기 위한 사전 정지 작업으로 풀이할 수 있다.

지금까지 장애인에 대한 교육적 지원에 관한 논의는 주로 유치원에서 고등학교 과정까지의 학교교육 차원에서 접근하는 특수교육 분야에서 이루어져 왔다. 그러다 보니 장애를 가지고 있는 학생들이 학교를 졸업하고 난 이후의 시기에 제공받아야 할 교육에 대해서는 상대적으로 소홀히 다루어지는 문제가 발생하고 있다. 이처럼 중등교육 이후의 시기에 참여할 수 있는 장애인 대상 교육이 사회적으로 제대로 체계를 갖추지 못하고 있기 때문에, 학교를 졸업하고 난 후의 장애 성인에 대한 교육적 지원이 단절되는 현상이 나타나곤 한다. 즉, 학교를 졸업한 이후에도 이들이 겪고 있는 장애는 해소되지 않고 지속되지만, 이들에게 제공되는 교육적 지원은 주로 장애인복지관, 장애인 단체, 장애인 평생교육기관, 사회복지관, 장애인 직업전문학교 등과 같은 기관의 개별적 노력에 머무르고 있다(정인숙, 정희섭, 김현진, 정동영, 김형일, 2005).

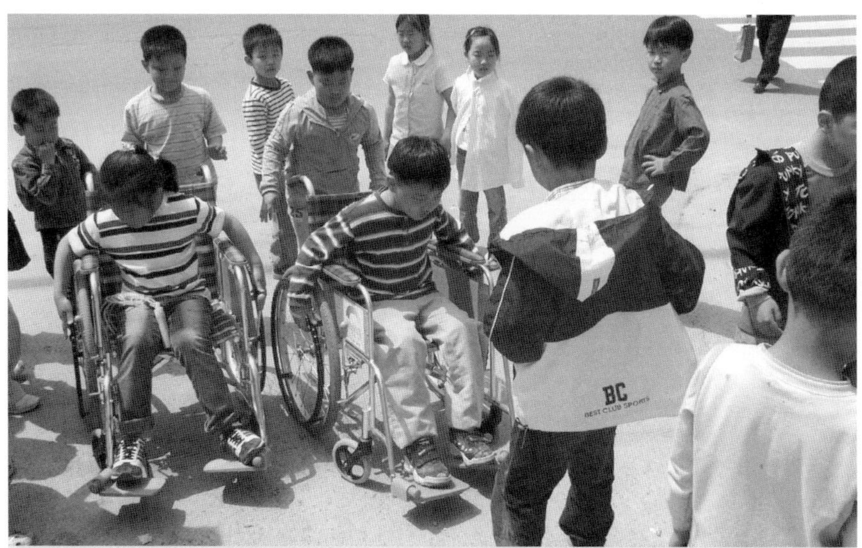

장애인이 우리 사회의 동반자로서 함께 살아가기 위해서는 장애인의 경험에 대한 비장애인의 적극적인 인식의 변화와 깊은 이해와 관심이 필요하다.

그나마 이러한 기관마저도 접근성이 떨어지는 경우, 학교교육 시기 이후의 장애인 보호와 이들에 대한 교육의 책임은 고스란히 그 가족의 부담으로 지워지게 된다(최성애, 2010). 이러한 모습은 사회 전체가 감당해야 할 소외계층으로서 장애인에 대한 교육적 지원이 순전히 개인적 노력과 역량에만 맡겨지고 있는 현실을 반영하고 있는 것이다. 따라서 법에서 명시하고 있듯이 평생교육 진흥의 역할을 국가가 감당해야 한다면, 장애인에 대한 교육적 배려를 사회 전체 수준에서 체계적으로 접근할 수 있는 구조적 개선이 필요하다. 결국 장애인 평생교육은 국가와 지방자치단체 등이 장애인에 대한 교육적 지원을 책임질 것을 주문하고 그 구체적인 실행을 체계화하는 노력인 셈이다.

현재 이루어지고 있는 장애인 평생교육의 실천에서 계속적인 고민이 필요한 사항을 짚어 보면 다음과 같다. 첫째, 평생교육적 차원에서 일반 지역주민을 대상으로 하는 교육과 장애인을 대상으로 하는 교육이 함께 이루어질 수 있는 장애인 교육 장면이 만들어져야 한다. 장애인이 살아갈 사회는 일반인이 살아가는 사회와 다르지 않다. 물론 장애유형에 따라서 접근방식에 차등을 두는 일은 필요할 것이나, 무조건 장애인복지관이나 각종 장애인 단체들이 장애인들만을 대상으로 특성화한 프로그램을 운영하는 접근을 시도하는 것은 재고의 여지가 있다. 장애유형에 따라 가능한 범위 내에서 지역사회기관이 장애인들의 교육 프로그램 참여를 적극적으로 후원함으로써 비장애인과 장애인이 교류할 수 있는 기회를 마련한다면, 보다 자연스럽게 통합교육의 효과를 기대할 수 있을 것이다.

둘째, 장애인을 대상으로 하는 교육은 대체로 그 수준이 비장애인의 동일한 교육 주제에 대한 교육에 비하여 낮은 편이다. 대부분의 경우, 장애인을 대상으로 하는 교육 프로그램은 이들이 비장애인과 같이 생활할 때 갖추어야 할 기본적인 내용을 다루는 데 치중한다. 그러다 보니 장애인들은 이미 기본적인 조건을 갖춘 채 추가적인 생애 욕구를 충족하려는 일반 평생교육 참여자들과 구분되는 교육 형식으로 낮은 수준의 내용을 학습할 수밖에 없다. 그러나 장애인 평생교육의 이러한 양상이 과연 장애인의 사회적 삶에 얼마나 긍정적으로 기여할 수 있을 것인가에 대해서는 좀 더 많은 고민이 필요하다. 평생교육 차원의 지원이 이들이 처한 현재의 불편한 삶을 스스로 살아갈 수 있는 자립능력을 길러 줄 뿐 아니라, 이들이 가지고 있는 관심과 교육적 요구를 계속해서 지원할 수 있으려면, 단순히 교육 내용의 수준을 낮추는 것이 아니라, 교육 형식과 방법을 장애인들의 특성에 맞게 구조화하여 교육을 실행할 수 있도록 해야 할 것이다.

셋째, 장애인 교육의 교육적 요구의 분석과 그 수준을 결정하는 과정에서 학습자로서 장애인의 요구는 배제되고 있으며, 교육 전문가로서 장애인에 대해 전문적 식견을 갖춘 비장애인 집단이 이들의 요구를 결정하고 반영하는 경우가 많다. 다시 말하면, 교육을 계획하고 진행하는 과정에서 장애인은 수동적인 수혜자로서만 역할을 할 뿐, 자신들이 참여하는 프로그램의 계획과 평가에 이르는 과정에서 소외되고 있는 것이다. 결과적으로 교육활동 자체는 장애인의 사회적 적응과 자활을 이념적으로 지향하지만, 실제로 접하는 교육 경험은 장애인들에게 배제와 소외를 경험하는 교육이 되는 경우가 발생하게 된다. 그 결과, 장애인은 장애인을 위한 교육을 통해서 약자로서의 정체성을 계속해서 재생산하고 내면화하는 양상을 드러낸다.

넷째, 장애인에 대한 교육에 있어서 장애인에 대한 비장애인의 편견을 해소할 수 있는 교육이 강조될 필요가 있다. 장애인의 자활과 안정적 생활을 돕는 교육 프로그램이라고 하더라도 기본적으로 프로그램을 개발 · 운영하는 이들의 인식이 변하지 않은 상황에서는 여전히 시혜적 성격의 교육이 될 수밖에 없다. 결과적으로 이러한 교육을 통해서 장애인들이 기능적으로는 어느 정도 자활의 힘을 얻을 수 있겠지만, 사회에서의 실질적인 생활에서는 여전히 소수자 혹은 약자로서 살아갈 수밖에 없다. 교육이 추구하는 바가 장애인들이 우리와 같은 사회를 함께 살아가는 동등한 동반자가 될 수 있기를 희망한다면, 무엇보다도 사회 구성원들이 가지고 있는 장애인에 대한 인식 변화가 필요하다.

다섯째, 후천적 장애인에 대한 관심과 교육적 지원이 필요하다. 장애아동에 대한 교육이 상당 부분 학교를 통해서 이루어지고 있지만, 후천적 장애 성인에 대한 지원은 교육의 사각지대에 놓인다. 이들에 대해서는 특히 심리적 안정을 지원할 수 있는 상담과 교육이 함께 병행될 필요가 있다. 또한 장애인의 가족에 대한 지원도 함께 고려되어야 한다. 장애인의 사회 적응에 대한 국가와 사회의 역할이 강조되기는 하지만, 그렇다고 해서 장애인 가족의 부담이 완전히 해소되는 것은 아니다. 물론 어느 정도 이들의 심리적 · 물리적 부담은 경감되겠지만, 여전히 많은 부분에서 가족들의 책임과 역할은 중요할 수밖에 없다. 따라서 장애인 평생교육은 장애인 본인뿐만 아니라, 이들을 보호하는 가족들에 대한 교육적 지원도 포함해야 한다. 그럼으로써 장애인의 가족이라는 이유로 겪는 심리적 · 사회적 어려움을 극복할 수 있으며, 장애인에 대한 사회적 의식을 바꾸는 데 이들이 주도적인 역할을 할 수 있는 존재로 나설 수 있는 바탕을 마련할 수 있다.

5. 이주민

서로 다른 언어와 피부색, 문화적 배경을 가지고 있는 사람들이 함께 교류하고 생활하는 다문화 사회는 더 이상 이례적인 모습이 아니다. 이러한 사회적 환경 변화에서 서로 다른 문화에 대한 이해와 수용 그리고 소통할 수 있는 능력은 오늘날 사회를 살아가는 데 요구되는 중요한 역량이다(조대연, 김희규, 김한별, 2008). 문화적 다양성을 인식하고 이에 대한 수용적 태도를 습득할 수 있도록 돕는 다문화 교육의 필요성은 여기에서부터 시작된다. 즉, 다문화 교육은 자신과 구별되는 인종, 계층, 문화, 성별, 직업 등의 차이를 인정하고 개방적인 자세를 가지도록 함으로써 상호 협력하고 함께 성장하는 바람직한 관계를 형성하는 데 긍정적인 기여를 할 수 있어야 한다. 또한 다문화 교육은 문화적 편견을 스스로 넘어설 수 있는 비판적 사고능력의 계발과 함께 올바른 '자아개념'을 기를 수 있도록 한다. 그렇게 함으로써 자신의 문화적 배경에 대하여 지나친 우월감을 가지거나, 반대로 자신의 정체성과 문화적 배경에 대하여 지나치게 피해의식을 가지지 않도록 하는 것에 궁극적인 목적을 둘 수 있다(Banks, 2002).

다문화 교육과 관련하여 가장 중요하게 언급하는 사항은 사회적·문화적 소수자로서 이주민들을 배려하고, 이들이 우리 사회에서 공평한 기회와 지원을 제공받으며, 우리나라 사람들과 동등한 동반자로서 함께 살아갈 수 있도록 지원하는 것이다. 이주민의 주된 유형에는 국제결혼 이주민, 외국인 노동자, 새터민이라고 불리는 탈북 이주민, 중국 조선족, 중앙아시아, 러시아 지역의 고려인들로 구한말 조상의 이주로 중국과 러시아 지역에서 태어나 한민족 문화를 계승하여 살아가는 존재로서 우리나라에 이주한 한민족 이주민 등이 있다. 이들은 자신이 태어나서 생활한 환경과 판이하게 다른 사회적 환경에 적응해야 하는 요구를 지닌 사람들로서, 바로 평생학습이 필요한 사람들이다.

보통의 경우에는 처음 태어나면서 '가족'이라는 사회집단에 자연스럽게 속하여 삶을 시작하며, 많은 보호와 관심이 필요한 시기에 부모나 형제의 도움을 통해서 순조롭게 사회 적응을 해 나가게 된다. 이 과정에서 사회적 가치, 규범, 윤리, 문화 등을 자연스럽게 터득하기 마련이다. 하지만 결혼, 노동 등 여러 가지 이유로 우리 사회에 진입한 이주민들은 다른 언어, 문화적 배경, 그리고 편견을 가지고 있는 사람들의 틈바구니에서 가족과 같이 사회 적응을 도와줄 수 있는 존재가 거의 전무한 상태에 놓이게 된다. 그리고 자신에게 이례적인 문화에 직면하여 새롭게 사회에 적응하고 관계를 구축해야 하는 과제를 해결해야만 한다. 그러므로 이주민에 대한 교육은 새로운 문화에 대한 이해와 보호를 제공하는 의미를 넘어서 이들이 사회적 관계를 형성할 수 있도

최근 들어서 우리나라 학생들의 다문화 이해 능력 계발을 목적으로 하는 다문화 교육 프로그램에 이주민 강사가 참여하는 모습이 증가하고 있다.

록 돕는 역할을 해야 한다.

현재 이주민을 대상으로 하는 평생교육의 실천을 보면 몇 가지 문제점이 발견된다. 무엇보다도 동화주의적 접근에서 교육 프로그램을 제공하고 있다는 점을 지적할 수 있다. 우리 사회에의 동화를 지나치게 강조하다 보니 대부분의 다문화 교육 내용은 천편일률적으로 한글교육, 전통문화의 이해 등에 치중하는 모습을 보인다. 한글교육과 전통문화를 이해하는 노력은 이주민들이 사회적 삶을 안정적으로 영위하는 데 필수적인 의사소통을 돕는다는 점에서 중요한 의미를 가진다. 하지만 이주민들을 대상으로 하는 다문화 교육의 실제를 보면 우리 문화의 이해를 돕는 교육에서 우리나라 사람들도 잘 모르는 전통문화에 대한 내용들을 다루는 역설적인 모습을 종종 발견할 수 있다. 따라서 이주민에 대한 다문화 교육은 이들을 우리 사회의 이방인으로서 편입되어야 할 대상으로 규정하는 동화주의를 지양하며 이루어져야 한다.

우리나라 문화에 일방적으로 적응하고 생존을 돕는 측면에만 치중하는 이

주민의 교육은 우리 사회가 이들을 보호해야 할 대상이라는 사회 인식을 고착시키고, 이주민들 스스로가 수동적인 자아정체감을 형성하도록 만든다. 이주민을 대상으로 하는 평생교육은 이들의 문화를 편견 없이 수용함으로써 우리 사회가 다문화 공동체로서 변모할 수 있도록 하는 데 주안점을 두어야 한다. 즉, 이주민을 우리 문화에 편입시킬 대상으로 이해하기보다는 이들을 통해서 우리 사회의 다문화적 속성을 건강하게 살릴 수 있는 기회를 모색하는 것이 중요하다. 이를 위해서는 이주민들을 우리 사회의 다문화 성격을 발달시키는 인적자원으로 바라보는 시선의 전환이 요구된다. 대표적으로 결혼이주여성을 방과후 학교에서 다문화 교육 프로그램의 교사로 활용하거나 해당 국가의 언어 강사로 활동하게 하는 경우가 실제 예시가 된다.

앞서 언급한 것처럼, 이주민들은 우리나라 사회에서 대인관계망이 매우 협소하다는 공통적인 약점을 가지고 있다. 평생교육은 사회 구성원들 간의 연대를 강화함으로써 사회 통합의 증진을 염두에 둔다. 이주민이 교육활동 참여를 통해서 한국어와 한국 문화에 대한 이해의 지평을 확대하는 것도 중요하지만, 아울러 교육을 통해 이들이 서로 지지할 수 있는 연대의식을 형성할 수 있도록 하며, 다양한 사회적 관계를 형성하도록 도와주는 노력이 요구된다. 요컨대, 이주민에 대한 평생교육적 지원은 이들의 인적자본의 축적과 더불어 사회적 자본의 형성에도 긍정적으로 기여할 수 있어야 한다.

이 밖에 이주민을 대상으로 하는 평생교육 프로그램이 주로 결혼 이주민을 대상으로 하는 경우가 대부분으로, 외국인 노동자나 단순 이민자, 새터민 등을 대상으로 하는 평생교육 프로그램은 상대적으로 빈약한 실정도 평생교육 담당자가 고려해야 할 사항이다. 따라서 다양한 이주민 계층을 고려해 각각의 독특한 삶의 조건과 요구를 반영한 프로그램의 개발과 제공이 필요하다.

6. 모든 이를 위한 교육

평생교육의 이념과 실천은 '모든 인간은 존엄하다'는 대전제에서 출발한다. 개인이 처해 있는 상황과 상관없이 모든 사람은 자기실현을 위한 다양한 기회를 공평하게 누릴 수 있어야 하며, 교육의 기회도 누구에게나 동등하게 제공되어야 한다. 이러한 의미에서 평생교육은 바로 학교교육이라는 한정된 시간과 공간에서의 교육으로부터 소외받은 계층에 대한 교육적 지원에 관심을 갖는다. 그러다 보니 기존의 사회문화 구조에서 상대적으로 주목받지 못한 대상을 위한 교육활동과 지원에 대해서 많은 논의를 펼친다. 물론 평생교육은 소외받는 사람들에 대한 교육에만 초점을 맞추는 것이 아니다. 문화적 주류계층이 참여하는 교육활동도 평생교육의 영역임에는 틀림없으며, 이에 대한 체계적 지원도 함께 고민한다. 그러나 굳이 교육적으로 취약한 계층에 대해 관심을 가지는 까닭은 모든 사회 구성원이 동등한 교육 기회를 제공받을 수 있고, 그 참여 효과로서 개인의 자아실현과 원만한 삶을 공평하게 누릴 수 있기 위하여 사회적 약자에 대한 차등적인 배려가 우선적으로 필요하기 때문이다. 평생교육은 이러한 차등적 지원과 배려의 가능성을 사회적 약자의 삶의 모든 장면으로부터 찾아내고자 한다.

이 장에서 살펴본 여성, 청소년, 노인, 장애인 그리고 이주민은 교육적인 배려와 관심이 요구되는 집단이다. 여성의 경우, 가부장적인 남성 중심의 유교문화의 틀에서 교육의 대상자로서 위상을 제대로 인정받지 못한 채 살아왔다. 또한 여성의 경험과 관심을 반영한 성인지적 교육 내용을 구성하지 않고, 대신 사회의 일반적 시각에서 여성에게 기대되는 역할과 관련되는 교육 내용을 주로 강요받았다. 따라서 교육에 참여하는 여성의 독특한 생활양식과 삶의 조건을 반영하고, 교육과정상에서 여성 학습자를 동등하게 배려하며, 이들의 교육 경험을 사회적으로 환원하는 과정에서 불합리한 제약을 받지 않도록 하는 것이 중요하다. 결국 평생교육이 여성들의 사회적 지위 향상과 양성 평등 사회의 실현에 실질적으로 기여하기 위해서는 여성의 경험을 이해하고 여성의 독특한 관심을 반영한 교육 구조와 내용으로 교육을 실행하는 노력이 필요하다.

단순히 구체적으로 드러나는 현상만 놓고 볼 경우, 청소년은 교육활동에 가장 많이 참여하고 있으며, 사회적으로도 가장 많은 관심과 지원을 받고 있는 학습자라고 할 수 있다. 교육활동의 양적인 수준만 생각한다면 이들은 자신들의 삶에서 충분하고도 남을 만큼의 교육 기회에 참여한다고 볼 수 있다. 그럼에도 불구하고 평생교육 차원에서 이들에게 관심을 가져야 하는 이유는 우리 사회의 청소년들이 참여하는 교육의 형태가 청소년들을 인성과 지성 그리고 신체적 건강이 균형 있게 갖추어진 전인적 존재로 성장하게 하는 데 부족한 측면이 있기 때문이다. 학교와 학교 밖의 사교육 장면과 상관없이 이들이 참여하고 있는 대부분의 교육 경험은 입시와 취업이라는 한정된 목적에 따라 제공되는 교육이 대부분을 차지하고 있다. 즉, 청소년이 독자적인 개인으로 성장하는 데 있어서 현재의 교육구조는 이들을 수동적인 양육의 존재로 국한하며, 이들의 목소리가 충분히 반영될 수 있는 여지 역시 제한적이다. 따라서 청소년의 관심과 흥미를 충족할 수 있고 이들의 인성적 도야에 기여할 수 있는 다양한 교육 프로그램의 개발과 지원이 평생교육적 차원에서 필요하다.

고령화 사회로 접어들면서 우리 사회에서 노인계층에 대한 교육적 지원은 점점 더 중요해지고 있다. 그럼에도 불구하고 현재 대부분의 평생교육 기회가 경제적 생산활동에 왕성하게 참여하고 있는 청장년층을 주요 대상으로 하고 있으며, 이들의 삶의 관심사와 요구에 의해 대부분의 교육 프로그램이 개발・운영되고 있다. 평생교육의 관점에서 주목하는 노인교육은 사회적 활동의 중심 세대에서 점차적으로 주변인 세대로 변화하는 상황에서 노인이 경험하는 침체감, 소외감, 고독감을 경감하고 이들의 사회참여를 돕는다는 점에

서 의의가 있다. 노인에게도 행복한 삶을 살아갈 권리가 있다. 따라서 이들이 자신들의 삶을 독자적으로 지속하고 마무리할 수 있도록 도와주기 위해서는 이들의 요구와 관심 그리고 사회적 활동을 도울 수 있는 교육을 강화해야 한다. 또한 사회적 측면에서 보았을 때, 노인교육은 노인들이 양호한 건강 수준과 높은 학력을 갖춘 인적자원으로서 사회 성장에 기여할 수 있는 기회를 충분히 가질 수 있도록 한다.

장애인은 신체적 · 인지적 특성과 같은 개인적 요인의 문제로 인하여 비장애인과 동일한 교육 경험을 제공받지 못하는 사람들이다. 특히 학교교육 이후의 장면에서 이들에 대한 교육적 지원이 취약한 상황을 감안할 때, 장애인의 평생교육은 계속해서 관심을 가지고 활성화해야 할 영역이다. 장애인을 대상으로 하는 평생교육은 장애인들이 비장애인과 마찬가지로 우리 사회의 동등한 구성원으로서 생활할 수 있도록 돕는 것이다. 이를 위해서 일차적으로는 이들의 독특한 조건과 관련된 교육적 요구를 충족해야 하며, 이들에 대한 사회적 편견을 해소할 수 있는 비장애인의 인식 변화가 이루어져야 한다. 그러나 덧붙여서 이러한 구체적 교육 실천을 뒷받침하는 기본적 전제에 대해서도 짚고 넘어가야 할 것이다. 즉, 장애인들이 인간다운 삶을 영위할 수 있도록 돕기 위해서는 이들을 단순히 사회적 보호가 필요한 대상으로만 바라보고 접근하기보다, 주체적으로 자신들의 삶을 지탱할 수 있는 존재이자 잠재력을 계발할 수 있는 존재로 바라보아야 할 것이다. 그럼으로써 장애인이 참여하는 평생교육은 단지 이들이 현재 수준에서 삶을 그럭저럭 지탱해 가는 수단에만 머무르지 않고 자신들의 삶의 조건을 궁극적으로 개선할 수 있는 기회로 자리매김할 수 있다.

장애인이 비장애인과 구별되는 신체적 · 인지적 기능을 가지는 것처럼, 이주민은 우리 사회의 주류문화와 구별되는 문화적 배경을 가지고 있는 존재이다. 이러한 점에서 보면, 이주민도 일종의 문화적 의미에서 장애인이라는 비유를 해 볼 수 있다. 왜냐하면 자신들이 가지고 있는 생각, 언어, 행동, 규범 등과 구별되는 다른 문화권에서 새로운 삶을 살아야 하는 조건 자체만으로 이주민은 원만한 삶을 살아가기에 부족함이 많은 취약 계층이기 때문이다. 이들은 기본적인 생활을 유지하기 위한 이유 하나만으로도 끊임없는 탐색과 시행착오 그리고 학습 과정을 지속해야만 한다. 장애인의 경우와 마찬가지로, 이주민에 대한 평생교육적 지원의 목적은 다문화 사회에서 동등한 동반자로서 살아갈 수 있는 가능성을 제공하는 것이어야 한다. 따라서 이들에 대한 주류문화로의 편입을 강요하는 일방적인 동화주의적 접근을 지양하고, 주류문화의 구성원들이 이주민의 문화적 배경을 이해할 수 있는 기회도 함께 중요하게 다루어야 한다. 이뿐만 아니라 이주민의 문화를 존중하고 수용함으로써 주류문화 자체가 다문화적 특성을 수용할 수 있는 가능성을 높일 수 있을 것이다.

지금까지 살펴본 여성, 청소년, 노인, 장애인, 이주민을 대상으로 하는 평생교육의 의미와 그 실천에 내재되어 있는 문제점을 종합하면 [그림 13-1]에서 보는 것과 같이 두 가지 차원에 주목하여 평생교육의 실천이 이루어져야 한다. 우선 교육의 주요 대상에 대한 교육적 지원은 이들이 가지고 있는 독특한 요구와 사회적 조건을 고려하여 이루어져야 한다. 평생교육은 교육의 시간, 공간, 형식의 제약을 넘어서 교육 참여자들의 삶에서 발생하는 다양한 교육적 요구를 체계적으로 지원하고, 궁극적으로 자아실현을 돕기 위한 계획적인 활동이다. 따라서 직접적인 교육 대상자에게 진정으로 필요한 내용을 제공함으로써 자율적 존재로서 삶을 영위할 수 있도록 접근해야 한다.

[그림 13-1] 소외계층에 대한 평생교육적 접근

또 하나의 차원은 평생교육의 대상자들이 살아갈 사회문화의 개선을 위한 교육적 노력이다. 이 장에서 다루고 있는 여성, 청소년, 노인, 장애인, 이주민은 모두 우리 사회를 구성하는 일원이다. 평생교육의 기회를 제공하는 까닭은 단순히 학습의 유희를 제공하는 것에 머무르지 않고 이들의 안정적이고 행복한 사회적 삶을 지탱할 수 있도록 하기 위해서이다. 소위 오늘날 우리 사회의 '정상' 혹은 '주류' 문화에서 이탈해 있는 학습자들이 자신의 권리를 행사하고 동등한 존재로서 함께 생활하기 위해서는 더불어 살아가는 '정상' 혹은 '주류'에 속하는 사회 구성원들의 인식과 태도가 바뀌어야 한다. 상호적 관계에서 어느 한쪽의 변화만으로 관계의 성격과 구조가 바뀔 수 없는 것처럼, 평생교육은 교육 대상자의 성장과 변화를 지원하는 동시에 우리 사회의 일반 구성원들의 변화를 촉진할 수 있는 학습 기회도 함께 고민해야 할 것이다.

평생교육의 주요 제도

평생교육의 개념은 학문적으로 규정하는 광의의 개념과 더불어서 법적으로 규정되는 협의의 개념으로 구분할 수 있다. 넓은 의미에서 볼 때, 평생교육이란 개인이 전 생애에 걸쳐서 다양한 삶의 장면에서 펼쳐지는 형식 · 비형식 · 무형식 학습의 총합으로 이해되는 평생학습 과정을 도와주는 조직적인 노력이라고 규정할 수 있다. 반면, 법적인 측면에서 볼 때, 평생교육의 의미는 개인의 모든 형태의 학습 경험이라기보다는 학교 밖의 장면에서 접하게 되는 조직화된 학습 경험으로 한정된다. 「평생교육법」 제2조에 따르면, "평생교육이란 학교의 정규 교육과정을 제외한 학력 보완 교육, 성인 문자해득교육, 직업능력 향상 교육, 인문교양 교육, 문화예술 교육, 시민 참여 교육 등을 포함하는 모든 형태의 조직적인 교육활동"이다. 「초 · 중등교육법」과 「고등교육법」에서 다루는 학교 장면에서 나타나는 교육 실천 영역을 제외하고, 주로 학교 외의 장면에서 이루어지는 체계적인 교육 실천 영역을 평생교육의 영역으로 규정하는 것이다.

이러한 평생교육에 대한 법적 규정은 학교 밖 장면에서 벌어지는 다양한 학습 경험에 대한 체계적인 지원을 위해서 국가 차원의 지원과 관리를 명시한 것이라고 볼 수 있다. 우리나라의 평생교육 실천의 구체적인 모습을 살펴보기 위해서 국가 차원에서 평생교육의 진흥을 위해 지원하고 관리하는 다각적인 노력과 행정체제 구조를 이해하는 것이 중요하다.

1. 평생교육의 행정체제

「평생교육법」 제5조는 우리나라 모든 국민에게 평생교육의 기회가 부여될 수 있도록 평생교육진흥정책을 수립하고 추진하는 책임을 국가 및 지방자치단체가 가진다는 점을 명시한다. 그래서 국가 및 지방자치단체는 소관 단체, 시설, 사업장 등의 설치자가 평생교육을 적극적으로 실시할 수 있도록 권장할 책임을 갖는다. 이에 따라서 교육부 장관은 국가 차원의 평생교육 임무의 책임자로서 5년마다 평생교육진흥기본계획을 수립하여야 하며, 평생교육진흥기본계획에서 주요 평생교육진흥을 위한 정책 목표, 기반 구축, 활성화, 투자 확대, 그리고 정책에 대한 분석 및 평가 등에 대한 사항을 포괄적으로 다루게 된다. 또한 평생교육진흥기본계획에 의거하여 다루는 평생교육진흥정책에 관한 주요 사항을 심의하기 위하여 교육부 장관 소속으로 평생교육진흥위원회를 둔다(「평생교육법」 제10조). 이와 같은 정책 심의 및 결정을 위한 행정체제와 아울러서 국가 수준에서 평생교육진흥을 실제로 담당하고 지원하는 시행 주체로서 국가평생교육진흥원을 설치한다(「평생교육법」 제19조).

국가 수준의 노력과 아울러 지방자치단체 수준에서도 평생교육진흥을 위한 행정적 · 제도적 체제를 주기적으로 정비한다. 5년마다 교육부 장관에 의해서 수립되는 평생교육진흥기본계획을 바탕으로 각 시 · 도지사와 같은 광역자치단체장은 연도별 평생교육진흥시행계획을 수립하여 지방자치단체 차원의 평생교육을 담당하는 임무를 가지게 된다(「평생교육법」 제11조). 그리고 지방자치단체 차원의 평생교육 관련 심의기구로서 시·도 평생교육협의회를 두고, 각 시·도지사가 의장 역할을 담당한다(「평생교육법」 제12조). 이뿐만 아니라 평생교육 정책 결정 및 심의체제와 함께 광역자치단체 수준의 평생교육 사업을 효율적으로 운영하기 위한 시행기구로서 시·도 평생교육진흥원을 설치 또는 지정·운영할 수 있다(「평생교육법」 제20조).

광역자치단체 수준에 이어서 시·군·자치구와 같은 기초지방자치단체에서는 지역주민을 위한 평생교육의 실시와 관련되는 사업의 조정 및 유관 기관 간 협력을 증진하기 위하여 시·군·자치구 평생교육협의회를 둔다. 시·군·자치구 평생교육협의회에서는 자치단체 수준의 평생교육 정책에 대한 의사결정 및 그에 대한 심의를 모두 담당한다(「평생교육법」 제14조). 시·군·자치구 평생교육협의회 의장은 시장, 군수 또는 자치구 구청장이 하며 관할 지역 내 평생교육 관련 전문가 중에서 위원을 위촉한다. 그리고 기초자치단체 수준에서의 평생교육 실천을 담당할 시행 주체로서 평생학습관을 설치·운영하며, 이에 필요한 제반 사항은 해당 지방자치단체의 조례로 정한다(「평생교육법」 제21조). 그리고 「평생교육법」 제21조의3에서는 읍·면·동 수준처럼 한층 더 주민들의 삶에 밀착한 근거리 학습기회 제공의 근거를 담은 읍·면·동 평생학습센터를 설치하거나 지정하여 운영할 수 있음을 규정하고 있다.

한편, 2016년 「평생교육법」 일부 개정을 통해서 장애인 평생교육 활성화를 위한 법적 근거를 삽입하여 국가장애인평생교육진흥센터 설치에 관한 국가의 역할을 규정하였다(「평생교육법」 제19조의2). 그래서 국가를 비롯하여 지방자치단체 및 시·도교육감은 장애인을 대상으로 평생교육 기회를 제공하기 위하여 장애인평생교육시설을 설치 또는 지정하여 운영할 수 있다(「평생교육법」 제20조의2). 장애인의 계속교육을 위해서 평생교육기관을 포함하여 유치

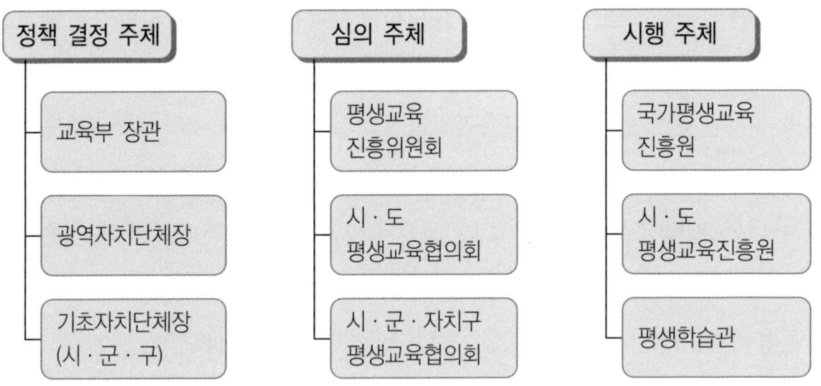

[그림 14-1] 평생교육 주요 행정체제

원 및 「초 · 중등교육법」 제2조에서 규정하는 각급학교에서도 장애인 평생교육과정을 설치, 운영할 수 있다.

지금까지 「평생교육법」에서 규정하고 있는 내용을 중심으로 평생교육진흥을 위해서 갖추고 있는 행정체제를 살펴보았다. 이상의 내용을 간략히 정리하면, [그림 14-1]에서 보는 것과 같이 평생교육의 행정체제는 기본적으로 중앙정부 수준, 광역자치단체 수준, 그리고 기초자치단체 수준의 세 수준으로 구분되며, 중앙정부 차원에서 수립하는 평생교육진흥기본계획의 큰 방향성과 기초자치단체 수준에서 이루어지는 구체적인 활동이 일관성을 가질 수 있도록 하고 있다. 또한 수준별로 평생교육진흥과 관련한 의사결정의 주체, 심의기구, 그리고 시행 주체의 설치를 명문화함으로써 평생교육정책의 결정과 실행을 체계적으로 연계할 수 있도록 하고 있다.

2. 평생교육사

평생교육 기회에 참여하는 학습자에게 양질의 교육 기회를 제공하는 것은 가장 기본적이면서도 중요한 과제이다. 평생교육의 질적 제고를 위해서는 평생교육 실천을 전문적으로 수행할 수 있는 인력의 확보가 중요한데, 평생교육사는 전문적인 평생교육 실천을 담당할 수 있도록 양성한 인력을 말한다. 평생교육사는 평생교육의 기획 · 진행 · 분석 · 평가 및 교수 업무를 수행하는 전문 인력으로서 「평생교육법」에 따른 평생교육기관은 평생교육사를 배치하여야 하며, 「유아교육법」 「초 · 중등교육법」 「고등교육법」에 따른 기관에서도 평생교육 프로그램의 운영에서 필요한 경우 평생교육사를 채용할 수 있다(「평생교육법」 제26조).

평생교육사 자격을 취득할 수 있는 경로는 대체로 세 가지로 요약할 수 있다. 첫 번째 경우는 「고등교육법」 제2조에 따른 학교 혹은 이와 동등 이상의 학력이 있다고 인정되는 기관에서 평생교육 관련 교과목을 일정 학점 이상 이수하고 학위를 취득한 경우이다. 이는 평생교육사 자격을 취득하는 가장 보편적인 형태이다. 두 번째 경우는 「학점인정 등에 관한 법률」 제3조에 따라 평가인정을 받은 학습과정을 운영하는 교육 및 훈련 기관에서 평생교육 관련 교과목을 일정 학점 이상 이수하고 학위를 취득한 경우이다. 이것은 학점은행제를 통해서 평생교육사 자격을 취득할 수 있음을 뜻하는 것으로서, 개정된 「평생교육법」에서 새롭게 열린 평생교육사 자격 취득 기회이다. 그리고 세 번째 경우는 '대학을 졸업한 자 또는 이와 동등 이상의 학력이 있다고 인정되는 자'로서 대학 또는 이와 동등 이상의 학력이 있다고 인정되는 기관 또는 「평생교육법」 제25조에 따른 평생교육사 양성기관, 학점은행기관에서 평생교육 관련 교과목을 일정 학점 이상 이수한 경우이다. 이것은 대학이나 대학원 시절에 평생교육 관련 교과목을 이수하지 않았지만, 학교를 졸업한 후 평생교육사 자격을 취득하기를 희망하는 경우에 자격을 취득할 수 있는 경로이다.

평생교육사 자격은 세 가지 등급으로 구분되어 있으며, 등급별 자격 기준은 〈표 14-1〉과 같다. 평생교육사 1급 자격은 평생교육사 2급 자격을 취득한 후에 평생교육 관련 업무에 5년 이상 근무한 경력자가 국가평생교육진흥

표 14-1 평생교육사의 등급별 자격기준

등급	자격기준
평생교육사 1급	평생교육사 2급 자격증을 취득한 후, 교육부 장관이 정하는 평생교육과 관련된 업무에 5년 이상 종사한 경력이 있는 자로서 진흥원이 운영하는 평생교육사 1급 승급과정을 이수한 자
평생교육사 2급	1. 「고등교육법」 제29조 및 제30조에 따른 대학원에서 교육부령으로 정하는 평생교육과 관련된 과목 중 필수과목을 15학점 이상 이수하고 석사 또는 박사 학위를 취득한 자. 다만, 「고등교육법」 제2조에 따른 학교(이하 "대학"이라 한다)에서 필수과목을 이수한 경우에는 선택과목으로 필수과목 학점을 대체할 수 있다. 2. 대학 또는 이와 같은 수준 이상의 학력을 인정할 수 있는 기관, 「학점인정 등에 관한 법률」에 따라 평가인정을 받은 학습과정을 운영하는 교육훈련기관(학점은행기관)에서 관련 과목을 30학점 이상 이수하고 학위를 취득한 자 3. 대학을 졸업한 자 또는 이와 같은 수준 이상의 학력이 있다고 인정되는 자로서 다음 각 목의 어느 하나에 해당하는 기관에서 관련 과목을 30학점 이상 이수한 자 가. 대학 또는 이와 같은 수준 이상의 학력을 인정할 수 있는 기관 나. 법 제25조 제1항에 따른 평생교육사 양성기관(지정양성기관) 다. 학점은행기관 4. 평생교육사 3급 자격증을 보유하고 관련 업무에 3년 이상 종사한 경력이 있는 자로서 진흥원이나 지정양성기관이 운영하는 평생교육사 2급 승급과정을 이수한 자
평생교육사 3급	1. 대학 또는 이와 같은 수준 이상의 학력을 인정할 수 있는 기관, 학점은행기관에서 관련 과목을 21학점 이상 이수하고 학위를 취득한 자 2. 대학을 졸업한 자 또는 이와 같은 수준 이상의 학력이 있다고 인정되는 자로서 다음 각 목의 어느 하나에 해당하는 기관에서 관련 과목을 21학점 이상 이수한 자 가. 대학 또는 이와 같은 수준 이상의 학력을 인정할 수 있는 기관 나. 지정양성기관 다. 학점은행기관 3. 관련 업무에 2년 이상 종사한 경력이 있는 자로서 진흥원이나 지정양성기관이 운영하는 평생교육사 3급 양성과정을 이수한 자 4. 관련 업무에 1년 이상 종사한 경력이 있는 공무원 및 「초 · 중등교육법」 제2조 제1호부터 제5호까지의 학교 또는 학력인정 평생교육시설의 교원으로서 진흥원이나 지정양성기관이 운영하는 평생교육사 3급 양성과정을 이수한 자

출처: 「평생교육법 시행규칙」 [별표 1].

원에서 운영하는 1급 승급과정에 참여하여 이수함으로써 취득할 수 있다. 과거에는 평생교육 관련 박사 학위 취득만으로도 평생교육사 1급 자격을 취득할 수 있었지만, 현재는 평생교육사로서 현장 근무 경험을 갖춘 경력자가 승급과정을 통해서만 취득할 수 있도록 변화하였다.

평생교육사 2급 자격은 대학원에서 평생교육 관련 교과목 중 필수과목을 15학점 이상 이수하고 석사 또는 박사 학위를 취득함으로써 부여받을 수 있으며, 대학원에 진학하기 이전에 학부 수준에서 필수과목을 이수한 경우에는 선택과목으로 인정되는 교과목 이수로 필수과목 학점을 대체할 수 있다. 또한 학점은행제를 통해서 평생교육 관련 과목을 30학점 이상 이수하고 학위를 취득한 경우에도 2급 자격을 얻을 수 있으며, 평생교육과 관련이 없는 전공으로 학사 학위 이상을 소지하고 있는 경우에도 대학이나 학점은행 또는 평생교육사 양성기관에서 관련 과목을 30학점 이상 이수함으로써 자격을 취득할 수 있다. 그리고 3급 자격을 가지고 평생교육 관련 업무에 3년 이상 종사한 개인도 국가평생교육진흥원이 운영하는 승급과정에 참여함으로써 2급 자격을 취득할 수 있다.

평생교육사 3급은 대학의 학부 수준이나 그 이상의 학력을 인정할 수 있는 기관 또는 학점은행제를 통해서 평생교육 관련 교과목을 21학점 이상 이수하고 학위를 취득함으로써 자격을 취득할 수 있다. 그리고 학사 이상의 학력을 가지고 있는 개인이 대학, 학점은행제 또는 평생교육사 양성기관으로 지정된 기관에서 관련 교과목을 21학점 이상 이수한 경우에도 3급 자격 취득이 가능하다. 이뿐만 아니라 평생교육 실무 현장에서의 경험이 2년 이상 되는 경력자의 경우, 국가평생교육진흥원이나 평생교육사 양성기관으로 지정된 기관에서 운영하는 3급 양성과정을 이수하여 공식적인 평생교육사 자격을 취득할 수도 있다.

평생교육사 2급이나 3급 자격을 취득하기 위해서는 「평생교육법」에서 인정하고 있는 기관에서 평생교육 관련 과목을 이수해야 한다. 구체적으로 과목당 3학점으로 되어 있는 평생교육 관련 과목 중 필수과목으로 15학점 이상을 이수해야 하며, 선택과목 가운데 나머지 필요 학점을 이수해야 한다. 예컨대, 대학 학부 수준에서 운영되고 있는 평생교육사 양성과정을 통해서 3급 자격을 취득하고자 하는 경우에는 4주간 평생교육 실습을 포함하여 필수과목 5과목을 모두 이수해야 하며, 선택과목으로 2과목(6학점) 이상을 이수해야 한다. 이때 〈표 14-2〉에 제시되어 있는 것처럼 두 가지 범주로 구분되어 있는 선택과목의 각 범주에서 반드시 한 과목 이상을 선택 · 이수해야 한다. 그리고 학습자가 이수한 과목의 평균 점수가 80점 이상일 때, 교육부 장관 명

표 14-2 평생교육 관련 과목

과정	구분	과목명
양성과정	필수	평생교육론, 평생교육방법론, 평생교육경영론, 평생교육프로그램개발론
		평생교육실습(4주간)
	선택	아동교육론, 청소년교육론, 여성교육론, 노인교육론, 시민교육론, 문자해득교육론, 특수교육론, 성인학습 및 상담(1과목 이상 선택하여야 함)
		교육사회학, 교육공학, 교육복지론, 지역사회교육론, 문화예술교육론, 인적자원개발론, 직업 · 진로설계, 원격(이러닝, 사이버)교육론, 기업교육론, 환경교육론, 교수설계, 교육조사방법론, 상담심리학(1과목 이상 선택하여야 함)

〈비고〉

1. 양성과정의 과목 명칭이 동일하지 아니하더라도 교과의 내용이 동일하다는 국가평생교육진흥원장의 승인을 받은 경우 동일 과목으로 본다.
2. 필수과목은 평생교육실습을 포함하여 15학점 이상을 이수하여야 한다.
3. 과목당 학점은 3학점으로 하고, 성적은 각 과목을 100점 만점으로 하여 평균 80점 이상이어야 한다.
4. 평생교육실습 과목은 법 제19조부터 제21조까지에 해당하는 평생교육기관 또는 법 제39조 제2항에 따라 문해교육 프로그램으로 지정받은 기관에서의 4주 이상(총 수업일수 20일 이상, 총 수업시간 160시간 이상)의 현장실습을 포함한 수업과정으로 구성한다.

출처: 「평생교육법 시행규칙」 [별표 1].

의의 평생교육사 3급 자격을 취득할 수 있다. 마찬가지로 2급 자격의 경우에는 같은 방식으로 30학점 이상 관련 과목을 이수하면 된다.

이러한 평생교육사 양성과정은 자격 취득의 용이성 및 운영 원리의 명확성 측면에서 장점을 갖는다. 즉, 다양한 경로로 자격 취득을 시도할 수 있다는 점과 학습자와 운영기관 모두에게 있어서 평생교육사 자격제도와 관련하여 무엇을 준비하면 되는지 명확히 알려 준다는 점은 평생교육사 자격제도의 체계성을 뒷받침해 준다. 그럼에도 불구하고 실제로 평생교육 실천 현장에서 요구하는 능력을 가진 전문 인력을 효과적으로 배출하는 데 한계가 있다는 비판이 지속적으로 제기된다(김영화, 전도근, 2004). 또한 대학 수준에서 이루어지고 있는 양성과정에 참여하는 학습자도 현장 적합성 능력을 기르는 데 어려움을 겪고 있다는 문제점이 지적된다. 즉, 평생교육사 양성과정의 교과목들 상호 간의 계열성이나 통합성이 충분히 정립되지 못해 학습자가 교육내용을 효과적으로 이수하지 못하고, 결과적으로 현장에서 필요로 하는 직무능력 요소와 평생교육사로서의 역할에 대한 통합적이고 거시적인 안목을 가지는 데 제한적이라는 것이다(김한별, 박소연, 2007). 박부권(2001: 242)은 평생교육사 양성 교육과정이 "전문가 양성 프로그램으로 깊이를 가질 수 있기 위해서는 계속성(continuity), 계열성(sequence), 통합성(integration)의 원리에 따라 구축되어야 한다."라고 주장한다. 그러므로 평생교육사 양성과정은 현재의 소위 백화점식으로 교과목들 간의 상호 연관성을 간과한 평면적인 교육과정 형태를 지양할 필요가 있다.

평생교육사 양성과정을 효과적으로 운영하기 위해서는 평생교육사가 근무하는 실제 상황에 비근한 조건에서 양성과정 참여자들이 다양한 경험을 얻을 수 있도록 교육 방법과 내용을 선정하는 것이 바람직하다. 이러한 맥락에서 실제 현장에서 요구되는 평생교육사의 역할을 구분하고 각 역할에 따른 평생교육사의 직무 내용을 추출한 직무분석의 결과를 교육과정에 반영할 필요가 있다. 그리고 직무분석을 통해서 도출한 직무 수행에 필요한 역량을 바탕으로

표 14-3 평생교육사 표준 직무 모델

책무	정의	과업
조사 및 분석	평생학습 사업 및 프로그램의 기획을 위해 객관적인 자료와 정보를 과학적으로 확보하고 분석하는 임무	• 학습자 특성 및 요구 조사 • 평생학습 자원 조사 · 분석 • 평생학습 프로그램 조사 · 분석
기획 및 계획	평생학습 사업의 비전 및 추진 전략을 수립하고, 기획서 및 실행 계획안을 과학적으로 설계하는 임무	• 중 · 장기 및 연간 계획 수립 • 단위 프로그램 운영 계획 수립 • 평생교육 업무 예산 계획 수립 및 편성
네트워킹	평생학습 사업의 통합적 추진과 유관 기관의 참여를 촉진시키기 위해 생산적 네트워크를 구축하는 임무	• 사업 파트너십 형성 및 실행 • 조직 내 · 외부 커뮤니케이션 활성화 • 협의회 및 위원회 활동 참여
프로그램 개발	학습 고객의 특성과 요구를 고려하여 단위 프로그램의 내용을 선정 · 조직하고 매체로 개발하는 임무	• 프로그램 목표 설정 및 진술 • 학습자 요구 사정 및 확인 • 프로그램 내용 선정 조직 • 프로그램 매체 선정 및 개발
운영 및 지원	평생학습 사업 및 프로그램의 전문적인 실행과 필요한 인적 · 물적 자원을 확보 · 지원 · 관리하는 임무	• 프로그램 홍보 · 마케팅 • 프로그램 운영 상황 모니터링 • 강사 지원 및 강사풀 관리 • 학습자 지원 및 관리 • 교육시설 및 환경 관리
교수 및 학습	학습자의 특성과 능력에 맞는 교수법을 개발 · 적용하여 평생교육 프로그램 및 강좌를 전개하는 임무	• 강의 원고 및 교안 작성 • 단위 프로그램 강의 • 평생교육 관계자 직무교육 • 평생교육사 실습 지도
변화 촉진	평생학습 고객(개인, 지도자, 동아리, 단체 등)의 역량 계발, 발굴 · 육성, 변화 촉진을 수행하는 임무	• 학습동아리 발굴 및 지원 • 평생교육 자원봉사 활동 촉진 • 평생학습 관계자 및 리더 멘토링과 설명
상담 및 컨설팅	학습자의 생애 설계를 자문 · 상담하고, 기관 및 지역의 평생학습 사업을 조직적으로 컨설팅하는 임무	• 학습 장애 및 수준 진단과 처방 • 평생학습 상담실 운영 • 학습자 사후 관리 및 추수 지도
평가 및 보고	평생학습 사업의 결과 및 성과를 과학적으로 진단 · 보고하고, 평생학습 사업의 성과를 유지 · 확산하는 임무	• 성과지표 창출 • 목표 대비 실적 평가 • 평가보고서 작성

출처: 김진화, 김한별, 김만희(2007). **평생교육사 직무분석과 대학 평생교육사 양성과정의 효율화 방안 연구** (p. 139). 서울: 한국교육개발원.

평생교육사 양성과정의 실제 교과목들을 정비하고 운영하는 것이 필요하다.

하나의 자격증이 사회적으로 제 기능을 발휘하기 위해서는 개인, 고용주, 교육 프로그램 운영자에게 개인이 가지고 있는 직업능력의 내용과 수준에 대한 정확한 신호를 전달해 줄 수 있어야 한다(김현수, 1999). 따라서 평생교육사 양성과정을 통해서 부여하는 자격이 사회적으로 전문적인 평생교육의 실천 역량을 신호할 수 있기 위해서는 양성과정에서 다루는 내용과 현장의 직무 내용 간의 연계성이 필수적으로 요구된다. 이러한 맥락에서 김진화 등(2007)은 평생교육 실천 현장에서 활동하고 있는 평생교육사의 실제 활동 경험을 바탕으로 평생교육사의 책무(duty)와 과업(task)을 추출하고 범주화하였다. 〈표 14-3〉에 제시된 것처럼 평생교육사의 책무는 조사 · 분석, 기획 · 계획, 네트워킹, 프로그램 개발, 운영 · 지원, 교수 · 학습, 변화 촉진, 상담 · 컨설팅, 평가 · 보고의 아홉 가지 영역으로 구분할 수 있다.

김진화 등(2007)은 효과적인 평생교육사 양성을 위해서는 평생교육사의 표준 직무 모델을 반영하여 교육과정의 설계와 교재 개발이 이루어져야 한다고 주장한다. 그리고 평생교육사 표준 직무 모델을 평생교육기관에서 진행하는 평생교육 실습의 효율적 운영을 위한 자료로 활용할 수 있으며, 평생교육사 양성과정뿐만 아니라 기존의 평생교육사를 대상으로 하는 주기적인 연수 프로그램의 개발과 운영에도 충실한 가이드라인으로 기여할 수 있다는 점을 강조한다.

3. 학습 결과 인정제도

1) 평생학습계좌제

학교 중심의 교육체제를 넘어서서 사회 전 영역에서 전개되는 평생학습이

보다 활발하게 이루어지기 위해서는 개인이 참여하고 있는 다양한 학습 결과에 대한 인정을 체계적으로 구조화하여 개인의 능력을 객관적으로 보여 줄 수 있는 기반을 구축해야 한다. 학습 결과 인정은 개인이 학습 경험을 획득할 수 있었던 경로나 형식에 차등을 두지 않고 다양한 학습 결과를 동등하게 인정하는 것을 말한다. 이러한 노력은 기존의 교육체제에서 소외되었던 계층에 대한 교육 기회 확대와 학습권 보장이라는 평생교육의 이념을 구체적으로 실현하는 과정이다. 또한 학교교육 수준이 개인의 사회적 지위에 많은 영향을 미치는 학력 중심 사회에서 개인이 실질적으로 보유하고 있는 능력 중심 사회로의 이행을 촉진하는 의미도 내포한다. 평생학습계좌제는 이러한 점에서 중요한 의미를 가지는 평생교육제도이다.

평생학습계좌제는 개인의 다양한 학습 경험을 개인별 학습이력이라고 할 수 있는 학습계좌(account)에 기록 · 누적함으로써 체계적인 학습 설계를 지원하는 제도이다. 또한 평생학습계좌제는 학습 결과를 학력이나 자격 인정으로 연계함으로써 개인의 학습 경험을 사회적으로 인정할 수 있게 하는 제도이기도 하다. 「평생교육법」 제23조에서는 교육부 장관(국가)이 국민의 평생교육을 촉진하고 인적자원의 개발 · 관리를 위하여 국민의 개인적 학습 경험을 종합적으로 집중 관리하는 제도로서 학습계좌를 도입 · 운영할 수 있도록 노력할 것을 규정하고 있다. 이러한 평생학습계좌제의 안정적인 도입과 정착을 위해서 2006년에 7개 평생학습도시를 대상으로 평생학습 결과 표준화 시범운영 사업을 실시하였으며, 2009년에 17개 시범운영단을 선정하여 평생학습계좌제 시범운영을 실시하였다. 2017년 12월 기준으로 평생학습계좌 개설자 수는 66,592명이며, 학습이력등록 건수는 215,061건, 평가인정 학습과정은 23,630개에 이른다(국가평생교육진흥원 홈페이지).

평생학습계좌제는 근본적으로 제도화된 형식교육 기회를 통한 학습 경험뿐만 아니라 비형식 · 무형식적 학습 경험까지 동등하게 인정하려는 취지를 담고 있다. 평생교육은 학교 중심의 교육체제가 개인의 학습 경험을 구분 짓

표 14-4 평생학습계좌 수록 정보의 범위

호	내용
인적사항	성명, 주소, 연락처
학력	학력사항(초 · 중 · 고, 대학 · 대학원), 장학사항
경력	근무경력, 강의경력, 경력기술서, 프로젝트 실적
자격	국가(기술 · 전문 · 공인민간 · 순수민간)자격증
평생학습 이수	평생학습 이수 경험, 학점은행제 및 독학학위제 이수, 검정고시 연계 과정
기타활동사항	자원봉사활동, 수상, 논문 및 기고, 특허, 자기소개서, 어학연수, 외국어, 독서 등

출처: 평생학습계좌제 홈페이지(https://www.all.go.kr).

고 경계 짓는 부정적인 측면을 해소하고 교육의 민주화를 실현하려는 의도를 내포한다. 졸업장으로 대표되는 형식교육의 이수증명서가 개인의 직업과 진로를 결정하며 사회경제적 수준을 좌우하는 조건에서는 학교교육에서 소외받는 개인들은 사회적으로 인정받을 수 있는 교육 경험이 부족한 존재로 살아갈 수밖에 없다. 이러한 의미에서 평생학습계좌제는 학교교육과 비교하였을 때 그동안 비전통적인 학습 경로로 간주되어 왔던, 그러나 개인의 삶과 성장에 있어서 의미 있는 기여를 하는 학습 기회와 그로부터 획득하는 경험들을 공식적으로 인정하려는 제도라고 할 수 있다.

평생학습계좌에 수록하는 정보는 「평생교육법 시행규칙」 제4조에 규정하고 있는 것처럼 성명, 생년월일, 주소 및 직장 등과 같은 인적사항, 학력, 자격증, 분야별 평생학습 이수실적, 기타 특기할 사항 등이다. 각 사항의 구체적 내용은 〈표 14-4〉에 제시하고 있는 바와 같다.

평생학습계좌에 수록하는 개인의 학습이력 정보를 바탕으로 학습자가 어떤 학습을 수행해 왔는지 일목요연하게 확인할 수 있다. 학습이력 정보는 개인이 추후 참여할 학습의 내용과 수준을 계획하고 판단하는 데 유용한 안내를 제공할 수 있다. 또한 학력, 자격증, 평생학습 이수실적 등을 포괄적으로 기록함으로써 기존의 형식교육을 이수했다는 증명서로 충분히 보여 주지 못했던 개인의 능력 수준을 종합적으로 판단할 수 있는 근거를 제공한다. 그렇기 때문에 평생학습계좌에 수록한 학습이력 정보는 노동시장의 측면에서 볼 때 취업, 이직, 승진 등의 과정에서 개인의 능력 수준과 직무 적합성 등을 가늠할 수 있는 유용한 정보로 활용될 수 있다.

평생학습계좌제는 수록 정보를 평생학습이력증명서에 기록 가능한 것과 평생학습이력철에만 기록할 수 있는 것으로 이원화하고 있다. 한 개인의 학습계좌는 학습의 형식에 상관없이 삶 속에서 습득한 모든 형태의 학습 경험을 개인이 기록함으로써 자신이 어떠한 학습 과정을 통해서 어떠한 능력을 갖추고 있는지 확인할 수 있는 근거가 된다. 그러나 다양한 민간자격이나 봉사활동, 동아리활동 경험 등과 같은 경로로 계발한 개인의 능력은 어느 정도 수준인지 객관적으로 판단하기 쉽지 않다. 또한 무형식 학습과 같이 교육을 의도하지 않은 일상적 삶의 조건에서 습득한 학습 내용과 학습 결과 역시도 구체적으로 포착하기도 어려울뿐더러, 이를 통해서 개인의 어떤 능력이 어느 정도로 향상하였는지 판단하기가 쉽지 않다. 그렇기 때문에 현재의 평생학습계좌제에서는 최소한의 질적 기준을 충족하고 있다고 평가 인정을 받은 각종 평생교육 프로그램이나 국가가 인정할 수 있는 학습 기회에의 참여 경험, 그리고 그 밖에 학습 활동의 진위를 확인할 수 있어서 승인한 학습이력을 평생학습이력증명서로 누적하여 기록한다. 그리고 진위를 구체적으로 확인할 수 없기 때문에 증명서로 기록할 수는 없으나 개인이 등록하고자 하는 각종 학습 경험을 평생학습이력철에 기재한다. [그림 14-2]는 평생학습계좌제의 운영 구조와 연계체제를 요약적으로 보여 주고 있다.

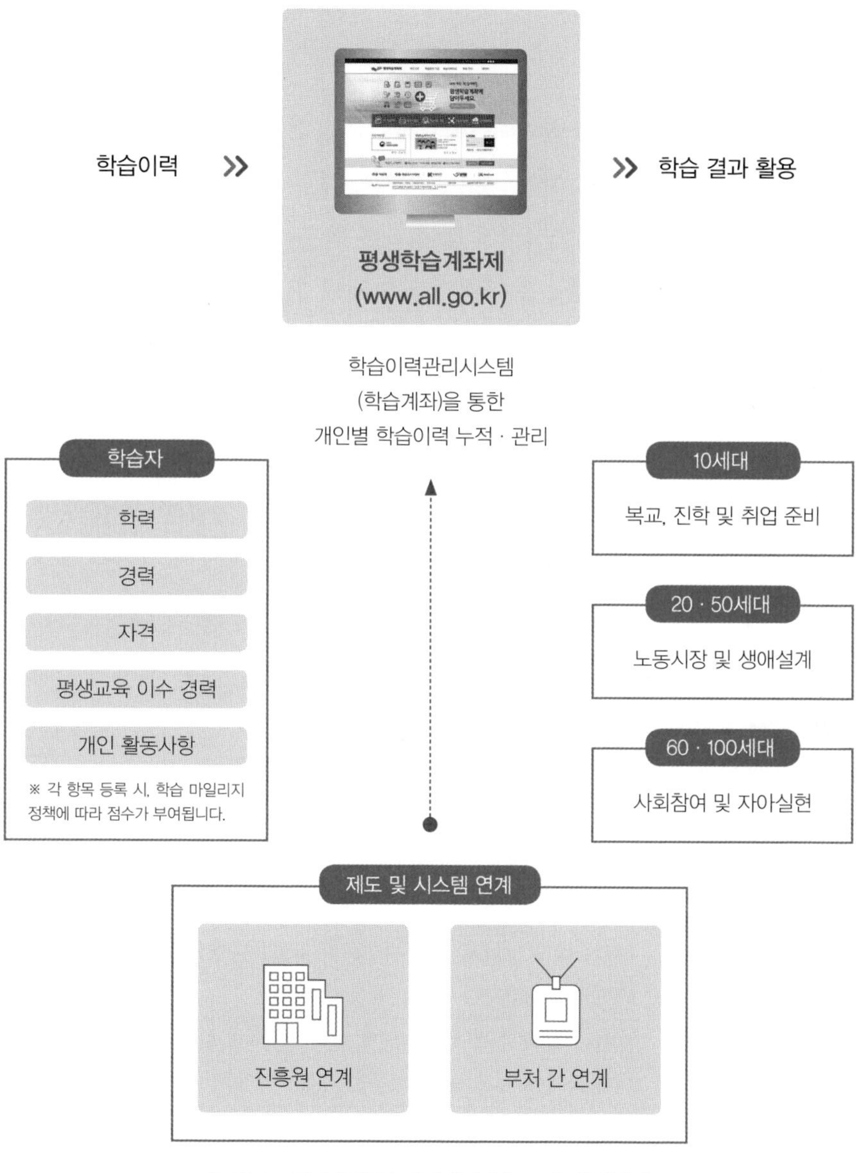

[그림 14-2] 평생학습계좌제 운영구조와 연계체제

출처: 평생학습계좌제 홈페이지(https://www.all.go.kr).

2) 학점은행제

학점은행제는 평생교육 분야의 여러 제도 가운데 널리 알려진 대표적인 제도로서, 고등교육 분야의 여러 제도를 연계해 주는 특성을 가지고 있다(백은순, 2004). 학점은행제는 「학점인정 등에 관한 법률」에 따라 개인이 획득한 다양한 학습 경험과 자격 내용을 학점으로 인정해 전문대학 또는 대학교에 준하는 학위를 수여하는 제도이다. 학점은행제에 등록한 개인은 학점인정 교과목으로 인정받은 내용을 이수하고, 법으로 규정하는 학점을 채움으로써 전문대학 혹은 대학교 학사 학위를 취득할 수 있다.

학점은행제는 우선 고등교육 수준의 학력을 취득할 수 있는 대안적 교육 기회라는 점에서 의의가 있다. 학점은행제는 개인이 수학능력시험을 통해서 전일제 학생으로서 정규 고등교육기관에 등록하여 4년 혹은 2년의 시간을

표 14-5 학점은행제 학점원

학점원	대상
평가인정 학습 과정	대학 또는 전문대학 부설 평생교육원, 직업전문학교, 학원, 기타 평생교육시설 등에서 개설하는 교육부장관으로부터 평가인정 받은 학습 과정
학점인정 대상학교 학습과목	4년제 대학 중퇴자 또는 전문대학 중퇴 · 졸업자, 학력인정 각종학교 중퇴 · 졸업자가 이수한 해당 대학 학점
시간제 등록 학습과목	대학(전문대학 및 사이버대학 포함)의 시간제 등록제도를 통해 각 대학 학칙에 의거하여 시행하는 과목 이수 학점
자격취득	국가평생교육진흥원장이 고시한 자격(국가기술자격, 국가전문자격, 국가공인 민간자격) 학점
독학학위제	독학학위제 과정별 시험 합격 및 시험, 면제과정 이수 학점
국가무형문화재	「무형문화재 보전 및 진흥에 관한 법률」에 의한 국가무형문화재 보유자와 그 전수자의 전수교육 이수 학점

출처: 국가평생교육진흥원 홈페이지(http://www.nile.or.kr).

보내지 않고서도 사회적으로 인정받을 수 있는 고등교육 학력을 획득할 수 있는 제도이다. 또한 학점은행제는 정규 대학교육의 이수, 독학학위제 이수, 국가자격 취득과 같은 고등교육 수준의 여러 제도를 통해 습득한 경험을 연계하는 네트워크형 제도라는 특징을 가진다. 학점은행제에서 인정하는 학점원은 〈표 14-5〉에 소개하고 있는 것처럼 학점인정 교과목 수강뿐만 아니라, 독학학위제 이수 경험, 국가자격증 취득 경험 등으로 보충할 수 있기 때문이다. 이처럼 학점은행제는 학점인정 교과목 이수와 함께 고등교육 수준의 학력을 인정하는 다른 제도 수요자들의 학습 결과도 함께 인정해 주는 개방적 학습체제로서 성격을 갖는다(백은순, 2004).

학점은행제를 통한 학위 취득 과정은 교육부 장관이 수여하는 방식과 대학, 대학교의 총·학장이 수여하는 방식으로 구분된다. 〈표 14-6〉에서 확인할 수 있듯이, 어떠한 방식으로 학위를 취득하든지 학사 학위를 취득하기 위해서는 140학점 이상을 이수해야 하며, 전문학사 학위 가운데 2년제의 경우 80학점 이상, 3년제의 경우는 120학점 이상을 이수해야 한다. 다만, 전문대학이나 대학교의 총·학장이 수여하는 학위를 취득하기 위해서는 학사 학위의 경우 84학점 이상, 전문학사 학위의 경우 2년제 48학점 그리고 3년제 65학점 이상을 반드시 해당 학교에서 이수하여야 한다. 그러나 학점은행제는 한

표 14-6 학점은행제의 학위 취득기준

구분	학사 학위	전문학사 학위		비고
		2년제	3년제	
총 이수학점	140학점 이상	80학점 이상	120학점 이상	평가인정 학습과목 또는 시간제 등록을 통해 이수한 학점(18학점) 반드시 포함
전공학점	60학점 이상	45학점 이상	54학점 이상	
교양학점	30학점 이상	15학점 이상	21학점 이상	

* 대학장에 의한 학위를 취득하기 위해서는 해당 대학에서 학사 학위의 경우 84학점 이상, 전문학사 학위의 경우 48학점(3년제 65학점) 이상을 이수하여야 한다.

출처: 평생교육진흥원 홈페이지(http://www.nile.or.kr).

개의 교육기관에서 인정받을 수 있는 최대학점을 제한하고 있기 때문에 특정 학교에서 마냥 많은 학점을 인정받거나 취득할 수 없다. 따라서 학사 학위 과정의 경우 105학점, 전문학사 학위 과정의 경우 60학점까지만 해당 학교의 학점으로 채울 수 있다.

학점은행제의 가장 두드러진 성과는 대학 진학이 이루어져야 할 시기에 다양한 이유로 인해서 진학하지 못한 사람들이 고등교육을 이수하고 학위를 취득할 수 있도록 도와줌으로써 고등교육 기회의 확대 및 사회적 통합에 기여하고 있다는 것이다. 그리하여 많은 성인으로 하여금 계속교육을 통해 자기 발전을 도모할 수 있는 기회를 가질 수 있도록 하며, 성인 학습자의 대학원 진학에 필수적으로 요구되는 학위를 효과적으로 취득할 수 있는 경로라는 점에서 의미가 있다.

또한 학점은행제는 실제로 다양한 학습 경험을 인정하는 구조를 통해 평생교육의 이념을 실현하고 있다. 각종 국가공인자격의 취득, 무형문화재 보유자 및 전수자가 가지고 있는 암묵적 지식 형태의 능력요소, 독학학위제 참여를 통해서 이수한 학습 경험 등을 모두 인정함으로써 학교가 독점적으로 학습 경험을 제공하는 교육체제를 지양하고 학교교육 경험과 평생교육 경험을 함께 인정한다. 이러한 점에서 학점은행제는 평생학습사회로의 변화를 이끄는 제도로서 의의를 갖는다. 예를 들어, 독학학위제 시험에 합격한 내용은 합격한 시험의 단계와 이수과목의 내용에 따라서 일정 학점을 인정받을 수 있다. 가령 1단계 교양과정 인정시험과 관련해서는 과목당 4학점씩 최다 20학점을 학점은행제 이수학점으로 인정받을 수 있으며, 2단계 전공 기초과정 인정시험부터 4단계 학위 취득 종합시험의 단계에서는 과목당 5학점씩 단계별 최다 30학점을 인정받을 수 있다. 이와 같이 학점은행제는 개인이 처한 여건 속에서 희망하는 대학교육 학력을 취득할 수 있는 문턱을 낮춤으로써 개인의 학습권을 보장할 수 있다.

3) 독학학위제

독학학위제는 학습자의 독학에 의한 학습 내용을 시험을 통해서 평가하고 합격한 결과를 바탕으로 고등교육 수준의 학위를 수여하는 제도이다. 독학학위제도는 학습자가 학습 과정을 자율적으로 조정하고 진행하되, 학습의 결과가 대학 학위 취득자로서 요구되는 수준에 부합되는지를 평가함으로써 학위를 제공한다. 따라서 독학학위제는 일정한 교과목 수강을 반드시 하지 않더라도 개인적인 여건에 따라서 학습시간과 장소를 자유롭게 선택하여 자신에게 적합한 방법으로 학습하여 학위를 취득할 수 있는 기회라고 할 수 있다.

독학학위제를 통하여 학사 학위를 취득할 수 있는 전공 분야는 2018년 현재 총 11개(국어국문학, 영어영문학, 심리학, 경영학, 법학, 행정학, 가정학, 유아교육학, 컴퓨터과학, 정보통신학, 간호학)이다. 독학학위제의 시험은 다음과 같이 네 과정으로 구분할 수 있다(「독학에 의한 학위취득에 관한 법률 시행령」 제2조).

- 1과정-교양과정 인정시험: 대학의 교양과정을 이수한 사람이 갖추어야 할 일반적인 학력 수준의 보유 여부 평가
- 2과정-전공 기초과정 인정시험: 각 전공 영역의 학문을 연구하기 위해 각 학문 계열에서 공통적으로 필요한 지식과 기술의 보유 정도 평가
- 3과정-전공 심화과정 인정시험: 각 전공 영역에 관하여 보다 심화된 전문적인 지식과 기술 평가
- 4과정-학위 취득 종합시험: 시험의 최종 단계로서 학위를 취득한 자가 일반적으로 갖추어야 할 소양 및 전문지식과 기술에 대한 종합적 평가

과정별 응시해야 할 과목의 수는 〈표 14-7〉과 같다. 교양과정 인정시험, 전공 기초과정 인정시험, 그리고 전공 심화과정 인정시험은 매 과목 100점을 만점으로 하여 전 과목 60점 이상을 득점할 때 합격으로 간주한다. 4과정 학

표 14-7 독학학위제 과정별 시험 응시과목 수

과정	시험 응시과목 수
교양과정 인정시험	5과목(교양필수 3과목, 교양선택 2과목)
전공 기초과정 인정시험	6과목(전공선택 6과목)
전공 심화과정 인정시험	6과목(전공선택 6과목)
학위 취득 종합시험	6과목(교양 2과목, 전공 4과목)

출처: 독학학위제 홈페이지(https://bdes.nile.or.kr).

위 취득 종합시험의 경우에는 총점합격제와 과목별합격제의 두 가지 유형 가운데 하나를 선택해서 응시할 수 있다. 총점합격제는 여섯 과목 합산 총점인 600점을 기준으로 6할 이상을 득점할 경우, 즉 360점 이상이면 합격으로 한다. 과목별합격제는 각 시험 과목 100점을 만점으로 하여 전 과목(교양 2과목, 전공 4과목) 60점 이상 득점하면 합격할 수 있다. 최종적으로 학위 취득 종합시험에 합격한 자에 대해서는 교육부 장관이 학위를 수여한다.

평생학습계좌제와 학점은행제와 마찬가지로 독학학위제도 학습자의 다양한 선행학습 경험을 인정하려는 특징을 가지고 있다. 이는 독학학위제와 상관없이 다른 학습활동의 결과로 국가기술자격을 취득하여 보유하고 있거나 법에서 정하는 각종 시험 등에 합격한 경우를 인정하여 4단계 시험의 일부를 면제받을 수 있다는 점에서 확인할 수 있다. 시험의 면제는 〈표 14-8〉에서 보는 것과 같이 몇 가지 경로를 통해서 받을 수 있으며, 면제 유형은 과정 면제와 과목 면제로 구분할 수 있다. 과정 면제는 특정 단계의 시험 자체를 면제하는 것을 말하며, 과목 면제는 일정한 자격이 충족되는 시험 과목에 대해서 면제하는 것을 말한다. 즉, 과정 면제를 통해 4단계 시험을 전부 치르지 않고 속진할 수 있는 기회를 가질 수 있으며, 과목 면제를 통하여 단계별 시험에서 치러야 과목 중 일부만 응시하면 된다. 그러나 과정 면제나 과목 면제가 적용되는 범위는 3단계 시험까지이며, 어떠한 경우에도 4단계 학위 취득 종

표 14-8 독학학위제 시험 면제 기준

면제경로	유형	내용
국가기술자격 취득자	과목 면제	자격 취득 분야와 다른 분야의 시험 응시자는 해당 과목 면제
	과정 면제	자격 취득 분야와 같은 분야의 시험 응시자는 해당 과정 면제
교육부령으로 정하는 시험합격자 및 자격 · 면허 취득자	과목 면제	해당사항 없음
	과정 면제	• 국가(지방) 공무원 7급 이상의 공개경재채용시험 합격자는 해당 과정 면제 • 교육부령으로 정하는 자격 · 면허 취득자는 해당 과정 면제
교육부령으로 정하는 교육과정 수료자 또는 학점을 인정받은 자	과목 면제	해당사항 없음
	과정 면제	1과정 면제(교양과정) • 대학 및 이에 준하는 각종학교에서 1년 이상 교육과정을 수료하였거나 35학점 이상을 취득한 사람 • 학점은행제로 35학점 이상을 인정받은 사람 • 외국에서 13년 이상의 학교교육과정을 수료한 사람 1~2과정 면제(교양과정 및 전공 기초과정) • 대학 및 이에 준하는 각종학교에서 2년 이상 교육과정을 수료하였거나 70학점 이상을 취득한 사람 • 학점은행제로 70학점 이상을 인정받은 사람 • 외국에서 14년 이상의 학교교육과정을 수료한 사람
국가평생교육진흥원장이 지정하는 강좌 또는 과정 이수자	과목 면제	지정 교육기관에서 강좌 또는 과정 이수자는 해당 과목 면제
	과정 면제	해당사항 없음

출처: 독학학위제 홈페이지(https://bdes.nile.or.kr).

합시험은 반드시 치러야 한다.

독학학위제는 이수한 학습 경험을 학점으로 인정하고 누적된 학점 수를 근거로 학위를 제공하는 학점은행제와 달리, 개인이 스스로 학습을 진행한 후,

국가가 주관하는 시험을 통해 학위를 취득하는 방식을 취한다. 그러나 앞서 언급하였듯이 고등교육 수준의 학위를 취득할 수 있는 대안적 경로라는 점에서는 학점은행제와 비슷하다고 볼 수 있다.

평생교육법

[시행 2019. 1. 19.] [법률 제15964호, 2018. 12. 18., 일부개정]

제1장 총칙

제1조(목적) 이 법은「헌법」과「교육기본법」에 규정된 평생교육의 진흥에 대한 국가 및 지방자치단체의 책임과 평생교육제도와 그 운영에 관한 기본적인 사항을 정함을 목적으로 한다.

제2조(정의) 이 법에서 사용하는 용어의 정의는 다음과 같다. 〈개정 2014. 1. 28.〉

1. "평생교육"이란 학교의 정규교육과정을 제외한 학력보완교육, 성인 문자해득교육, 직업능력 향상교육, 인문교양교육, 문화예술교육, 시민참여교육 등을 포함하는 모든 형태의 조직적인 교육활동을 말한다.
2. "평생교육기관"이란 다음 각 목의 어느 하나에 해당하는 시설·법인 또는 단체를 말한다.
   가. 이 법에 따라 인가·등록·신고된 시설·법인 또는 단체
   나.「학원의 설립·운영 및 과외교습에 관한 법률」에 따른 학원 중 학교교과교습학원을 제외한 평생직업교육을 실시하는 학원
   다. 그 밖에 다른 법령에 따라 평생교육을 주된 목적으로 하는 시설·법인 또는 단체

3. “문자해득교육”(이하 “문해교육”이라 한다)이란 일상생활을 영위하는 데 필요한 문자해득(文字解得)능력을 포함한 사회적·문화적으로 요청되는 기초생활능력 등을 갖출 수 있도록 하는 조직화된 교육프로그램을 말한다.

제3조(다른 법률과의 관계) 평생교육에 관하여 다른 법률에 특별한 규정이 있는 경우를 제외하고는 이 법을 적용한다.

제4조(평생교육의 이념) ① 모든 국민은 평생교육의 기회를 균등하게 보장받는다.

② 평생교육은 학습자의 자유로운 참여와 자발적인 학습을 기초로 이루어져야 한다.

③ 평생교육은 정치적·개인적 편견의 선전을 위한 방편으로 이용되어서는 아니 된다.

④ 일정한 평생교육과정을 이수한 자에게는 그에 상응하는 자격 및 학력인정 등 사회적 대우를 부여하여야 한다.

제5조(국가 및 지방자치단체의 임무) ① 국가 및 지방자치단체는 모든 국민에게 평생교육 기회가 부여될 수 있도록 평생교육진흥정책을 수립·추진하여야 한다.

② 국가와 지방자치단체는 장애인이 평생교육의 기회를 부여받을 수 있도록 장애인 평생교육에 대한 정책을 수립·시행하여야 한다. 〈신설 2016. 5. 29.〉

③ 국가 및 지방자치단체는 그 소관에 속하는 단체·시설·사업장 등의 설치자에 대하여 평생교육의 실시를 적극 권장하여야 한다. 〈개정 2016. 5. 29.〉

제6조(교육과정 등) 평생교육의 교육과정·방법·시간 등에 관하여 이 법과 다른 법령에 특별한 규정이 있는 경우를 제외하고는 평생교육을 실시하는 자가 정하되, 학습자의 필요와 실용성을 존중하여야 한다.

제7조(공공시설의 이용) ① 평생교육을 실시하는 자는 평생교육을 위하여 공공시설을 그 본래의 용도에 지장이 없는 범위 안에서 관련 법령으로 정하는 바에 따라 이용할 수 있다.

② 제1항의 경우 공공시설의 관리자는 특별한 사유가 없는 한 그 이용을 허용하여야 한다.

제8조(학습휴가 및 학습비 지원) 국가·지방자치단체와 공공기관의 장 또는 각종 사업의 경영자는 소속 직원의 평생학습기회를 확대하기 위하여 유급 또는 무급의 학습휴가를 실시하거나 도서비·교육비·연구비 등 학습비를 지원할 수 있다.

제2장 평생교육진흥기본계획 등

제9조(평생교육진흥기본계획의 수립) ① 교육부장관은 5년마다 평생교육진흥기본계획(이하 "기본계획"이라 한다)을 수립하여야 한다. 〈개정 2008. 2. 29., 2013. 3. 23.〉

② 기본계획에는 다음 각 호의 사항이 포함되어야 한다. 〈개정 2016. 5. 29.〉

1. 평생교육진흥의 중・장기 정책목표 및 기본방향에 관한 사항
2. 평생교육의 기반구축 및 활성화에 관한 사항
3. 평생교육진흥을 위한 투자확대 및 소요재원에 관한 사항
4. 평생교육진흥정책에 대한 분석 및 평가에 관한 사항
5. 장애인의 평생교육진흥에 관한 사항
6. 장애인평생교육진흥정책의 평가 및 제도개선에 관한 사항
7. 그 밖에 평생교육진흥을 위하여 필요한 사항

③ 교육부장관은 기본계획을 관계 중앙행정기관의 장, 특별시장・광역시장・도지사・특별자치도지사(이하 "시・도지사"라 한다), 시・도교육감 및 시장・군수・자치구의 구청장에게 통보하여야 한다. 〈개정 2008. 2. 29., 2013. 3. 23.〉

제10조(평생교육진흥위원회의 설치) ① 평생교육진흥정책에 관한 주요사항을 심의하기 위하여 교육부장관 소속으로 평생교육진흥위원회(이하 "진흥위원회"라 한다)를 둔다. 〈개정 2008. 2. 29., 2013. 3. 23.〉

② 진흥위원회는 다음 각 호의 사항을 심의한다.

1. 기본계획에 관한 사항
2. 평생교육진흥정책의 평가 및 제도개선에 관한 사항
3. 평생교육지원 업무의 협력과 조정에 관한 사항
4. 그 밖에 평생교육진흥정책을 위하여 대통령령으로 정하는 사항

③ 진흥위원회는 위원장을 포함하여 20인 이내의 위원으로 구성한다.

④ 진흥위원회의 위원장은 교육부장관으로 하고, 위원은 평생교육과 관련된 관계부처 차관, 평생교육・장애인교육과 관련된 전문가 등 평생교육에 관한 전문지식 및 경험이 풍부한 자 중에서 위원장이 위촉한다. 〈개정 2008. 2. 29., 2013. 3. 23., 2016. 5. 29.〉

⑤ 진흥위원회의 구성 · 운영에 필요한 사항은 대통령령으로 정한다.

제11조(연도별 평생교육진흥시행계획의 수립 · 시행) 시 · 도지사는 기본계획에 따라 연도별 평생교육진흥시행계획(이하 "시행계획"이라 한다)을 수립 · 시행하여야 한다. 이 경우 시 · 도교육감과 협의하여야 한다.

제12조(시 · 도평생교육협의회) ① 시행계획의 수립 · 시행에 필요한 사항을 심의하기 위하여 시 · 도지사 소속으로 시 · 도평생교육협의회(이하 "시 · 도협의회"라 한다)를 둔다.

② 시 · 도협의회는 의장 · 부의장을 포함하여 20인 이내의 위원으로 구성한다.

③ 시 · 도협의회의 의장은 시 · 도지사로 하고, 부의장은 시 · 도의 부교육감으로 한다.

④ 시 · 도협의회 위원은 관계 공무원, 평생교육과 관련된 전문가, 장애인 평생교육 전문가, 평생교육 관계 기관의 운영자 등 평생교육에 관한 전문지식 및 경험이 풍부한 자 중에서 해당 시 · 도의 교육감과 협의하여 의장이 위촉한다. 〈개정 2016. 5. 29.〉

⑤ 시 · 도협의회의 구성 · 운영에 필요한 사항은 해당 지방자치단체의 조례로 정한다.

제13조(관계 행정기관의 장 등의 협조) ① 교육부장관은 기본계획을 수립하기 위하여 필요하다고 인정하는 때에는 관계 행정기관이나 그 밖의 기관 또는 단체의 장에게 관련 자료를 요청할 수 있다. 〈개정 2008. 2. 29., 2013. 3. 23.〉

② 시 · 도지사는 시행계획을 수립하기 위하여 필요하다고 인정하는 때에는 관계 행정기관이나 그 밖의 기관 또는 단체의 장에게 관련 자료를 요청할 수 있다.

③ 제1항 및 제2항에 따라 자료를 요청받은 기관 또는 단체의 장은 특별한 사정이 없는 한 협조하여야 한다.

제14조(시 · 군 · 자치구평생교육협의회) ① 시 · 군 및 자치구에는 지역주민을 위한 평생교육의 실시와 관련되는 사업 간 조정 및 유관기관 간 협력 증진을 위하여 시 · 군 · 자치구평생교육협의회(이하 "시 · 군 · 구협의회"라 한다)를 둔다.

② 시 · 군 · 구협의회는 의장 1인과 부의장 1인을 포함하여 12인 이내의 위원으로 구성한다.

③ 시 · 군 · 구협의회의 의장은 시장 · 군수 또는 자치구의 구청장으로 하고, 위원은 시 · 군 · 자치구 및 지역교육청의 관계 공무원, 평생교육 전문가, 장애인 평생교육 관계자, 관할 지역 내 평생교육 관계 기관의 운영자 중에서 의장이 위촉한다. 〈개정 2016. 5. 29.〉

④ 시 · 군 · 구협의회의 구성 · 운영 등에 필요한 사항은 지방자치단체의 조례로 정한다.

제15조(평생학습도시) ① 국가는 지역사회의 평생교육 활성화를 위하여 시 · 군 및 자치구를 대상으로 평생학습도시를 지정 및 지원할 수 있다.

② 제1항에 따른 평생학습도시 간의 연계 · 협력 및 정보교류의 증진을 위하여 전국평생학습도시협의회를 둘 수 있다.

③ 제2항에 따른 전국평생학습도시협의회의 구성 · 운영에 필요한 사항은 대통령령으로 정한다.

④ 제1항에 따른 평생학습도시의 지정 및 지원에 필요한 사항은 교육부장관이 정한다. 〈개정 2008. 2. 29., 2013. 3. 23.〉

제16조(경비보조 및 지원) ① 국가 및 지방자치단체는 이 법과 다른 법령으로 정하는 바에 따라 다음 각 호의 어느 하나에 해당하는 평생교육진흥사업을 실시 또는 지원할 수 있다.

1. 평생교육기관의 설치 · 운영
2. 제24조에 따른 평생교육사의 양성 및 배치
3. 평생교육프로그램의 개발
4. 그 밖에 국민의 평생교육 참여를 촉진하기 위하여 수행하는 사업 등

② 지방자치단체의 장은 해당 지방자치단체의 조례로 정하는 바에 따라 주민을 위한 평생교육진흥사업을 실시하거나 지원할 수 있다. 이 경우 교육감 또는 지역교육장과 협의하여야 한다.

제17조(지도 및 지원) ① 국가 및 지방자치단체는 평생교육기관의 요청이 있는 때에는 그 기관의 평생교육활동을 지도 또는 지원할 수 있다.

② 국가 및 지방자치단체는 평생교육기관의 요청이 있는 때에는 그 기관에서 평생교육활동에 종사하는 자의 능력향상에 필요한 연수를 실시할 수 있다.

제18조(평생교육 통계조사 등) ① 교육부장관 및 시 · 도지사는 평생교육의 실시 및 지원에 관한 현황 등 기초자료를 조사하고 이와 관련된 통계를 공개하여야 한다. 〈개정 2008. 2. 29., 2013. 3. 23.〉

② 평생교육과 관련된 업무 담당자 및 평생교육기관 운영자 등은 제1항의 조사에 협조하여야 한다.

제3장 국가평생교육진흥원 등 〈개정 2013. 12. 30.〉

제19조(국가평생교육진흥원) ① 국가는 평생교육진흥과 관련된 업무를 지원하기 위하여 국가평생교육진흥원(이하 "진흥원"이라 한다)을 설립한다. 〈개정 2013. 12. 30.〉

② 진흥원은 법인으로 한다.

③ 진흥원은 주된 사무소의 소재지에서 설립등기를 함으로써 성립한다.

④ 진흥원은 다음 각 호의 업무를 수행한다. 〈개정 2013. 5. 22., 2016. 2. 3.〉

1. 평생교육진흥을 위한 지원 및 조사 업무
2. 진흥위원회가 심의하는 기본계획 수립의 지원
3. 평생교육프로그램 개발의 지원
4. 제24조에 따른 평생교육사를 포함한 평생교육 종사자의 양성 · 연수
5. 평생교육기관 간 연계체제의 구축
6. 제20조에 따른 시 · 도평생교육진흥원에 대한 지원
7. 평생교육 종합정보시스템 구축 · 운영
8. 「학점인정 등에 관한 법률」 및 「독학에 의한 학위취득에 관한 법률」에 따른 학점 또는 학력인정에 관한 사항
9. 제23조에 따른 학습계좌의 통합 관리 · 운영

9의2. 문해교육의 관리 · 운영에 관한 사항

9의3. 이 법 또는 다른 법령에 따라 위탁받은 업무

10. 그 밖에 진흥원의 목적수행을 위하여 필요한 사업

⑤ 진흥원의 정관에는 다음 각 호의 사항을 기재하여야 한다.

1. 목적

2. 명칭
3. 주된 사무소의 소재지
4. 사업에 관한 사항
5. 임원 및 직원에 관한 주요 사항
6. 이사회에 관한 사항
7. 재산 및 회계에 관한 사항
8. 정관의 변경에 관한 사항

⑥ 제5항에 따른 정관의 내용을 변경하고자 하는 때에는 교육부장관의 인가를 받아야 한다. 〈개정 2008. 2. 29., 2013. 3. 23.〉

⑦ 국가는 예산의 범위 내에서 진흥원의 설립 · 운영에 필요한 경비를 출연할 수 있다.

⑧ 진흥원에 관하여 이 법에서 정하는 것을 제외하고는 「민법」 중 재단법인에 관한 규정을 준용한다.

[제목개정 2013. 12. 30.]

제19조의2(국가장애인평생교육진흥센터) ① 국가는 장애인의 평생교육진흥과 관련된 업무를 지원하기 위하여 국가장애인평생교육진흥센터(이하 "장애인평생교육진흥센터"라 한다)를 둔다.

② 장애인평생교육진흥센터는 다음 각 호의 업무를 수행한다.

1. 장애인 평생교육진흥을 위한 지원 및 조사 업무
2. 진흥위원회가 심의하는 기본계획에 관한 사항 중 장애인 평생교육진흥에 관한 사항
3. 장애 유형별 평생교육프로그램 개발의 지원
4. 장애인 평생교육 종사자의 양성 · 연수와 공무원의 장애인 의사소통 교육
5. 장애인 평생교육기관 간의 연계체제 구축
6. 발달장애인의 평생교육과정의 개발
7. 발달장애인의 의사소통 도구의 개발과 보급
8. 장애인 평생교육프로그램을 운영하는 각급학교와 평생교육기관 양성을 위한 지원
9. 장애 유형별 평생교육 교재 · 교구의 개발과 보급

10. 그 밖에 장애인평생교육진흥센터의 목적수행을 위하여 필요한 사업

③ 장애인평생교육진흥센터의 설립·운영에 필요한 사항은 대통령령으로 정한다.

[본조신설 2016. 5. 29.]

제20조(시·도평생교육진흥원의 운영) ① 시·도지사는 대통령령으로 정하는 바에 따라 시·도평생교육진흥원을 설치 또는 지정·운영할 수 있다.

② 시·도평생교육진흥원은 다음 각 호의 업무를 수행한다.

1. 해당 지역의 평생교육기회 및 정보의 제공
2. 평생교육 상담
3. 평생교육프로그램 운영
4. 해당 지역의 평생교육기관 간 연계체제 구축
5. 그 밖에 평생교육진흥을 위하여 시·도지사가 필요하다고 인정하는 사항

제20조의2(장애인평생교육시설 등의 설치) ① 국가·지방자치단체 및 시·도교육감은 관할 구역 안의 장애인을 대상으로 평생교육프로그램 운영과 평생교육 기회를 제공하기 위하여 장애인평생교육시설을 설치 또는 지정·운영할 수 있다.

② 국가·지방자치단체 및 시·도교육감 외의 자가 제1항에 따른 장애인평생교육시설을 설치하고자 하는 때에는 대통령령으로 정하는 시설과 설비를 갖추어 교육감에게 등록하여야 한다.

③ 국가 및 지방자치단체는 장애인평생교육시설의 운영에 필요한 경비를 예산의 범위에서 지원할 수 있다.

[본조신설 2016. 5. 29.]

제21조(시·군·구평생학습관 등의 설치·운영 등) ① 시·도교육감은 관할 구역 안의 주민을 대상으로 평생교육프로그램 운영과 평생교육 기회를 제공하기 위하여 평생학습관을 설치 또는 지정·운영하여야 한다.

② 시장·군수·자치구의 구청장은 평생학습관의 설치 또는 재정적 지원 등 해당 지방자치단체의 평생교육을 진흥하기 위하여 필요한 사업을 실시할 수 있다.

③ 평생학습관은 다음 각 호의 사업을 수행한다. 〈신설 2014. 1. 28., 2016. 5. 29.〉

1. 평생교육프로그램의 개발·운영

1의2. 장애인 대상 평생교육프로그램의 개발·운영

2. 평생교육 상담

3. 평생교육 종사자에 대한 교육 · 훈련

4. 평생교육 관련 정보의 수집 · 제공

5. 제21조의3에 따른 읍 · 면 · 동 평생학습센터에 대한 운영 지원 및 관리

6. 그 밖에 평생교육 진흥을 위하여 필요하다고 인정되는 사업

④ 제1항 및 제2항에 따른 평생학습관의 설치 · 운영 등에 필요한 사항은 해당 지방자치단체의 조례로 정한다. 〈개정 2014. 1. 28.〉

제21조의2(장애인 평생교육과정) ①「유아교육법」 제2조 제2호에 따른 유치원 및 「초 · 중등교육법」 제2조에 따른 학교의 장은 해당 학교의 교육환경을 고려하여 「장애인복지법」 제2조에 따른 장애인의 계속교육을 위한 장애인 평생교육과정을 설치 · 운영할 수 있다.

② 평생교육기관은 장애인의 평생교육 기회의 확대를 위하여 별도의 장애인 평생교육과정을 설치 · 운영할 수 있다.

③ 진흥원은 장애인의 평생교육기회 확대 방안 및 장애인 평생교육프로그램을 개발하여야 한다.

④ 제20조에 따른 시 · 도평생교육진흥원은 평생교육기관이 장애인 평생교육과정을 설치 · 운영할 수 있도록 지원하여야 한다.

[본조신설 2016. 5. 29.]

[종전 제21조의2는 제21조의3으로 이동 〈2016. 5. 29.〉]

제21조의3(읍 · 면 · 동 평생학습센터의 운영) ① 시장 · 군수 · 자치구의 구청장은 읍 · 면 · 동별로 주민을 대상으로 하여 평생교육프로그램을 운영하고 상담을 제공하는 평생학습센터를 설치하거나 지정하여 운영할 수 있다.

② 제1항에 따른 읍 · 면 · 동 평생학습센터의 설치 또는 지정 및 운영에 관한 사항은 해당 지방자치단체의 조례로 정한다.

[본조신설 2014. 1. 28.]

[제21조의2에서 이동 〈2016. 5. 29.〉]

제22조(정보화 관련 평생교육의 진흥) ① 국가 및 지방자치단체는 각급학교 · 민간단체 · 기업 등과 연계하여 교육의 정보화와 이와 관련된 평생교육과정의 개발을 위

하여 노력하여야 한다.

② 국가 및 지방자치단체는 각급학교·평생교육기관 등이 필요한 인적자원을 활용할 수 있도록 하기 위하여 대통령령으로 정하는 바에 따라 강사에 관한 정보를 수집·제공하는 제도를 운영할 수 있다.

제23조(학습계좌) ① 교육부장관은 국민의 평생교육을 촉진하고 인적자원의 개발·관리를 위하여 학습계좌(국민의 개인적 학습경험을 종합적으로 집중 관리하는 제도를 말한다)를 도입·운영할 수 있도록 노력하여야 한다. 〈개정 2009. 5. 8., 2013. 3. 23.〉

② 교육부장관은 제1항의 학습계좌에서 관리할 학습과정을 대통령령으로 정하는 바에 따라 평가인정할 수 있다. 〈신설 2009. 5. 8., 2013. 3. 23.〉

③ 교육부장관은 제2항에 따라 평가인정을 받은 학습과정을 설치·운영하는 평생교육기관이 다음 각 호의 어느 하나에 해당하면 그 평가인정을 취소할 수 있다. 다만, 제1호에 해당하는 경우에는 평가인정을 취소하여야 한다. 〈신설 2009. 5. 8., 2013. 3. 23.〉

1. 거짓이나 그 밖의 부정한 방법으로 평가인정을 받은 경우
2. 제2항에 따라 평가인정 받은 내용을 위반하여 학습과정을 운영한 경우
3. 제2항에 따른 평가인정의 기준에 이르지 못하게 된 경우

④ 교육부장관은 제3항 제2호 및 제3호에 따라 평가인정을 취소하고자 할 경우에는 대통령령으로 정하는 기간과 절차에 따라 평생교육기관의 장에게 시정을 명하여야 한다. 〈신설 2009. 5. 8., 2013. 3. 23.〉

⑤ 교육부장관은 제4항에 따라 시정명령을 하는 경우에는 평생교육기관의 장에게 시정명령을 받은 사실을 공표할 것을 명할 수 있다. 〈신설 2013. 12. 30.〉

제4장 평생교육사

제24조(평생교육사) ① 교육부장관은 평생교육 전문인력을 양성하기 위하여 다음 각 호의 어느 하나에 해당하는 자에게 평생교육사의 자격을 부여한다. 〈개정 2008. 2. 29., 2009. 5. 8., 2013. 3. 23.〉

1. 「고등교육법」 제2조에 따른 학교(이하 "대학"이라 한다) 또는 이와 동등 이상의 학력이 있다고 인정되는 기관에서 교육부령으로 정하는 평생교육 관련 교과목을 일정 학점 이상 이수하고 학위를 취득한 자
2. 「학점인정 등에 관한 법률」 제3조 제1항에 따라 평가인정을 받은 학습과정을 운영하는 교육훈련기관(이하 "학점은행기관"이라 한다)에서 교육부령으로 정하는 평생교육 관련 교과목을 일정 학점 이상 이수하고 학위를 취득한 자
3. 대학을 졸업한 자 또는 이와 동등 이상의 학력이 있다고 인정되는 자로서 대학 또는 이와 동등 이상의 학력이 있다고 인정되는 기관, 제25조에 따른 평생교육사 양성기관, 학점은행기관에서 교육부령으로 정하는 평생교육 관련 교과목을 일정 학점 이상 이수한 자
4. 그 밖에 대통령령으로 정하는 자격요건을 갖춘 자

② 평생교육사는 평생교육의 기획 · 진행 · 분석 · 평가 및 교수업무를 수행한다.

③ 다음 각 호의 어느 하나에 해당하는 자는 평생교육사가 될 수 없다. 〈개정 2016. 5. 29.〉

1. 제24조의2에 따라 자격이 취소된 후 그 자격이 취소된 날부터 3년이 지나지 아니한 사람(제28조 제2항 제1호에 해당하여 자격이 취소된 경우는 제외한다)
2. 제28조 제2항 제1호부터 제5호까지의 어느 하나에 해당하는 사람

④ 평생교육사의 등급, 직무범위, 이수과정, 연수 및 자격증의 교부절차 등에 필요한 사항은 대통령령으로 정한다.

⑤ 교육부장관은 제1항에 따른 평생교육사의 자격증을 교부 또는 재교부 받으려는 자에게 교육부령으로 정하는 바에 따라 수수료를 받을 수 있다. 〈신설 2009. 5. 8., 2013. 3. 23.〉

제24조의2(평생교육사의 자격취소) 교육부장관은 평생교육사가 다음 각 호의 어느 하나에 해당하는 경우에는 그 자격을 취소하여야 한다.

1. 거짓이나 그 밖의 부정한 방법으로 평생교육사의 자격을 취득한 경우
2. 다른 사람에게 평생교육사의 명의를 사용하게 하거나 자격증을 빌려준 경우
3. 제24조 제3항 제2호의 결격사유에 해당하게 된 경우

[본조신설 2016. 5. 29.]

제25조(평생교육사 양성기관) ① 교육부장관은 평생교육사의 양성과 연수에 필요한 시설·교육과정·교원 등을 고려하여 대통령령으로 정하는 바에 따라 평생교육기관을 평생교육사 양성기관으로 지정할 수 있다. 〈개정 2008. 2. 29., 2013. 3. 23.〉

② 삭제 〈2013. 5. 22.〉

제26조(평생교육사의 배치 및 채용) ① 평생교육기관에는 제24조 제1항에 따른 평생교육사를 배치하여야 한다.

②「유아교육법」「초·중등교육법」및「고등교육법」에 따른 유치원 및 학교의 장은 평생교육프로그램을 운영함에 있어서 필요한 경우에 평생교육사를 채용할 수 있다.

③ 제20조에 따른 시·도평생교육진흥원, 제20조의2에 따른 장애인평생교육시설 및 제21조에 따른 시·군·구평생학습관에 평생교육사를 배치하여야 한다. 〈개정 2016. 5. 29.〉

④ 제1항부터 제3항까지의 규정에 따른 평생교육사의 배치대상기관 및 배치기준은 대통령령으로 정한다.

제27조(평생교육사 채용에 대한 경비보조) 국가 및 지방자치단체는 제26조 제2항에 따른 평생교육 프로그램 운영 및 평생교육사 채용에 사용되는 경비 등을 보조할 수 있다.

제5장 평생교육기관

제28조(평생교육기관의 설치자) ① 평생교육기관의 설치자는 다양한 평생교육프로그램을 실시하여 지역사회 주민을 위한 평생교육에 기여하여야 한다.

② 다음 각 호의 어느 하나에 해당하는 자는 평생교육기관의 설치자가 될 수 없다. 〈개정 2016. 5. 29.〉

1. 피성년후견인 또는 피한정후견인
2. 금고 이상의 실형을 선고받고 그 집행이 종료(집행이 종료된 것으로 보는 경우를 포함한다)되거나 집행이 면제된 날부터 3년이 경과되지 아니한 자
3. 금고 이상의 형의 집행유예를 선고받고 그 유예기간 중에 있는 자

4. 법원의 판결 또는 다른 법률에 따라 자격이 정지 또는 상실된 자
5. 제42조에 따라 인가 또는 등록이 취소되거나 평생교육과정이 폐쇄된 후 3년이 경과되지 아니한 자
6. 임원 중 제1호부터 제5호까지의 어느 하나에 해당하는 자가 있는 법인

③ 제2조 제2호 가목에 따른 평생교육기관의 설치자는 특별시·광역시·도·특별자치도(이하 "시·도"라 한다)의 조례로 정하는 바에 따라 평생교육시설의 운영과 관련하여 그 시설의 이용자에게 발생한 생명·신체상의 손해를 배상할 것을 내용으로 하는 보험가입 또는 공제사업에의 가입 등 필요한 안전조치를 하여야 한다.

④ 평생교육기관의 설치·운영자는 학습자의 보호를 위하여 다음 각 호의 어느 하나에 해당하는 경우에는 대통령령으로 정하는 바에 따라 학습비 반환 등의 조치를 하여야 한다. 〈개정 2016. 2. 3.〉

1. 제42조에 따라 평생교육시설의 설치인가 또는 등록이 취소되거나 평생교육과정이 폐쇄 또는 운영정지된 경우
2. 평생교육기관의 설치·운영자가 교습을 할 수 없게 된 경우
3. 학습자가 본인의 의사로 학습을 포기한 경우
4. 그 밖에 학습자 보호를 위하여 대통령령으로 정하는 경우

⑤ 제31조 제2항에 따른 학력인정 평생교육시설의 설립 주체는 「사립학교법」에 따른 학교법인 또는 「공익법인의 설립·운영에 관한 법률」에 따른 재단법인으로 한다.

제29조(학교의 평생교육) ① 「초·중등교육법」 및 「고등교육법」에 따른 각급학교의 장은 평생교육을 실시함에 있어서 평생교육의 이념에 따라 교육과정과 방법을 수요자 관점으로 개발·시행하도록 하며, 학교를 중심으로 공동체 및 지역문화 개발에 노력하여야 한다.

② 각급학교의 장은 해당 학교의 교육여건을 고려하여 학생·학부모와 지역 주민의 요구에 부합하는 평생교육을 직접 실시하거나 지방자치단체 또는 민간에 위탁하여 실시할 수 있다. 다만, 영리를 목적으로 하는 법인 및 단체는 제외한다.

③ 제2항에 따른 학교의 평생교육을 실시하기 위하여 각급학교의 교실·도서관·

체육관, 그 밖의 시설을 활용하여야 한다.

④ 제2항 및 제3항에 따라 학교의 장이 학교를 개방할 경우 개방시간 동안의 해당 시설의 관리 · 운영에 필요한 사항은 해당 지방자치단체의 조례로 정한다.

제30조(학교 부설 평생교육시설) ① 각급학교의 장은 학생 · 학부모와 지역 주민을 대상으로 교양의 증진 또는 직업교육을 위한 평생교육시설을 설치 · 운영할 수 있다. 평생교육시설을 설치하는 경우 각급학교의 장은 관할청에 보고하여야 한다.

② 대학의 장은 대학생 또는 대학생 외의 자를 대상으로 자격취득을 위한 직업교육과정 등 다양한 평생교육과정을 운영할 수 있다.

③ 각급학교의 시설은 다양한 평생교육을 실시하기에 편리한 형태의 구조와 설비를 갖추어야 한다.

제31조(학교형태의 평생교육시설) ① 학교형태의 평생교육시설을 설치 · 운영하고자 하는 자는 대통령령으로 정하는 시설 · 설비를 갖추어 교육감에게 등록하여야 한다.

② 교육감은 제1항에 따른 학교형태의 평생교육시설 중 일정 기준 이상의 요건을 갖춘 평생교육시설에 대하여는 이를 고등학교졸업 이하의 학력이 인정되는 시설로 지정할 수 있다. 다만, 제6항에 따라 지방자치단체로부터 지원받은 보조금을 목적 외 사용, 부당집행하였을 경우에는 그 지정을 취소할 수 있다. 〈개정 2015. 3. 27.〉

③ 제2항에 따른 학력인정 평생교육시설에는 「초 · 중등교육법」 제19조 제1항의 교원을 둘 수 있다. 이 경우 교원의 복무 · 국내연수와 재교육에 관하여는 국 · 공립학교의 교원에 관한 규정을 준용한다.

④ 「초 · 중등교육법」 제54조 제4항에 따라 전공과를 설치 · 운영하는 고등기술학교는 교육부장관의 인가를 받아 전문대학졸업자와 동등한 학력 · 학위가 인정되는 평생교육시설로 전환 · 운영할 수 있다. 이 경우 전공대학의 명칭을 사용할 수 있다. 〈개정 2013. 3. 23.〉

⑤ 제2항에 따른 학력인정 평생교육시설의 지정 및 지정취소 기준 · 절차, 입학자격, 교원자격 등과 제4항에 따른 평생교육시설의 인가 기준 · 절차, 학사관리 등의 운영 방법 등에 필요한 사항은 대통령령으로 정한다. 〈개정 2015. 3. 27.〉

⑥ 지방자치단체는 해당 지방자치단체의 조례로 정하는 바에 따라 예산의 범위 내

에서 「초 · 중등교육법」 제2조의 학교에 준하여 제2항에 따른 학력인정 평생교육 시설에 필요한 보조금을 교부하거나 그 밖의 지원을 할 수 있다. 〈개정 2015. 3. 27.〉

⑦ 제2항에 따른 학력인정 평생교육시설로 지정을 받은 자가 그 시설을 폐쇄하고자 하는 때에는 재학생 처리방안 등 대통령령으로 정하는 사항을 갖추어 관할 교육감의 인가를 받아야 한다.

⑧ 제2항에 따른 학력인정 평생교육시설의 재산관리, 회계 및 교원 등의 신규채용에 관한 사항은 각각 「사립학교법」 제28조, 제29조 및 제53조의2 제9항을 준용하고, 장학지도 및 학생의 학교생활기록 관리는 각각 「초 · 중등교육법」 제7조 및 제25조 제1항을 준용한다. 다만, 교비회계에 속하는 예산 · 결산 및 회계 업무는 교육부령으로 정하는 방식으로 처리하여야 한다. 〈신설 2015. 3. 27.〉

제32조(사내대학형태의 평생교육시설) ① 대통령령으로 정하는 규모 이상의 사업장(공동으로 참여하는 사업장도 포함한다)의 경영자는 교육부장관의 인가를 받아 전문대학 또는 대학졸업자와 동등한 학력 · 학위가 인정되는 평생교육시설을 설치 · 운영할 수 있다. 〈개정 2008. 2. 29., 2009. 5. 8., 2013. 3. 23.〉

② 제1항에 따른 사내대학형태의 평생교육시설은 다음 각 호의 어느 하나에 해당하는 사람을 대상으로 한다. 〈개정 2013. 12. 30.〉

1. 해당 사업장에 고용된 종업원
2. 해당 사업장에서 일하는 다른 업체의 종업원
3. 해당 사업장과 하도급 관계에 있는 업체 또는 부품 · 재료 공급 등을 통하여 해당 사업장과 협력관계에 있는 업체의 종업원

③ 제1항에 따른 사내대학형태의 평생교육시설에서의 교육에 필요한 비용은 제2항 각 호에 해당하는 사람을 고용한 고용주가 부담하는 것을 원칙으로 한다. 〈신설 2013. 12. 30.〉

④ 제1항에 따른 사내대학형태의 평생교육시설의 설치기준 · 학점제 등 운영에 필요한 사항은 대통령령으로 정한다. 〈개정 2013. 12. 30.〉

⑤ 제1항에 따른 사내대학형태의 평생교육시설을 폐쇄하고자 하는 경우에는 교육부장관에게 신고하여야 한다. 〈개정 2008. 2. 29., 2013. 3. 23., 2013. 12. 30.〉

제33조(원격대학형태의 평생교육시설) ① 누구든지 정보통신매체를 이용하여 특정 또는 불특정 다수인에게 원격교육을 실시하거나 다양한 정보를 제공하는 등의 평생교육을 실시할 수 있다.

② 제1항에 따라 불특정 다수인을 대상으로 학습비를 받고 교육을 실시하고자 하는 경우(「학원의 설립 · 운영 및 과외교습에 관한 법률」 제2조의2 제1항 제1호의 학교교과교습학원에 해당하는 경우는 제외한다)에는 대통령령으로 정하는 바에 따라 교육감에게 신고하여야 한다. 이를 폐쇄하고자 하는 경우에는 그 사실을 교육감에게 통보하여야 한다. 〈개정 2008. 2. 29., 2011. 7. 25., 2013. 3. 23., 2013. 12. 30.〉

③ 제1항에 따라 전문대학 또는 대학졸업자와 동등한 학력 · 학위가 인정되는 원격대학형태의 평생교육시설을 설치하고자 하는 경우에는 대통령령으로 정하는 바에 따라 교육부장관의 인가를 받아야 한다. 이를 폐쇄하고자 하는 경우에는 교육부장관에게 신고하여야 한다. 〈개정 2008. 2. 29., 2013. 3. 23.〉

④ 교육부장관은 제3항에 따라 인가한 원격대학형태의 평생교육시설에 대하여는 평가를 실시하고 그 결과를 공개하여야 한다. 〈개정 2008. 2. 29., 2013. 3. 23.〉

⑤ 제3항에 따른 원격대학형태의 평생교육시설의 설치기준, 학사관리 등 운영방법과 제4항에 따른 평가에 필요한 사항은 대통령령으로 정한다.

⑥ 제28조 제2항 각 호의 어느 하나에 해당하는 자는 원격대학형태의 평생교육시설의 설치자가 될 수 없다.

제34조(준용 규정) 제33조 제3항에 따른 원격대학형태의 평생교육시설을 설치 · 운영하는 자와 그 시설에 대하여는 「사립학교법」 제28조 · 제29조 · 제31조 · 제70조를 준용한다.

제35조(사업장 부설 평생교육시설) ① 대통령령으로 정하는 규모 이상 사업장의 경영자는 해당 사업장의 고객 등을 대상으로 하는 평생교육시설을 설치 · 운영할 수 있다.

② 제1항에 따른 사업장 부설 평생교육시설을 설치하고자 하는 자는 대통령령으로 정하는 바에 따라 교육감에게 신고하여야 한다. 이를 폐쇄하고자 하는 경우에는 그 사실을 교육감에게 통보하여야 한다.

제36조(시민사회단체 부설 평생교육시설) ① 시민사회단체는 상호 유기적인 협조체제

를 구축하고 공공시설 및 민간시설 등 유휴시설을 활용하여 해당 시민사회단체의 목적에 부합하는 평생교육과정을 운영하도록 노력하여야 한다.

② 대통령령으로 정하는 시민사회단체는 일반 시민을 대상으로 하는 평생교육시설을 설치 · 운영할 수 있다.

③ 제2항에 따른 시민사회단체 부설 평생교육시설을 설치하고자 하는 자는 대통령령으로 정하는 바에 따라 교육감에게 신고하여야 한다. 이를 폐쇄하고자 하는 경우에는 그 사실을 교육감에게 통보하여야 한다.

제37조(언론기관 부설 평생교육시설) ① 신문 · 방송 등 언론기관을 경영하는 자는 해당 언론매체를 통하여 다양한 평생교육프로그램을 방영하는 등 국민의 평생교육진흥에 기여하여야 한다.

② 대통령령으로 정하는 언론기관을 경영하는 자는 일반 국민을 대상으로 교양의 증진과 능력향상을 위한 평생교육시설을 설치 · 운영할 수 있다.

③ 제2항에 따른 언론기관 부설 평생교육시설을 설치하고자 하는 자는 대통령령으로 정하는 바에 따라 교육감에게 신고하여야 한다. 이를 폐쇄하고자 하는 경우에는 그 사실을 교육감에게 통보하여야 한다.

제38조(지식 · 인력개발 관련 평생교육시설) ① 국가 및 지방자치단체는 지식정보의 제공과 교육훈련을 통한 인력개발을 주된 내용으로 하는 지식 · 인력개발사업을 진흥 · 육성하여야 한다.

② 제1항에 따른 지식 · 인력개발사업을 경영하는 자 중 대통령령으로 정하는 자는 평생교육시설을 설치 · 운영할 수 있다.

③ 제2항에 따른 지식 · 인력개발사업과 관련하여 평생교육시설을 설치하고자 하는 자는 대통령령으로 정하는 바에 따라 교육감에게 신고하여야 한다. 이를 폐쇄하고자 하는 경우에는 그 사실을 교육감에게 통보하여야 한다.

제38조의2(평생교육시설의 변경인가 · 변경등록 등) ① 제31조부터 제33조까지, 제35조부터 제38조까지의 규정에 따라 평생교육시설 인가를 받거나 등록 · 신고를 한 자가 인가 또는 등록 · 신고한 사항을 변경하고자 하는 때에는 대통령령으로 정하는 바에 따라 변경인가를 받거나 변경등록 · 변경신고를 하여야 한다.

② 제1항에 따른 변경인가 및 변경등록 · 변경신고의 방법 · 절차 등에 필요한 사항

은 교육부령으로 정한다.

[본조신설 2013. 12. 30.]

제38조의3(신고 등의 처리절차) ① 교육부장관은 제32조 제5항, 제33조 제3항 후단에 따른 신고를 받은 날부터 20일 이내에 신고수리 여부를 신고인에게 통지하여야 한다.

② 교육감은 제33조 제2항 전단, 제35조 제2항 전단, 제36조 제3항 전단, 제37조 제3항 전단 또는 제38조 제3항 전단에 따른 신고를 받은 날부터 10일 이내에 신고수리 여부를 신고인에게 통지하여야 한다. 제38조의2 제1항에 따라 제33조 제2항 전단, 제35조 제2항 전단, 제36조 제3항 전단, 제37조 제3항 전단 또는 제38조 제3항 전단에 따른 신고 사항에 관한 변경신고를 받은 경우에도 또한 같다.

③ 교육부장관 또는 교육감이 제1항 또는 제2항에서 정한 기간 내에 신고수리 여부 또는 민원 처리 관련 법령에 따른 처리기간의 연장 여부를 신고인에게 통지하지 아니하면 그 기간(민원 처리 관련 법령에 따라 처리기간이 연장 또는 재연장된 경우에는 해당 처리기간을 말한다)이 끝난 날의 다음 날에 신고를 수리한 것으로 본다.

[본조신설 2018. 12. 18.]

제6장 문해교육 〈개정 2014. 1. 28.〉

제39조(문해교육의 실시 등) ① 국가 및 지방자치단체는 성인의 사회생활에 필요한 문자해득능력 등 기초능력을 높이기 위하여 노력하여야 한다.

② 교육감은 대통령령으로 정하는 바에 따라 관할 구역 안에 있는 초·중학교에 성인을 위한 문해교육 프로그램을 설치·운영하거나 지방자치단체·법인 등이 운영하는 문해교육 프로그램을 지정할 수 있다. 〈개정 2014. 1. 28.〉

③ 국가 및 지방자치단체는 문해교육 프로그램을 위하여 대통령령으로 정하는 바에 따라 우선하여 재정적 지원을 할 수 있다. 〈개정 2014. 1. 28.〉

[제목개정 2014. 1. 28.]

제39조의2(문해교육센터 설치 등) ① 국가는 문해교육의 활성화를 위하여 진흥원에 국가문해교육센터를 둔다.

② 시 · 도교육감 및 시 · 도지사는 시 · 도문해교육센터를 설치하거나 지정 · 운영할 수 있다.

③ 국가문해교육센터 및 시 · 도문해교육센터의 구성, 기능 및 운영, 그 밖에 필요한 사항은 대통령령으로 정한다.

[본조신설 2016. 2. 3.]

제40조(문해교육 프로그램의 교육과정 등) 제39조에 따라 설치 또는 지정된 문해교육 프로그램을 이수한 자에 대하여는 그에 상응하는 학력을 인정하되, 교육과정 편성 및 학력인정 절차 등에 필요한 사항은 대통령령으로 정한다. 〈개정 2014. 1. 28.〉

[제목개정 2014. 1. 28.]

제40조의2(문해교육종합정보시스템 구축 · 운영 등) ① 교육부장관은 문해교육의 효율적 지원을 위하여 문해교육종합정보시스템을 구축 · 운영할 수 있다.

② 교육부장관은 문해교육종합정보시스템 운영업무를 국가문해교육센터에 위탁할 수 있다.

③ 제1항에 따른 문해교육정보시스템의 구축 · 운영과 제2항에 따른 문해교육정보시스템 운영업무의 위탁 등에 필요한 사항은 대통령령으로 정한다.

[본조신설 2016. 2. 3.]

제7장 평생학습 결과의 관리 · 인정

제41조(학점, 학력 등의 인정) ① 이 법에 따라 학력이 인정되는 평생교육과정 외에 이 법 또는 다른 법령의 규정에 따른 평생교육과정을 이수한 자는 「학점인정 등에 관한 법률」로 정하는 바에 따라 학점 또는 학력을 인정받을 수 있다.

② 다음 각 호의 어느 하나에 해당하는 자는 「학점인정 등에 관한 법률」로 정하는 바에 따라 그에 상응하는 학점 또는 학력을 인정받을 수 있다. 〈개정 2015. 3. 27.〉

1. 각급학교 또는 평생교육시설에서 각종 교양과정 또는 자격취득에 필요한 과정을 이수한 자
2. 산업체 등에서 일정한 교육을 받은 후 사내인정자격을 취득한 자
3. 국가 · 지방자치단체 · 각급학교 · 산업체 또는 민간단체 등이 실시하는 능력

측정검사를 통하여 자격을 인정받은 자

4. 「무형문화재 보전 및 진흥에 관한 법률」에 따라 인정된 국가무형문화재의 보유자와 그 전수교육을 받은 사람

5. 대통령령으로 정하는 시험에 합격한 자

③ 각급학교 및 평생교육시설의 장은 학습자가 제31조에 따라 국내외의 각급학교 · 평생교육시설 및 평생교육기관으로부터 취득한 학점 · 학력 및 학위를 상호 인정할 수 있다.

제8장 보칙

제42조(행정처분) ① 교육부장관 또는 교육감은 평생교육시설의 설치자가 다음 각 호의 어느 하나에 해당하는 경우에는 그 시설의 설치인가 또는 등록을 취소하거나 평생교육과정을 폐쇄할 수 있고, 1년 이내의 기간을 정하여 평생교육과정의 전부 또는 일부에 대한 운영의 정지를 명할 수 있다. 다만, 제1호 및 제4호의 경우에는 그 인가 또는 등록을 취소하여야 한다. 〈개정 2008. 2. 29., 2013. 3. 23., 2013. 12. 30., 2015. 3. 27.〉

1. 거짓이나 그 밖의 부정한 방법으로 인가를 받거나 등록 또는 신고한 경우
2. 인가 또는 등록 시의 기준에 미달하게 된 경우
3. 평생교육시설을 부정한 방법으로 관리 · 운영한 경우
4. 제28조 제2항 각 호의 어느 하나의 결격사유에 해당하는 경우
5. 제38조의2를 위반하여 변경인가를 받지 아니하거나 변경등록 · 변경신고를 하지 아니하고 평생교육시설을 변경하여 운영한 경우

② 교육부장관 또는 교육감은 제1항에 따라 평생교육과정의 전부 또는 일부에 대한 운영의 정지를 명하기 전에 1개월 이상의 기간을 정하여 위반사항의 시정 및 개선을 명할 수 있다. 〈신설 2015. 3. 27.〉

제42조의2(지도 · 감독) ① 교육부장관 또는 교육감은 이 법에 따라 설치 인가 · 지정을 하거나 등록 또는 신고를 받은 평생교육시설의 회계 관리 및 운영 실태 등을 지도 · 감독할 수 있다.

② 교육부장관 또는 교육감은 제1항에 따른 지도·감독을 위하여 필요하면 대통령령으로 정하는 바에 따라 해당 평생교육시설의 장에게 자료의 제출을 요구하거나 그 밖에 필요한 지시를 할 수 있다.

[본조신설 2015. 3. 27.]

제43조(청문) 교육부장관 또는 교육감은 다음 각 호의 어느 하나에 해당하는 처분을 하려는 경우에는 청문을 실시하여야 한다. 〈개정 2008. 2. 29., 2013. 3. 23., 2015. 3. 27., 2016. 5. 29.〉

1. 제24조의2에 따른 평생교육사 자격의 취소
2. 제42조 제1항에 따른 인가 또는 등록의 취소

제44조(권한의 위임 및 위탁) ① 교육부장관은 이 법에 따른 권한의 일부를 대통령령으로 정하는 바에 따라 교육감에게 위임할 수 있다. 〈개정 2008. 2. 29., 2013. 3. 23., 2013. 5. 22.〉

② 교육부장관은 다음 각 호에 따른 업무의 전부 또는 일부를 대통령령으로 정하는 바에 따라 진흥원에 위탁할 수 있다. 〈신설 2013. 5. 22.〉

1. 제24조에 따른 평생교육사의 양성 및 평생교육사 자격증의 교부·재교부
2. 제25조에 따른 평생교육사 양성기관의 지정

③ 교육감은 이 법에 따른 권한의 일부를 대통령령으로 정하는 바에 따라 소관 교육장에게 위임할 수 있다. 〈신설 2013. 5. 22.〉

[제목개정 2013. 5. 22.]

제45조(유사 명칭의 사용 금지) 이 법에 따른 진흥위원회·진흥원·평생교육협의회·평생학습관·평생학습센터·국가문해교육센터 및 시·도문해교육센터가 아니면 이와 비슷한 명칭을 사용하지 못한다. 〈개정 2014. 1. 28., 2016. 2. 3.〉

제45조의2(벌칙) 제31조 제2항에 따른 학력인정 평생교육시설을 설치·운영하는 자가 다음 각 호의 어느 하나에 해당하는 경우에는 2년 이하의 징역 또는 2천만 원 이하의 벌금에 처한다.

1. 제31조 제8항에 따라 준용되는「사립학교법」제28조를 위반한 경우
2. 제31조 제8항에 따라 준용되는「사립학교법」제29조 제6항을 위반한 경우

[본조신설 2015. 3. 27.]

제46조(과태료) ① 다음 각 호의 어느 하나에 해당하는 자에게는 500만 원 이하의 과태료를 부과한다. 〈개정 2013. 12. 30., 2015. 3. 27., 2016. 2. 3.〉

1. 제18조 제2항을 위반하여 자료를 제출하지 아니하거나 거짓의 자료를 제출한 자

1의2. 제28조 제4항을 위반하여 학습비 반환 등의 조치를 하지 아니한 자

2. 제32조 제5항, 제33조 제2항 · 제3항, 제35조 제2항, 제36조 제3항, 제37조 제3항 및 제38조 제3항에 따른 신고를 태만히 한 자

3. 제42조 제2항에 따른 명령을 위반한 평생교육시설 또는 설치자

4. 제45조를 위반하여 유사 명칭을 사용한 자

② 제1항에 따른 과태료는 대통령령으로 정하는 바에 따라 관할청이 부과 · 징수한다.

③ 삭제 〈2018. 12. 18.〉

④ 삭제 〈2018. 12. 18.〉

⑤ 삭제 〈2018. 12. 18.〉

부칙 〈제15964호, 2018. 12. 18.〉

제1조(시행일) 이 법은 공포 후 1개월이 경과한 날부터 시행한다.

제2조(사내대학형태의 평생교육시설 등의 신고 또는 변경신고에 관한 적용례) 제38조의3의 개정규정은 이 법 시행 후 제32조 제5항, 제33조 제2항 전단, 제33조 제3항 후단, 제35조 제2항 전단, 제36조 제3항 전단, 제37조 제3항 전단, 제38조 제3항 전단 또는 제38조의2 제1항에 따라 신고 또는 변경신고를 하는 경우부터 적용한다.

참고문헌

강대기(2003). 패러다임 변화와 공동체의 통합개념 구축. 농촌사회, 13(2), 7-40.

곽삼근(2005a). 한국 평생교육의 사회철학적 과제. 서울: 집문당.

곽삼근(2005b). 여성평생교육의 이론적 기초. 한국여성평생교육회 편, 여성평생교육의 이론과 실제(pp. 11-31). 서울: 교육과학사.

권대봉(2001). 평생교육의 다섯 마당. 서울: 학지사.

권두승 편역(1995). 평생교육론. 서울: 교육과학사.

권두승(2000). 성인학습 지도방법의 이론과 실제. 서울: 교육과학사.

권두승(2010). 평생학습도시의 제도 전환을 위한 모색. 평생학습도시 10년 성과평가와 발전적 전환을 위한 정책토론회 자료.

권두승, 조아미(2004). 성인학습 및 상담. 서울: 교육과학사.

권이종, 이상오(2001). 평생교육. 서울: 교육과학사.

김기호(2012). 아파트도 마을이다. 김기호 외 공저, 우리, 마을만들기(pp. 286-313). 경기: 나무도시.

김신일(2005). '학습주의' 관점에서 본 현대교육제도의 문제. 김신일 외 편저, 학습사회의 교육학(pp. 13-37). 서울: 학지사.

김신일(2005). 학습시대의 교육학 패러다임. 김신일 외 편저, 학습사회의 교육학(pp. 61-101). 서울: 학지사.

김영경(2016). 부천시 작은도서관 운동의 학습공동체 연구. 한국교육, 43(4), 105-134.

김영석(2010). 노인의 경험학습. 김한별 외 공저, 성인 경험학습의 이해: 이론과 실제(pp. 75-95). 서울: 동문사.

김영화, 전도근(2004). 평생교육사 양성교육의 효과성 연구. 평생교육학연구, 10(4),

153-181.

김은희(2012). 마을만들기는 운동이다. 김기호 외 공저, 우리, 마을만들기(pp. 11-39). 경기: 나무도시.

김정환, 강선보(2002). 교육철학. 서울: 박영사.

김종서, 김신일, 한숭희, 강대중(2009). 평생교육개론(개정판). 경기: 교육과학사.

김지자, 정지웅(2001). 경험학습의 개념 및 이론과 발전방향. 평생교육학연구, 7(1), 1-18.

김진화, 고영화(2009). 평생교육 프로그램 분류체계 연구. 서울: 평생교육진흥원.

김진화, 김한별, 김만희(2007). 평생교육사의 직무분석과 대학 평생교육사 양성과정의 효율화 방안 연구. 서울: 한국교육개발원.

김한별(2006). 무형식 학습의 이해: 대학생들의 일상 경험에 대한 내러티브 분석. 평생교육학연구, 12(2), 25-43.

김한별(2007). 마케팅 개념에 의한 평생교육 참여 현상의 이해. Andragogy Today, 10(3), 87-109.

김한별(2008). 초임교사의 학교문화 적응과정에서의 학습 경험 이해. 평생교육학연구, 14(3), 21-49.

김한별(2010a). 경험학습의 이해. 김한별 외 공저, 성인 경험학습의 이해: 이론과 실제(pp. 7-22). 서울: 동문사.

김한별(2010b). 학교현장에서 교사의 경험학습. 김한별 외 공저, 성인 경험학습의 이해: 이론과 실제(pp. 128-146). 서울: 동문사.

김한별, 박소연(2007). 대학 평생교육사 양성과정 이수자의 학습 경험 탐색. 평생교육학연구, 13(2), 75-92.

김한별, 박소연, 유기웅(2010). 평생학습을 위한 프로그램 개발 및 평가. 경기: 양서원.

김한별, 허효인(2017). 전환학습 연구의 동향과 과제. 평생교육 · HRD연구, 13(2), 109-130.

김현수(1999). 평생교육사 자격제도의 발전 방향. 사회교육학연구, 5(1), 271-280.

남은주(2012). 자본주의 비효율, 노숙인과 인문학이 만나다. 한겨레21, 제939호, 80-81.

박부권(2001). 평생교육사제도: 계몽적 낙관, 불확실한 전문성. 김신일, 한숭희 편, 평생교육학(pp. 221-246). 서울: 교육과학사.

배을규(2009). 인적자원 개발론. 서울: 학이시습.

백은순(2004). 학점은행제 운영체제 개선방안. 서울: 한국교육개발원.

변종임, 고영상(2013). 국민 맞춤형 행복 학습지기: 행복학습센터 설치 및 맞춤형 평생교육 실현. 행복학습사회로의 초대: 새 정부 평생교육정책의 비전과 과제. 제10차 교육정책포럼 자료. 서울: 국가평생교육진흥원.

변종임, 조순옥, 최종철, 박현정, 김인숙(2009). 2009년 방과후 학교 운영 실태 조사 및 성과 분석 연구. 서울: 한국교육개발원.

서경혜(2008). 학교 밖 교사학습공동체에 대한 사례연구. 한국교원교육연구, 25(2), 53-80.

서경혜(2009). 교사 전문성 개발을 위한 대안적 접근으로서 교사학습공동체의 가능성과 한계. 한국교원교육연구, 26(2), 243-276.

서용선, 김아영, 김용련, 서우철, 안선영, 이경석, 임경수, 최갑규, 최탁, 홍섭근, 홍인기(2016). 마을교육공동체란 무엇인가?: 탄생, 뿌리, 그리고 나침반. 서울: 살림터.

서희정, 방정은(2016). 행복학습센터 운영에 대한 이해관계자 인식 및 요구조사: 부산지역을 중심으로. 평생학습사회, 12(4), 101-125.

손준종, 구혜정(2007). '비전통적 학습자'의 고등교육 기회 분석: 대학입학전형제도를 중심으로. 평생교육학연구, 13(2), 141-163.

송미영, 유영만(2008). 자아 창조와 공적 연대를 지향하는 폐기학습모델에 관한 연구. Andragogy Today, 11(3), 29-56.

신은경(2012). 기업 내 무형식학습의 구성요소, 결과, 학습전이 동기 간의 구조적 관계. HRD연구, 14(3), 25-59.

신진욱(2008). 시민. 서울: 책세상.

양병찬(2002). 지역을 살리기 위한 평생학습마을 · 도시 만들기. 서울: 한국교육개발원.

양병찬(2015). 마을만들기사업과 평생교육의 협동 가능성 탐색: 시흥시 '학습마을'사업을 중심으로. 평생교육학연구, 21(3), 1-23.

양병찬(2018). 한국 마을교육공동체 운동과 정책의 상호작용: 학교와 지역의 관계 재구축 관점에서. 평생교육학연구, 24(3), 125-152.

양병찬, 지희숙(2011). 작은도서관 운동의 평생교육적 의미 분석: 대전지역 '알짬마을도서관' 사례를 중심으로. 평생학습사회, 7(2), 175-202.

오혁진(2006). 지역공동체와 평생교육. 서울: 집문당.

오혁진(2012). 新 사회교육론. 서울: 학지사.

유네스코 21세기 세계교육위원회(1997). 21세기 교육을 위한 새로운 관점과 전망(김용주, 김재웅, 정두용, 천세영 공역). 서울: 오름.

이경아, 양병찬, 박소연, 윤정은, 김은경(2008). 지역과 함께하는 학교사업 성과분석 연구. 서울: 평생교육진흥원.

이규선(2017). 평생학습마을만들기 참여실천연구: 시흥시 사례를 중심으로. 공주대학교 대학원 박사학위논문.

이병환, 김영순(2008). 대안교육의 실천과 모색. 서울: 학지사.

이성엽(2009). 무형식학습에 영향을 미치는 요인에 관한 연구. 한국교육학연구, 15(1), 133-185.

이은진(2006). 마을 만들기 운동의 현황과 과제. 지역사회학, 8(1), 5-31.

이종태(2007). 대안교육 이해하기. 서울: 민들레.

이지혜, 홍숙희(2002). 학습동아리 활동에 나타난 학습역동: 성인여성 학습동아리 사례를 중심으로. 평생교육학연구, 8(1), 177-200.

이지혜, 홍숙희, 박상옥(2001). 성인여성의 학습동아리 활동 시범 지원방안에 관한 연구. 서울: 교육인적자원부.

전혜숙(2010). 경력단절 여성의 취업과정에서의 학습 경험 탐색: 근거이론적 접근. 부산대학교 대학원 박사학위논문.

정인숙, 정희섭, 김현진, 정동영, 김형일(2005). 장애인 평생교육 실태 및 개선방안 연구. 경기: 국립특수교육원.

조대연, 김희규, 김한별(2008). 미래의 평생학습 사회에서 요구하는 핵심역량연구. 서울: 한국교육과정평가원.

천세영, 한숭희(2006). 평생학습 사회에서의 고등교육의 의미와 대학의 위상 전환. 평생교육학연구, 12(1), 127-144.

최성애(2010). 장애아 부모의 경험학습. 김한별 외 공저, 성인 경험학습의 이해: 이론과 실제(pp. 97-126). 서울: 동문사.

최양수(2005). 한국의 문화변동과 미디어. 정보통신정책연구원 편, 한국의 문화변동과 미디어(pp. 17-70). 서울: 민음사.

최운실(2010). 평생학습도시의 현황과 과제. 평생학습도시 10년 성과평가와 발전적 전환을 위한 정책토론회 자료.

통계청(2008). 경제활동인구조사보고서. 서울: 통계청.

한국교육개발원(2016). 2016 한국 성인의 평생학습실태.

한병철(2012). 피로사회(김태환 역). 서울: 문학과 지성사.

한숭희(1997). 무형식 학습 과정과 대중문화. 교육원리연구, 2(1), 246-271.

한숭희(1999). 평생학습자로서 교사와 학교의 지식 조직화론. 평생교육연구, 5(1), 121-139.

한숭희(2001). 평생학습과 학습생태계. 서울: 학지사.

한숭희(2006). 평생교육론: 평생학습 사회의 교육학(2판). 서울: 학지사.

한숭희(2009). 학습사회를 위한 평생교육론(3판). 서울: 학지사.

한정란(2001). 교육노년학: 노인을 위한, 노인에 관한, 노인에 의한 교육. 서울: 학지사.

현영섭(2015). 평생학습주민활동가의 활동 요구분석. 평생교육학연구, 21(1), 1-25.

Aiken, L. C., Cervero, R. M., & Johnson-Bailey, J. (2001). Black women in nursing education completion programs: Issues affecting participation. *Adult Education Quarterly, 51*(4), 306-321.

Apps, J. W. (1979). *Problems in continuing education*. New York: McGraw-Hill.

Banks, J. A. (2002). *An introduction of multicultural education* (3rd ed.). Boston: Allyn & Bacon.

Benn, R. (1997). Participation in adult education: Breaking boundaries or deepening inequalities? Proceedings of the 27th annual SCUTREA Conference. Retrived September 27, 2006, from http://www.leeds.ac.uk/educol/documents/000000202.htm

Boshier, R. (1973). Educational participation and dropout: A theoretical model. *Adult Education, 23*, 255-282.

Boud, D., & Walker, D. (1991). *Experience and learning: Reflection at work*. Geelong, Victoria: Deakin University Press.

Boud, D., Keogh, R., & Walker, D. (1985). *Reflection: Turning experience into learning*. New York: Kogan Page.

Bourdard, E., & Rubenson, K. (2003). Revisiting major determinants of participation in adult education with a direct measure of literacy skills. *International Journal of Educational Research, 39*(3), 265-281.

Brookfield, S. D. (1987). *Developing critical thinkers*. San Francisco: Jossey-Bass.

Brookfield, S. D. (2005). *The power of critical theory*. San Francisco: Jossey-Bass.

Brookfield, S. D., & Holst, J. D. (2011). *Radicalizing learning: Adult education for a just world*. San Francisco: Jossey-Bass.

Caffarella, R. S. (2002). *Planning programs for adult learners: A practical guide for educators, trainers, and staff developers* (2nd ed.). San Francisco: Jossey-Bass.

Caffarella, R. S., & Daffron, S. R. (2013). *Planning programs for adult learners: A practical guide* (3rd ed.). San Francisco: Jossey-Bass.

Cervero, R. M. (2000). Trends and issues in continuing professional education. In V. W. Mott & B. J. Daley (Eds.), *Charting a course for continuing professional education: Reframing professional practice* (pp. 3-12). New Directions for Adult and Continuing Education No. 86. San Francisco: Jossey-Bass.

Cervero, R. M., & Kirkpatrick, T. E. (1990). The enduring effects of family role and schooling on participation in adult education. *American Journal of Education, 99*(1), 77-94.

Cervero, R. M., & Wilson, A. L. (1994). *Planning responsibly for adult education: A guide to negotiating power and interests*. San Francisco: Jossey-Bass.

Cervero, R. M., & Wilson, A. L. (2006). *Working the planning table: Negotiating democratically for adult, continuing, and workplace education*. San Francisco: Jossey-Bass.

Cropley, A. J., & Dave, R. H. (1978). *Lifelong education and the training of teachers*. Oxford, UK: Pergamon.

Cross, K. P. (1981). *Adult as learners*. San Francisco: Jossey-Bass.

Darkenwald, G. G., & Merriam, S. B. (1982). *Adult education: Foundations of practice*. New York: HarperCollins.

Darkenwald, G. G., & Valentine, T. (1985). Factor structure of deterrents to public participation in adult education. *Adult Education Quarterly, 35*(4), 177-193.

Davenport, J., & Davenport, J. A. (1985). A chronology and analysis of the andragogy debate. *Adult Education Quarterly, 35*(3), 152-159.

Dewey, J. (1916). *Democracy and education.* New York: Macmillan.

Dewey, J. (1938). *Experience and education.* New York: Macmillan.

DuFour, R. (2004). What is a professional learning community? *Educational Leadership, 61*(8), 6-11.

Elias, J. L. (1979). Andragogy revisited. *Adult Education, 29*(4), 252-256.

Elias, J. L., & Merriam, S. B. (2005). *Philosophical foundations of adult education* (3rd ed.). Malabar, FL: Krieger.

Ellinger, A. D. (2005). Contextual factors influencing informal learning in a workplace setting: The case of "Reinventing itself company". *Human Resource Development Quarterly, 16*(3), 389-415.

Eraut, M. (2004). Informal learning in the workplace. *Studies in Continuing Education, 26*(2), 247-273.

Faure, E. et al. (1972). Learning to be: The world of education today and tomorrow. UNESCO.

Fenwick, T. J. (2003). *Learning through experience.* Malabar, FL: Krieger.

Foucault, M. (1980). *Power/knowledge: Selected interviews and other writings 1972-1977.* New York: Pantheon Books.

Freire, P. (1995). **페다고지: 억눌린 자를 위한 교육**(성찬성 역). 서울: 한마당.

Freire, P. (2005). *Teachers as cultural workers: Letters to those who dare teach.* Boulder, CO: Westview Press.

Garrick, J. (1998). *Informal learning in the workplace.* London: Routledge.

Gilley, J. W., & Eggland, S. A. (1989). *Principles of human resource development.* Reading, MA: Addison-Wesley Publishing Company.

Gramsci, A. (1995). *Further selections from the prison notebooks.* Minneapolis, MN: University of Minnesota Press.

Grow, G. (1991). Teaching learners to be self-directed: A stage approach. *Adult Education Quarterly, 41*(3), 125-149.

Hansman, C. A. (2001). Context-based adult learning. In S. B. Merriam (Ed.), *The new update on adult learning theory* (pp. 43-51). New Directions for Adult and Continuing Education, No. 89. San Francisco: Jossey-Bass.

Hart, M. (1995). Motherwork: A radical proposal to rethink work and education. In M. R. Welton (Ed.), *In defense of the lifeworld: Critical perspectives on adult learning* (pp. 99-125). Albany, NY: SUNY Press.

Heidegger, M. (2015). **존재와 시간**(전양범 역). 서울: 동서문화사.

Hersey, P., & Blanchard, K. (1988). *Management of organizational behavior* (5th ed.). Englewood Cliffs, NJ: Prentice Hall.

Hezlett, S. A. (2005). Proteges' learning in mentoring relationships: A review of the literature and an exploratory case study. In S. K. Gibson & S. A. Hezlett (Eds.), *Advances in Developing Human Resources, 7*(4), 505-526.

Hezlett, S. A., & Gibson, S. K. (2005). Mentoring and human resource development: Where we are and where we need to go. In S. K. Gibson & S. A. Hezlett (Eds.), *Advances in Developing Human Resources, 7*(4), 446-469.

Holton, E. F. (1996). The flawed four-level evaluation model. *Human Resource Development Quarterly, 7*(1), 5-21.

Hord, S. M. (1997). Professional learning communities: Communities of continuous inquiry and improvement. Austin, TX: Southwest Educational Development Laboratory. http://www.sedl.org/pubs/change34/plc-cha34.pdf.

Houle, C. O. (1961). *The inquiring mind.* Madison, WI: University of Wisconsin Press.

Hugo, J. M. (2002). Learning community history. In D. S. Stein & S. Imel (Eds.), *Adult learning in community*. New Directions for Adult and Continuing Education, No. 95, 5-25. San Francisco: Jossey-Bass.

Jarvis, P. (1990). *International dictionary of adult and continuing education*. London: Routledge.

Jarvis, P. (2004). *Adult education and lifelong learning: Theory and practice* (3rd ed.). Oxon, UK: Routledge Falmer.

Johnson, J., & Pratt, D. D. (1998). The apprenticeship perspective: Modelling ways of being. In D. D. Pratt & Associates (Eds.), *Five perspectives on teaching in adult and higher education* (pp. 83-103). Malabar, FL: Krieger.

Johnson-Bailey, J. (2001). The power of race and gender: Black women's struggle and survival in higher education. In R. M. Cervero, A. L. Wilson, & Associates (Eds.), *Power in practice* (pp. 126-144). San Francisco: Jossey-Bass.

Johnston, J. W. C., & Rivera, R. J. (1965). *Volunteers for learning: A study of the educational pursuits of adults.* Hawthorne, NY: Aldine de Gruyter.

Kim, Y. S., & Merriam, S. B. (2010). Situated learning and identity development in a Korean older adults'computer classroom. *Adult Education Quarterly, 60*(5), 438-455.

Kirkpatrick, D. L. (1998). *Evaluating training programs: The four levels.* San Francisco: Berrett-Koehler.

Knowles, M. S. (1975). *Self-directed learning.* New York: Association Press.

Knowles, M. S. (1980). *The modern practice of adult education: From pedagogy to andragogy*. New York: Cambridge Books.

Knowles, M. S., Holton, E. F., & Swanson, R. A. (2010). **성인학습자**(최은수 역). 서울: 아카데미프레스.

Kolb, D. A. (1984). *Experiential learning: Experience as the source of learning and development.* Englewood Cliffs, NJ: Prentice Hall.

Kropotkin, P. A. (2005). **만물은 서로 돕는다**(김영범 역). 서울: 르네상스.

LaBelle, T. J. (1982). Formal, nonformal, and informal education: A holistic perspectives on lifelong learning. *International Review of Education, 28*(2), 159-175.

Lave, J., & Wenger, E. (1991). *Situated learning: Legitimate peripheral participation*. Cambridge, UK: Cambridge University Press.

Lynham, S. A. (2000). *Organization development for performance system.* St. Paul:

University of Minnesota Human Resource Development Research Center.

Marquardt, M. J. (2004). *Optimizing the power of action learning: Solving problems and building leaders in real time*. Boston: Davies-Black Publishing.

Marsick, V. J., & Watkins, K. E. (1990). *Informal and incidental learning in the workplace*. London: Routledge.

Massialas, B. G. (1997). 교육정치학(안기성 역). 서울: 양서원.

McKenzie, L. (1979). A response to Elias. *Adult Education, 29*(4), 256-260.

Merriam, S. B. (2001). Andragogy and self-directed learning: Pillars of adult learning theory. In S. B. Merriam (Ed.), *The new update on adult learning theory* (pp. 3-13). New Directions for Adult and Continuing Education No. 89. San Francisco: Jossey-Bass.

Merriam, S. B., & Bierema, L. L. (2014). *Adult learning: Linking theory and practice*. San Francisco: Jossey-Bass.

Merriam, S. B., & Brockett, R. G. (1997). *The profession and practice of adult education: An introduction*. San Francisco: Jossey-Bass.

Merriam, S. B., & Caffarella, R. S. (1999). *Learning in adulthood* (2nd ed.). San Francisco: Jossey-Bass.

Merriam, S. B., Caffarella, R. S., & Baumgartner, L. M. (2007). *Learning in adulthood: A comprehensive guide* (3rd ed.). San Francisco: Jossey-Bass.

Mezirow, J. (1990). How critical reflection triggers transformative learning. In J. Mezirow & Associates (Eds.), *Fostering critical reflection in adulthood: A guide to transformative and emancipatory learning* (pp. 1-20). San Francisco: Jossey-Bass.

Mezirow, J. (1991). *Transformative dimensions of adult learning*. San Francisco: Jossey-Bass.

Mezirow, J. (1995). Transformation theory of adult learning. In M. R. Welton (Ed.), *In defense of the lifeworld: Critical perspectives on adult learning* (pp. 39-70). Albany, NY: SUNY Press.

Mezirow, J. (1998). On critical reflection. *Adult Education Quarterly, 48*(3), 185-

198.

Mezirow, J. (2000). Learning to think like an adult: Core concepts of transformation theory. In J. Mezirow & Associates (Eds.), *Learning as transformation: Critical perspectives on a theory in progress* (pp. 3-34). San Francisco: Jossey-Bass.

Miller, H. L. (1967). *Participation of adults in education: A force-field analysis.* Boston: Center for the Study of Liberal Education for Adults.

Miller, N. (2000). Learning from experience in adult education. In A. L. Wilson & E. R. Hayes (Eds.), *Handbook of adult and continuing education* (pp. 71-86). San Francisco: Jossey-Bass.

Moon, J. A. (1999). *Reflection in learning and professional development*. Oxon, UK: Routledge Falmer.

Paterson, R. W. K. (1979). *Values, education and the adults.* London: Routledge & Kegan Paul.

Pearson, E. M., & Podeschi, R. L. (1999). Humanism and individualism: Maslow and his critics. *Adult Education Quarterly, 50*(1), 41-55.

Pratt, D. D. (1988). Andragogy as a relational construct. *Adult Education Quarterly, 38*(3), 160-181.

Pratt, D. D., & Associates. (1998). *Five perspectives on teaching in adult and higher education*. Malabar, FL: Krieger.

Russ-Eft, D., & Preskill, H. (2001). *Evaluation in organizations*. Cambridge, MA. Perseus.

Schön, D. A. (1983). *The reflective practitioner: How professionals think in action.* New York: Basic Books.

Schön, D. A. (1987). *Educating the reflective practitioner.* New York: Basic Books.

Shorris, E. (2006). Democracy and the humanities. 얼 쇼리스 초청 국제세미나: 가난한 이들을 위한 희망수업. 성공대학교 평생학습 사회연구소.

Stein, D. S. (2002). Creating local knowledge through learning in community: A case study. In D. S. Stein & S. Imel (Eds.), *Adult learning in community*. New Directions for Adult and Continuing Education, No. 95, 27-40. San Francisco:

Jossey-Bass.

Strike, K. A. (2010). *Small schools and strong communities.* New York: Teachers College Press.

Swanson, R. A., & Arnold, D. E. (1995). The purpose of human resource development is to improve organizational performance. In R. W. Rowden (Ed.), *Workplace learning: Debating five critical questions of theory and practice* (pp. 13-19). New Directions for Adult and Continuing Education San Francisco: Jossey-Bass.

Swanson, R. A., & Holton, E. F. (2001). *Foundations of human resource development.* San Francisco: Berrett-Koehler.

Tett, L. (2010). *Community education, learning and development* (3rd ed.). Edinburgh, Scotland: Dunedin Academic Press.

Tisdell, E. J. (1998). Poststructural feminist pedagogies: The possibilities and limitations of a feminist emancipatory adult learning theory and practice. *Adult Education Quarterly, 48*(3), 139-156.

Tyler, R. W. (1949). *Basic principles of curriculum and instruction.* Chicago: University of Chicago Press.

Usher, R., Bryant, I., & Johnston, R. (1997). *Adult education and the postmodern challenge: Learning beyond the limits.* New York: Routledge.

Valentine, T., & Darkenwald, G. G. (1990). Detterents to participation in adults education: Profiles of potential learners. *Adult Education Quarterly, 41*(1), 29-42.

Walker, D. F. (1971). A naturalistic model for curriculum development. *School Review, November*, 51-65.

Weil, R. W., & McGill, I. (1989). *Making sense of experiential learning.* Buckingham, UK: SRHE & Open University Press.

Welton, M. R. (1995). In defense of the lifeworld: A Habermasian approach to adult learning. In M. R. Welton (Ed.), *In defense of the lifeworld: Critical perspectives on adult learning* (pp. 127-156). Albany, NY: SUNY Press.

Wenger, E. (1998). *Communities of practice.* Cambridge, UK: Cambridge University

Press.

Wlodkowski, R. J. (2008). *Enhancing adult motivation to learn.* San Francisco: Jossey-Bass.

「고등교육법」

「독학에 의한 학위취득에 관한 법률 시행령」

「유아교육법」

「장애인 등에 대한 특수교육법」

「초 · 중등교육법」

「평생교육법」

「평생교육법 시행규칙」

「평생교육법 시행령」

「학점인정 등에 관한 법률」

국가평생교육진흥원 http://www.nile.or.kr

독학학위제 https://bdes.nile.or.kr

수원 누구나학교 http://nuguna.suwonedu.org

평생학습계좌제 http://www.all.go.kr

찾아보기

인명

내용

저자 소개

김한별(Hanbyul Kim)

고려대학교 사범대학 교육학과(BA, MA)

미국 University of Georgia, Department of Adult Education (Ph.D.)

전 고려대학교 교육문제연구소 연구교수

명지대학교 사회교육대학원 겸임교수

현 한국교원대학교 교육학과 교수

청주시 평생교육협의회 위원

세종특별자치시 평생교육협의회 위원

주요 저서

질적 연구방법의 이해(개정판, 공저, 박영스토리, 2018)

성인 경험학습의 이해: 이론과 실제(공저, 동문사, 2010)

평생학습을 위한 프로그램 개발 및 평가(공저, 양서원, 2010)

평생교육론(3판)

Lifelong Education (3rd ed.)

2010년 9월 15일 1판 1쇄 발행
2012년 4월 10일 1판 3쇄 발행
2014년 2월 25일 2판 1쇄 발행
2018년 9월 20일 2판 6쇄 발행
2019년 3월 20일 3판 1쇄 발행
2023년 3월 20일 3판 5쇄 발행

지은이 • 김 한 별
펴낸이 • 김 진 환
펴낸곳 • (주) 학지사

04031 서울특별시 마포구 양화로 15길 20 마인드월드빌딩 5층

대표전화 • 02) 330-5114 팩스 • 02) 324-2345

등록번호 • 제313-2006-000265호

홈페이지 • http://www.hakjisa.co.kr
페이스북 • https://www.facebook.com/hakjisabook

ISBN 978-89-997-1765-9 93370

정가 20,000원